# 人工智能时代
# 翻译技术研究


王华树 **主　编**

郑忠耀　胡富茂　齐东伟 **副主编**

李德凤 **顾　问**


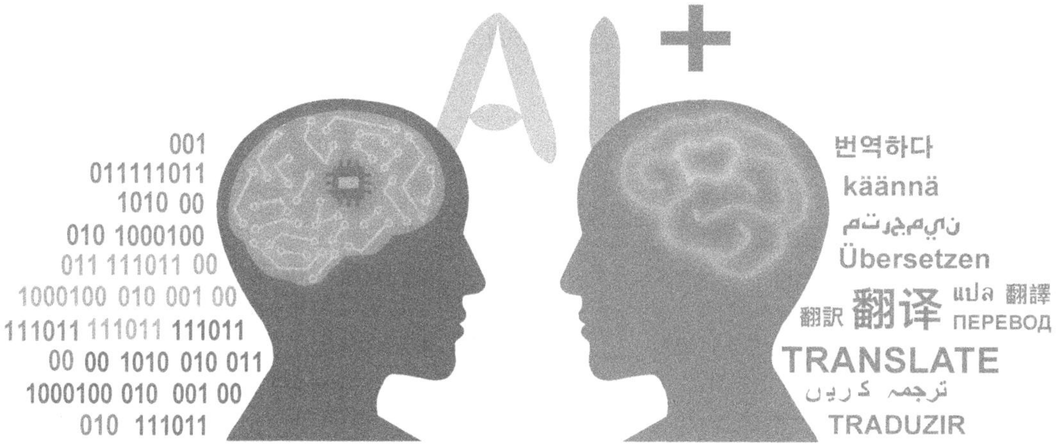



知识产权出版社
全国百佳图书出版单位
—北京—

**图书在版编目（CIP）数据**

人工智能时代翻译技术研究 / 王华树主编．—北京：知识产权出版社，2020.4(2020.8重印)
ISBN 978-7-5130-6807-9

Ⅰ．①人…　Ⅱ．①王…　Ⅲ．①人工智能—应用—翻译—研究　Ⅳ．①H059-39

中国版本图书馆CIP数据核字（2020）第039840号

**内容提要**

本书洞察人工智能时代语言服务行业的技术变革和技术热点，聚焦翻译技术的创新和发展，荟萃翻译技术研究学者的最新智慧和成果。全书分为三大部分，第一部分探究翻译技术本体研究，内容涵盖语言区块链技术、机器翻译译前编辑、译后编辑、人机交互翻译模型、计算机辅助翻译、术语与语料库构建、字幕翻译评测、技术写作本客体等；第二部分探讨翻译技术教学，关注 AI 技术赋能下翻译技术教学的变革与创新，内容涵盖教学模式、实验室建设、教学环境、教学内容、教学资源、教材建设等诸多方面。第三部分凸显翻译技术实践创新，研究如何利用现代翻译技术解决多模态翻译活动中技术相关的问题，如编程技术在复杂笔译活动中的应用、语音识别和术语技术在口译活动中的综合应用以及网站与应用程序本地化技术的最佳实践等。

本书兼具学术性、前沿性和创新性，宏观与微观相结合，理论与实践相统一，旨在拓展当前翻译研究视野，促进翻译学科的系统化理论构建，推动当前翻译实践和翻译教育的协同创新。本书可为外语、翻译学科和其他相关学科的师生、研究学者以及翻译与本地化从业者提供有益参考。

**责任编辑**：张　珑　　　　**责任印制**：孙婷婷

**人工智能时代翻译技术研究**

RENGONG ZHINENG SHIDAI FANYI JISHU YANJIU

王华树　主编　　郑忠耀　胡富茂　齐东伟　副主编

| | | | |
|---|---|---|---|
| **出版发行**： | 知识产权出版社有限责任公司 | **网　　址**： | http：//www.ipph.cn |
| **电　　话**： | 010－82004826 | | http：//www.laichushu.com |
| **社　　址**： | 北京市海淀区气象路50号 | **邮　　编**： | 100081 |
| **责编电话**： | 010－82000860转8574 | **责编邮箱**： | laichushu@cnipr.com |
| **发行电话**： | 010－82000860转8101 | **发行传真**： | 010－82000893 |
| **印　　刷**： | 北京虎彩文化传播有限公司 | **经　　销**： | 各大网上书店、新华书店及相关专业书店 |
| **开　　本**： | 720mm×1000mm　1/16 | **印　　张**： | 24.75 |
| **版　　次**： | 2020年4月第1版 | **印　　次**： | 2020年8月第2次印刷 |
| **字　　数**： | 416千字 | **定　　价**： | 88.00元 |

ISBN 978-7-5130-6807-9

# 序　一

2016年7月，中共中央办公厅、国务院办公厅联合发布《国家信息化发展战略纲要》。2016年底，中华人民共和国工业和信息化部正式发布《大数据产业发展规划（2016—2020年）》。2017年4月，中华人民共和国工业和信息化部发布《云计算发展三年行动规划（2017—2019）》。2017年，我国出台了《新一代人工智能发展规划》（国发〔2017〕35号）、《促进新一代人工智能产业发展三年行动计划（2018—2020年）》（工信部科〔2017〕315号）等政策文件。在一系列国家政策的推动下，"技术"已经成为引发社会变革最具活力的因子之一，人工智能、云计算、大数据、机器翻译等技术驱动语言服务行业发生了深刻的变革。

当前，国家"一带一路"倡议的深入推进使我们的时代发生了变化，人工智能的冲击、新技术的蓬勃涌现也使我们的行业发生了变化，而翻译专业建设也面临一些困境。我认为，有几点特别需要关注：其一，翻译专业师资紧缺；其二，教师翻译教学知识体系化不足；其三，翻译教学资源有限；其四，翻译课堂训练和细评匮乏；其五，翻译教学管理和质量控制不够优化；其六，翻译能力测试缺乏统一评价标准。

翻译专业的发展要以国家发展战略为办学导向，以职业需求即语言服务业的新发展为课程导向，围绕实践基地的筛选、完善、拓展和开发，以实践能力为培养重点展开教学活动；以师资队伍建设为关键，专业教师应主动改善自身的知识结构，提升从事专业翻译教学的能力素养，要在翻译实践、翻译研究和教学研究等多方面进行提升，办学单位应按要求建立一支主要由翻译行业或语言服务业专业人士构成的兼职教学队伍，指导学生的实践及项目研究；坚持与时俱进，坚持协同创新，全面开展校企合作，完善与行业及行业协会的交流，对照国家标准和教学基本要求，发挥特色优势，适应国家战略，尤其是地方经济社会发展之需要，进一步提升人才培养质量。

建设一流大学和一流学科，离不开一流师资的建设和一流学生的培养。要培养优秀的一流的翻译人才，我们必须围绕“以人为本”的理念，在“能力训练”“素质培养”和“知识传授”三个方面下功夫，做好这三个方面的工作，高校必须厘清教育理念，把握教育原则，面对社会发展，适应行业发展的需要。教育家梅贻琦先生曾说过：“学校犹水也，师生犹鱼也。其行动犹游泳也，大鱼前导，小鱼尾随，是从游也。从游既久，其濡染观摩之效，自不求而至，不为而成。”对翻译人才的培养而言，教师必须首先自己是个一流的泳者，才能训练出优秀的游泳健将。

中国翻译协会发布的《2019年中国语言服务行业发展报告》显示，全国开设外语类相关的高校达1040所，开设翻译技术课程的高校比例过半。就翻译教育而言，全国翻译专业学位日益增加，翻译技术教学需求旺盛。截至2019年，全国有253所高校开设翻译硕士（MTI），281所高校开设翻译本科（BTI），多半高校开设了翻译技术课程。2019年4月，全国翻译专业学位研究生教育指导委员会受中华人民共和国教育部学位管理与研究生教育司（国务院学位委员会办公室）委托，组织编写了《翻译专业学位研究生核心课程指南》，已将《计算机辅助翻译》课程作为翻译硕士九门核心课程之一。但是受诸多因素所限，翻译技术师资建设、课程建设、教学模式、教材建设、硬件设施等方面仍然存在诸多问题。

应该看到，智能自动翻译技术很大程度上解决了市场需求量大、人工译员翻译速度慢、非通用语种人才稀缺、翻译成本高以及翻译产能低等现实问题；云翻译平台促进了语言服务的流程化、协作化和智能化的发展；语言大数据技术极大地提升了翻译资源的利用效率等。语言服务行业对翻译人才的技术素养要求越来越高，翻译技术能力成为必备能力，由此翻译技术也成为翻译教学与研究领域的重要课题，这对新时代的翻译教育提出了新的挑战。

为了解决这些问题，更好地迎接新挑战，我们要清醒地看到翻译教育所处的历史关头，拥抱人工智能时代的变化，积极促进信息技术与翻译教育的融合。

在“翻译 4.0”时代，我们的翻译教育应该遵循“创新引领”“产业驱动”和“职业导向”的方针，确立区域差异化的翻译专业教育体系与评估机制，加强专业化的语言服务人才规划，提升师生对语言服务技术的认知，深入研究翻译教育和翻译技术的相关问题，努力为国家语言能力建设培养一批具备综合素养的战略性语言服务人才，这是我们广大翻译教育工作者必须要重视的问题。

《人工智能时代翻译技术研究》论文集是国内首本聚焦人工智能时代的翻译技术研究的著作，其中收录的论文主题广阔，内容新颖，视角独到，理实结合，展现了人工智能时代翻译技术方面的最新成果，将有助于促进新时代翻译技术理论与应用的研究。在未来科技不断发展的道路上，我希望通过语言服务协同创新，汇聚各方力量，发挥翻译“交叉融合”的学科优势，推动翻译技术资源的共享和整合，促进学科、人才、科研与产业的对接与联动，形成政产学研用融合创新的发展机制，最终促进语言服务生态系统的协同发展。

是为序。

赵军峰

广东外语外贸大学翻译学研究中心主任　教授　博导

全国翻译专业学位研究生教育指导委员会委员兼秘书长

2020 年 1 月 24 日

# 序　二

科技是第一生产力，科技创新是时代发展永恒的动力。作为新一轮产业变革的核心驱动力和引领未来发展的战略技术，人工智能技术受到国家高度重视。我国政府多次强调要抢抓人工智能发展的战略机遇，加快新兴产业发展，推动人工智能研发应用。人工智能已经进入高速发展期，渗透到各行各业，改变了社会的生产方式，实现了生产力的整体跃升，催生了新技术、新产品、新模式和新业态。

在国家"一带一路"倡议和"走出去"战略的宏观背景下，得益于人工智能浪潮的大力推动，语言服务行业蓬勃发展、欣欣向荣，语言服务技术遍地生根，百花齐放。语言技术的创新与发展是语言服务企业可持续发展的重要手段，有助于提升语言服务的生产能力，加强语言资源的建设能力，进而促进国家语言能力体系建设。语言技术已经成为翻译产业界和教育界必须面对的问题。

为了加强语言技术交流，繁荣翻译技术教育，在河南华译教育咨询有限公司倡议和推动下，河南省十多家翻译高校联合成立了"河南省高校翻译技术联盟"，每年举办一次全国性的"翻译技术高层论坛"，2020 年将举办第五届。河南高校翻译技术联盟通过建立基于翻译技术的产教融合和协同创新机制，不断推动联盟成员单位教育创新，加强翻译技术人才培养，为社会提供技术服务支撑和翻译资源平台，积极推动了河南翻译技术的研发和翻译技术教育的发展。

《人工智能时代翻译技术研究》论文集是历届翻译技术高层论坛的成果荟萃，理论与实践相结合，"政产学研用"五位一体，可以说是人工智能时代翻译技术领域最新成果的总结。希望通过本书的出版，能够进一步扩大翻译技术高层论坛的影响，吸引更多的专家、学者关注翻译技术的发展，把握人工智能时代语言服务行业的发展趋势，拓展当前翻译技术研究的视野，应用人工智能新技术成果推动翻译教育改革，推动新时代语言服务行业的创新发展。

杨玮斌　译审

河南省涉外翻译与语言服务专家指导委会主任

2020 年 1 月 1 日

# 前　言

在移动互联网、大数据、云计算、深度学习等技术的驱动下，人工智能呈现跨界融合、人机协同、群智开放的新特征。人工智能与翻译的深度结合对语言和文化产生了深远的影响，给传统翻译模式带来了巨大的挑战。作为人工智能时代技术发展的一个缩影，翻译技术如雨后春笋，遍地生根。云翻译、众包翻译、机器翻译、译后编辑、翻译记忆、语料库、智能语音转写等技术在翻译活动中发挥着日益重要的作用。翻译技术将翻译劳动力从大规模的、重复性的翻译工作中解放出来，让译者得以从事更富有创造性的翻译活动。神经网络机器翻译发展迅猛，正在向专利、医学、新闻、财经等越来越多的垂直领域渗透。机器学习和深度学习、语言区块链、翻译数据挖掘、多语机器翻译、模糊翻译记忆、质量自动评估、人机交互等技术广泛应用，为语言服务注入了强劲的生态势能，促进了产业优化和结构升级。

新技术带来行业变革的同时也改变了国际文化交流和传播的深度和广度，多语言翻译的需求体量迅速激增。翻译团队需要在全球范围内紧密合作，承接海量的翻译任务。与之同时增长的是大众对翻译速度和质量的要求：生产周期短、标准化程度高、质量多元化。相比传统的个人或小作坊式的翻译模式，机器翻译译后编辑（MTPE）模式成为当前和未来专业翻译团队的主流工作模式。AI 赋能的翻译技术可提升翻译数据的利用效率，提高译文的规范性和一致性，降低错误率，避免译者低效的重复性劳动。翻译技术、翻译数据、翻译管理、语言资产、人力资源等日益趋向云端化，云管理正在成为越来越多的翻译公司项目的实施方式。

语言服务行业正在经历一场深刻的技术变革，翻译新技术和新模式推动着高校翻译教育的变革，市场要求加快培养聚集懂翻译、懂技术的高端人才。翻译专业人才不仅需要扎实的语言能力和翻译能力，还需要具备熟练的计算机操作、信息检索以及计算机辅助翻译工具应用等技术能力，翻译技术能力已然成为现代职业译者的重要能力。得益于人工智能技术的创新和突破，翻译技术的适用性和助能性进一步增强。而“机器翻译将会替代译者”这样的“替代论”或“威胁论”甚嚣尘上，越来越多的声音担忧机器翻译将会不断挤压翻译及英语专业的生存空间，引发了学界的热论，因而很有必要对翻译技术进行深入反思和研究。

本书是教育界和产业界在人工智能时代翻译技术研究领域的最新成果总结，适用于口笔译从业人员、语言服务企业管理者、高校翻译专业师生以及翻译研究人员。全书共收集28篇论文，分为技术研究、技术教学和技术实践三个部分。技术研究部分涵盖翻译区块链技术、口译技术、机器翻译、协同翻译、译前编辑、技术写作、语料库和术语库建设；技术教学部分着重讨论翻译技术课程建设和教学模式创新研究；技术实践部分涉及语音识别技术、VBA编程、翻译协作、术语管理、云翻译平台、网站本地化、软件本地化、本地化桌面排版以及字幕翻译工具评测等。

人工智能已经成为经济发展的新引擎，为语言服务发展带来了新机遇。人工智能与翻译的深度融合和深化发展有助于促进翻译生态中的供需关系、市场机制、资源配置、人才培养和教育创新等多方面的动态平衡。在技术驱动下，翻译的职业化、专业化、流程化、自动化、智能化、云端化等现代特征日趋显著，技术已经成为翻译从业者必须面对的命运共同体。翻译技术的发展推动了翻译实践和翻译理论在智能化浪潮中的重大变革。翻译技术的研究体现了人工智能时代翻译的独特价值和数字人文精神，是对翻译社会和翻译世界的建构。翻译研究只有与翻译技术紧密结合，互补互鉴，融合发展，才能促进未来翻译学科的全面发展。希望本书的出版能够引发翻译界同仁关于翻译技术的理性思考，也能为翻译学科建设、翻译理论创新以及语言服务行业生态健康发展贡献力量。

王华树
广东外语外贸大学高级翻译学院
翻译技术教育与研究中心
2019年12月24日

# 目　录

## 第一篇　技术研究篇



## 第二篇　技术教学篇

## 第三篇 技术实践篇

# 第一篇　技术研究篇

# 人工智能时代翻译技术的协同创新发展
## ——“翻译技术高层论坛”综述

齐东伟　王梦媛*

**摘要：**从 2016 年 4 月至 2020 年 4 月，翻译技术高层论坛暨河南省高校翻译技术联盟协同创新研讨会在中国翻译协会指导下已行至第五届。本文梳理了五年来论坛在新时代背景下围绕翻译技术发展所做的研究，澄清了翻译技术的基本问题，分析了翻译技术和语言服务行业的发展趋势，探讨了语言资产管理的重要作用，总结了翻译人才培养相关问题，旨在促进技术时代语言服务的协同创新发展。

**关键词：**翻译技术；语言服务；语言资产；人才培养；协同创新

## 一、引言

从 18 世纪蒸汽时代到 19 世纪电气时代再到 20 世纪信息时代，每一次的科技革命都推动着人类社会的进步与发展。身处 21 世纪，信息技术的发展推动了社会各个行业的革新与进步，翻译行业也不例外。近年来，从无人驾驶汽车到打败世界围棋高手的 AlphaGo，技术领域的重大变革使“人工智能”一词进入大众视野。大数据、物联网、云计算等最新的技术发展推动着这一学科的兴起，并使其广泛应用于语音识别、图像识别、自然语言处理等领域。基于这一时代背景，

---

* 作者简介：齐东伟，郑州今尚电子科技有限公司总经理，河南华译教育创始人，河南翻译技术联盟发起人，河南高校外语实验建设研讨会发起人，知识产权出版社语言服务事业部河南、陕西分部主任，LSCAT 河南分部主任，新乡学院外国语学院校外导师、教学指导委员。电子邮箱：376467781@qq.com。

王梦媛，河南华译教育咨询有限公司翻译部经理。电子邮箱：1240040638@qq.com。

手工作坊式的传统翻译方式受到冲击，以计算机辅助翻译软件、多媒体计算机技术和智能语音识别技术为主体的翻译技术促使翻译行业发生了翻天覆地的变化（顾心宇，2019）。

为适应翻译技术发展所带来的革命浪潮，加强对翻译技术的研究，促进河南省高校与全国学者的交流与合作，推动翻译行业健康有序发展，由中国翻译协会指导、洛阳师范学院主办、河南华译教育咨询有限公司承办的第一届“河南省翻译技术高层论坛暨翻译技术高校联盟成立仪式”于2016年4月16日在洛阳举行。来自国内高校的知名专家学者、省内外外国语院系的领导同行与会，共商翻译技术的未来发展，共筑翻译技术高校联盟的未来愿景。至今论坛已行至第五届，各届与会专家围绕“翻译技术内涵与发展”“翻译技术与语言服务”“翻译技术与语言资产”“翻译技术与人才培养”及“翻译技术协同创新”等相关议题展开探讨。在人工智能时代大背景下，河南省翻译技术高层论坛的召开对推动翻译技术发展，提升语言服务质量，加快高校外语专业教学改革与人才培养具有重要意义。

## 二、翻译技术内涵与发展

近年来，互联网、云计算、大数据的迅猛发展对人工智能的发展起到了重要作用，人工智能受到各领域关注，并应用到社会生活的方方面面。语言学领域的发展，也是人工智能研究的重要领域之一。越来越多的国内外知名企业把目光转向翻译行业，翻译技术和工具应运而生。

随着各类翻译技术和工具的发展，其涵盖内容越来越广，功能也越来越强大。从译前文字识别、译中翻译再到译后的排版、语言资产管理等，从最初的机器翻译到计算机辅助翻译技术再到基于神经网络的翻译技术，翻译技术发展飞速，层出不穷。在这样的发展背景下，“机器翻译”“计算机辅助翻译”“人工智能翻译”等相关概念极易混淆，虽然目前存在着狭义和广义两种看法，但业界学界对翻译技术内涵却尚无统一定论，因此，与会专家针对翻译技术内涵进行了深入探讨。王华树（2019）指出翻译技术从广义上涵盖译者的翻译过程、桌面排版、语音文字识别软件、写作系统、项目管理软件、内容管理系统、翻译管理系统等。而针对口译翻译技术，王建华（2019）从口译过程认知论出发，认为人工智能下的口译系统应包含语音识别技术、翻译记忆技术、基于神经网络技术和语音合成技术。由此可知，不管是从翻译流程还是翻译类别上讲，翻译技术都参与在翻译工作的方方面面。

翻译技术以唇语识别系统、语音识别机器翻译、多语言大数据、在线 CAT 云平台等为代表衍生出各类翻译技术工具，如中国科学院计算技术研究所的“唇语识别系统”——慧眼小微，科大讯飞的翻译机、语音听写、语音转写、同传翻译技术，腾讯的翻译君，UTH 国际的多语言大数据 API 等。计算机辅助翻译软件从单机版走向云端，如 YiCAT、I 译 + 等。未来，随着计算机辅助翻译技术的整合、智能语音技术和云翻译技术的深入发展，翻译效率将大幅度提升，它们将成为现代翻译工作的重要工具。在人工智能迅速发展的今天，传统翻译方式因其工作模式落后、效率低下终将退出历史舞台，而现代翻译技术以其高效率、低成本的优势必将大展风采。

翻译技术发展成为大势所趋，翻译技术改变了传统的翻译实践、教学及翻译研究范式，推动了新时代翻译学的巨大变革。作为新时代的译者，掌握翻译技术已成为一项必不可少的技能。翻译技术发展风起云涌，人与翻译技术的关系也变得愈发紧张。马嘉（2016）认为翻译软件不能完全取代译者的工作，技术不是翻译的全部。熊德米（2016）则指出，语言不仅是高智商的产品，更需要高情商来使之完善，没有人的因素，人工智能也必然行而不远。同样，赵毅慧（2017）认为人工口译不可替代，机器口译与人工口译的价值关系最终指向机器与人的关系问题，需要借助技术哲学价值观方可得以澄清，并对口译可能产生的伦理问题进行展望。自 20 世纪 40 年代计算机的问世至今，从最初的机助人译到后来的人助机译，从最开始的抵触翻译技术到对其产生恐慌再到接纳人机结合并纷纷试水拥抱变化，翻译技术发展的实质是利用信息技术解放人力，达到效率最优化，而翻译行业的未来也需要通过技术手段来推动。历史的发展告诉我们，只有拥抱现代信息技术，翻译行业才能取得长足发展。

## 三、翻译技术与语言服务

语言服务行业是以翻译服务、本地化服务、语言辅助工具及人才教育与培训为内容的新兴行业。近年来，中国日益增强的综合国力推动了中国经济和文化走出去，“一带一路”倡议的大方针明确了需要语言铺路，“语言红利时代”就在眼前。随着“一带一路”倡议的提出，中国文化影响力逐步增强，语言服务业作为中国文化走出去的核心竞争力和国家经济发展的基础性支撑行业，必将随着我国“走出去”政策的实施获得长足发展。

在日益全球化和信息化的当代，信息呈指数增长，只有技术创新才能驱动语言服务产业加快发展，语言技术是未来最有潜力、发展最快的业务类型。在国家战略驱动下，一方面语言服务产业需求不断扩大，另一方面，信息技术的发展也推动了翻译领域、翻译方式的变化。技术驱动下的全球语言服务呈多元化发展，虽然近年来语言服务行业以笔译和口译为主，但出现了项目管理、桌面排版、游戏本地化等翻译业务，现代语言服务也逐渐呈现出协作化 + 众包化 + 自动化 + 平台化的模式。随着翻译生产工具的变革，翻译众包平台也发展迅速，语言服务和技术市场不断壮大。

语言产业发展对于中国政治、经济交流发展有重要的推动作用，但目前语言服务产业面临诸多问题，如产业扶持政策有待加强，行业定位不明确，相关政策与发展环境欠缺，高素质人才严重匮乏，语言服务市场供需脱节，行业规范和标准尚未形成体系，创新投入不够，行业信息化建设缺乏后劲等。针对语言服务业诸多问题，我们又该如何解决？罗慧芳（2017）对中国语言服务产业创新及未来走向进行阐述总结，指出我国语言服务业现已进入繁荣发展期，语言服务需求方对翻译技术使用较为广泛。我们应促进产业规范和顶层设计，加强产业信息化建设和技术创新，推动学科建设，优化产业人才结构，优化产业布局和区域化协调发展。

## 四、翻译技术与语言资产

在大数据时代背景下，语言资产管理重要性与日俱增，甚至成为语言服务行业的核心竞争力。语言资源的深层价值需要深层发掘，语言资产包括翻译记忆库、术语库、语言规则、词典库、双语多语文档、项目案例库、翻译风格和写作规范等。虽然目前语料库建设方兴未艾，但质量却参差不齐。不管是从翻译记忆匹配、术语及词语搭配检索，还是特定领域专项研究方面，语料库的应用远非所想。但在信息化时代，传统的术语翻译管理模式已经不能够应对信息化时代带来的挑战。利用技术手段进行语料管理，高效的共享和复用语言资产在翻译实践中具有举足轻重的作用。

如何利用现代信息技术进行语言资产管理，与会专家从不同领域进行了深入探讨。师建胜（2019）提到了常用的语料制作工具：CAT 工具、语料对齐工具、信息提取工具等。虽然语料库建设方兴未艾，但语料库在术语及词语搭配检索和特定领域专项研究中的应用却并不可观。要想构建行业术语库及检索系统，必须通过多语种术语识别与提取、术语分类、聚类与相关性研究，搭建相应检索系统来完成。而这一过程工作量巨大，我们必须通过翻译技术来实现。从爬虫技术到机器翻译再到译后编辑，通过语帆术语宝即可实现这一过程。徐彬（2017）介绍了相关的语料库搜索工具、双语平行语料库的创建过程，从双语平行文本的对齐处理到句级自动对齐与人工处理再到平行文本转换成 TMX 文件，都采取计算机辅助 + 人工校准的模式，并列举了部分对齐工具，如 WinAlign、ABBYY Aligner、CTexT Alignment Interface、雪人 CAT、memoQ、TMXmall 等，展现了现代信息技术在语言资产管理方面的重要性。

在信息化极速发展的今天，语言资产管理在语言服务行业中发挥着重要的作用。而只有技术实力较强的企业才能在竞争中脱颖而出，因此翻译技术在语料库建设和语言服务行业发展过程中的作用不容小觑。

## 五、翻译技术与人才培养

近些年来，“中国文化走出去”和“一带一路”倡议等国家级策略的实施为语言服务行业提供了巨大发展空间，翻译技术的突飞猛进刷新了人们对传统语言行业的认知。与此同时，也使翻译教育面临前所未有的巨大挑战，将翻译教育者推向新时代语境。

人工智能时代翻译教育教学技术演变迅速，教育技术能力要求教师的学科专业知识和教学法共同进步。在现代技术发展背景下，翻译教学发生了哪些变化、如何进行翻译教学改革及培养应用型人才成为与会专家探讨的重点。王华树（2019）认为随着语言服务的嬗变，翻译能力培养要与翻译技术发展相匹配，并指出翻译技术系统环境中翻译技术系统和翻译人才系统相辅相成。中国翻译协会所制定的笔译人员基本能力要求对译员的翻译技术能力做了相应的等级划分。并且国外大学对翻译技术课程的开设涉及范围也较广，种类较多。人工智能时代，教育技术在大数据驱动下逐步走向智能教育，出现 AI+ 翻译教学这样的模式，如智慧微课、智慧测评、教学大数据，这就要求教师无论是教育技术能力还是翻译技术教学能力都要不断提升。王华树还以人工智能技术为导向，提出以“语言 + 技术”为理念的政产学研联合互动的翻译教育创新与实践模式，以期推进国内翻译教育创新与教学改革。

语言服务行业发展迅速，国际化与本地化交织发展，分工不断细化，技术参与度不断加大，因此培养能够在该领域不同岗位工作的年轻人是翻译专业教育要承担的任务。宋述强指出，我们正在经历人类历史上的第四次教育变革，面向未来教育。因此，信息技术和信息素养将成为教师的关键能力和核心素养，我们应利用人工智能为代表的新一代信息技术加快推动人才培养模式、教学方法变革（宋述强，2019）。刘和平（2016）指出从机助人译到人助机译，现代技术辅助翻译工作效率提高，从翻译教学中硬件设备改革到教学形式的变化，需要探索新的教学模式，开发符合教学规律、培养目标和专业特色的应用，开发在教师指导下的学生自学平台。刘和平（2017）还根据口译教育的精英化与大众化趋势，提出口译教学需根据各校培养目标和特色修订教学大纲，校际分类合作共同开发课程内容和授课方法，借助现代化技术建设不同主题的标准化课程，扩大在线和远程学习平台，探索以自学为主、教师指导为辅的学习模式。当今翻译行业，应用型人才需要具备语言能力、技术运用能力、翻译能力和专业知识。职业化和专业化是解决中国学校培养单位众多、学生人数庞大等问题的重要途径，也是解决翻译教育差异化发展和满足社会需求的必由之路。而政产学研一体化是应用型人才培养的基本和重要模式。

## 六、高校翻译技术协同创新

协同创新是当今科技创新的新范式和产业发展的新路径。语言服务企业、语言技术公司、高校和科研院所、译员，乃至客户之间的合作，发挥各自的能力优势，整合互补资源，协作开展技术创新和科技成果产业化活动，是语言服务业发展的新潮流。在“一带一路”“走出去”“互联网 +”等国家政策的推动下，语言服务产业发展需要与技术创新相结合，实现协同创新。数字化时代语言服务人才的培养需要创新引领，需要产业驱动和职业导向相结合。打造高水平、职业化翻译人才则需要校企无缝对接，专家引进课堂，理论结合实践。“一带一路”倡议的实施，离不开高等教育与高校这个支撑点。中国的高校将提供必要的人才、智力支撑。高校的人才培养在教育外交、文化引领、智库支持、产业聚合方面发挥着独特作用。

刘和平（2014）认为，政产学研合作办学需要建立一个平台，该平台以学生为中心，学校和用人单位需要根据培养目标共同开发培养计划，这样的平台搭建可以从高校实习基地入手，从现在的实习基地拓展到教学实践与实习基地，然后结合专业或课程特点开展校企合作，进而根据社会需求组织校企联合培养。赵军峰（2017）指出，当代翻译教育存在的普遍性问题是翻译专业师资紧缺，翻译教学知识体系化不足，翻译教学资源有限，翻译课堂模式单一，翻译教学管理和质量控制不够优化，翻译能力测试缺乏统一的评价标准。针对这些问题，赵军峰指出语言服务人才培养的协同创新模式即校企协同、校校协同、校政协同和境内境外协同。校企协同即通过与翻译行业企业、出版社、学术期刊合作，建立研发符合中国翻译教学改革特色的教学辅助平台、翻译能力网络化培训平台、机助翻译教学师资培训基地，为全国翻译教学改革、翻译专业学生的能力水平测试及翻译师资专业素养的培训提供平台。同时，利用学术期刊和出版社为翻译学科改革的成果进行推广和展示。校校协同即通过与全国具有翻译专业的高校合作，建立全国共享的笔译语料库，形成具有以医学、师范、艺术、体育、农林、水利、海洋、石油优势学科特色的语料库，共建共享，形成大型翻译语料数据库。校政协同即通过与地方政府合作，为推广具有地方特色传统文化和满足地方经济建设发展所需的特色中译英语料库建立行业翻译人才、应用型外语人才培养基地和实践基地。境内境外协同即通过翻译教学与实训联盟协同合作，推动我国与其他国家，尤其是“一带一路”沿线国家高校和语言服务企业的协同创新，组织不同专题的高端翻译教学和实训、学术交流活动、研讨会、论坛及师资培训，为国际化复合型翻译人才的培养、国内翻译教学改革、翻译学科发展等建功立业、快马扬鞭。

曹达钦（2016）分享了他的团队搭建高校翻译技术环境的具体操作方案，他主张在实验室建设中教研部门应和行政部门、企业共享共管，防止设备资源闲置浪费。王奔（2016）指出了企业与高校互动合作的重要性，认为在高校转型中与企业合作是其中的重要一环，并强调在新型的校企合作中，学校实验室中硬件或软件的优化应用是提高教学效率不可缺少的工具和手段，是翻译技术高效快速运用的基础。他还针对高校外语实验室建设介绍了相关教学产品的设计理念和产品特点。

## 七、结语

翻译技术高层论坛是河南省翻译技术联盟在中国翻译协会指导下推动翻译技术协同创新发展的重要举措，贯彻了协同创新的发展理念，探索了人工智能时代语言服务行业的发展道路，讨论了语言资产管理及翻译教育人才培养的新模式，激发了与会专家和各高校师生对翻译技术的热烈讨论，有效促进了各高校对翻译技术发展的认知与展望，密切了高校间的交流和合作，为迎接信息化时代语言服务行业发展变化搭建平台，为加强翻译专业素养、提高翻译人才质量、更好地服务于高校外语学科建设和国家战略奠定了基础。翻译技术发展虽然为语言服务行业发展带来了冲击和挑战，但却是信息化时代发展的必然趋势。身处信息技术时代的我们需要化挑战为机遇，推动语言服务行业适应新时代要求，在国家政策的引导下使之健康有序发展。

### 参考文献

曹达钦 . 2016. 高校翻译技术环境搭建方案探讨 [R]. 首届翻译技术高层论坛暨河南省高校翻译技术联盟协同创新研讨会 , 郑州 .
顾心宇 . 2019. 人工智能翻译的应用与发展 [J]. 科技传播 , (3):111-112.
刘和平 . 2014. 语言服务人才培养新模式探究 [J]. 中国翻译 , (5):40-44.
刘和平 . 2016. 现代技术与翻译教学改革 [R]. 首届翻译技术高层论坛暨河南省高校翻译技术联盟协同创新研讨会 , 郑州 .
刘和平 . 2017. 对口译职业化 + 专业化趋势的思考 : 挑战与对策 [J]. 中国翻译 , (4):77-83.
罗慧芳 . 2017. 我国语言服务产业创新发展及未来走向 [R]. 第二届翻译技术高层论坛暨河南省高校翻译技术联盟协同创新研讨会 , 郑州 .
马嘉 . 2016. 本地化软件文档的可用性及其可用性测试 [R]. 首届翻译技术高层论坛暨河南省高校翻译技术联盟协同创新研讨会 , 郑州 .
师建胜 . 2019. 从语料库到术语库：聚焦行业领域语言资源的深耕细作 [R]. 第四届翻译技术高

层论坛暨河南省高校翻译技术联盟协同创新研讨会，郑州.
宋述强. 2019. 人工智能与未来教育 [R]. 第四届翻译技术高层论坛暨河南省高校翻译技术联盟协同创新研讨会，郑州.
王奔. 2016. 精准客户服务综合解决方案介绍 [R]. 首届翻译技术高层论坛暨河南省高校翻译技术联盟协同创新研讨会，郑州.
王华树. 2019. 人工智能时代翻译技术教育的创新与实践 [R]. 第四届翻译技术高层论坛暨河南省高校翻译技术联盟协同创新研讨会，郑州.
王华树. 2016. 生态系统视域下的翻译技术教学与研究 [R]. 首届翻译技术高层论坛暨河南省高校翻译技术联盟协同创新研讨会，郑州.
王华树. 2014. 信息化时代的计算机辅助翻译技术研究 [J]. 外文研究，(2):92-108.
熊德米. 2016. “一带一路”型翻译人才培养模式分析——以渝地高校 MTI 为例 [R]. 首届翻译技术高层论坛暨河南省高校翻译技术联盟协同创新研讨会，郑州.
徐彬. 2017. 翻译技术与翻译研究 [R]. 第二届翻译技术高层论坛暨河南省高校翻译技术联盟协同创新研讨会，郑州.
赵军峰. 2017. 语言服务战略下高校的协同创新 [R]. 第二届翻译技术高层论坛暨河南省高校翻译技术联盟协同创新研讨会，郑州.
赵毅慧. 2017. 机器口译与人工口译的价值关系研究 [R]. 第二届翻译技术高层论坛暨河南省高校翻译技术联盟协同创新研讨会，郑州.

# 人工智能时代的口译技术研究*

王华树　杨承淑†

**摘要**：人工智能时代的口译技术发展迅猛，给口译学习者、教学者和从业者带来了很多困惑，这些都需要我们对口译技术进行深入的学理探究。本文梳理文献，将口译技术发展分为四个阶段，深入探索口译技术的本质内涵、分类和基本定位，结合口译实践发掘技术对口译模式、口译效率、口译能力和口译职业等方面的影响，预测口译技术未来发展趋势，旨在引导人们走出概念误区，正确认识口译技术的基本特征，建立完善的口译技术知识框架，同时为口译研究开拓新局面。

**关键词**：口译技术；机器口译；翻译技术；智能化

## 一、引言

人工智能（AI）时代技术发展迅速，给人类社会带来了深刻的变革，5G 网络、智慧城市、无人驾驶等不断刷新人们对 AI 的认识。为了抓住 AI 发展的战略机遇，越来越多的国家和组织争相制定国家层面的发展规划。2016 年，美国发布了《为人工智能的未来做准备》，英国发布了《人工智能：未来决策制定的机遇与影响》的报告；2017 年，中国发布了《新一代人工智能发展规划》，日本

---

* 本文最初发表于《中国翻译》2019 年第 6 期，此处略有删减。

† 作者简介：王华树，博士，广东外语外贸大学高级翻译学院副教授，翻译学研究中心研究员。研究方向：计算机辅助口笔译、本地化技术、术语管理、翻译项目管理。电子邮箱：wanghuashu@gdufs.edu.cn。

杨承淑，台湾辅仁大学教授，博士生导师，研究方向：口译研究、译者研究、国际医疗口笔译研究。电子邮箱：yangchengshu@gmail.com。

政府制定了《人工智能产业化路线图》；2018 年，德国提出了《联邦政府人工智能战略要点》。

AI 几乎渗透到社会的方方面面，口译领域也不例外，AI 技术的发展带来了口译技术的空前革命，产业链的上下游应用场景正在不断创新。2018 年 4 月博鳌亚洲论坛上首次使用 AI 同声传译，同年 7 月在 RISE 科技峰会[1]（亚洲最大的科技峰会）上，该类技术再次大展拳脚。2019 年 7 月，百度团队声明其研发的"度同传"（DuTongChuan）的汉译英准确率达到 85.71%，英译汉准确率达到 86.36%，可基本与经验丰富的人类同传译员媲美（Xiong，et al.，2019）。国内外翻译技术厂商均将机器翻译作为 AI 技术的入口，纷纷推出形式各异的翻译机和 App，新的应用需求迅速爆发，从普通大众到专业会议都在不断尝试这些新技术，有人热衷于用技术来替代传统职业，甚至喊出了"让同传下岗"的口号。这些给口译学习者、教学者和从业者带来了被替代的"威胁"，让他们对口译教育和职业前景忧心忡忡。人们对技术实质的认识不足，口译技术相关的研究少之又少，致使很多不懂技术的学者受到媒体虚假宣传的影响，产生技术替代论、技术恐惧论等，因此对口译技术的学理研究迫在眉睫。

本文结合口译技术发展历史与口译实践，拟回答下述问题：第一，口译技术是什么，如何分类？口译技术研究属于什么学科定位？第二，口译技术给口译实践带来了哪些影响？第三，口译技术未来的发展趋势如何？通过回答这些问题，本文力求客观、科学地描写口译技术全貌，帮助人们对口译技术形成正确的认识。

## 二、口译技术的基本问题

相对翻译而言，口译技术可谓新事物。探讨口译技术的产生及发展过程、界定基本概念、厘清口译技术的定义、明确其基本定位，是口译技术研究首先要解决的问题。

### （一）口译技术的历史演进

口译技术的历史与口译历史、口译职业发展和信息技术变革紧密关联。根

[1] 详情参见 https://riseconf.com/。

据技术在整个口译历史中出现的时间与影响，口译技术发展大致可以分为四个阶段：口译技术的孕育期、萌芽期、上升期和爆发期。

口译技术的孕育期（19 世纪末—20 世纪 20 年代）：尽管口译活动由来已久，但口译技术的出现依赖现代技术的发展。19 世纪末到 20 世纪初，放音、无线电、电话等设备的发明为会议口译中交替传译的运用奠定了基础。语音传输技术实现了交替传译在大规模会议中的使用，从第一次世界大战期间和巴黎和会起，交替传译得到了广泛使用。

口译技术的萌芽期（20 世纪 20 —50 年代）：这一时期交替传译得到长足的发展，同声传译初登历史舞台。交替传译在得到广泛使用的同时，也暴露出自身的缺陷，会议和信息传输的时间与口译的语种呈现等比例的耗时。为了缩短信息传递和会议的时间，20 世纪 20 年代，出现了同声传译的概念及同声传译设备的雏形（Flerov，2013）。1925 年，爱德华 • 菲林（Edward Filene）与戈登 • 芬利（Gordon Finley）合作，利用电话组件制造了第一个简易的同传系统。之后 IBM 对其进行改造，命名为“Hushaphone”（也称 Hush-A-Phone）。虽然这与目前使用的设备相去甚远，但在当时的会议中，却发挥了重要的作用。1945—1946 年，在纽伦堡等军事法庭审判中使用了多种语言的同声传译，极大地提高了国际审判的效率，开启了大规模使用同声传译的序幕。

口译技术的上升期（20 世纪 50 年代—21 世纪初）：1946 年后，口译需求逐渐增多，口译形式多样化和技术发展推动口译技术平稳向前。自纽伦堡审判之后，同声传译在国际组织、国际会议（联合国与欧盟）中广泛使用。1950 年后，口译形式不断细化，远程口译、电话口译、媒体口译和社区口译等形式不断出现（Andres，2013），与之相配套的技术也应运而生。1973 年，澳大利亚开始使用电话口译设备为移民提供社区口译服务。截至 1990 年，美国与欧洲已经普及了电话口译（Mikkelson，2003）。20 世纪 80 年代，语音识别（ASR）和机器翻译（MT）日趋成熟，机器口译的雏形随之出现。上述技术发展为口译技术进入爆发期奠定了基础，但由于互联网、大数据等技术还没有大规模普及，这些技术一直在探索前行。

口译技术的爆发期（2010 年—现在）：2010 年之后，人工智能经过多个波折终于进入了突飞猛进的发展阶段，移动互联网、云技术、大数据、语音识别、术语技术、语料库技术等发展迅猛，口译技术呈现爆发式增长。专业的口译术语管理技术、先进的远程口译系统、全球化口译交付平台、AI机器同传、口译语料库等呈现百花齐放的局面。在以云技术为代表的多种信息技术推动下，口译管理平台（interpreting management systems，IMS）、口译交付平台（interpreting delivery platforms，IDP）和自带设备的模式（bring your own device，BYOD），打破了设备对于译员的禁锢，带来了技术方面的飞跃，这些技术让译员们走出同传间，走向“虚拟同传间”，随时随地访问和调取口译相关资源。

## （二）口译技术的基本概念

在口译技术的萌芽期和上升期，学者们已经注意到技术给口译带来的影响，但由于技术本身还不够成熟，相关定义与研究呈现出局部化、碎片化特征，缺乏系统性和宏观性思考。很多学者在使用口译技术相关概念时，仅提及却未定义说明，如计算机辅助口译（computer-aided interpreting 或 computer-assisted interpreting，CAI）（钱多秀，2011；Costa，et al.，2014a；Fantinuoli，2016；Vogler，et al.，2019），技术辅助口译（technology-assisted interpreting）（Costa，et al.，2014b）等。到了口译技术爆发期，技术日趋成熟，口译技术研究凸显出一定的宏观性，如王华树、张静（2015），赵毅慧（2017），Fantinuoli（2018）探讨了CAI的概念；Hamidi、Pöchhacker（2007），Orlando（2014），Braun（2019）等讨论了同步交传技术（simultaneous consecutive，SimConsec）；Braun（2019）定义了远程口译（distance interpreting）技术，并定义描述了电话口译（OPI）技术、远程视频口译（VRI）技术和远程视频同传（RSI）技术。

整体来看，学界对技术的关注不足，导致口译技术的概念依然模糊，亟需厘清。结合前人研究，我们认为口译技术是在口译实践、口译培训中使用到的综合技术，包括对口译过程（编码、输出、传递、输入、解码、贮存）进行辅助及处理的技术。口译员是使用口译技术的主体，首先要考虑“将译员的参与”作为界定概念的重要依据。无需口译员参与、直接产出口译结果的技术可谓机器口译（包括机器同传、AI同传、自动口译等）。机器口译是通过自然语言处理、语音识别、语音合成等人工智能技术，实现人与计算机之间用自然语言有效沟通的技术。此类技术将语言学、计算机科学、数学等融于一体，虽然不需要口译员现场翻译，但是需要后台拥有大规模的语音库、语料库和先进的数据处理算法提供技术支撑。译员参与并使用的各类口译技术统称为计算机辅助口译技术。此类技术主要包括口译设备及配套软件、术语管理、口译平台、翻译记忆、语音文字识别、信息检索等技术。无论是何种口译技术，都可以视为口译技术系统中的组成要素。在口译活动之中，这些要素相互关联、相互作用，动态融合，发挥不同的功用，共同为完成口译活动而服务，由此形成一个动态的口译技术系统。

### （三）口译技术的基本分类

在进行分类时，学者们通常关注口译技术研究中的某一个角度，并从该角度出发，对口译技术进行分类，如口译教学（钱多秀，2011）、口译员技术能力（王华树、张静，2015）、口译过程（赵毅慧，2017）、技术功能（Corpas Pastor，2017）等，也有学者从较为宏观的角度分类技术，如基于过程（process-oriented）与场景（setting-oriented）（Fantinuoli，2018）、基于不同的作用模式（Braun，2019）等。上述分类研究中，前者相对零散，涵盖了部分技术，后者范畴更广，但仍有遗漏。口译技术本身就具有学科交叉性和动态生成性，如若整齐划一，难免以偏概全。本文结合前人研究成果，尝试从 6 个不同角度，对口译技术进行分类研究，大致可以分为基于技术依托、基于技术特征、基于自动化程度、基于口译过程、基于对口译的作用模式和基于作用对象等，如图 1 所示。

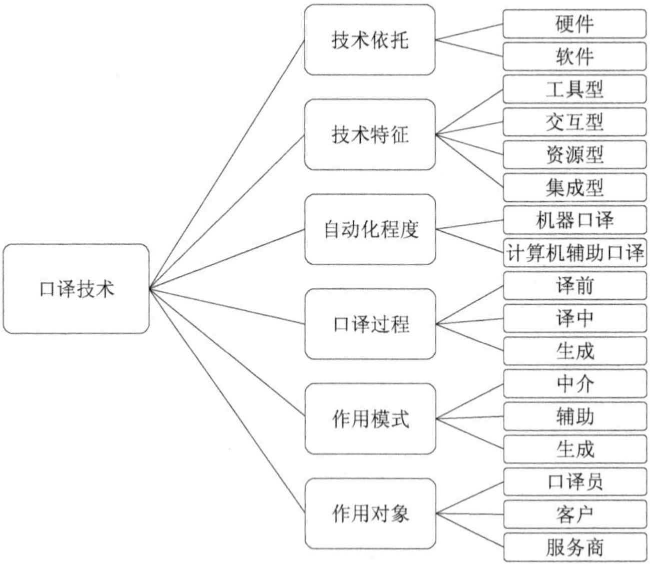


图 1　口译技术的分类

基于不同的技术依托，口译技术可以分为硬件技术和软件技术，硬件技术如同传设备、电话口译设备等；软件技术尤其指电脑中运行的软件，如口译交付云平台、术语管理软件、信息检索软件等。

根据技术特征可分为工具型、交互型、资源型和集成型等技术支持。工具型是指技术为口译提供工具支持，如同声传译设备；交互型是指在信息技术辅助下实现人机对话，从而完成口译活动，如语音识别、自动口译 App 等；资源型是指在口译过程中能够为译员提供信息支持和参考的技术，如大型会议真实口译语料库、垂直领域口译术语库等；集成型是指能够配合口译员完成口译活动的综合性平台，将多种技术集成在一个端口，译员可以自由访问，如译员工作综合平台 Interplex、InterpretBank 等。

根据自动化程度及功能，口译技术可以分为机器口译和计算机辅助口译技术。机器口译技术如百度、腾讯、搜狗机器同传系统。计算机辅助口译技术包括口译设备、信息检索、语音转写、术语识别等。

根据口译过程，本文在 Fantinuoli（2018）的过程与场景的基础上进行了细化与合并，将场景融入过程，将过程分成译前、译中和译后三个阶段。译前：主要进行口译学习与培训、口译相关资料的检索等，包括口译训练平台、搜索技术、术语技术等；译中：口译现场需要用传译设备、音视频软件等；译后：主要进行资料和语料整理更新和反思回顾，需要用到术语管理、翻译记忆、语音识别、语言资产管理等技术。

根据对口译的不同作用模式，口译技术可分为三类：传递口译服务的中介口译技术（technology-mediated interpreting），这种技术主要包括远程口译技术、电话口译技术等；强化或支持译员准备、传译及工作流程的口译辅助技术（technology-supported interpreting），如智能笔、计算机辅助口译技术等；替代人工译员直接生成口译结果的口译生成技术（technology-generated interpreting），也就是机器口译（MI）（Braun，2019）。

根据作用对象可分为口译员、客户和服务商使用的技术，功能各异。口译员使用的技术主要包括辅助口译实践、提升口译效率和质量的技术；客户使用的技术主要是自动口译技术、语言资产平台和口译管理平台等；服务商使用的技术主要是口译管理技术、口译资源平台和口译交付平台等。

### （四）口译技术的基本定位

口译技术不是孤立的研究体系，而是口译实践需求与技术的综合体，兼备口译和翻译行为特征，并融合技术运用于一体，因此在定位口译技术时，需要从内部（翻译研究）和外部（技术）两方面进行探讨。

在翻译研究中，口译技术是翻译技术概念中的子概念，可以说部分口译技术是从笔译技术中衍生出来的，如口译术语管理技术和信息检索技术等，其核心思想是一致的。在 Holmes 构建的翻译学研究蓝图中，翻译技术位于应用型（applied）翻译研究中翻译辅助（translation aids）的子集（Munday，2016：19-20），因此口译技术是翻译技术的子概念，属于翻译辅助研究的重要内容。在外部定位中，口译技术本身具有技术内涵与特征，如工具性、衍生性、实践性等，随着信息技术作为应用工具，不断参与口译活动，口译技术逐渐成为信息技术下的子集，并与网络技术、人工智能、大数据、云技术等存在交叉，可以说口译技术是口译实践需求与多种信息技术的定制化产品。

虽然口译技术具有技术的先进性和研究的重要性，但是学界和译员对技术应用与研究不甚重视，使得目前口译技术研究非常有限（Fantinuoli，2018；Braun，2018）。在 Web of Science、Google Scholar 和 CNKI 核心期刊中检索，涉及口译技术的文献（期刊与书籍）数量约为 75 篇（截至 2019 年 1 月 22 日），可见此类研究在翻译研究中处于边缘，但是也是新的增长点。

## 三、口译技术对口译的影响

技术通常以相对独立的变量和逻辑潜移默化地制约或规范着社会的发展，口译技术也不例外。信息技术改变了口译员译前准备的工作方式，如使用专业工具快速查阅专业资料，利用远程设备辅助口译，更高效地应对复杂多变的口译活动（Riccardi，2000；Andres，Falk，2009；Kalina，2009；Tripepi Winteringham，2010；Fantinuoli，2011/2016；Costa，et al.，2014a/2018；Will，2015）。口译技术已经快速渗透到口译的方方面面，对口译活动产生了重要的影响。根据影响的显著性，本节集中论述口译技术给口译服务和口译员带来的影响。

## （一）口译服务模式

技术的数字化和自动化发展，正在创造新的工作模式（Neufeind，et al.，2018：1）。机器口译开辟了全新的口译模式和更多的口译场景，覆盖了传统口译服务不能覆盖的领域，让本来享受不到口译服务的人群获得了口译服务。在口译技术驱动之下，出现了“同交传”或“交同传”的混合模式，口译实现了从传统的单一人工口译模式走向人机耦合、人机互译模式。利用交互式机器翻译技术，讲话者的声音被识别后以文字形式同步在屏幕上，译员从“听译”为主变成“听译”与“视译”的融合（任文，2018）。口译的接受模式从单纯的耳机频道模式，到语音文字同步再到多语言音视频多屏呈现的多模态形式。智能翻译笔、便携翻译机、智能口译 App 等多模态的口译服务模式促使口译用户群体、消费市场、消费模式发生巨大的变化。

利用远程视频口译（VRI）系统，译员可超越时空限制提供交传或同传，实现“不在场”犹如“在现场”的效果。远程口译技术 Boostlingo❶、Cadence❷、Voicebox❸、Kudo❹、Headvox❺和 ZipDX❻等倡导组建全球口译技术联盟，加强口译技术创新和应用。LanguageLine❼的远程口译系统（InSight Video Interpreting）深受欧美很多医院、医疗协会及政府机构的青睐。无论是 iPhone 还是安卓系统终端，是城市还是偏远乡镇，只要网络良好，均可借助该系统获得专业的口译服务，包括经过专业机构认证的手语翻译服务。VRI 模式可以改善口译资源的利用率，减少口译员的出差时间和费用（Braun，Taylor，2012；Braun，2013）。

## （二）口译服务效率

“工欲善其事，必先利其器”，这在 AI 时代尤为明显。先进的口译技术可在很大程度上保障口译信息的有效接收和传输，对译员有效发挥主观能动性具有积极的作用，极大地提升了口译的产出效率。Tripepi Winteringham（2010）认为，

---

❶ 详情参见 https://www.boostlingo.com/。
❷ 详情参见 https://www.cadencetranslate.com/。
❸ 详情参见 https://www.voiceboxagency.co.uk/。
❹ 详情参见 https://kudoway.com/。
❺ 详情参见 https://www.headvox.com。
❻ 详情参见 https://www.zipdx.info/。
❼ 详情参见 https://www.languageline.com/。

计算机辅助口译为口译员提供了强有力的解决方案，提升了口译服务的质量和产出。口译员通常要在紧急的时间中面对自己不熟悉，甚至是完全陌生的任务，这时候利用传统方法查阅纸质字典或参考材料通常很难解决问题。利用各种搜索技术和工具（如口译术语库、翻译记忆库、双语平行语料库、会议口译语料库等），可快速获取有效信息，直接提升口译效率。Fantinuoli（2006）、Gorjanc（2009）的研究显示，语料库驱动的译前准备可以帮助口译员提高他们在专题工作中的表现水平。Xu（2015）通过基于语料库和自动术语提取技术的实验说明技术提高口译员的效率。Biagini（2016）认为口译员利用专门的 InterpretBank 工具，可以提高口译文本中术语翻译的准确性和完整性。机器翻译系统通常可以提供海量的、不断增长的、垂直领域的专业资料库，能够帮助译员快速处理口译原文中庞杂的信息（如多语言混杂），甚至直接为客户提供高速低廉的翻译解决方案。例如，客户在译前为口译员提供一份参考的 PowerPoint，口译员可以将文稿导入在线翻译系统（如云译通❶、芝麻译库❷、译马网❸等），就能很快地获得一份译文，译员用这种方法可快速了解要翻译领域的主要情况。机器口译系统也可以快速提供专业术语的翻译，降低口译员记忆负荷，辅助快速判断，提升口译反应速度。用户提供的资料（如语音资料），口译中出现的错误输入、停顿、口译反应过程等经过技术处理，都可以成为宝贵的语言资产，供口译机器系统学习，进而提高口译机器系统的准确性；有条件的译员，也可以和机器口译提供商合作，获取相关的资料，供后续关联性的口译活动参考，从而提高口译的效率。

### （三）口译员能力发展

多数研究口译能力的学者认为口译能力包含语言能力、口译技能及百科知识（Gile，1995，2009；刘和平，2005；仲伟合，2007）。赛莱斯科维奇和勒德雷尔（1992：26）认为，口译能力需要三个支柱：双语能力、主题知识和口译技巧。王斌华（2012）认为，口译能力是译员完成口译工作所需要的内在知识和技能体系。遗憾的是，过去的定义基本上在强调口译员的智力要素，忽略了非智力要素（刘建珠，2013：41），如信息技术要素。穆雷等（2017）归纳了四类翻译

❶ 详情参见 http://www.ctc001.com/。
❷ 详情参见 http://www.zhimayiku.com/。
❸ 详情参见 http://www.jeemaa.com/。

人才（口译、笔译、项目经理、质量管理者）的资质和能力要求：职业素养、技术能力、团队合作能力、任务处理能力、专业能力和服务能力。Massey（2018）指出，口、笔译员未来面临的挑战主要来自技术、工作场景多样性、能力范围扩增，以及角色多元性（转引自任文，2018）。王华树等（2018）提出口译技术能力是口译员必备能力。杨承淑、齐龙驹（2018：21）整合 PACTE（2005）与 EMT（2009）对翻译能力的描述，并结合社会发展需求，认为译员必须具备技术能力，包括资讯搜索、工具运用、术语词库、物联网应用、界面整合及人机操作整合等一般技能到综合进阶的能力。

口译是一项高劳动强度的活动，技术手段可以极大地降低口译的劳动强度，提升口译员服务能力。无论人工口译、机助口译，还是自动口译，在现代口译活动中，这些口译技术都发挥着使能、助能、赋能的多重作用，在译前、译中、译后多个环节为口译员提供不同形式、不同程度的帮助，如快速地获取专业领域知识，抓取语义摘要信息、提取专业术语知识、厘清原文逻辑关系、管理口译语言资产等。熟练使用各种工具的口译员，其综合服务能力通常要高于不会使用工具的译员。具备良好的信息思维，熟练使用口译技术和工具解决口译问题的能力成为现代口译员必备的基本素养，传统的口译能力模型需要重新定义，传统的口译课程体系也亟需改革。

### （四）口译员职业发展

机器口译是否会替代人工口译？这样的话题正在引发口译界的热议。以往口译职业的研究对口译技术关注不足，未能关注口译技术对口译职业造成的影响。层出不穷的翻译机拓展了口译服务形式，对陪同口译、旅游导览等口译市场造成很大的冲击。神经网络机器口译质量的快速提升，对能力一般的口译员构成了职业发展的威胁。由于口译服务需求的多样化，不会口译的普通大众及非专业人士借助智能口译技术和设备也可以提供某些形式的口译服务（如陪同、导游等），抢占口译工作机会和市场份额。在某些特定场合，智能口译机可以直接充当口译员的角色，其应用场景越来越复杂，“口译员”的角色正在发生变化，“口译”的群体正在逐步扩大，口译员的职业生涯逐渐受到影响。AI 机器口译快速低廉的服务，对会议口译、会展口译、发布会口译等市场价格造成一定的影响，正悄悄地影响口译员的职业生存状况。杨承淑（2000：208）对口译的价值和价格进行论述，明确指出“除非口译员具备绝对的竞争力，否则就有失业的危机”。如今，机器口译技术开辟了新的场景，给客户提供了更加多样化的选择，并且服务了更多用户，造福人类社会。未来，掌握口译技术的译员将会有更强的职业竞争能力，赢得更多的客户和市场。

口译技术给口译造成的影响不限于上述几个方面，还包括对口译过程、口译质量、口译市场、口译员身份、口译员健康、口译伦理、口译管理、口译培训等诸多方面造成的正面和负面的影响，限于篇幅，本文不再赘述。在新的时代，AI 技术助力口译的模式已经发展成为互动融合与加速转化的趋势，影响将会越来越深远。期盼口译学界居安思危，客观理性看待技术发展，关注技术带来的挑战，抓住技术发展创造的机遇，进而促进口译教育的与时俱进。

## 四、口译技术的发展趋势

过去，译员凭借自身硬功夫以单打独斗的方式获得口译市场的竞争优势；未来，这种服务方式将会逐渐被人机结合的服务模式取代。借助 AI 技术发展的东风，口译技术呈现定制化、智能化、泛在化、平台化等发展趋势。

### （一）定制化

在人工智能时代，通用的口译软件已经很难满足多种口译活动需求，个性化、精细化、信息化需求将会得到越来越多用户的认可和青睐。机器翻译需要优质的人工翻译语料来训练提高质量。通过专门语料训练，系统可根据特定领域、特定场景的客户需求，提供翻译模板扩展和定制，结合大数据资源支持，融合领域自适应技术，提供定制化的数据获取与加工方案的设计，为客户提供标准化、结构化的可用数据，满足客户多领域、多场景翻译需求。通过多模态数据训练（文本、图像、音频、视频、网页等），口译服务供应商或口译员可以拥有自己的口译系统。例如，口译员可以利用 InterpretBank[1]、Intragloss[2]、语帆术语宝（Termbox）[3]等术语技术构建口译专业领域知识，通过自动化术语提取技术帮助译员更快地找出专业术语，快速创建有针对性的术语资源库，帮助译员有针对性

[1] 详情参见 http://www.interpretbank.com/。
[2] 详情参见 http://intragloss.com/。
[3] 详情参见 http://term.onedict.com/。

地对会议资料进行预处理。

## （二）智能化

人工智能在过去5～10年快速发展，语音语义识别、图像识别、AR/VR[1]、区块链等技术已经开始并且加速地与翻译产业结合。多专家系统技术、机器学习、硬软件一体化和并行分布处理技术推动语音识别和机器翻译快速发展。增强型的自动化机器学习将会更加智能，强大的算法可以从庞杂的口译数据中发现模式并演化为更高级的智能系统，具备类似于人一样的观察、理解、判断和生成各种情感特征的能力，机器口译系统可以像口译员一样进行自然交流。AI口译技术融合情感计算，在掌握用户情感状态的基础上，可根据情感信息的识别结果，对用户的情感变化做出最适宜的反应。例如，Google Assistant[2]融合了深度学习、机器学习、认知计算等技术，在与真实场景交互过程中，发音自然，语速流畅，就连停顿、"嗯"等表示思考的小细节都纳入其计算范畴。在口译过程中，该技术可以实现更加精确的语音和语义识别，从而产出更加精确的翻译结果。智能口译系统将会得到快速发展，翻译引擎经过深度优化，集成翻译记忆技术和术语技术，融合统计及神经网络等多种解码算法，智能化程度将会越来越高，应用场景将会更加广泛，覆盖交传和同传等多种需求。

## （三）泛在化

物联网、互联网+、泛在网络等技术催生了"超媒体""全媒体""泛媒体""BYOD"的出现，"泛在翻译"也应时而生。移动互联网结合移动口译设备，将泛在的客户需求和泛在服务结合起来，使得任何人可以在任何地方、任何时刻获取所需的口译服务。例如，找翻译（FindYee）[3]，基于LBS（location-based service）实时定位系统，能够精准地搜索到垂直领域专业翻译人才及资源，帮助有翻译需求的用户快速、实时寻找到专业译员，也帮助译员获得翻译工作机会，实现用户与口译人员的无缝对接。再如，利用BEasy[4]系统，用户拨打BEasy App中的语音或视频通话，在线专业的口译人员便能提供即时的口译服务。泛在

---

[1] AR，Augmented Reality，即增强现实；VR，Virtual Reality，即虚拟现实。

[2] 详情参见 https://assistant.google.com/。

[3] 详情参见 https://www.yeecloud.com/findyee。

[4] 详情参见 www.beasy.com.tw。

系统可以快速定位手机用户的当前地理位置，然后搜索匹配在用户当前位置范围内可以提供口译服务的译员。众包口译、社会化口译等新模式将会让全球各地口译员和技术资源得到有效适配和聚合优化，促进口译资源的共享和利用，提高行业效率。移动口译服务、精准口译营销、LBS 口译设备服务、线上线下人机耦合等服务实时呈现和监控口译供求信息，及时有效地对接译员与客户。

5G 网络出现为万物互联提供了更为强大的基础。5G 超高无线速度理论上传输峰值速率可达 10Gbps 以上，可提供超高清流媒体业务（云 VR/AR、云视频、云会议、云直播等），以及特定场景的无线高速宽带接入，为远程口译和云 VR/AR 口译提供强大的支持。5G 网络构建的高效快速的网络，结合泛在网络技术，能更好地帮助人们应对口译服务对稀缺资源和远程环境需求的挑战，必将给口译产业带来一场升级革命，推动全球口译事业迈入即时、共享、开放的泛在新时代。

### （四）平台化

在新的数字化经济时代，不论是互联网巨头，新兴翻译技术平台企业，还是传统转型的翻译企业，都在打造创新型翻译技术平台，整合稀有语言服务资源，进行大数据知识挖掘，激发客户和用户积极参与，实现平台化协同化服务。当前，用户基数庞大，技术积累丰富，资金实力雄厚的国际化企业（如谷歌、微软、百度、腾讯、搜狗、新译、云译等）通过提供开放机器翻译接口，打造多元化多功能产品，重塑商业服务模式，逐步构建完善的资源集聚的生态平台，口译技术供应链竞争逐步演进为平台化的生态体系竞争。

在大型口译活动中，集人员管理、资源管理、知识管理等一体化的综合性协作平台，才能满足日益增强的口译协同管理需求。在未来复杂场景中，单独的口译软件将会向平台化转型（如 thebigword[1]、Plunet[2]、Primaxis[3] 等口译管理系统），多数口译服务平台将客户、译员和服务通过平台绑定在一起，提供综合性的口译服务。例如，Boostlingo 通过平台网站及 App 应用，客户可以在全球范围内预约现场口译服务，也可以随时随地获得电话、视频等远程口译服务；翻译公

---

[1] 详情参见 https://en-gb.thebigword.com/。

[2] 详情参见 https://www.plunet.com/en/。

[3] 详情参见 http://www.primaxis.com.au/ims。

司可借助平台管理译员、提供电话、视频等远程口译和现场口译服务；口译人员可在平台上承接项目、完成工作、管理任务并追踪收益；口译管理人员可以实现全球化调配口译资源，有助于口译生态的良性发展。

在技术变革时代，口译技术不断创新，口译工具种类层出不穷，口译 App 数量不断攀升，应用场景更加广阔，初步形成了链接客户、服务商和译员的生态系统，这为推动口译资源整合、模式创新、效率提升、生产变革等提供了重要支撑。在新时代，无论是口译员还是口译培训人员，都不可避免地要进行系统性的学习，了解口译技术创新模式，掌握口译技术发展趋势，提升“语言 + 技术”的综合口译服务能力。

## 五、结语

AI 技术迎来爆发式发展，引发了一系列的颠覆性创新，超越了传统口译服务的时空限制，打开了一个全新且广阔的应用市场，极大地拓展了行业语言服务能力，改变了传统翻译行业的时空格局，未来将会促进跨行业的智能化和生态化融合。科技是第一生产力，口译技术对口译实践和口译教育至关重要，是否重视口译技术直接影响口译人才培养的综合素质。《教育信息化 2.0 行动计划》强调要加强广大师生的信息化应用水平和信息素养（中华人民共和国教育部，2018），但是，当前能够有效开设口译技术课程的高校或真正将人机互动融入教学过程的高校少之又少，提升广大口译师生的口译技术素养已经成为十分紧迫的问题。

面对新技术、新市场、新业态、新模式、新机遇，无论是口译教育还是口译研究，都需要重新定位，做好转型的准备，顺应技术的潮流，加强口译技术教学和研究。本文探讨口译技术的概念和定位，阐释口译技术对翻译活动乃至社会发展的影响，梳理口译技术的发展趋势，旨在帮助和引导口译从业者走出技术概念误区，消解唯技术论、技术无用论、技术恐惧论等片面观点，正确认识口译技术的本质内涵，建立完整的口译技术教育知识框架，为口译研究开拓新的领域。

### 参考文献

刘和平 . 2005. 译理论研究成果与趋势浅析 [J]. 中国翻译 , (4):71-74.

刘建珠 . 2013. 同声传译研究概论 [M]. 苏州：苏州大学出版社 .

穆雷，沈慧芝，邹兵．2017．面向国际语言服务业的翻译人才能力特征研究——基于全球语言服务供应商 100 强的调研分析 [J]. 上海翻译，(1):8-16,94.
钱多秀．2011．试析计算机辅助工具在口译中的应用 [J]. 民族翻译，(4):76-80.
任文．2018．新时代语境下翻译人才培养模式再探究：问题与出路 [J]. 当代外语研究，(6):92-98.
赛莱斯科维奇，勒德雷尔．1984．口笔译概论 [M]. 孙慧双，译．1992．北京：北京语言学院出版社．
王斌华．2012．从口译能力到译员能力：专业口译教学理念的拓展 [J]. 外语与外语教学，(6):75-78.
王华树，李智，李德凤．2018．口译员技术应用能力实证研究：问题与对策 [J]. 上海翻译，(5):70-77,88,95.
王华树，张静．2015．信息化时代口译译员的技术能力研究 [J]. 北京第二外国语学院学报，(10):25-32.
杨承淑．2002．口译教学的数位化与网络化 [J]. 翻译学研究集刊，(7):273-296.
杨承淑，齐龙驹．2018．翻译教学与国际医疗：论医疗的外语服务与实务运作 [J]. 翻译季刊，(88):1-28.
赵毅慧．2017．口译技术的回溯与前瞻：工具化、交互化及智能化的演变 [J]. 外文研究，(4):65-71,105.
中华人民共和国教育部．教育部关于印发《教育信息化 2.0 行动计划》的通知 [EB/OL]. (2018-04-18)[2019-8-24]. http://www.moe.gov.cn/srcsite/A16/s3342/201804/t20180425_334188.html.
仲伟合．2007．口译课程设置与口译教学原则 [J]. 中国翻译，(1):52-53.
ANDRES D. 2013. History of interpreting[C]//CHAPELLE C A. The Encyclopedia of Applied Linguistics. New Jersey: Wiley-Blackwell, 1-10.
ANDRES D, FALK S. 2009. Information and communication technologies (ict) in interpreting – remote and telephone interpreting[C]//ANDRES D, PÖLLABAUER S. Is Everything All Topsy Turvy in Your Tummy? Health Care Interpreting. München: Peter Lang , 9-27.
BIAGINI G. 2016. Glossario Cartaceo e Glossario Elettronicodurante L’ interpretazione Simultanea: uno Studio Comparativo[D]. SSLMIT Trieste.
BRAUN S. 2019. Technology and Interpreting[C]//O’ HAGAN M. The Routledge Handbook of Translation and Technology. London: Routledge, 271-289.
BRAUN S. 2018.Video-mediated interpreting in legal settings in England interpreters’ perceptionsin their sociopolitical context[J]. Translation and Interpreting Studies, 13(3): 393-420.
BRAUN S. 2013. Keep your distance? Remote interpreting in legal proceedings: a critical assessment of a growing practice[J]. Interpreting, 15(2): 200-228.

BRAUN S, TAYLOR J. 2012. Video-mediated interpreting: an overview of current practice and research[C]//BRAUN S, TAYLOR J. Video conference and Remote Interpreting in Criminal Proceedings. Cambridge: Intersentia, 33-68.

CORPAS PASTOR G. 2017. VIP: voice-text integrated system for interpreters[C]//Proceedings of the 39th Conference: Translating and the Computer. London: AsLing, 7-10.

COSTA H, CORPAS PASTOR G, DURÁN-MUÑOZ I. 2018. Assessing terminology management systems for interpreters[C]//CORPAS PASTOR G, DURÁN-MUÑOZ I. Trends in E-tools and Resources for Translators and Interpreters. Leiden: Brill/ Rodopi, 57-84.

COSTA H, CORPAS PASTOR G, DURÁN-MUÑOZ I. 2014a. A comparative user evaluation of terminology management tools for interpreters[C]. Proceedings of the 4th International Workshop on Computational Terminology (Computerm). 68-76.

COSTA H, CORPAS PASTOR G, DURÁN-MUÑOZ I. 2014b. Technology-assisted interpreting[J]. MultiLingual, 143(25): 3.

FANTINUOLI C. 2018. Computer-assisted interpreting: challenges and future perspectives[C]// CORPAS PASTOR G, DURAN-MUNOZ I. Trends in E-tools and Resources for Translators and Interpreters. Leiden: Brill/ Rodopi, 153-174.

FANTINUOLI C. 2016. Interpret bank. Redefining computer-assisted interpreting tools[C]// Proceedings of the Translating and the Computer 38 Conference in London, 42-52.

FANTINUOLI C. 2011. Computer linguistik in der dolmetschpraxis unter besonderer berücksichtigung der korpusanalyse[M]//HANSEN-SCHIRRA S, NEUMANN S, ČULO O. Annotation, exploitation and evaluation of parallel corpora: TC3 I. Berlin: Language Science Press, 45-74.

FANTINUOLI C. 2006. Specialized corpora from the web for simultaneous interpreters[C]//BARONI M, BERNARDINI S. Wacky! Working Papers on the Web as Corpus. Bologna: GEDIT, 173-190.

FLEROV C. On comintern and hush-a-phone: early history of simultaneous interpretation equi[EB/OL]. (2013-10-30)[2019-08-24]. https://aiic.net/page/6625/early-history-of-simultaneousinterpretation-equipment/lang/1.

GILE D. 2009. Basic concepts and models for translator and interpreter training (revised edition)[M]. Amsterdam: John Benjamins Publishing Company.

GILE D. 1995. vBasic concepts and models for translator and interpreter training[M]. Amsterdam: John Benjamins Publishing Company.

GORJANC V. 2009. Terminology resources and terminological data management for medical interpreters[C]//ANDRES D, PÖLLABAUER S. Is Everything All Topsy Turvy in Your

Tummy? Health Care Interpreting. München: Peter Lang, 85-95.

HAMIDI M, PÖCHHACKER F. 2007. Simultaneous consecutive interpreting: a new technique put tothe test [J]. Meta, 52(2):276-289.

KALINA S. 2009. Dolmetschen im wandel-neue technologien als chance oder risiko[C]. Tagungsband der Internationalen Fachkonferenz des Bundesverbandes der Dolmetscher und Übersetzere.V. (BDÜ). Berlin, 393-401.

MASSEY G. 2018. T&I Graduate employability strategies in the 21st century[R]. Paper Presented atthe CIUTI General Assembly, Edinburgh.

MIKKELSON H. 2003. Telephone interpreting: boon or bane?[C]//GONZÁLEZ P. Speaking in Tongues: Language across Contexts and Users. València: Universitat de València, 251-269.

MUNDAY J. 2016. Introducing translation studies (4th edition)[M]. London: Routledge.

NEUFEIND M, O' REILLY J, RANFT F. 2018. Work in the digital age: challenges of the fourth Industrial Revolution[M]. London: Rowman & Littlefield International Ltd.

ORLANDO M. 2014. A study on the amenability of digital pen technology in a hybrid mode of interpreting: consec-simul with notes[J].Translation and Interpreting, 6(2):39-54.

RICCARDI A. 2000. Die rolle des dolmetschens in der globalisierten gesellschaft[C]//KALINAS, BUHL S, GERZYMISCH-ARBOGAST H. Dolmetschen: Theorie Prax is Didaktik mit Ausgewählten Beiträgen der Saarbrücker Symposien. 75-87.

TAKEDA K, BAIGORRI-JALÓN J. 2016.New Insights in the History of Interpreting[M].Amsterdam: John Benjamins Publishing Company.

TRIPEPI WINTERINGHAM S. 2010.The usefulness of icts in interpreting practice[J].The Interpreters' Newsletter, 15:87-99.

VOGLER N, STEWART C, NEUBIG G. 2019. Lost in Interpretation: Predicting Untranslated Terminology in Simultaneous Interpretation[J]. arXiv preprint arXiv, 1904.00930.

WILL M. Zur eignung simultanfähiger terminologie systeme für das konferenzdolmetschen (terminology management software for interpreters and its suitability for conference interpreting) [EB/OL]. (2015-07-17)[2019-08-24]. http://www.trans-kom.eu/bd08nr01/transkom_08_01_09_Will_Konferenzdolmetschen.20150717.pdf.

XIONG H, ZHANG R, ZHANG C, et al. 2019. DuTongChuan: context-aware translation model for simultaneous interpreting[J]. arXiv preprint arXiv, 1907.12984.

XU R. 2015. Terminology Preparation for Simultaneous Interpreters[D]. University of Leeds.

# 机器翻译技术研究：演变与展望*

陆晓蕾　黄玲毅†

**摘要：**机器翻译是一门新兴交叉研究领域，融合了计算机科学和语言学等多学科知识。以神经机器翻译为代表的新型技术正在改变翻译的面貌，给翻译研究带来了巨大的挑战。鉴于此，本文拟结合定性与定量的分析方法，梳理机器翻译研究演进脉络，分析机器翻译的发文趋势、学科分布、高被引文献及研究转向，以期为未来的翻译学研究、翻译学科建设及人才培养提供一些参考。

**关键词：**翻译技术；机器翻译；自然语言处理；计算机辅助翻译；翻译研究

随着深度学习算力的提升和神经网络性能的优化，自然语言处理（NLP）技术日新月异，机器翻译发展势头强劲。近年来，我国有不少语言研究者梳理并分析过机器翻译的发展脉络，为后续研究提供了有益参考。其中，大多数研究者采用定性分析的方式，通过文献阅读主观筛选出技术演进过程中的关键事件及时间节点，进而描述出机器翻译技术的演进脉络（冯志伟，2019）。然而，定性研究大多缺乏实际数据的支撑，主观性较强。也有少数学者从定量分析的视角整理了机器翻译的发展历史（王湘玲，杨艳霞，2019；杨艳霞，王湘玲，2019），但他们的研究以外语期刊为主要文献来源，未加入计算机专业的文献数据。本文在详细描述机器翻译技术演进脉络的基础上，借助可视化研究工具—— CiteSpace，

* 本文为教育部人文社科基金青年项目"'一带一路'倡议下涉外法律机器翻译云平台的构建及应用研究"（18YJCZH117），福建省中青年教师教育科研项目"基于语料库的法律英语教学云平台的构建"（JZ180061），中央高校基本科研项目"基于语义模型的机器翻译研究"（20720191053）等项目的阶段性成果。

† 作者简介：陆晓蕾，女，厦门大学外文学院助理教授，博士。研究方向：语言智能与翻译技术。电子邮箱：luxiaolei@xmu.edu.cn。

黄玲毅，女，厦门大学外文学院副教授，博士。研究方向：语言学。电子邮箱：xmhuanglingyi@126.com。

从计量视角探析文献出版与机器翻译技术发展的动态关系，最终对该领域的未来进行展望。

## 一、定性研究：机器翻译技术演进脉络梳理

普遍认为，在计算机诞生之前，便出现了基于语言字典的机械装置（arts-rouni 机械大脑；smrinove-trojanskie 机械翻译系统）。1946 年，第一台电子计算机 ENIAC（electronic numerical integrator and computer）在美国问世，机器翻译研究逐渐兴起。1954 年，由 Georgetown-I.B.M. 共同开发的计算机翻译系统首次公开亮相。此后，机器翻译研究蓬勃发展，出现了一批机器翻译研究团队（华盛顿大学；IBM 研究中心；乔治城大学）和致力于机器自动翻译的公司（Systran；Logos）。可惜好景不长，1959 年，Bar-Hillel 出版了题为“关于美国和英国机器翻译现状”（*Report on the State of Machine Translation in the United States and Great Britain*）的报告，认为一个高质量的全自动机器翻译系统是荒谬的（Unreasonable）（Bar-Hillel，1959）。此后，机器翻译研究进入低谷。直到 20 世纪 70 年，机器翻译研究才开始复苏，并逐渐形成了两大流派，即基于理性主义的机器翻译与基于经验主义的机器翻译。

### （一）基于理性主义的机器翻译[1]

基于理性主义的机器翻译方法，又称基于规则的机器翻译（Rule-based Machine Translation，RBMT），主要是通过将语言中的规则“传授”给计算机，使得机器能够处理自然语言。基于规则的机器翻译主要分为三种：直接机器翻译（direct translation）、基于转换的机器翻译（transfer translation）和基于中间语的机器翻译（interlingua translation）[ 参见伯纳德 • 沃古瓦金字塔（Bernard Vauquios’ Pyramid），图 1]。直接机器翻译主要是基于字典的逐字直接翻译，忽略句法语序等内容。基于转换的机器翻译主要有三个步骤：分析、转换和生成。首先，从词性、语法、语义等角度分析源语言，提取句法与语义（树状）结构，再将源语言句子的（树状）结构通过插入、删除及调序等方式转换成目标语

[1] 如果将早期的基于字典的机械翻译认为是机器翻译的话，那么基于理性主义的机器翻译可以追溯到 20 世纪 50 年代。

的树状结构表示，最后从（树状）结构生成目标语言。基于中间语的机器翻译（interlingua translation）主要是在源语与目标语之外引入第三种语言作为翻译媒介，再通过转换方法进行翻译。著名的 RBMT 系统主要有 PROMPT、Systran、UNITRAN 等。

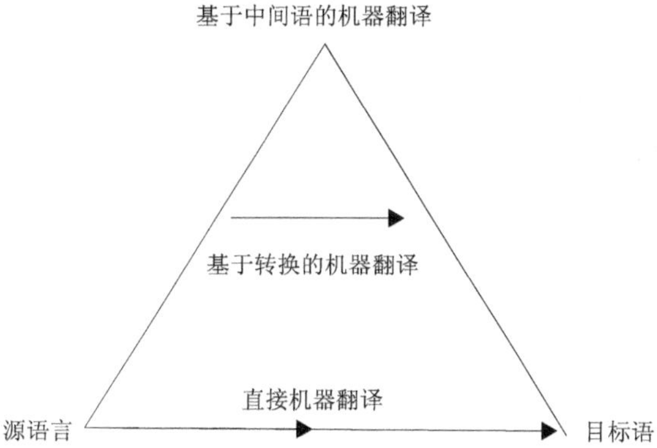


图 1　伯纳德·沃古瓦的金字塔[1]

基于理性主义的机器翻译系统由词典和语法规则构成翻译知识库。这种基于规则的翻译技术的优点是可解释性强，且不依赖大规模语料，对计算机配置要求相对较低。然而缺点是，语言规则描述的粒度较粗，通常导致翻译结果不尽人意；不同语言的例外情况过多，需要建立更多的规则，导致模型变得愈加复杂；同时，随着新语言现象的不断出现，基于规则的翻译方法需要不停更新知识库和规则库，过程耗时耗力。基于规则的手段需要精通语言规则与计算机知识的复合型人才，这也是限制基于规则的翻译技术的重要因素之一。

### （二）基于经验主义的机器翻译

随着计算机运算能力的不断增强和双语语料资源的持续增多，以统计和神经机器翻译为代表的经验主义机器翻译技术逐渐取代基于规则的机器翻译成了机器翻译的主流。基于经验主义的机器翻译方法，又称基于语料库的机器翻译（Corpus-Based Machine Translation，CBMT），该方法认为计算机可以自动或者半自动地从大规模语料中学习自然语言规则。基于经验主义的机器翻译可以分为

---

[1] 改编自 Bernard Vauquois 的金字塔。。资料来源：Bernard V.1968.A survey of formal grammars and algorithms for recognition and transformation in mechanical translation[J]. IFIP congress, 68(2).

基于实例的机器翻译（Example-Based Machine Translation，EBMT）、统计机器翻译（Statistical Machine Translation，SMT）[1]与神经机器翻译（Neural Machine Translation，NMT）。

1984 年，日本学者长尾真（Makoto Nagao）提出基于实例的机器翻译的技术构想。其基本思路大致如下：将待译内容切分为语言片段，基于类比（Analogy）等思想在双语平行语料库中找出相似度最高的译文实例（Nagao，1984），再经过替换、增减、修改等一系列变形操作后，生成、组合译文（图 2）。基于实例的机器翻译以对齐的实例库为知识表示方式，可以利用已有的翻译成果，避免了体系庞杂和难度较高的语言规则建设。然而，该方法严重依赖翻译实例与翻译记忆库的覆盖率，如果语料匮乏或质量不高，将对匹配结果与翻译质量产生不良影响。

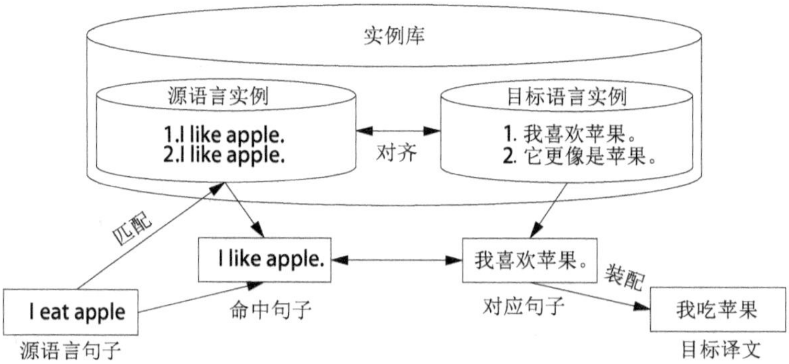


图 2　基于实例的机器翻译示意图（李沐，等，2018）

统计机器翻译主要是基于统计学的理论、方法，将整个翻译过程进行数学建模，形成一个概率模型，一般步骤为：①切割句子片段；②词对齐；③训练翻译模型、语言模型和调序模型；④解码器输出目标句子。统计机器翻译框架主要分为：翻译模型、语言模型和调序模型。其中翻译模型是核心，主要可分为基于词的模型（Word-Based Models）、基于短语的模型（Phrase-Based Models）和基于句法的模型（Syntax-Based Models）。

相对于基于规则的翻译，统计机器翻译能够自动地从语料库中学习语言规则，并且很好地处理大量频繁出现的重要语言现象，也更容易在单词层面上寻找

[1] 统计机器翻译至少有两种含义：（1）包含神经网络机器翻译在内的所有基于统计的机器翻译方法的总称；（2）20 世纪 90 年代至 2014 年（神经网络兴盛）之间的统计机器翻译模型。此处特指第二种含义。

最佳翻译、处理局部歧义等。然而，统计机器翻译也存在着如下问题：基于词和短语的机器翻译几乎没有涉及语言学知识；基于句法的机器翻译则有赖于高质量的句法分析结果，这在处理源 - 目标语言相近（如德 - 英）时，语句对齐效果较好，否则（如汉 - 英）通常效果不好。另外，译文的句法合法性问题、指代问题和长句子的句法解析困难等问题是目前统计机器翻译的瓶颈所在。

随着互联网大数据的积累与计算硬件的飞跃发展，神经网络逐渐应用于自然语言处理领域，尤其是机器翻译之中。神经机器翻译（NMT）主要是通过构建深度神经网络来自动学习双语语料。目前流行的神经机器翻译大都是基于序列到序列（Seq2Seq）的架构，主要包含两个部分：编码器和解码器。编码器是把源语言经过一系列神经网络变换之后，表示成一个高维的向量。解码器负责把这个高维向量再重新解码（翻译）成目标语言。近年来，学术界对于 NMT 的研究主要集中在以下几个方面：网络架构（Sutskever et al.，2014；Wang et al.，2019）；受限词汇量（Luong et al.，2015；Huck et al.，2019）；先验约束（Cohn et al.，2016；Hao et al.，2019）；低资源（Zoph et al.，2016；Kim et al.，2019）；多模态（Hitschler et al.，2016；Calixto et al.，2019）；可视化和可解释性（Ding et al.，2017；Vig and Belinkov，2019）。

深度神经网络在翻译中的应用，显著提升了机器翻译系统的性能，极大促进了机器翻译的发展，甚至改变了现代翻译公司的工作方式。神经机器翻译处理的对象是整个句子，减少了过去短语式的形态、句法、词序等错误。另外，通过反向传播算法，模型的网络架构能够自动调整参数，在工程实践上也更具效率。然而，神经机器翻译也存在如下问题：第一，神经网络训练是个黑匣子，模型的可解释性不强。当翻译出现某种问题时，很难准确快速找到原因并解决；第二，对于一些复杂长句、专业性强的句子翻译能力较差；第三，如何将人类知识与神经网络融合也是该模型的研究难点之一。

## 二、定量研究：基于 CiteSpace 的机器翻译技术研究

### （一）文献来源

本文选取 Web of Science 核心数据集及中国知网全文数据库（CNKI）收录的文献，以“机器翻译”为关键词，检索收集了相关文献共 13780 篇。其

中，CNKI 文献 5987 篇，WOS 文献 7793 篇，包括会议论文 5553 篇，期刊论文 6756 篇，硕博士学位论文 705 篇，其他类型 776 篇。最早的文献发表于 1955 年，最新的文献发表于 2019 年 12 月[1]。收集 CNKI 数据时，导出参考文献格式选择为 Refworks，存为 txt 文档后，经由 CiteSpace 进行格式转换后重命名为以“download_”开头的文本文档；收集 WOS 数据时，将默认情况下显示的检索字段数设置为 1，记录内容选择“全纪录及引用的参考文献”，导出格式选择“纯文本”。文本经过手动清洗、降噪后，导入 CiteSpace 后进行计量分析。

### （二）研究工具

本文采用最新版 CiteSpace V5.6 R2 可视化分析软件（Chen，Song，2019）进行数据统计与文献分析。CiteSpace 是美国德雷克塞尔大学信息科学与技术学院的陈超美教授应用 JAVA 语言开发的文献数据分析工具，通过对特定领域文献的计量分析，描绘突现术语（Burst Term）及高频关键词的发展路径，可将相关文献知识可视化，从而展现某个研究领域的演化进程和阶段特征，发现该领域研究的关键转折点，探寻学科研究前沿与热点。此外，本文还使用 Python 3.7.3 作为辅助研究工具。

### （三）结果分析

#### 1. 发文态势

不同时期的文献出版数量是衡量某一领域历史演进脉络的重要指标，对评价该领域研究的阶段特征具有重要意义。本文按年度对国内外机器翻译领域文献发表量进行统计分析，绘制出折线图（图 3）。根据图 3，国内外机器翻译研究发文量总体均呈现波动上升趋势。比较而言，国外机器翻译研究发展迅猛，研究文献成倍增长。而国内机器翻译研究起步较晚，发展相对缓慢，还有很大的发展空间。利用自然断点分级法，国内外机器翻译研究均可划分为 3 个阶段：起步阶段（1955—1990 年）、波动发展阶段（1991—2013 年）及快速发展阶段（2014—2019 年）。这与机器翻译技术的演进脉络较为吻合。

[1] 本文数据的获取时间为 2019 年 12 月 20 日。

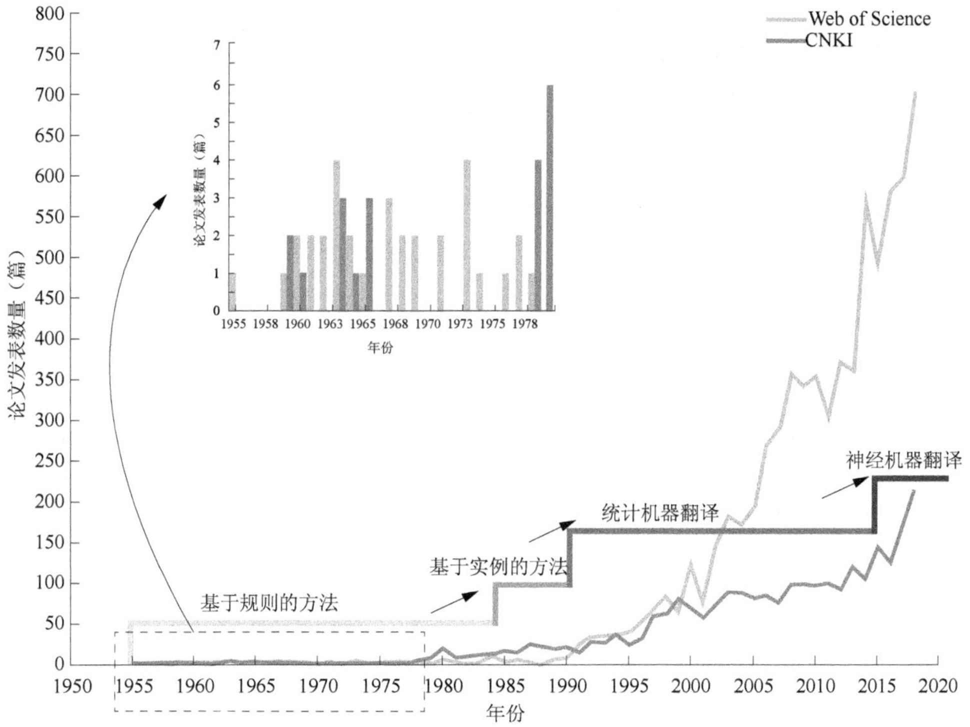


图 3 “机器翻译”相关论文发表情况（1955—2020 年）

20 世纪 50 年代到 80 年代是基于规则的机器翻译技术的时期，受限于技术及时代发展，该时期论文发表总体较少，为国内外机器翻译研究的起步阶段。图 3 显示，1955 年出版了第一篇机器翻译文献❶。一年后，国内学者便开始关注机器翻译研究（刘涌泉，1959）❷。此后，机器翻译研究发文量几经波折，但总体研究热情低迷，年均发文量仅为个位数。1966 年，美国语言自动处理咨询委员会 ALPAC（Automatic Language Processing Advisory Committee）发表了题为“语言与机器：翻译和语言学视角下的计算机”（*Language and Machines—Computers in*

❶ 第一篇文献为第一本机器翻译书籍的书评。1952 年，由 Yehoshua Bar-Hillel 组织，在麻省理工大学召开了第一次以机器翻译为主题的学术会议，William Nash Locke 与 Andrew Donald Booth 将会议论文整理成册，并于 1955 年正式出版，成为了机器翻译研究的第一部作品。参见：LOCKE, Nash W, Booth A D. 1955. Machine translation of languages: fourteen essays[M]. New York:Technology Press of the Massachusetts Institute of Technology, Wiley.

❷ 国内机器翻译相关文献最早发表于 1959 年（刘涌泉，1959；北京外国语学院俄语系俄汉机器翻译研究组，1959），主要内容是关于当时机器翻译在国内的进展，以及俄汉机器翻译中的语言分析问题。参见：刘涌泉 .1959. 我国机器翻译工作的进展 [J]. 科学通报 :563-564; 北京外国语学院俄语系俄汉机器翻译研究组 .1959. 俄汉机器翻译中的语言分析问题 [J]. 外语教学与研究 .

*Translation and Linguistics*）的报告，对机器翻译的发展持悲观态度[1]，机器翻译研究进入低谷，当年国内外几乎没有发表关于机器翻译的论文。

20 世纪 80 年代中期开始，基于经验主义的机器翻译技术研究开始发展，研究者开始重视双语译文语料，基于语料库的机器翻译技术应运而生。1980—1990 年的 10 年间，学界迎来了机器翻译研究的一次小高潮，发文量较过去 10 年有较大幅度增长。值得注意的是，在基于实例的机器翻译技术研究早期，国内外学术界的研究相对滞后，基于理性主义的机器翻译研究仍然是当时的研究热点。因此，在相关文献中，有关基于规则的机器翻译技术的文献依然占据主流。

直到 20 世纪 90 年代，随着基于统计的机器翻译技术的发展，研究者开始重视翻译语料，机器翻译迎来了波动发展阶段。2000 年，WOS 上有关机器翻译的文献便较 1990 年上涨近 16 倍，达 126 篇。此后，国外发文数量一直呈现波动递增的态势，并于 2013 年到达 359 篇。相较而言，国内的文献数量由 1990 年的 21 篇，上升到 2013 年的 121 篇，增长相对平稳，但发展较为缓慢。

2014 年以后，随着神经网络及深度学习等技术飞速发展，文献发表数量呈爆发式增长，机器翻译研究空前繁荣。以 WOS 上的文献数据为例，2018 年国外的机器翻译文献数量为 704 篇，是 2011 年文献总数的 2.27 倍，1955 年的 500 倍。在快速发展期，机器翻译相关的研究文献大量激增主要得益于人工智能技术的进步。随着时代的发展、计算能力的提高、双语语料数据的扩容和算法模型的革新与进步，基于深度学习的神经网络翻译模型依然会成为未来学术研究的趋势与热点。

### 2. 学科分布

在跨学科研究中，学科分布对于对比学科差异、分析研究现状至关重要。本文使用 Python 3.7.3 统计 WOS 与 CNKI 上机器翻译文献的学科分布。具体操作为：使用 for 循环提取已下载数据中的学科分布信息，再将提取的字符串用 split（）函数以空格为间隔切分为数组，使用 open（）函数自动打开并保存 txt 文档，编码设置为 utf-8，然后使用 collections.Counter（）函数进行词频统计。

---

[1] 其中最著名的一句话便是“翻译领域没有紧急情况。问题是不能通过不存在的机器翻译来满足一些不存在的需求”(There is no emergency in the field of translation. The problem is not to meet some nonexistent need through nonexistent machine translation.)

经过统计，本文发现，机器翻译研究的文献主要来自语言学与计算机科学。此外，文献还分布在自动化技术、图书情报与数字图书馆、高等教育等研究领域。具体来说，国外期刊发表的机器翻译文献主要来自于计算机科学专业。从 WOS 上的数据来看，在国外发表的机器翻译文献中，计算机软件及计算机应用专业占比 52%，超过半数，位列第二的工程学专业占比 22%，前两大理工专业的联合占比高达 74%；相较而言，语言学科占比较弱，只有 10%，仅为理工类联合占比的 1/7，这表明在国外的机器翻译文献中，语言学科较为弱势。

在国内期刊发表的机器翻译文献中，计算机软件及计算机应用专业占比也相对较高，但语言研究也不甘示弱。根据 CNKI 的数据显示，计算机软件及计算机应用专业占比达 42%。相比之下，来自中国语言文字与外国语言文字两个专业的文献合并占比为 43%，是国际占比的 4 倍还多，甚至超过国内计算机学科。其中，中国语言文字学者，占比 33%，在所有学科中位列第二，外国语言文字学者占比 10%。值得注意的是，中国语言文字的专业占比较高，这与“中文信息处理”研究的成长与发展有着密切联系。中文信息处理虽以“中国语言文学”为一级学科，但实质为一个与计算语言学、自然语言处理密切相关的交叉领域，因此，这部分研究并非全部为传统意义上的语言学研究。此外，外国语言文字领域文献占比依然较少，只有 10%，为计算机专业文献的 1/4。

### 3. 高被引文献

高被引文献是某一领域研究现状的缩影之一。鉴于语言学家在机器翻译领域被引量总体较低（WOS 上语言学家关于机器翻译研究最高被引文献的被引数量不及计算机科学的 4%），为了避免语言学相关重要文献的统计丢失，得出更为全面的结果，本文分别统计了 WOS 与 CNKI 上计算机科学家与语言学家的高被引文献。就计算机学科而言，WOS 上排名前五的高被引文献分别来自 Kishore Papineni、Franz Josef Och、David Chiang、Rico Sennrich 和 Adam Berger，被引量分别为 1596、360、248、144 和 155；CNKI 上排名前五的高被引文献分别来自刘群、孙镇、刘海涛、奚雪峰和周强；被引量分别为 199、174、144、143 和 99。就语言学来说，WOS 上排名前五的高被引文献分别来自 Sergio Barrachina、Ignacio Garcia、Dorothy Kenny、Karin Littau 和 MaaritKoponen，被引量分别为 66、35、26、19 和 17。CNKI 上排名前五的高被引文献分别来自吕立松、徐彬、钱多秀、崔启亮和袁亦宁，被引量分别为167、165、131、129和82。

通过对比可以发现，语言学家与计算机科学家研究的研究视角与侧重点有所不同（表1）。

（1）就CNKI而言，计算机科学家的高被引文献主要关于机器翻译研究的现状与进展，可分为以下两类：自然语言处理技术综述、方法模型介绍；而语言学家高被引文献侧重机器翻译技术的应用与翻译人才培养，主要可分为以下三类：计算机辅助翻译、译后编辑和翻译教育。

（2）在WOS的数据中，计算机领域的高被引文献大都关于机器翻译的经典模型与算法，如机器翻译评估的BLEU值研究、统计机器翻译、N-gram等；而语言学家对机器翻译的研究，除了计算机辅助翻译、机器翻译技术的应用与翻译教育等视角之外，还有一些学者试图将统计计算机算法模型（如基于短语的模型）等与译后编辑研究深度融合（Barrachina，2009）；甚至还有一些学者试图将统计机器翻译原理深度融入到翻译人才培养当中，提出了给翻译专业学生开设统计机器翻译的课程设想（Dorothy et al.，2014; Doherty et al.，2014）。

**表1　WOS与CNKI高被引文献**

| 作者 | 被引用量 | 高被引文献 |
|---|---|---|
| WOS 1. 计算机科学 | | |
| Papineni K | 1596 | BLEU: a method for automatic evaluation of machine translation |
| Och FJ | 360 | Minimum error rate training in statistical machine translation |
| Chiang David | 248 | Hierarchical phrase-based translation |
| Sennrich R | 144 | Neural Machine Translation of Rare Words with Subword Units |
| Berger A | 155 | Information retrieval as statistical translation |
| Knight K | 109 | Machine transliteration |
| Munteanu DS | 104 | Improving machine translation performance by exploiting non-parallel corpora |
| Devlin Jacob | 96 | Fast and Robust Neural Network Joint Models for Statistical Machine Translation |
| Marino, Jose B | 85 | N-gram-based machine translation |
| Lopez, Adam | 83 | Statistical machine translation |
| WOS 2. 语言学 | | |
| Barrachina, Sergio | 66 | Statistical Approaches to Computer-Assisted Translation |

续表

| 作者 | 被引用量 | 高被引文献 |
|---|---|---|
| WOS 2. 语言学 | | |
| Garcia, Ignacio | 35 | Is machine translation ready yet? |
| Kenny, Dorothy | 26 | Statistical machine translation in the translation curriculum: overcoming obstacles and empowering translators |
| Littau, Karin | 19 | Translation and the materialities of communication |
| Koponen, Maarit | 17 | Is machine translation post-editing worth the effort? A survey of research into post-editing and effort |
| Groves, Michael | 17 | Friend or foe? Google Translate in language for academic purposes |
| Doherty, Stephen | 17 | The design and evaluation of a Statistical Machine Translation syllabus for translation students |
| Bundgaard, Kristine | 13 | Translator-computer interaction in action - an observational process study of computer-aided translation |
| Pym, Anthony | 13 | Status and technology in the professionalisation of translators. Market disorder and the return of hierarchy |
| CNKI 1. 计算机科学 | | |
| 刘群 | 199 | 统计机器翻译综述 |
| 孙镇 | 174 | 命名实体识别研究进展综述 |
| 刘海涛 | 144 | 依存语法和机器翻译 |
| 奚雪峰 | 143 | 面向自然语言处理的深度学习研究 |
| 周强 | 99 | 基于语料库和面向统计学的自然语言处理技术 |
| 王进 | 83 | 基于本体的跨语言信息检索模型 |
| 戴新宇 | 73 | 机器翻译研究现状与展望 |
| 王荣波 | 71 | 基于词类串的汉语句子结构相似度计算方法 |
| 陆勇 | 63 | 用于信息检索的同义词自动识别及其进展 |
| 刘洋 | 62 | 神经机器翻译前沿进展 |
| CNKI 2. 语言学 | | |
| 吕立松，穆雷 | 167 | 计算机辅助翻译技术与翻译教学 |
| 徐彬，郭红梅，国晓立 | 165 | 21 世纪的计算机辅助翻译工具 |
| 崔启亮 | 131 | 论机器翻译的译后编辑 |
| 钱多秀 | 129 | “计算机辅助翻译”课程教学思考 |
| 袁亦宁 | 82 | 翻译技术与我国技术翻译人才的培养 |
| 罗季美，李梅 | 70 | 机器翻译译文错误分析 |

续表

| 作者 | 被引用量 | 高被引文献 |
|---|---|---|
| CNKI 2. 语言学 | | |
| 梁三云 | 61 | 机器翻译与计算机辅助翻译比较分析 |
| 肖维青 | 60 | 平行语料库与应用翻译研究 |
| 吴赟 | 60 | 计算机辅助翻译系统在翻译教学中的应用 |
| 冯志伟 | 54 | 自然语言处理的学科定位 |

### 4. 研究转向

高频关键词是衡量研究热点的重要指标，对于探析学科走势、发掘研究转向具有重要意义。本文使用 CiteSpace 中的突现术语（Burst Detection）功能，通过统计近 40 年来不同时期机器翻译技术的研究关键词，探寻领域内的研究热点变化与前沿趋势。在调查研究转向时，本文以文献关键词为分析要素，检测短时间内使用频率明显增多的术语。选择节点类型（Node Types）时，以“机器翻译”为关键词，将时间跨度（Time Slicing）设定为 1980—2020 年，时间分区（Year Per Slice）设定为 1，勾选最优路径（Pathfinder），从大量关键词集合中解析出 74 个突现术语，手动剔除一些不相关的研究，最终获取前 20 个突现术语，生成可视化知识图谱（图 4）。

根据图 5 的突现术语演变显示，作为一个交叉领域，机器翻译研究呈现由语言规则到计算机统计的转向，这与历史脉络中由基于理性主义的机器翻译技术转向基于经验主义的机器翻译技术相吻合。在 20 世纪 90 年代，机器翻译领域的突现术语为“语法研究”，该术语的生命周期最长，为 13 年（1992—2005 年），突现强度为 4.49，显示了当时在机器翻译中，语言研究占据了相对重要的地位。“双语语料库”也曾短暂成为机器翻译的研究热点（2005—2006 年），突现强度为 3.93，这与语料库语言学、翻译学在 21 世纪初的繁荣发展期相互印证。

随着大规模平行语料库的出现及计算机算力的提升，基于理性主义的机器翻译研究逐渐走向沉寂，SVM 等统计方法开始成为机器翻译研究热点。2014 年，Bahdanau 将神经网络用于机器翻译，正式提出了 NMT 的方法。此后，神经网络机器翻译技术开始兴起，突现关键词也从原来的“语法研究”“双语语料库”等语言学科研究视角，向“特征选取”“神经机器翻译”“循环神经网络”“注意力机制”与“深度学习”等计算机学科研究视角靠拢，机器翻译研究完成了由语言规则到计算机统计的转向。

**“机器翻译”关键字突现强度TOP20**

| 关键字 | 年份 | 强度 | 开始 | 结束 |
| --- | --- | --- | --- | --- |
| grammar | 1980 | 4.4945 | **1992** | 2005 |
| information retrieval | 1980 | 4.4512 | **2005** | 2009 |
| parallel corpora | 1980 | 3.9322 | **2006** | 2007 |
| translation initiation site | 1980 | 5.3236 | **2007** | 2008 |
| evolutionary algorithm | 1980 | 4.7875 | **2007** | 2008 |
| word reordering | 1980 | 4.0891 | **2009** | 2011 |
| brain-computer interface | 1980 | 3.859 | **2009** | 2010 |
| virtualization | 1980 | 3.7729 | **2011** | 2013 |
| interface | 1980 | 4.2036 | **2013** | 2015 |
| hybrid state | 1980 | 4.2094 | **2014** | 2015 |
| svm | 1980 | 5.5072 | **2015** | 2018 |
| domain adaptation | 1980 | 4.6868 | **2015** | 2017 |
| kernel | 1980 | 3.7847 | **2016** | 2017 |
| machine tool | 1980 | 4.5435 | **2016** | 2017 |
| simulation | 1980 | 5.5041 | **2017** | 2018 |
| feature selection | 1980 | 5.753 | **2017** | 2020 |
| neural machine translation | 1980 | 14.492 | **2017** | 2020 |
| recurrent neural network | 1980 | 6.0429 | **2018** | 2020 |
| attention mechanism | 1980 | 4.225 | **2018** | 2020 |
| deep learning | 1980 | 10.8689 | **2018** | 2020 |

图 4　以“机器翻译”为突现术语的趋势图

通过图 4，我们还发现，在基于经验的机器翻译技术飞速发展的时代，语言研究关键词的突现强度均低于计算机学科关键词。这说明，相较于计算机学科，语言学科在机器翻译领域的研究中一直处于弱势地位。具体而言，在计算机学科的研究关键词中，“神经机器翻译”的突现强度最高，达 14.49，是“语法研究”的 3.22 倍，“双语语料库”的 3.68 倍；“深度学习”的突现强度为 10.86，是“语法研究”的 2.41 倍，“双语语料库”的 2.76 倍。值得注意的是，在 2018 年，“注意力机制”成为神经网络机器翻译的关键词之一，突现强度为 4.22，与“语法研究”的突现强度基本持平。但我们应认识到二者在各自学科中具有不同属性与定位：“注意力机制”仅仅是调整深度学习模型的方法之一，而“语法研究”是语言研究的重要分支之一。计算机专业的某种具体方法与语言专业的学科分支具有相似的突现强度，恰恰证明了语言学科在机器翻译领域研究中处于弱势地位。

## 三、研究发现与展望

通过分析机器翻译技术演变的历程，本文得出的观察总结如下。

（1）国内发表的机器翻译文献总体较少[1]。通过比较 CNKI 与 WOS 上的数据可以发现，国内外机器翻译研究发展并不均衡：国外发表的机器翻译研究文献数量远超国内，增长速度也远快于国内。以神经网络时代为例，国外年均机器翻译研究文献发表数量为 587.8 篇；而国内年均文献只有 152.2 篇，仅为国外的 1/4。1990—2018 年，国外文献数量增长了 87 倍，而国内只增长了约 9.2 倍。相较于国外，国内的机器翻译依然存在很多不足——无论是年均文献数量和总体文献数量都较少，且文献增长速度较为缓慢。

（2）语言学者在机器翻译领域的研究空间有待拓展，研究深度有待加强。通过对比国内外语言学与计算机科学研究学科分布可以看出，同以计算机软件专业与计算机应用专业、工程学专业为代表的理工科专业相比，语言学科在机器翻译研究领域尚处于弱势地位。从国际上看，语言学科在机器翻译研究领域参与度不高；类似地，国内的外国语言文学专业在机器翻译领域的研究中也缺乏参与（即使与中国语言文字相比）。因此，我们认为，语言学科在机器翻译领域的研究空间有待拓展，研究深度有待进一步加强。

（3）目前国内的翻译人才培养体系在跨学科人才培养方面存在不足。通过对比分析 WOS 与 CNKI 中的高被引文献可以发现，国外计算机科学家的高被引文献大多关于机器翻译的经典算法模型（说明机器翻译基础原理对后续的机器翻译研究影响较大）；而国内计算机科学家主要侧重于机器翻译研究进展综述，对机器翻译的经典算法模型探讨较少，研究不够深入。国外语言研究者试图将统计机器原理与译后编辑、翻译人才培养等语言学科研究视角深度融合；而国内语言

---

[1] 需要特别注意的是，在进行国内外文献对比时，有很多国内学者将学术论文发表在国际期刊上。为了使得数据更为客观，本文使用 Python 程序计算出 WOS 中各国的发文数量，得出国内学者在国外期刊发表的文献占比，进而重新估算相关数据。经过统计发现，WOS 上的机器翻译研究文献中，来自美国的文献占比最高，为 20%，排名第二的为中国，占比 16%。然后便是西班牙、日本和德国，分别占比 6%、5% 和 5%。我们可以根据 WOS 上中国文献的占比重新统计相关数据。根据上文的数据，在神经网络时代，国外年均机器翻译研究文献发表数量为 587.8 篇，若剔除国内学者在国外期刊上发表的 16%，得到 493.7 篇；国内年均文献为 152.2 篇，增加 94 篇，得到 264.2 篇，依然远低于国外，这与直接统计 WOS 上的数据得出的结果相同。故是否将国内学者发表在国际期刊上的论文统计为国内论文，并不影响本文结论。

学者对机器翻译的研究大都囿于语言学科范畴，对机器翻译原理、基础模型与技术的最新进展研究较为薄弱，也并未试图将机器翻译技术与原理融入到翻译科学研究、翻译学科建设及翻译人才培养之中。

针对以上问题，本文认为，可以从翻译研究者、学科融合，以及翻译人才培养等三个方面做出改变。

首先，应提高翻译研究者的技术能力。新时代的翻译研究者应当与时俱进，关注机器翻译技术发展动态，提高技术意识；对于技术使用较少的翻译研究者，可以从计算机辅助翻译软件、机器翻译引擎等应用入手，逐渐增加对翻译技术的了解。有一定技术使用经验的翻译研究者可以通过参加翻译技术相关的师资培训系统学习现代信息技术。对于有一定数理基础的翻译研究者，可以多阅读线性代数与概率论相关的文献书籍，补充机器翻译原理基础知识。在日常翻译实践中，翻译研究者还需有意识地增加 CAT、机器翻译等技术的应用，将翻译技术认知落到实处。

其次，应加强学科间的渗透与融合。可以通过整合学科内外优质语料资源、加强翻译技术研发等方式完善机器翻译的基础设施建设；还可以通过灵活引进计算机科学家从事语言领域翻译技术相关的研究，邀请不同学科学者参加机器翻译相关的研讨会等手段，打破专业壁垒，增进学科间交流；翻译学者也许需要重新审视技术与人文的辩证关系，试着将机器翻译原理引入应用翻译学的研究之中，并吸取部分计算机学科机器翻译研究范式（如一些语言模型的基本思路等），以促进翻译科学研究、翻译学学科建设的发展。

最后，应更新翻译人才培养模式。我们可以试图将机器翻译相关原理融入翻译学科培养方案与教学大纲，并且将“机器翻译原理与应用”纳入 MTI 技术课程体系构建之中（王华树，2013）；在教育资源与教师队伍方面，我们可以多鼓励教师参加相关培训班，加强机器翻译师资队伍建设；引导有关专家编撰机器翻译相关教材，丰富课堂教学的资源与内容，建设跨学科课程；在多方共同努力下，实现学科交叉融合，构建“机器翻译 +CAT+ 译后编辑”翻译教育新模型。此外，还应开拓跨院系、跨学科、跨行业的翻译人才培养新模式，以适应文理交叉、学科重组的学科融合新形势，更好地服务于国家文化发展战略。

## 四、结语

“计算机辅助翻译、翻译语料库、大数据、云翻译等概念以及这些概念所承载的翻译技术，正不以人的意志为转移地冲击着传统翻译。”（傅敬民，2015）机器翻译技术的革新，极大地推动了社会的进步，更改变了传统的翻译产业，也催生了新的翻译学研究范式。本文在梳理机器翻译技术脉络的基础上，使用可视化工具 CiteSpace 对近 65 年 WOS 与 CNKI 上收录的超过 1 万篇有关机器翻译的研究文献进行计量分析，揭示了现阶段机器翻译研究存在的问题，并提出相应建议，可以为未来的机器翻译研究和人才培养提供一定的参考。本文目前仅获取 WOS 与 CNKI 上收录的数据，尚未考虑未收录的数据，因此不可避免存在偏颇之处。笔者将在以后的工作中获取更多的相关数据，以完善研究。

### 参考文献

冯志伟 . 2019. 我国计算语言学研究 70 年 [J]. 语言教育 , (4):19-29,42.

傅敬民 , 谢莎 . 2015. 翻译技术的发展与翻译教学 [J]. 外语电化教学 , (6):37-41.

李沐 , 刘树杰 , 张冬冬 , 等 . 2018. 机器翻译 [M]. 北京 : 高等教育出版社 .

王华树 . 2013. 语言服务行业技术视域下的 MTI 技术课程体系构建 [J]. 中国翻译 , (6):23-28.

王湘玲 , 杨艳霞 . 2019. 国内 60 年机器翻译研究探索——基于外语类核心期刊的分析 [J]. 湖南大学学报 ( 社会科学版 ), (4):90-96.

杨艳霞 , 王湘玲 . 2019. 中外机译应用研究的可视化分析 (1998—2018)[J]. 上海翻译 , (5):33-39.

BAR-HILLEL Y. 1959.Report on the state of machine translation in the united states and greatbritain[R]. Hebrew University for the United States Office of Naval Research Information Systems Branch.

BARRACHINA S, et al. 2009. Statistical approaches to computer-assisted translation[J]. Computational Linguistics, 35(1):3-28.

CALIXTO I, et al. 2019. Latent Variable Model for Multi-Modal Translation[C]. Proceedings of the 57th Annual Meeting of the Association for Computational Linguistics, 6392-6405.

CHEN C, SONG M. 2019. Visualizing a field of research: a methodology of systematic scientometric reviews[J]. arXiv preprint arXiv, 1906.04800.

COHN T, et al. 2016. Incorporating structural alignment biases intoan attentional neural translation model[J]. arXiv preprint arXiv, 1601.01085.

DING Y, et al. 2017. Visualizing and understanding neural machine translation[C]. Proceedings of the 55th Annual Meeting of the Association for Computational Linguistics (Volume 1: Long Papers), 1150-1159.

DOHERTY S, KENNY D. 2014. The design and evaluation of astatistical machine translation syllabus for translation students[J]. The Interpreter and Translator Trainer, 8(2):295-315.

HAO J, et al. 2019. Towards better modeling hierarchical structure for self-attention with ordered neurons[J]. arXiv preprint arXiv, 1909.01562.

HITSCHLER J, et al. 2016. Multimodal pivots for image caption translation[J]. arXiv preprint arXiv,1601.03916.

HUCK M, et al. 2019. Better OOV translation with bilingual terminology mining[C]. Proceedings of the 57th Annual Meeting of the Association for Computational Linguistics.

HUTCHINS J. 2004. Two precursors of machine translation: Artsrouni and Trojanskij[J]. International Journal of Translation, 16(1):11-31.

KENNY D, DOHERTY S. 2014. Statistical machine translation in the translation curriculum: overcoming obstacles and empowering translators[J]. The Interpreter and Translator Trainer, 8(2):276-294.

KIM Y, et al. 2019. Effective cross-lingual transfer of neural machine translation models without shared vocabularies[J]. arXiv preprint arXiv, 1905.05475.

LUONG M, et al. 2014. Addressing the rare word problem in neural machine translation[J]. arXiv preprint arXiv, 1410.8206.

NAGAO M. 1984. A framework of a mechanical translation between Japanese and English by analogy principle[C]. Artificial and Human Intelligence, 351-354.

NATIONAL ACADEMIES RESEARCH COUNCIL (US). 1966. Automatic language processing advisory committee language and machines: computers in translation and linguistics (Vol.1416)[R].

SUTSKEVER I, et al. 2014. Sequence to sequence learning with neural networks[C]. Advances in nips.

VIG J, BELINKOV Y. 2019. Analyzing the structure of attention in a transformer language model[J]. arXiv preprint arXiv, 1906.04284.

WANG Y, LEE H. 2019. Tree transformer: integrating tree structures into self-attention[J]. arXiv preprintarXiv, 1909.06639.

ZOPH B, et al. 2016, Transfer learning for low-resource neural machine translation[J]. arXiv preprint arXiv, 1604.02201.

# 面向专利机器翻译的汉英语块库构建研究*

胡富茂　琚磊　何静茹†

**摘要**：随着机器翻译技术的不断开发和利用，翻译的智能化水平达到了空前的高度。目前基于平行语料库运用构式语法的相关研究，虽然涉及文本中的语块性质、特征、结构和功能，但研究尚不够系统和深入，更缺乏面向机器翻译系统研发的双语对应语块库。本文以构式语法理论为指导，以句对齐的汉英专利平行语料库为基础，探究汉英语块库的构建及其在专利机器翻译领域的应用，有助于提升专利机器翻译系统的准确率，促进中国知识产权国际推广。

**关键词**：语块；汉英语块库；构式语法；平行语料库；机器翻译

## 一、引言

我国从专利大国迈向专利强国，专利布局进一步为企业“走出去”保驾护航，借“一带一路”倡议加强合作，在新兴技术领域抢抓先机，不断提升创新实力和国际影响力。高质量的专利文献翻译是技术成果转换的基础环节，能够助力中国企业的海外专利布局（黄翀，赛音托娅，2016）。随着机器翻译技术的不断开发和利用，翻译的智能化水平达到了空前的高度。尤其是近年来，伴随着语音

* 本文为教育部人文社会科学研究青年基金项目“面向专利机器翻译的汉英语块研究”（16YJC740026）和河南省大学生创新创业训练计划立项项目“面向知识产权领域的大规模汉英语块库构建研究”（201911070008）的阶段性研究成果。

† 作者简介：胡富茂，男，洛阳理工学院外国语学院副教授，上海外国语大学英语语言文学专业博士，战略支援部队信息工程大学洛阳校区外国语言文学博士后。研究方向：计算语言学、语料库翻译学。电子邮箱：hfm7921@163.com。

琚磊，男，洛阳理工学院外国语学院讲师。研究方向：语料库翻译学。电子邮箱：lei4021@163.com。

何静茹，女，洛阳理工学院外国语学院学生。研究方向：语料库翻译学。电子邮箱：525638334@qq.com。

识别、深度神经网络技术、机器深度学习技术的快速发展，机器翻译应用研究的疆界也在不断拓展和延伸，面向机器翻译的信息处理研究课题成了高等院校相关专业的科研热点。至今，语块研究还有许多问题亟待解决，特别是在机器翻译领域。

冯志伟（2019）指出，机器翻译在理论上与语言学有着密切联系，促进机器翻译与语言学的结合，在机器翻译研究中充分地关注语言学理论，有助于我们进一步提高机器翻译研究的学术水平和理论高度，为语言学研究拓展了研究范畴和应用领域，凸显了语言学的价值和作用。晋耀红(2012）认为，专利是集技术、法律、经济于一体的综合性文献，具有术语多、结构固定、表达严谨等特点。大量的同族专利，非常有利于平行语料的自动对齐，比较适合制成大规模机器翻译训练语料。当前国外的机器翻译系统包括美国的 Systran 系统、南加州大学的 Language Weaver、谷歌公司的 Google Translate；日本的东芝、高电社；国内的华建、赛迪、中软、科专笑飞等，都涉及汉英专利机器翻译的研究。目前基于平行语料库运用构式语法的相关研究，虽然涉及文本中的语块性质、特征、结构和功能，但研究尚不够系统和深入，更缺乏面向机器翻译系统研发的双语对应语块库。本文以构式语法理论为指导，以句对齐的汉英专利平行语料库为基础，探究汉英语块库的构建及其在专利机器翻译领域的应用，有助于提升专利机器翻译系统的准确率，促进中国知识产权国际推广。

## 二、研究现状

### （一）构式语法

构式的概念是由美国语言学家菲尔墨在框架语义学的基础上提出的，普林斯顿大学的戈德伯格将其拓展为系统理论，其主要观点为构式是形式和意义或功能的结合体（Goldberg，1995；2006；2009；2019）。计算语言学家博德（2009）以戈德伯格的框架提出利用计算语言学理论与方法将构式语法形式化的构想，并通过实验和计算语言学分析，认为可以通过储存的有限的形式—意义配对来生成无限的新的话语。认知语言学家克罗夫（2009）则认为戈德伯格从使用的角度对语法构式进行分析并将其与生成语法进行对比有助于对句法的理解，但是她的一些分析方法仍然存在不少问题。陈满华（2016）认为，构式语法尚未表现出明显的方法论价值。陆俭明等（2018）指出，如何提升构式语法理论的方法论价值，这无疑需要我们进一步探究。施春宏（2017）提出应用构式学的研究，建议在大规模语料库和实证研究的基础上，可以深入探讨构式与语块的关系，并将形式结构、功能作用、典型语境结合起来。国内外学者普遍感到构式语法缺乏方法论价值，越来越多的学者开始使用语料库量化方法（Perek，2015；Yoon，Gries，2016；张懂，2019），基于语料库的构式语法量化研究在国际学界渐成主流。目前构式语法研究成果丰硕，引起众多自然语言处理研究者兴趣，但缺乏方法论研究，未系统用于机器翻译研究。

## （二）语块研究

语块始于心理学领域，美国心理学家米勒等（1950）提出“语块”的概念，界定为在记忆的信息加工过程中，把单个信息组成更大的单位。在语料库语言学家辛克莱（1991）看来，语块是指语言的“短语倾向性”。英国应用语言学家瑞（2002）认为，语块是一串预制的连贯或者不连贯的词或其他意义单位，它整体存储在记忆中，使用时直接提取，无需语法生成和分析。孙宏林和俞士汶（2000）指出，语块是非递归的名词短语、动词短语等。周强（2007）指出，语块是由两个或两个以上的词语按照一定的关联关系组合形成的信息描述单位。濮建忠（2014）对翻译单位、意义单位、对应单位从语料库驱动的翻译研究角度进行了对比分析，认为语块结合在一起就形成了稳定而完整的形式结构和意义功能的多词单位。卫乃兴（2017）指出，语块是由两个及以上连续词形构成的、常位于同一句法结构中的词语序列，其构成成分的实际共现概率显著高于其理论预测值。段士平（2019）认为，语块是一个形式、意义和功能结合的复杂语言系统。总之，现有的语块界定不统一，有些无法指导机器翻译相关研究，而引入构式语法则可在着眼机器翻译的前提下，从应用的角度廓清对语块的认识。

## （三）面向机器翻译的语块研究

法国语言学家阿贝尼（Abney，1991）提出了一个完整的英语语块描述体系。日本机器翻译专家渡边太郎等（2003）实现了基于语块的日英统计机器翻译模型。这对汉英语块的应用提出了一种可尝试的研究方向，不以完全句法分析为目标，用语块代替词或短语实现具体的应用。林晓庆（2010）面向机器翻译提出了一种基于句法分析与词语相关性相结合的方法，可实现英文专利文献中名词短语的翻译，并建立了一个面向专利文献的名词短语双语实例库，但该研究对象只是名词短语。詹宏伟（2011）探讨了语料库中语块提取的工具与方法。该文只是从语料库研究的角度，归纳和评述了英语的语块识别与检索技术和工具，并没有进行语料库数据驱动的研究及实际验证。李业刚和黄河燕（2013）指出，为了更好地研究和解决面向机器翻译的语块分析及其应用问题，应该在两方面进一步加强研究和探索：一是对语块进行统一的界定并制定规范，二是对于语块结构分析和对应关系分析需要做深入的研究，它将对机器翻译领域的应用研究发挥重要作用。针对专利文献的特点，张孝飞（2015）重点研究了双语语块，综合运用基于统计、规则、实例等多种方法研制开发多策略融合的专利机器翻译系统，从专利文献翻译的应用实践来看，具有较为明显的优势。本文采用构式理论，就是想从新的理论视角来研究汉英平行专利文本中的语块。综上所述，虽然已经有些学者对语块库构建进行研究，提出了一些构建方法，但方法还不够先进，效率较低，语块库的规模还不够大，也没有大规模用于机器翻译系统的训练。

## 三、构建面向专利机器翻译的汉英语块库的方法

本文针对汉英平行专利文本，以构式语法理论为指导，重点研究汉语语块的构成特征规律、语块识别与提取的方法技术，以及大规模汉英对齐语块库在汉英专利机器翻译中的应用模式。研究的方法与内容具体包括：汉语语块构成分析；汉语语块识别与提取；汉英语块对齐；汉英专利语块库的设计与构建；汉英专利语块库在专利机器翻译系统中的应用。

### （一）汉语语块构成分析

运用构式语法理论分析汉语专利语块的构成方式及其特性，充分考察语块形式和意义或功能上的构成特征，使汉语专利语块具有语义自足性、结构合法性和翻译转换的充分性。我们认为，构式语法理论能够为语块分析提供具体语境约束，语块内部的结构关系不受或很少受周围其他的语言成分的影响，其外部修饰结构稳定。语块作为一种实体构式，即形式和意义或功能的结合体，是一种基本无歧义、复用程度高、整存整取且连续的多词单位。它通常大于两个单词小于九

个单词，因为从心理学角度看短时记忆组块的容量为“7±2”，从机器翻译角度看它是翻译匹配比较合适的粒度。

本文采用构式语法对提取的汉语语块进行形式和意义或功能分析，使得语块中各个词汇的属性以一种恰当的方式得以继承和传递，从而保证汉语语块符合一定的语法规范。我们认为，专利文献中的摘要、法律状态、技术背景、权利要求书、发明内容、实施例等部分，具有术语多、结构固定、表达严谨等特点，大量的同族专利中存在一定量的具有对应关系的双语语块，它们在专利文本中出现的频率高，并且位置相对固定，用法也较为一致，如云端分布式计算（Cloud Distributed Computing）、神经网络加速（Neural Network Acceleration）、全景硬拼接（Panoramic Hard Stitching）、算法集（Algorithmic Set）、电子稳像算法（Electronic Image Stabilization Algorithm）等。如果能够高质量地识别并提取这些语块，运用到专利机器翻译系统中，不仅可以有效解决机器翻译中的歧义现象，而且可以使译文更加规范。

### （二）汉语语块识别与提取

从知识产权相关单位和企业提供的语料中，整理加工总量约为500万句对的汉英专利平行语料库（主要领域为信息和通信技术，包括传感技术、计算机与智能技术、通信技术和控制技术等），使用研发的语料库语块提取工具，利用计算机自动提取汉语专利文献中的*N*元结构（*N*-gram），按照2-9 Grams自动提取生成一定量的Grams，经过自动消重处理后，得到一部分的Grams。在这部分的Grams中，依据频率提取值大于2的Grams后，使用互信息（MI）的方法进行计算，得到*X*个计算机自动提取的汉语专利候选语块。然后人工删除不符合面向机器翻译的汉语专利语块界定标准的候选语块，从而得到*Y*个面向机器翻译的汉语专利语块。

### （三）汉英语块对齐

本文以提取的汉语专利语块为对象，基于句对齐的汉英专利平行语料库，借助词对齐技术，以及引入双语词典和锚点词的方法，研发汉英语块对齐软件，在对应的英语句子中寻找汉语专利语块对应的英语表达，实现汉英语块对齐。汉英语块对齐中可能出现一对多的情况，我们将以出现次数最多的英语表达为准。

由于专利文本中的一些汉语语块的英语表达为国际既有、通用的英语表达，因此检索自建的英文专利语料库，进行对应验证，这样对高质量的双语语块库研制是行之有效的方法。研究表明，双语语块可分为完全对应关系、不完全对应关系和零对应关系（表示没有翻译）三种类型。不完全对应关系的原因一是译者的随意性造成的译文差异，二是译文语言的简化造成的差异。

### （四）汉英专利语块库的设计与构建

构建汉英专利语块库可分为基础资源层、人机互动提取层、对应规则层三个层面和文本预处理模块、自动提取模块、人工处理模块、对应关系分析模块、对应规则制定模块、标准得分评判模块六个模块。该模式是语块库构建的流程，是通过各种模块和方法来表示构建的过程，目的在于有效地进行语块库的研制，最终构建一个大规模的服务于机器翻译系统的汉英专利语块库（图 1）。双语语块库构建模式能够有效地进行各限定领域的语块库建设，从而最终组成一个超大规模的、包含各领域的、服务于机器翻译系统的通用语块库。

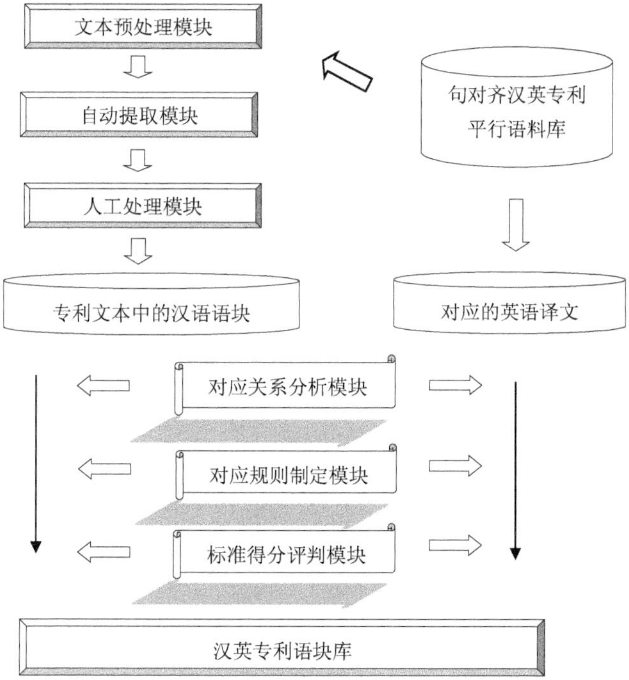


图 1　汉英专利语块库构建流程图

### （五）汉英专利语块库在专利机器翻译系统中的应用

双语语块可以克服传统机器翻译系统的不足，从语块（而不是单个词）出发来进行机器翻译研究，不仅可以消除许多歧义现象，还可大大提高翻译效率。汉英专利语块库在专利机器翻译系统中的应用起到三方面作用。

（1）训练前的语料增强作用。针对汉英专利这一垂直机器翻译领域平行资源扩建问题，通过构建大规模专利领域语块对，能够提高可比语料的抽取、对齐准确率，将平行句对资源扩建到千万以上级平行句对库，增强训练语料的覆盖度，提升机器翻译模型的泛化性。

（2）训练中的模型复合作用。大规模专利双语语块库本身就是一个很好的领域语料资源，可以采用机器翻译训练算法生成语块级翻译模型；再复合上超大规模句对训练出的机器翻译模型，能够实现新的有效复合模型，提升机器翻译系统的有效性。

（3）模型译文后处理精化作用。针对机器翻译结果，采用双语语块库进行自动译后精调，使得领域术语更加精准，提升机器翻译系统的实用性。我们认为，将大规模汉英语块库嵌入专利机器翻译系统，能够有效提高机器翻译系统的译准率。这一成果用于汉英专利机器翻译系统的研发，以提升机器翻译系统的准确率，更好地应用于我国专利文献翻译市场。

## 四、构建面向专利机器翻译的汉英语块库的意义

### （一）理论意义

第一，探索汉英双语语块库构建的理论与方法，揭示汉英语块翻译转换的规律，制定汉英语块对齐标准与规则，助力语言教学、机器翻译与词典编纂。第二，运用构式语法理论透析专利文献中汉语语块的构成机理，拓展构式语法和语块理论的研究范畴和应用领域。第三，使用语料库和自然语言处理技术，研究专利文献中汉语语块识别及提取的方式方法，探索认知语言学理论研究成果在语言智能处理领域的应用指向性。

### （二）实践意义

第一，依托洛阳理工学院外国语学院与国家知识产权局知识产权出版社合

作成立的机器翻译联合实验室进行应用研究，服务于汉英专利机器翻译系统的研发，在专利翻译等领域创造经济价值。第二，构建高质量句对齐汉英平行语料库，研发语块自动识别与提取工具，研究汉英语块对齐方法，有效解决汉英语块的对应和转换问题，提高翻译效率，降低翻译成本。第三，基于句对齐汉英平行语料库研制大规模汉英语块库，阐明汉英语块对应关系，提升专利机器翻译系统的准确率，有利于提升外语学习者写作水平和译者翻译实践能力。

## 五、结语

本文探讨了构建面向专利机器翻译的汉英语块库的方法与意义，有助于提升专利机器翻译系统的准确率，促进中国专利向国际推广，具有一定的创新性。第一，运用构式语法理论研究专利文本中汉语语块的构成方式及其特性，拓展构式语法和语块理论的研究视角和研究领域。第二，通过构建大规模汉英专利语块库，进行专利平行文本中的汉英语块对齐研究，解决汉英语块的对应问题。第三，实现专利平行文本中的语块自动识别、提取与对齐，研究成功后，可以推广用于其他领域的平行语料，构建大规模双语语块库，有利于提升其他领域机器翻译系统的准确率。在弱人工智能时代，语言数据加工与处理具有重大的需求和重要的意义，构建大规模平行语料库与双语语块库，为机器翻译系统所需的翻译知识提供基础资源，必将提升机器翻译系统的准确率，能够夯实数据根基，支撑算法迭代，为语言智能处理做出贡献。

### 参考文献

陈满华 . 2016.《构式化与构式变化》介绍 [J]. 外语教学与研究 , (2):151-154.
段士平 . 2019. 学术英语语块发展研究动态路径 [J]. 外语学刊 , (1):87-91.
冯志伟 . 2019. 词向量及其在自然语言处理中的应用 [J]. 外语电化教学 , (2):1-10.
黄翀 , 赛音托娅 . 2016. 专利文献翻译模式和翻译技巧探析 [J]. 中国翻译 , (2):105-109.
晋耀红 . 2012. 一种混合策略的专利机器翻译系统研究 [J]. 计算机工程与应用 , (4):29-32.
李业刚 , 黄河燕 . 2013. 汉语组块分析研究综述 [J]. 中文信息学报 , (3):1-8.
林晓庆 . 2010. 英文专利文献中名词短语的翻译 [J]. 计算机工程与设计 , (8):1863-1865,1869.
陆俭明 , 吴海波 . 2018. 构式语法理论研究中需要澄清的一些问题 [J]. 外语研究 , (2):1-5.

濮建忠 . 2014. 语料库驱动的翻译研究：意义单位、翻译单位和对应单位 [J]. 解放军外国语学院学报 , (1):53-63.

施春宏 . 2017. 构式语法的理论路径和应用空间 [J]. 汉语学报 , (1):2-13.

孙宏林 , 俞士汶 . 2000. 浅层句法分析方法概述 [J]. 当代语言学 , (2):74-83.

卫乃兴 , 李峰李 , 晶洁 . 2017. 语料库短语序列提取系统的设计与开发 [J]. 外语电化教学 , (4):9-16.

詹宏伟 . 2011. 语料库中语块提取的工具与方法 [J]. 外语教学 , (2):23-26.

张懂 . 2019. 语料库量化方法在构式语法研究中的应用 [J]. 现代外语 , (1):134-145.

周强 . 2007. 汉语基本块描述体系 [J]. 中文信息学报 , (3):21-27.

ABNEY S. 1991. Parsing by chunks[C]// BERWICKR, ABNEYS, TENNY C. Principle-based parsing[M]. Dordrecht: Kluwer Academic Publishers.

BOD R. 2009. Constructions at work or at rest?[J]. Cognitive Linguistics, 20(1):129-134.

CROFT W. 2009. Constructions and generalizations[J]. Cognitive Linguistics, 20(1):157-165.

GOLDBERG E. 2019. Explain Me This: Creativity, Competition and the Partial Productivity of Constructions[M]. Princeton: Princeton University Press.

GOLDBERG E. 2009. Constructions at work[J]. Cognitive Linguistics, 20(1):201-224.

GOLDBERG E. 2006. Constructions at work[M]. New York: Oxford University Press.

GOLDBERG E. 1995. Constructions: a construction grammar approach to argument structure[M]. Chicago: The University of Chicago Press.

MILLER G A, SELFRIDGE J A. 1950. Verbal context and the recall of meaningful material[J]. American Journal of Psychology, 63:176-185.

PEREK F. 2015. Argument structure in usage-based construction grammar[M]. Amesterdam: John Benjamins.

SINCLAIR J M. 1991. Corpus, concordance, collocation[M]. Oxford: Oxford University Press.

WATANABE T, SUMITA E, OKUNO H G. 2003. Chunk-based Statistical Translation[C]. Proceedings of the 41st Annual Meeting of the Association for Computational Linguistics. Association for Computational Linguistics, Sapporo, Japan, 303-310.

WRAY A. 2002. Formulaic language and the lexicon[M]. Cambridge: Cambridge University Press.

YOON J, GRIES S. 2016. Corpus-based Approaches to Construction Grammar[M]. Amsterdam: John Benjamins.

ZHANG X F. 2015. Hybrid-strategy patent machine translation[J]. Japio Year Book, 334-341.

# 基于人机结合翻译模型的团队翻译技术策略研究*

王萌　崔启亮†

**摘要：**团队翻译是当前翻译机构主流的翻译实施方式，翻译技术在翻译过程中的应用越来越广泛。针对快速发展的翻译技术和种类繁多的翻译工具，团队翻译过程中应该如何选择和使用翻译技术呢？本文分析了团队翻译的形态特征，针对翻译过程中的翻译技术应用，构建了人机结合的翻译模型。根据翻译项目分层现象对翻译质量的要求，针对参考级翻译项目、常规级翻译项目和出版级翻译项目，总结了人机结合的技术组合翻译策略。人机结合的团队翻译策略有助于保持团队翻译项目的质量、效率和成本之间的有效平衡。

**关键词：**团队翻译；人机结合；翻译技术；翻译策略

## 一、引言

翻译策略是以实现翻译总体目标为中心，在翻译过程中执行的总体方法和策略。根据翻译策略的适用范围和翻译对象，可以将翻译策略分为项目级别的翻译策略及文本级别的翻译策略。项目级别翻译策略是以实现翻译项目总体目标为

*　本文系国家语言文字工作委员会“十三五”科研规划2018年度重点项目“京津冀协同发展中语言需求及对策研究”（ZDI135-69）的阶段性成果。获得2019年度对外经济贸易大学培育项目“京津冀协同发展中的语言服务研究”（19PY60）的资助。

†　作者简介：王萌，女，对外经济贸易大学英语学院，翻译专业硕士。研究方向：商务笔译。电子邮箱：422715549@qq.com。

崔启亮，男，对外经济贸易大学英语学院，副教授，博士。研究方向：计算机辅助翻译、本地化翻译、语言服务。电子邮箱：cuiql@sina.com。

中心，在项目计划、实施和交付等阶段需要贯彻执行的总体方法和策略。文本级别翻译策略是以翻译文本为对象，研究文本翻译的策略。由于时代和环境因素，此前对文本级别的翻译策略及对译者为主体的人工翻译策略研究较多，而对翻译项目级别的翻译策略及对人机结合（如计算机辅助翻译、机器翻译的译后编辑等）的翻译策略研究较少。

翻译团队成为语言服务市场的主力军，对团队翻译项目的翻译策略研究成为解构和描写团队翻译实践的现实问题。在翻译项目数据化、数字化和信息化的现实场景中，为了实现项目质量、效率、成本的有效平衡，需要研究团队翻译项目的翻译技术选用策略。为此，本文研究三个问题：第一，与个体翻译相比，团队翻译在项目组织和实施方面有哪些特征？第二，团队翻译的人类译者与翻译技术的人机结合有哪些方法或途径？第三，团队翻译策略实施过程中，如何实现人类译者与翻译技术结合的翻译策略？

## 二、团队翻译的形态特征

随着经济全球化和信息技术的发展，企业全球化和产品全球化产生了旺盛的翻译需求，以翻译和本地化为核心服务的语言服务企业数量快速增长。根据中国翻译协会的调查统计，至 2018 年年底，全国以翻译服务为基础的语言服务企业有 9734 家，而 1980 年中国注册的语言服务企业只有 16 家（中国翻译协会，2019：4；2012：5），语言服务企业成为翻译市场的主力军。

为了实现团队的专业化分工、语言资源的合理配置和翻译生产成本的有效控制，当前语言服务企业的翻译项目以项目为组织单位，以项目经理为项目负责人组建翻译项目团队，团队化翻译已经成为当代翻译服务的主流方式。对于多语言、专业化、时效性较高的翻译项目，经常由多家公司分工合作完成，甚至构建跨国翻译项目团队。

从翻译实施过程形态来看，团队化翻译与个体翻译相比，不仅仅是参与翻译人数多，还具有以下几个较为明显的形态特征。

### （一）角色众多，分工明确

翻译项目服务经常由翻译需求方企业和翻译公司分工合作实施，两方与翻译有关的角色多样。例如，需求方角色包括使用翻译的最终使用部门、法务部门、支持团队、采购部门、供应商管理部门、质量保证团队和财务管理。翻译公司的翻译角色包括业务拓展（销售团队、销售支持、市场营销和客户经理），资源团队（供应商管理），项目管理（项目助理、项目经理和项目总监），翻译服务（本地化工程师、翻译、编辑、校对、审核、排版和测试），支持团队（质量保证、持续改进）。商务角色是指销售、市场和客户经理，负责与客户联系与营销；管理角色指与人员管理、资源协调相关的人员，如项目经理、资源经理、项目总监和质量经理，负责项目计划、实施与监控；技术角色指本地化工程师、排版工程师和测试工程师，负责翻译过程中提供技术与工具；生产角色是指翻译，译审（编辑、校对）和质量保证人员，负责语言转换与语言质量保证（崔启亮、罗慧芳，2016：49，51）。

### （二）客户多样，需求复杂

根据中国翻译协会（2019：8）的调查，语言服务公司的客户来自多个行业，语言服务需求从高到低的客户行业分别是信息技术、教育培训、政府对外宣传、留学移民、旅游交通、装备制造、跨境电商、会议会展、影视文化、知识产权。另外，从客户项目需求来看，从高到低的顺序分别是笔译、口译、语言服务人才培训、相关咨询服务、翻译工具开发、机器翻译与译后编辑、本地化服务、技术写作、文档排版、字幕和配音（中国翻译协会，2018：70）。项目需求的多样性还表现在译文质量的多样性和交付时间的紧迫性，随着市场竞争与日俱增，产品开发与运行模式也发生了变化，敏捷翻译与持续翻译需求较以往有了更多需求。

### （三）时空协同，人机交互

正如前文所述，市场翻译需求的多元化、市场竞争的激烈化和翻译服务模式的变化，使得跨越时空的协同成为可能。例如，全球多个国家或公司的分工合作，利用各国时差，形成一个项目在全球范围内 7×24×365 接力连续翻译方式，实现时空协同。计算机辅助翻译是以翻译记忆库与翻译术语库为核心的辅助翻译。机器翻译，又称自动翻译，是用计算机系统将文本或言语从一种自然语言转换成另一种自然语言（ISO，2015）。随着计算机辅助翻译的成熟，机器翻译质量的显著提升及语料库和术语库等语言大数据的集中化和规模化，通过专业人士与计算机软件的交互翻译，实现翻译效率和翻译质量的提升：根据中国翻译协会（2019：17）的调查，41% 的语言服务提供方受访企业表示经常使用机器翻译，75% 的语言服务需求方受访企业对机器翻译持积极的使用态度。随着云计算和通信技术的发展，以互联网为翻译平台，实现翻译过程的连续化和可视化，实现语料库和术语库的实时共享和更新，降低了翻译成本，增强了翻译过程的透明度和管理的科学性。

### （四）质量多元，质保挑战

由于翻译项目的类型多元化、翻译目的多元化，对翻译质量的要求也不一而足。例如，对于跨境电商的买家和卖家的在线购物交流，只要彼此可以基本理解产品和服务的价格、特征、付费和售后保证方式即可，对翻译质量的要求不高，但是对于翻译的时效性要求高。对于企业关键产品或市场广告材料，其译文质量应该文字准确，语言流畅，有吸引力，译文质量较高。对于正式出版或发布的学术文献和政治法律文本的翻译，则要求极高的译文质量。另外，对于跨国家、跨企业、多语种、专业化的翻译项目而言，由于团队规模庞大，参与角色众多，每个角色的能力和态度相差较大，极易发生翻译质量的波动，造成翻译质量的控制困难。

团队翻译项目是人员、技术、管理紧密结合的信息内容生产形式。在翻译技术应用方面，单纯使用机器翻译，无法解决高质量要求的翻译项目，单纯使用人工翻译，无法解决翻译效率问题。将人工翻译与翻译技术进行人机结合是团队翻译最佳实施方式。那么，人机结合有哪些方法和途径呢？下面通过构建人机结合的翻译模型，论述这个问题。

## 三、人机结合的翻译模型

以计算机辅助翻译（Computer Aided Translation，CAT）和机器翻译（Machine Translation，MT）为代表的语言技术快速发展，导致语言服务模式的变革，越来越多的语言服务企业和全球化企业的翻译及语言服务部门积极使用各种翻译技术。在团队翻译过程中，各种翻译技术的应用是为了解决翻译效率、质量或成本问题。由于各种技术都有特定的应用场景，因此，仅仅使用翻译技术是不够的，还需要专业团队的分析与选择，应用与改进，形成人机结合的翻译方式，以实现技术的高效率与人工团队的高质量的有效结合。

### （一）人机结合翻译模型的构建

在语言服务企业，特别是软件本地化企业，由于软件经常更新升级，为了最大限度地复用以前版本的译文，会广泛应用计算机辅助翻译技术。翻译记忆库和翻译术语库是计算机辅助翻译技术的核心。对于译文中的格式错误，如译文标记符（Tags）与原文不一致、译文数字与原文不一致，如果依靠人工识别错误，不仅耗时耗力，而且容易遗漏错误。这种格式错误可以通过译文质量保证（Quality Assurance，QA）技术自动检测。

机器翻译基于规则和统计，虽然翻译效率提升显著，但是仅仅使用机器翻译，存在译文质量不稳定的问题，为此需要通过译后编辑（Post-editing，PE）改进译文质量。译后编辑即用户对机器翻译系统提供的译文进行编辑和修改，以获得符合质量需求的译文的活动（ISO，2017）。“机器翻译 + 译后编辑”模式成为当前和未来专业翻译团队的主流工作模式（王华树，2017：86）。使用机器翻译，仅借助译后编辑是不够的，有时还需要进行译前编辑（Pre-editing，PE）。例如，在机器翻译前，对存在语法或句法错误的原文文本进行译前编辑，可以提高机器翻译译文质量。将计算机辅助翻译、译前编辑、机器翻译、译后编辑、质量保证等技术组合起来，可以得到人机结合的翻译模型，如图 1 所示。

### （二）人机结合翻译模型的解读

人机结合翻译模型按照翻译过程使用的翻译技术进行顺序排列，输入的对象是需要翻译的原文文本，输出的对象是翻译后的目标译文。原文文本首先经过计算机辅助翻译技术或工具进行预处理，通过计算机辅助翻译工具中的翻译记忆库，将以前的译文进行复用。通过翻译术语库完成术语的识别、应用和更新。经过预处理后的原文文本，如果存在与翻译记忆库匹配的句段，可以获得译文。没有匹配的文本接着进行译前编辑，得到便于机器翻译“理解”的原文文本，然后进行机器翻译。经过机器翻译，原文文本已经转换为译文文本。为了提高译文质量，接着进行译后编辑。经过译后编辑的文本，可能还存在译文术语不一致、标记符不一致等格式问题，可利用计算机辅助翻译工具中的质量保证（QA）功能对这些格式问题进行自动识别和报告。对于语言类错误（如翻译不准确、翻译不通顺），通过人工语言质量保证改正错误。经过这些处理后，获得包含源语言与目标语言句段的双语文件，使用计算机辅助翻译工具的导出功能，获得最后的目标语言译文。

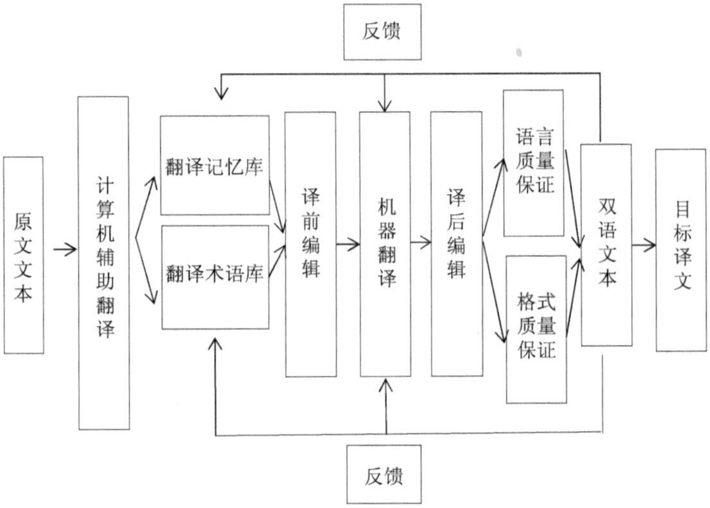


图 1　人机结合的翻译模型

随着互联网技术的发展，云翻译正在成为越来越多翻译公司的翻译项目实施方式。云翻译是翻译技术、翻译数据、翻译项目文件、翻译管理、翻译执行等过程云化。只要项目团队能够连接互联网，就可以分工合作。在这个过程中，翻译与校对同步实施，简化了软件购买、安装、升级方式，降低了翻译软件购置和维护成本；同时通过角色分配和权限设置，保证了翻译工作的信息安全，最大限度地实现了语言资产实时共享，保持翻译进度实时监控，使翻译管理透明化、流程化和协同化。人机结合的翻译模型中的组件都可以云翻译的形式呈现，或成为云翻译平台的功能特征。

人机结合的翻译模型不是单向顺序运行的线性系统，而是具有反馈机制的不断自我改进的系统。这种反馈机制表现在三个方面：第一，获得的双语文件具有良好的双语句段资源，可实时补充到机器翻译的语料库中，不断提高机器翻译的译文质量；第二，获得的双语文件可以提取最新的翻译术语库，或在人工翻译过程中更新术语库，更新的术语库可以与机器翻译系统交互，提高机器翻译的译文术语一致性；第三，获得的双语文件可以得到高质量的翻译记忆库和翻译术语库，形成不断积累的语言资产，供未来项目中译文和术语的复用。

在人机结合的翻译模型中，人机结合包含了完全人工处理、半人工半自动化机器处理、机器完全自动化处理三种方式：完全人工处理表现在译前编辑、译后编辑、语言质量保证环节；半人工半自动化机器处理表现在计算机辅助翻译、格式质量保证环节；完全自动化处理表现在机器翻译、双语文本对机器翻译的反馈，双语文件对翻译记忆库和翻译术语库的内容更新。

与单纯使用机器翻译或单纯使用人工翻译相比，人机结合的翻译模型将人工翻译、计算机辅助翻译、机器翻译紧密结合，也称为人机交互翻译模型或增强机器辅助翻译模型。其中，翻译技术或工具主要是机器翻译和计算机辅助翻译。相对于仅使用机器翻译或仅使用计算机辅助翻译，人机结合的翻译模型在翻译质量和翻译效率方面都得到了改善，实现翻译质量的良性循环。

人机结合的翻译模型中的各个组件（或步骤）不是固定不变的，而是根据翻译的具体目标和要求进行合理组合的：可以精简一个或多个组件，可以强化人工翻译的程度或可以强化机器翻译的程度。例如，对质量要求不高，对翻译进度和成本要求严格的翻译项目，可以直接使用机器翻译或机器翻译加译后编辑的方式进行。那么，对于团队翻译项目而言，面对人机交互翻译模型中的多重翻译技术，应该如何对技术进行组合或者精简呢？根据团队翻译项目特征，将翻译项目分层，是对人机结合翻译模型优化精简的基础。

## 四、团队翻译的技术选用策略

团队翻译项目具有客户多样、需求复杂、质量多元、质保挑战的特征。翻译项目的多样性表现在翻译目的多样性、翻译任务多样性、翻译质量要求多样性、翻译方式（如人工翻译与机器翻译）多样性等多个视角。翻译目的多样性和翻译方式多样性导致翻译质量的多样性。翻译质量多样性的实质是翻译项目的质量分层现象，质量分层是翻译项目多样性的内在体现。

根据翻译项目的实施目的与任务类型（崔启亮，雷学发，2016：17），将翻译项目分为三个层次：第一层为参考级项目，该类项目翻译的目的是帮助用户获取基本信息，其译文信息可有所缺失，仅供用户参考，主要包括邮件、微博、网页、微信、天气预报、信息检索、信息抽取、自动摘要等文本；第二层为常规级项目，该类项目多用于对用户进行操作指导，译文需忠实于原文，术语准确，意义完整，允许个别可读性稍差语句的存在，主要包括新闻、科技、体育评论、旅游、经贸、IT、机械、电信、汽车、航天、生物、建筑等文本；第三层为出版级项目，该类项目的译文用于出版印刷或正式发布，需要忠实、通顺甚至优雅，主要包括散文、小说、诗歌、戏曲、广告、合同、音乐剧、影视文本、古典作品、法律法规等。

对应不同类型的翻译项目，客户或用户获取信息的目的不同，翻译质量要求也有所不同。其中，参考级项目的质量要求最低，常规级项目的质量要求居中，出版级项目的质量要求最高。不同的翻译技术组合产生不同质量的译文，根据翻译项目的质量层次，选择不同的翻译技术或翻译技术的组合。根据团队翻译角色众多、分工明确、时空协同、人机交互的特征，团队中的不同角色应用不同的翻译技术，通过云翻译技术、机器翻译技术等形式，实现跨越时间和地点的协同翻译，实现团队翻译质量、效率和成本的平衡，才能确定团队翻译中技术选择和应用的翻译策略。

### （一）参考级翻译项目的技术选用策略

参考级翻译项目对译文质量要求相对较低，往往项目翻译工作量大，翻译时间紧张，翻译的预算费用少，翻译的目的是克服语言障碍，快速获得原文的基本信息，从而进一步处理。针对该目的，“机器翻译”模式即可满足基本需求。如果时间和成本在可以接受的范围内，还可以对机器翻译的译文进行快速译后编辑。

另外，参考级翻译项目有时不需要对全文进行翻译，可以对原文使用摘要提取技术，自动得到摘要；再通过机器翻译得到摘要译文，必要时通过人工译后编辑，达到翻译的目的。参考级翻译项目的技术选用策略可以总结为最大限度地应用机器翻译策略，尽量减少人工翻译的参与，以便快速获得译文，降低翻译的成本。

### （二）常规级翻译项目的技术选用策略

常规级项目不仅对译文质量有较高的要求，还对项目执行效率、交付时间、翻译预算和成本有较为严格的要求。为此，可以根据翻译项目的具体质量要求，结合翻译团队的技术应用能力、现有的翻译技术工具、翻译团队的翻译经验和工作效率，采用计算机辅助翻译、译前编辑、机器翻译、译后编辑与人工校对相结合的翻译策略，保持翻译技术和人工翻译的平衡。

概括起来，常规级翻译项目可以选用的翻译技术组合有以下几种类型：一是计算机辅助翻译 + 质量保证。此种组合适用于已经有可以使用的翻译记忆库，对更新的文件进行翻译的场景。二是计算机辅助翻译 + 机器翻译 + 快速译后编辑。快速译后编辑（Light Post-editing）是译后编辑的一种类型，指尽量多的采用机器翻译的原始输出，重点是修改错译、文化差异的内容、重新组织句式结构、不改变译文风格。这种组合将计算机辅助翻译、机器翻译和译后编辑组合，可以利用机器翻译的效率、人工翻译的准确，人机结合保持平衡，适用于对质量和进度都有要求的场景。三是译前编辑 + 机器翻译 + 译后编辑 + 质量保证。适用于原文文本质量较差、翻译量较大、翻译时间紧张、翻译质量有较高要求、没有此前的翻译记忆库可以使用的新翻译任务。四是计算机辅助翻译 + 机器翻译 + 完全译后编辑，适合于以前有翻译记忆库，对质量要求较高，翻译交稿时间紧张的更新内容的翻译项目。常规级翻译项目还可以采用其他翻译技术相互组合的方式，受限于篇幅，在此不再详述。

### （三）出版级翻译项目的技术选用策略

出版级翻译项目对译文质量要求高，翻译的工作量大小不一，翻译交稿时间有快有慢，翻译预算（翻译费用）有高有低，针对这种特点，可以选择多种翻译技术。一是计算机辅助翻译 + 质量保证。适用于以前积累了翻译记忆库，当前翻译项目是此前项目的更新，项目时间不很紧张的场合。二是计算机辅助翻译 + 译前编辑 + 机器翻译 + 完全译后编辑 + 质量保证。完全译后编辑（Full Post-editing）是译后编辑的另一种类型，它的编辑目标是语法和标点正确，译文准确、易于理解、风格一致。重点是语法、标点、拼写正确，译文和术语准确，修改文化差异的译文，译文风格一致，符合客户的要求。这种技术组合适用于翻译工作量大、翻译时间紧张、同时要求高质量译文的场景。三是计算机辅助翻译 + 质量保证。该模式适用于原文文本不适合机器翻译，原文具有较多术语，需要保持术语一致性和准确性的场景。四是完全人工翻译 + 质量保证。当原文不适合机器翻译，或翻译团队的译员不熟悉机器翻译的使用，译文要求特别高，翻译项目保密性高，不能使用在线机器翻译时，可使用该翻译技术的组合。出版级翻译项目还可以采用其他翻译技术互相组合的方式，受限于篇幅，在此不再详述。

出版级翻译项目的翻译策略的特点是加强人工翻译的投入，它以人工翻译为主，翻译技术辅助。为了保证翻译质量，需经常安排具有同类项目翻译经验的译者进行翻译，邀请目标译文的母语校对人员进行校对。对于专业性非常强的翻译项目，在项目计划阶段，需要邀请行业专家对翻译团队进行培训，在项目实施过程中定期进行经验交流，对团队内部无法解决的问题，及时与客户保持交流，以便及时解决项目中的问题。

出版级翻译项目中的文化艺术类翻译项目（如诗歌、小说、戏剧、散文等），原文具有丰富的文学、文艺和文化信息，对译文质量的要求特别高，因此应该委托具有丰富文化艺术翻译经验的译者和编辑团队进行翻译和审校。当前的机器翻译对于这类文本的翻译质量离专业译者差距较大，如果对机器翻译的译文进行译后编辑，翻译效率无法提高，而且还不如直接进行人工翻译节省时间。为了保证译文优美典雅、文采飞扬，需要具有丰富知识和文化储备的专业译员充分发挥主观能动性，进行“再创造”翻译尤为重要。

## 五、结论

团队翻译项目是当前翻译及语言服务市场的主要实施方式，团队翻译形态特征是角色众多，分工明确；客户多样，需求复杂；时空协同，人机交互；质量多元，质保挑战。翻译技术和工具在翻译市场中的应用也越来越广泛。面对不同质量要求、进度要求、成本预算的翻译项目，完全采用人工翻译或完全依靠机器翻译，都无法满足具体的翻译项目要求，因此，人机结合的翻译策略成为团队翻译实践的必然选择。人机结合的翻译模型中应用的翻译技术包括计算机辅助翻译、译前编辑、机器翻译、译后编辑、质量保证。根据翻译项目分层现象，对于参考级、常规级和出版级翻译项目应该选择适当的人机结合策略，分别使用人助机译、人机交互、机助人译的翻译方式。人机结合翻译策略既能够积极发挥翻译团队的实践经验，也能积极应用翻译技术的高效率和低成本的优势，提高翻译团队与语言服务机构的服务能力，提高市场竞争力。

## 参考文献

崔启亮，雷学发 . 2016. 基于文本分层的人机交互翻译策略 [J]. 当代外语研究，(3):46-52,94.

崔启亮，罗惠芳 . 2016. 翻译项目管理 [M]. 北京：外文出版社 .

王华树 . 2017. 语言服务的协同创新与规范发展—— 2016 中国语言服务业大会暨中国译协年会综述 [J]. 中国翻译，(1):85-88.

中国翻译协会 . 2019. 2019 中国语言服务行业发展报告 [R]. 新中国翻译事业 70 年论坛暨 2019 中国翻译协会年会，北京 .

中国翻译协会 . 2018. 2018 中国语言服务行业发展报告 [R]. 改革开放 40 年与语言服务创新发展论坛暨 2018 中国翻译协会年会，北京 .

ISO. ISO 17100: Translation services — Requirements for translation services. ISO, 2015.

ISO. ISO 18587: Translation services — Post-editing of machine translation output — Requirements. ISO, 2017.

# 人机合作翻译模式下“译前编辑”策略研究*

魏子杭　沈伊超　赵雪†

**摘要**：2013 年神经网络算法获得应用以来，机器翻译的质量得到进一步提升。虽然业界对这样的对比说法不一，但人机合作模式不断推广、机器翻译正逐渐成为传统翻译工作的重要补充是不争的事实。人机合作的翻译模式主要包括译后编辑和译前编辑，前者已经获得较高的认知和较广泛的应用，而译前编辑的重要性及其使用策略则较少被关注。译前编辑是机器翻译之前人工译者为提高机器识别度和译文输出质量对原文本进行编辑加工的行为。这也是减少机器腔、减少译后编辑工作量的行之有效的方法。本文以科技类论文摘要英译为分析对象，基于谷歌机译现存问题及其原因，探索人机合作模式下译前编辑的有效步骤，以期为优化人机合作模式、产出高质量机器译文提供参考。

**关键词**：神经网络机器翻译；译前编辑；译后编辑；人机合作

---

* 本文是北京第二外国语学院，北京对外文化传播研究基地，科研项目“人机合作译前编辑策略及文化负载现象处理研究”（WHCB19A001）研究成果；2016 国家社科基金年度项目“民俗文化在中国梦对外传播中的效果及多元叙事建构研究”（16BXW053）的阶段性成果之一。

† 作者简介：魏子杭，北京第二外国语学院北京对外文化传播研究基地成员，副高级。研究方向：计算机辅助翻译、项目管理、语言服务产业、文化传播等。电子邮箱：weizihang@bisu.edu.cn。

沈伊超，北京第二外国语学院高级翻译学院，研究生在读。研究方向：计算机辅助翻译、译前编辑等。电子邮箱：15869429990@163.com。

赵雪，北京第二外国语学院高级翻译学院，研究生在读。研究方向：计算机辅助翻译、文化负载翻译等。电子邮箱：a2246440399@foxmail.com。

# 一、引言

译后编辑是译者在机器翻译的基础上，对译文进行修改和完善，使之更符合译入语的表达习惯。因此，译后编辑模式对译者的译入语水平要求较高，一般用于职业译员或外语专业人士。然而，机器翻译系统的用户受众，恰恰是非专业人士占大多数。他们自身的外语水平有限，对机器翻译系统依赖性强且缺乏对机器译文的二次编辑能力。如何让外语水平不佳的用户更好地使用机器翻译系统？本文旨在探讨一种不需要高外语水平的人机合作模式——译前编辑。译前编辑发生在机器翻译之前，是对源文本进行语内加工，使之易于被翻译引擎识别与理解，从而产出质量比机器直接翻译更高的译文。

本文的研究对象和研究素材，从实际需求角度出发，本着可获得有价值的原则，确定为科技类论文摘要英译。有些作者的英语水平有限，在进行论文摘要英译时，非常需要借助机器翻译工具。本文通过数据研究和案例分析，从定性和定量两个维度对科技类论文摘要英译的译前编辑有效性和编辑技巧进行探究，旨在为不精通英语的用户探索一种简单实用的人机合作翻译模式。

# 二、研究内容

## （一）材料来源

笔者检索了《中国科学：信息科学》期刊中2017—2019年所有论文摘要，并以代表性和可获得性为基本原则（Nwogu，1997），从中选取了30篇论文。将其刊出的中文摘要作为本研究的源文本（Source Text，ST），其刊出的英文摘要作为人工翻译标准译文（Artificial Translation Corpus，ATC），利用谷歌翻译引擎将源文本直接转换成英文，得到纯机器翻译语料（Machine Translation Corpus，MTC）。需说明的是，由于科技日新月异，谷歌翻译引擎不断优化升级，本文仅以2019年10—12月的翻译引擎为研究对象，结论中总结的一系列译前编辑技巧或在论文刊出后有所变更。

## （二）研究方法

本文收集加工了150组语料对，并以人工译文为参照（Reference）测量机器翻译（谷歌）译文的BLEU值，比较机器译文与人工译文的相似度。剔除BLEU值为0（通常为左右译文不对应）的数据后，随机选取60对平行句子对作为译前编辑的研究样本。然后，从分析汉英谷歌译文的错误入手，通过词法和句法层面进行语料对比分析，归纳常见的机译错误类型，分析错误原因，探讨如何通过有效的译前编辑减少和规避这些机译错误，归纳译前编辑技巧。并将经过译前编辑的原文再次进行机器翻译，将译文再次与人工译文进行对比，得到第二套BLEU值，从数据的变化定量分析译前编辑方法的可行性和有效性（图1）。

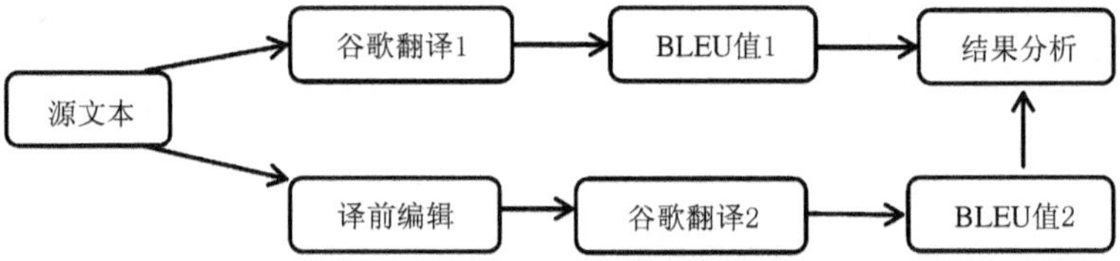


图1　研究流程

## 三、结果分析

本文按照设计思路，建立了由“摘要原文＋人工撰文＋谷歌译文＋译前处理后原文＋译前处理后机译”五个部分组成的分析模式。从词法和句法两个层面（李梅，朱锡明，2013）剖析机译错误，探讨译前编辑的策略。部分案例中存在多处机译错误，因篇幅有限本文仅探讨具有代表性的典型的机器翻译错误。

### （一）词法层面

在实际应用中，用词错误造成的翻译失败是机器翻译系统的问题之一（魏长宏，2008）。李梅、朱锡明（2013）一项历经3年、覆盖10万句对的研究表示，词法错误占机译错误的70%。机器翻译中，常见的词法错误有术语翻译不当、赘译、漏译等。

#### 1. 术语翻译不当

**例一**

ST1（original）：

近年来，网络表示学习问题吸引了大量的研究者的目光，本文将针对近年来的网络表示学习工作进行系统性的介绍和总结。

Reference：

The study of network representation learning has attracted the attention of many researchers. In this article, recent works on network representation learning are introduced and summarized.

TT1（original）：

In recent years, the network indicates that learning problems have attracted the attention of a large number of researchers. This paper will systematically introduce and summarize the network representation learning work in recent years.（BLEU 值≈0.05898）

ST2（after pre-editing）：

近年来，network representation learning 吸引了大量的研究者的目光，本文将针对近年来的网络表示学习工作进行系统性的介绍和总结。

TT2（after pre-editing）：

In recent years, network representation learning has attracted the attention of a large number of researchers. This paper will systematically introduce and summarize the network representation learning work in recent years.（BLEU 值≈0.29436）

“网络表示学习问题”在原文中作为专有名词，属于一个整体。而从 TT1 中看出，谷歌翻译引擎对该词在理解上存在误区，将其视为“网络 + 表示 + 学习问题”的主谓宾结构，所以译文与标准译文大相径庭。但是如果单独将“网络表示学习”一词放入谷歌翻译中，我们会发现其译文是正确的，即 network representation learning。由此可见，谷歌译文受到语境的制约，随着句子的长度和复杂程度增加，译文质量有所变化。

术语翻译要求专业精准。译前准备时，译者可进行术语预翻译，即借助专业工具书或专业网站等方式，查阅核实术语对应英文表达，并在进行译前编辑时，用术语译文代替中文原文，以便翻译引擎准确地识别，从而降低译文错误率。

2. 赘译和漏译

例二

ST1：

……促成了群体智能现象在各种问题领域中的出现和快速发展……

Reference：

...and is facilitating the rapid growth of collective intelligence in diverse fields...

TT1：

It has contributed to the emergence and rapid development of the phenomenon of group intelligence in various problem areas...

ST2：

……促成了群体智能在各种问题领域中的出现和快速发展……

TT2：

It has contributed to the emergence and rapid development of collective intelligence in various problem areas...

汉语习惯在命名时加上“范围、工作、问题、现象”等范畴词，而在英译过程中，范畴词往往不需要翻译。从例二中看出，“群体智能现象”一词中，删掉“现象”二字并不改变原文的含义。反而若保留这一范畴词，机器翻译将会直译成“the phenomenon of group intelligence”，造成译文冗余的同时，还会给英语读者带来理解负担。因此，在进行译前编辑时，如遇到这类范畴词，译者需要思考在不改变语义的情况下，能否删除该词，简化原文语言，从而得到精炼的机器译文。

（二）句法层面

1. 断句错误

例三

ST1：

由于地球同步轨道的高度是典型太阳同步轨道的 70 倍左右，因此，地球同步轨道光学遥感卫星对于星上微振动环境提出了更高的要求，对微振动幅值的要求相比于低轨卫星要小近两个数量级。

Reference：

Given that a geosynchronous orbit is 70 times as high as a sun-synchronous orbit, the geosynchronous optical remote sensing satellite has a stringent requirement of micro-vibration, which is almost two orders of magnitude smaller than that a of low-orbit satellite.

TT1：

Since the height of the geosynchronous orbit is about 70 times that of a typical sun-synchronous orbit, the geosynchronous orbit optical remote sensing satellite places higher demands on the on-board micro-vibration environment, and the requirements for the micro-vibration amplitude are compared to the low-orbit satellite. To be nearly two orders of magnitude smaller.（BLEU 值≈0.17289）

ST2：

由于地球同步轨道的高度是典型太阳同步轨道的 70 倍左右，因此，地球同步轨道光学遥感卫星对于星上微振动环境提出了更高的要求。其对微振动幅值的要求相比于低轨卫星要小近两个数量级。

TT2：

Since the geosynchronous orbit is about 70 times higher than the typical sun-synchronous orbit, the geosynchronous orbit optical remote sensing satellite places higher demands on the on-board micro-vibration environment. Its requirement for micro-vibration amplitude is nearly two orders of magnitude smaller than that of low-orbit satellites.（BLEU 值≈0.27695）

机器翻译系统在进行翻译长句或复合句时，往往会出现句法不通顺，诘屈聱牙的译文（胡开宝，李翼，2016）。汉语中往往一句话就是一个段落，从头至尾都用逗号连接。而英译过程中，不能照搬汉语的形式，应根据语意的紧密程度，划分意群后进行翻译。从 TT1 中划线处看出，谷歌译文出现了不成句的重大错误。之所以会出现这样的错误，主要是因为原文句子较长，造成翻译引擎的断句错误和识别障碍。因此，解决该问题的第一步就是对原文进行人工断句。

根据语意，笔者在“提出了更高要求”处，将原句划分成两个独立句子。另外需要注意的是，断句的同时往往会造成主语缺失，译前编辑需根据前后文将分句中的主语补齐，以免造成译文歧义或结构缺失。

2. 搭配错误

**例四**

ST1：

……网络表示学习算法将网络信息转化为低维稠密的实数向量，并用于已有的机器学习算法的输入。（节选）

Reference：

Network representation learning algorithms turn network information into dense, low-dimensional real-valued vectors that can be used as inputs for existing machine learning algorithms.

TT1：

The network representation learning algorithm transforms network information into low-dimensional dense real vector and is used for input of existing machine learning algorithms.

ST2：

网络表示学习算法将网络信息转化为低维稠密的实数向量，并将其用于已有的机器学习算法的输入。

TT2：

The network representation learning algorithm converts network information into low-dimensional dense real-number vectors and uses them for input from existing machine learning algorithms.

汉语多分句，且分句的主语不一定与首句主语一致。而英语强调主谓宾的语法结构，故在汉英翻译中，需分辨每个动作的主语对象。机器翻译遵循直译的原则，将原文的形式套用在译文之上。如果原文中主语表达模糊或者缺少主语，则机器翻译很有可能无法自动识别句子的主语，从而造成译文错误。例如，例四中划线处，根据原文语意，“用于算法输入”的是前文提到的“实数向量”。而未经过译前处理的谷歌译文 TT1 中，将此处的对象误译为“The network representation learning algorithm”，显然有悖于原文。

译者在进行译前处理时，需注意短句中主语是否与前句主语一致，如不一致，需及时增补主语，避免歧义。

### 3. 译文冗余

**例五**

ST1：

本文探讨了能源互联网的研究背景和意义；剖析了能源互联网的基本内涵；梳理了国内外能源互联网的发展动态与现状；阐述了能源互联网需重点研究的科学技术问题；展望了能源互联网的发展前景。

Reference：

In this paper, we discuss the background and significance, basic connotation, dynamic development, current domestic and foreign status, scientific issues, and future development of the Energy Internet.

TT1：

This paper explores the research background and significance of the energy Internet; analyzes the basic connotation of the energy Internet; sorts out the development trend and current situation of the energy Internet at home and abroad; expounds the scientific and technological issues that the energy Internet needs to focus on.（BLEU 值 ≈0.05334）

ST2：

本文探讨了能源互联网的研究背景和意义，基本内涵，国内外发展动态与现状，科学技术问题和发展前景。

TT2：

This paper discusses the research background and significance of the energy Internet, its basic connotation, development trends and current situation at home and abroad, scientific and technological issues and development prospects.（BLEU 值 ≈0.13808）

汉语重意合，英语重形合。汉语中往往使用大量重复和排比来表达语意，这在英文中并不常见。例如，例五中所示，原文中出现了 5 次“能源互联网”，而 TT1 中谷歌将它们全部进行了翻译，这势必会造成译文的冗余。此外，原文中连用了 5 个动词“探讨、剖析、梳理、阐述、展望”，我们不难发现这些动词语意相近，为了译文的简洁性，译者可以保留其中 1 个动词即可，无需将 5 个动词进行直译。

由于汉英语言差异，在机器翻译译前处理时，往往需要删除原文中的重复表达，包括名词、动词、形容词等，以达到译文精简的标准。

4. 语序不当

**例六**

ST1：

让货币价值更稳定，让数据更安全，让监管更强大，让个人的支付行为更灵动，让货币应用更智能，不仅能很好地服务大众，同时又能为经济调控提供有效手段，还能为监管科技的发展创造坚实的基础，这些优秀品质是中国法定数字货币所追求的目标。

TT1：

Make money value more stable, make data safer, make regulation more powerful, make personal payment behavior more flexible, make money application smarter, not only can serve the public well, but also provide effective means for economic regulation and control, To create a solid foundation for the development of regulatory technology, these excellent qualities are the goals pursued by China’s legal digital currency.（BLEU 值 ≈0.0488）

ST2：

DFC in China 致力于追求更稳定的价值，更安全的数据，更强大的监管，更灵动的个人支付行为和更智能的货币应用。不仅能很好地服务大众，同时又能为经济调控提供有效手段，还能为监管科技的发展创造坚实的基础。

TT2：

DFC in China is committed to pursuing more stable values, safer data, stronger regulation, more flexible personal payment behavior and smarter currency applications. Not only can it serve the public well, but it can also provide an effective means for economic regulation and control, and it can also create a solid foundation for the development of regulatory technology.（BLEU 值 ≈0.13417）

原文以 5 个“让……更……”句型开头，符合汉语的写作习惯，然而英语的行文习惯倾向于开门见山式，将人物、动作和结果等核心信息表达清楚。TT1 中的谷歌译文并不符合英文的写作习惯。我们在进行译前编辑时，应调整原文语序，必要时甚至进行改写，用更直接的中文表达原文的语意。在 ST2 中，笔者将原文调换了语序，把句子的主干核心提前，将 5 句排比改写成“形容词 + 名词”的形式，在不改变原意的前提下，尽可能将句子结构变得完善和紧凑。

## 四、总结

本文对比分析了科技类论文摘要的人工译文和机器译文的异同，归纳了常见的机译错误，如术语不准确、语序混乱、赘译、漏译、句子错误、歧义等。同时针对这些错误，整理出相应的译前编辑策略——预翻译、调整语序、断句、增补、省略等。具体见表 1。

表 1　译前编辑策略小结

| 序号 | 译前编辑策略 | 具体操作 |
|---|---|---|
| 1 | 术语预翻译 | 查阅专业术语的准确译文提前替换在原文之上 |
| 2 | 改写 | 将松散的中文句式改写成更紧凑的结构 |
| 3 | 长难句断句 | 根据意群重新切分句子 |
| 4 | 增补 | 补充短句主语；关联词；“的”；“了” |
| 5 | 省略 | 删除语意重复表达 |

笔者随机抽取了另外 10 个语料对，分别测量其 TT1 和 TT2 的 BLEU 值，以判断译前编辑的实用性和有效性。数据结果见表 2。

**表 2　译前编辑前后谷歌译文 BLEU 值对照表**

| 序号 | BLEU1（译前编辑前） | BLEU2（译前编辑后） |
|---|---|---|
| 1 | 0.30543 | 0.45740 |
| 2 | 0.47115 | 0.58534 |
| 3 | 0.16346 | 0.18052 |
| 4 | 0.09112 | 0.21504 |
| 5 | 0.21504 | 0.38198 |
| 6 | 0.05898 | 0.29436 |
| 7 | 0.20422 | 0.30682 |
| 8 | 0.05462 | 0.40834 |
| 9 | 0.13805 | 0.28874 |
| 10 | 0.19356 | 0.35401 |

通过表 2 可以看出，经过译前编辑处理，谷歌译文的 BLEU 值均有所提高。笔者利用 SPSS 软件对两组 BLEU 值进行了配对 *T* 检验，以此判断本研究总结的译前编辑策略对机译质量的影响是否显著，结果见表 3。

**表 3　SPSS 配对 *T* 检验分析结果**

| 名称 | 配对（平均值 ± 标准差） | | 差值(配对 1- 配对 2) | $t$ | $p$ |
|---|---|---|---|---|---|
| | 配对 1 | 配对 2 | | | |
| BLEU1 配对 BLEU2 | 0.19±0.13 | 0.35±0.12 | -0.16 | -5.635 | 0.000** |

$^*p<0.05$；$^{**}p<0.01$

结果表明：$t=-5.63$，$P=0.00$，两组 BLEU 值之间呈现出 0.01 水平的显著性，以及具体对比差异可知，BLEU1 的平均值（0.19），会明显低于 BLEU2 的平均值（0.35）。

由此可见，在科技类论文汉英翻译中，有无译前编辑处理对谷歌翻译引擎的译文质量有显著影响。本文的主要局限性为数据量不足，后续研究将根据本文思路在较大量数据源中进行测验，力求得到更客观的结论。

## 参考文献

冯全功，高琳．2017. 基于受控语言的译前编辑对机器翻译的影响 [J]. 当代外语研究，(2):63-68.
胡开宝，李翼．2016. 机器翻译特征及其与人工翻译关系的研究 [J]. 中国翻译，(5):10-14.
李梅，朱锡明．2013. 译后编辑自动化的英汉机器翻译新探索 [J]. 中国翻译，(4):83-87.
孙逸群．2018. 材料类文摘机助翻译的错误剖析 [J]. 中国科技翻译，(3):15-18.

# 神经网络机器翻译产品和应用场景初探

李光华 *

**摘要：**基于神经网络的机器翻译质量大幅跃迁之后，目前进入技术“调优”阶段。落地应用方面，则出现产品爆发、场景剧增的局面。鉴于使用门槛降低、需求分散、场景碎片化等原因，翻译类工具有成为大众工具之势。本文以全局视角对当前机器翻译应用做了归纳与分类，并对不同场景下的代表性产品进行了介绍和分析。结合机器翻译作为一种能力向信息基础设施演进的趋势，对当前机器翻译应用方向和产品提出了部分思考和建议。

**关键词：**神经网络机器翻译；机器翻译系统；交互式机器翻译；计算机辅助翻译

## 一、引言

“机器翻译”在近年科技媒体中成为高频词，不仅博得 ACL、WMT 和 IWLST 等国际学术会议和比赛的高关注度，也曾出现于《揭秘进博会同声传译背后：不是人，是机器人》这样的惊悚标题中；有实时字幕投屏的 AI 同传的惊艳体验，也见证过“人机耦合”的刷屏。翻译机、翻译蛋、翻译棒、翻译耳机轮番登场，各家公司纷纷开放自己的翻译 API，均表明机器翻译迎来需求的爆发，延伸到了更多更广的场景。

因此，相比于机器翻译在技术层面大幅跃升后的微调式进步，更值得关注

* 作者简介：李光华，北京中科凡语科技有限公司兰亭译负责人，行业媒体《机器翻译观察》创始人；原译酷联合创始人，中译语通科技股份有限公司语言数据 & 机器翻译解决方案负责人。主要研究方向：语言服务、机器翻译应用、翻译技术及产品、语言数据等。电子邮箱：guanghuawaqi@gmail.com。

的是机器翻译应用，特别是基于深度神经网络的机器翻译，作为一种前所未有的翻译能力，在应用和产品层面变得日益多样化，各种翻译应用层出不穷，渗透进信息发布、信息获取和信息交换等场景，成为未来信息流动效率升级的配套设施。

## 二、机器翻译应用分类

机器翻译应用场景可粗略分为开放翻译系统、私有翻译系统和机器翻译+场景的产品系列。目前，开放翻译系统主要的服务有文本翻译、文件（文档）翻译、翻译开放平台、翻译 App（或小程序）和翻译自主学习平台等。私有翻译系统主要有文本翻译、文件（文档）翻译和翻译 API 等功能。

“机器翻译+场景”可分为信息交换场景、信息获取场景和信息发布场景等三种场景。

进一步细分，信息交换场景又包括社交（即时通信）、语音翻译（翻译机）、会议翻译（AI 同传）和智能问答（智能音箱）等；信息获取场景包括跨语言搜索、电商商品翻译、网页翻译和跨语言大数据分析等；而信息发布场景包括 CAT 或交互式机器翻译、翻译输入法、文档翻译或 Word 翻译插件、视频翻译（字幕翻译）和网文翻译等（图 1）。

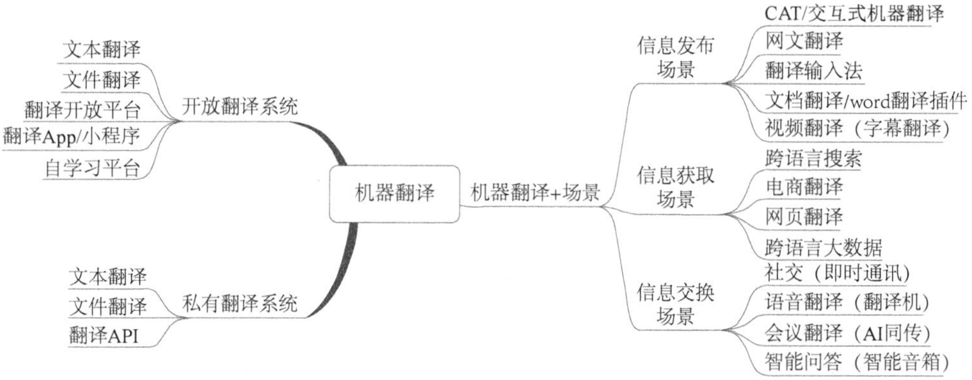


图 1　机器翻译场景分类

其中，机器翻译+场景在近年快速增加，类别丰富，主要包括信息发布、信息获取和信息交换等。当然，这种分类并不是绝对的，如视频翻译和文档翻译就可以既归于信息发布场景，又可以归于信息获取场景，并有相互融合的趋势。

## 三、开放机器翻译系统

开放翻译系统是相对私有翻译系统而言的，指开放给所有用户、可直接访问和使用的在线翻译平台，目前最流行的形态如图 2 所示。

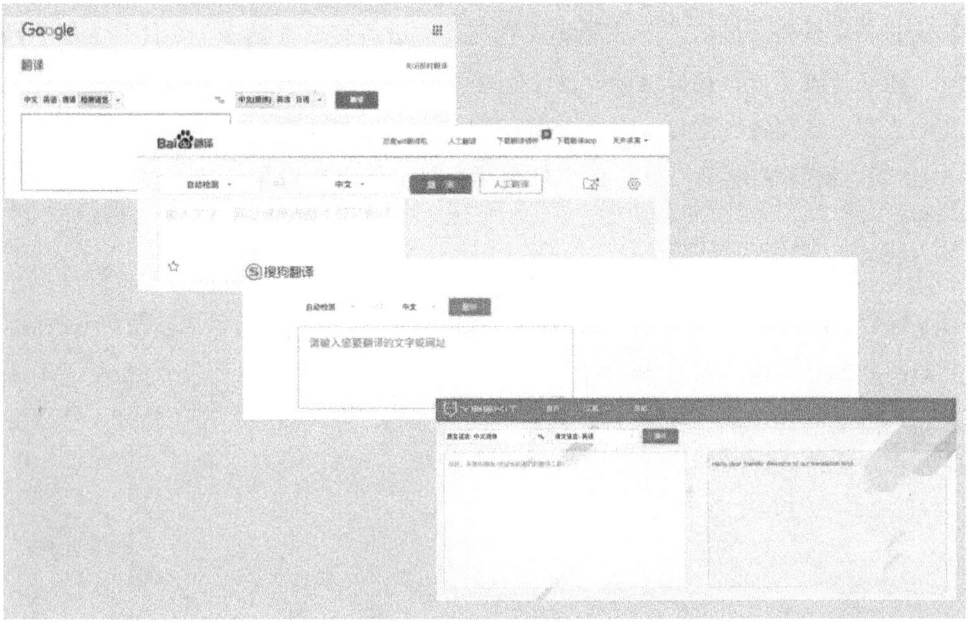


图 2　开放在线翻译系统

这类产品的代表主要是互联网公司，因其对翻译的定位是互联网信息的配套设施，如谷歌翻译、微软 Bing 翻译、百度翻译、腾讯翻译君、搜狗翻译等。除了语种的不断增加，各家翻译系统在不断升级迭代。近年还出现了两个大的变化：一是文档翻译功能几乎同时出现在各大翻译系统中，包括多年界面未有变化的谷歌翻译，也增加了此功能（图 3）；二是中译语通、新译、爱特曼、中科凡语和秘塔翻译等公司，在除通用翻译功能之外，还开放了专业领域翻译，并提供用户术语等功能。

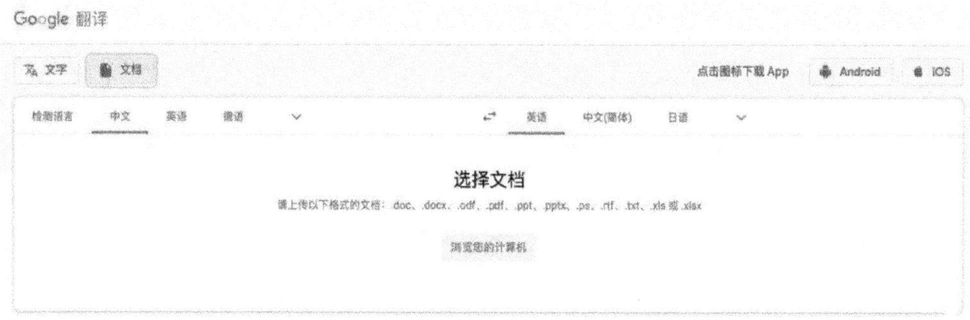


图 3　谷歌文档在线翻译

## 四、私有机器翻译系统

出于安全考虑，部分国家职能机构、情报机构或者企业，对机器翻译有私有部署需求。尽管具体需求各异，但安全、定制化（如用户术语、增量训练等功能）已日渐成为客户的一致需求。以下是企业客户类机器翻译赛道上的一些公司。

国外主要代表有 SYSTRAN、PROMT、kantanMT、Omniscien、Safaba Amazon、DeepL、Rosseta 等；国内主要代表有中科凡语、有道、中译语通、传神、小牛、云译、爱特曼、新译、语智云帆、欧米翻译、秘塔翻译等。

另外，近年出现了一个有趣的现象：友商之间的竞争时间非常短暂，因为战略定位等原因，在短暂竞争后便分道扬镳，不再停留在同一赛道。例如，中译语通转向金融和科研数据分析；爱特曼科技转向医疗 AI；语智云帆加码教育和医疗投研分析等。

## 五、机器翻译主要应用场景

近年来，“机器翻译 + 场景”下的产品快速增长，形态丰富，可归类到信息发布、信息获取和信息交换等三大场景下。

## （一）信息发布场景

### 1. 计算机辅助翻译

自 1984 年 Trados 进入翻译软件市场计起，计算机辅助翻译（Computer Aided Translation，CAT）这个产品的历史已超过 30 年。除了翻译记忆库，该翻译工具有几个重要变化：一是由于机器翻译质量不断提升，预翻译更加细分和精准，有别于以往出售软件或高级账号的收费方式，可以按照预翻译流量收费；二是计算机辅助翻译从操作较复杂的客户端演变成基于 web 端的轻量化工具，无需下载安装，更加易用。目前市面上的 CAT 工具可分成以下三类。

（1）客户端 CAT（C/S 架构）：Trados、MeomoQ、Deja Vu、Wordfast、OmegaT、快译点和 Epool CAT 等；

（2）在线 CAT（B/S 架构）：译库、译马、云译客、YiCAT、译喵、Smart-CAT、Transgod、Swordfish、CafeTran、XTM、Matecat、Memsource、Smartling、YarakuZen 等；

（3）智能 CAT（交互式机器翻译）：Lilt、Transmart、兰亭译等。

不同于传统 CAT 基于翻译记忆和机器翻译译后编辑模式，交互式机器翻译实现了人机互动的数据闭环，是一种更为智能的人机交互翻译方式（图 4）。

图 4　Transmart 交互式机器翻译

2019年11月上线的兰亭译，结合了交互式机器翻译和专业领域机器预翻译，并在编辑器界面方面打破了 CAT 表格式编辑器的传统，提供了一种所见即所得的在线翻译体验（图 5）。

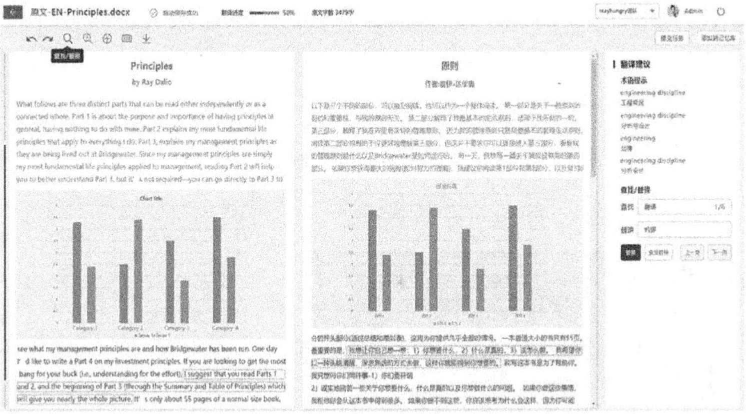


图 5　兰亭译翻译编辑器界面

随着这类翻译工具门槛的降低，来自各行各业的“非专业”译者，凭借自己的专业知识背景，有望加入并扩大这个原本不足百万的用户群体。

### 2. 翻译输入法

翻译输入法代表产品有译云输入法、轻敲输入法、讯飞输入法、搜狗输入法、新译预测性翻译等。需要改变用户习惯的客户端输入法已被验证目前还不成熟，因为借著名的俞军产品价值公式：产品价值 =（新体验－旧体验）－换用成本，输入法习惯高昂的切换成本，导致这个等式右边目前只能为负值。

### 3. 文档翻译或 Word 翻译插件

文档翻译虽然只是结合了机器翻译和文档格式处理的优势，但因其简单易用，迅速覆盖了大量非译者用户群体。目前，出现了专注于文档翻译的产品，如翻译狗。当然，随着百度、搜狗、谷歌、有道 、中译语通、Tmxmall、彩云小译等文档产品相继推出免费或几近免费版本，这类产品的盈利方式需要进一步摸索。基于 Office 办公系列的翻译插件，因为兼容和用户习惯等相关问题，目前还未流行开来。

### 4. 视频翻译

根据语音实时生成多语字幕，Youtube 早年就实现了自动字幕翻译。更值得语言服务从业者注意的是，国外的 Videolocalize、国内的字幕通和网易见外（图

6）不仅可以进行实时自动翻译字幕，还可进一步编辑校对，并添加一些简单的特效。这样，传统字幕翻译需要的 6 个步骤（听写、翻译、切分时间轴、校对、特效制作和压制）变成了 2 个步骤（校对和特效制作）。在视频内容激增、5G 技术迅猛发展的背景下，视频翻译需求有望快速增长。

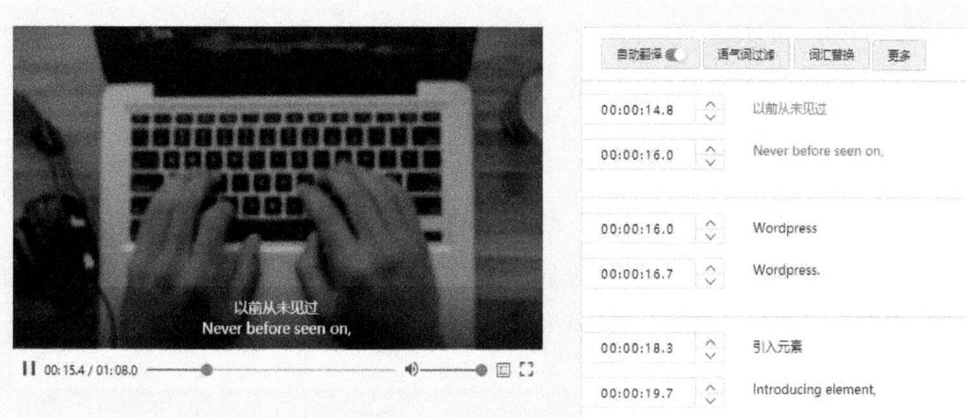


图 6　网易见外视频翻译

### 5. 网文翻译

面对中国网络文学出海翻译“供不应求”的现状，部分网络文学平台尝试使用机器翻译直接翻译网络小说。由于网络文学内容多、时效性高、有一定容错率等特点，中国网络文学出海 AI 翻译得以迅速发展。例如，主打 AI 解决方案的网文出海内容开放平台“推文科技”（funstory.ai）在 2019 年获得新一轮融资，表明网文出海是近年机器翻译值得关注的应用方向。图 7 为 Funstory 发布的“金庸小说翻译器”。

## （二）信息获取场景

### 1. 跨语言搜索

用谷歌和百度搜索外文关键词，搜索结果会显示“翻译此页”，部分解决了网页浏览的语言问题。但是，假如想查阅“糖尿病”的相关外文内容，打开谷歌在线搜索时，却不能在搜索框正确输入查询词“diabetes”，只能先借助词典，这就是一个隐形的用户使用门槛。搜狗英文在这一点上较好地解决了这个问题——

用户可以直接输入中文，搜狗英文会直接翻译查询词并进行搜索（图 8）。

图 7　武侠翻译器

图 8　搜狗跨语言搜索

## 2. 电商翻译

电商平台本身就天然涉及多种翻译场景，如商品描述、买家评论、买家卖家即时跨语言交流。阿里巴巴在这些方面有行业领先的经验。另外，亚马逊、Booking、Tripadvisor、Yelp 等网站也有大量商品点评的自动翻译。如图 9 所示，对于在线销售同一件衣服，阿里巴巴速卖通提供多种语言的商品描述和相关内容翻译。

图 9　阿里电商商品翻译

3. 网页翻译

除了传统的网页翻译插件，彩云小译、翻译狗、语智云帆也陆续推出了针对不同场景的外媒内容翻译，图 10 为彩云小译外媒内容翻译 App 截图。

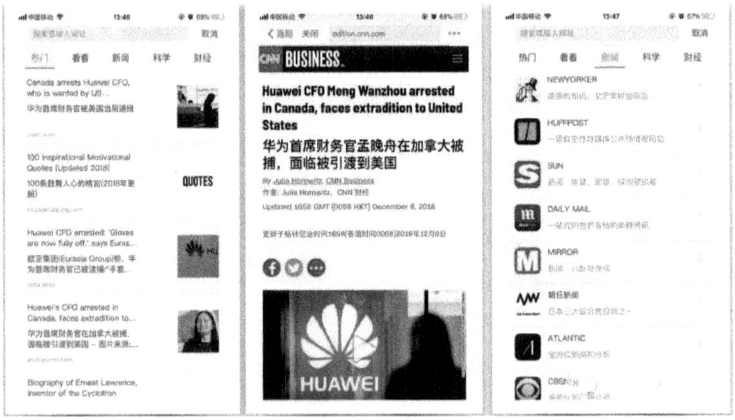


图 10　彩云小译外媒内容翻译

相比于网页插件，这个内容翻译产品有以下亮点：将海外各大媒体分类，便于用户直接访问；翻译时提供原文和译文对照，让用户在阅读时有“安全感”——阅读译文时可以随时参考原文；如翻译不准确，用户还可以修改并提交反馈。

4. 跨语言大数据

跨语言大数据可抓取海量信息，并对机器翻译文本进行处理和分析，如中译语通的部分产品 Nexmagic 语义搜索、Insider 舆情分析、Jovebird 投资分析、JoveEye 科研分析等。当然，在这些产品中，机器翻译作为一种能力被“隐藏”起来了。这种应用方式契合中译语通“机器翻译最大的意义是扩大了人类认知信息的广度与深度”的看法。类似的产品还有 2018 年上线的“因钽投智”（后改名“汇众医疗”），通过医疗健康产业数据抓取加机器翻译加处理分析，为医疗行业投资者提供数据分析和调研报告。

（三）信息交换场景

1. 社交翻译

微信功能中的“长按翻译”便是应用社交翻译的典型。除了脸书、Instagram、Twitter、微博及阿里卖家海外版这些大众社交软件，一批小众的翻译社交 App 也随之出现。不过，随着翻译需求和 AI 翻译知名度增加，这类翻译社交 App 将直接面临大众社交产品的竞争。

2. 语音翻译

早年，语音翻译一般以对话翻译为主要功能，形式为 App，几乎是各大互联网公司和机器翻译公司的产品“标配”。近年，翻译机的流行打破了这一局限。例如，目前在京东上架的翻译机已达 200 种以上，头部厂商取得可观的销量，从某种程度证明翻译机不是“收智商税”的概念产品。图 11 是种类繁多、功能多样的翻译相关 App，其中大部分以语音翻译为主。

3.AI 同传

自博鳌亚洲论坛采用 AI 同传后，这一翻译产品形态得以迅速发展，其最大的特色是让原本只能听见的声音变得“看得见”，在大会上天然具有热点和传播效应。搜狗、有道、百度、中译语通、腾讯、科大讯飞、云译、新译都纷纷推出 AI 同传。对这个产品而言，人机耦合的风波退去，区别于人工同传的低成本优势也日渐体现。从产品市场考虑，除了 PR 效果，这种产品的市场容量到底多大是关键。

图 11　语音翻译产品（手机 App 截图版）

另外，2019 年 3 月成立的译牛云同传，通过远程口译的方式，一方面降低了译员到场的交通成本，一方面将译员的声音投到会议大屏幕和手机端，同样让声音做到“可见”，是 AI 同传的有力竞争者。远程口译在欧美已经较为成熟，在国内尚处于起步阶段，值得进一步关注。

4. 智能问答

从形式上看，智能问答是一项问答机器人的“技能”，与定闹钟、放首歌、查天气等普通功能一样，只需通过语音交互，集成类似功能的产品有类似 Siri、Google Assistant、Echo、小爱等语音助手，如图 12 所示。

除了以上机器翻译上层应用，围绕机器翻译出现了 Appen、Tmxmall 、Flitto、米悦这样的数据供应商和 Intento 集成商（图 13），Intento 能帮助用户集成各家的 API。此外，近年 Tmxmall 也逐渐转向机器翻译应用，并推出了文档翻译、CAT 等产品。

图 12　小爱同学 App

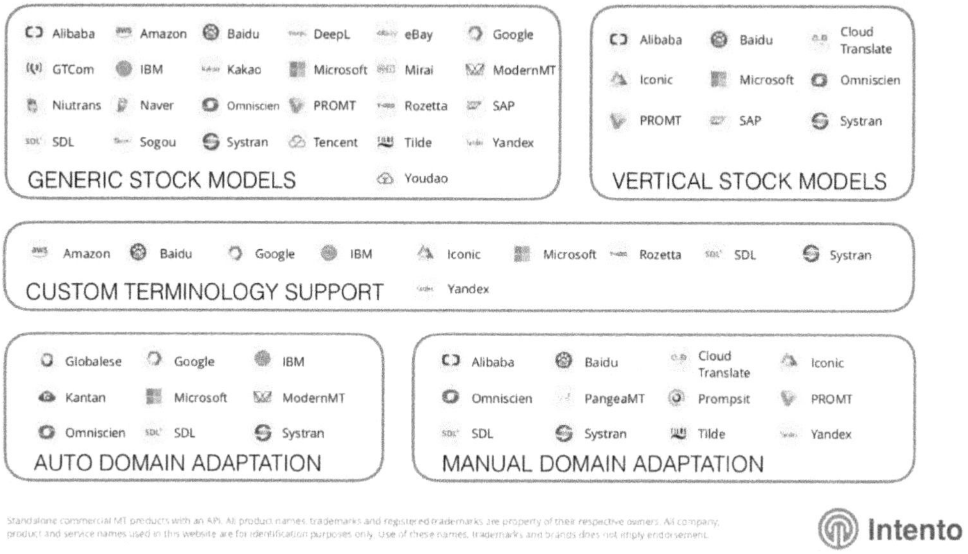


图 13　机器翻译 API 集成商 Intento

## 六、启示

基于深度神经网络算法带来了机器翻译质量的大幅跃升。机器翻译质量在部分领域已经逼近人工翻译结果，尤其是在新闻领域或基于用户语料深度定制的某些垂直领域。此外，机器翻译应用场景迅速拓展，部分近年新增的应用场景已取得较大的市场反响，如专注旅游市场的翻译机和网络文学出海的网文机器翻译。

近年机器翻译场景的迅速拓展，是语言作为一种“能力”延伸到更多场景的开端，也因未来信息更加高效流动的需求所激发。从长期看，机器翻译和相关工具应用门槛有日益降低之势。信息转换层面的翻译作为一种普惠众人的能力，将渗透进更多场景，最终如同水、电、云计算一样，演化为人人皆可低成本获得的基础设施。

在语言服务领域，随着“机器翻译取代人工翻译”的论调逐渐止息，我们需要冷静地审视人类语言的复杂度。作为承载文化和思维的载体，一种语言转换为另一种语言，即使在信息交换和日常阅读层面，人机合译仍然是一条绕不过去且漫长的路，在专业领域翻译方面则更不必多言。因此，基于交互式翻译的笔译工具、远程口译或计算机辅助口译（CAI）、视频翻译译后编辑等充分结合人机优势的工具，值得语言服务行业重点研究和探索。

## 参考文献

王华树 . 2017. 翻译技术教程 [M]. 上海 : 商务印书馆 .

俞军 . 2019. 俞军产品方法论 [M]. 北京 : 中信出版集团 .

ANDREW J. How a tech company tackles global information access [EB/OL]. (2018-11-04) [2018-11-04]. https://blog.taus.net/how-a-tech-company-tackles-global-information-access.

# 机器翻译技术对文学翻译的作用研究*

王　浩†

**摘要：**随着人工智能的飞速发展，机器翻译在信息类文本翻译中日益发挥着令人瞩目的作用。关于机器翻译在文学翻译领域的应用，国外学者已从不同侧面开展研究，但国内相关研究极少。作者将机器翻译作为自身文学翻译实践的一种辅助手段，发现当前机器翻译的水平虽然远达不到文学翻译的要求，但却能够给予译者很多的帮助，具有正向提示、反向提示、辅助搜索、翻译核查等四种功能。本文以相关译例说明，只要运用得当，机器翻译也能对文学翻译发挥良好的辅助功能。

**关键词：**机器翻译；翻译技术；文学翻译；辅助功能

## 一、引言

21 世纪第二个十年以来，基于人工神经网络的机器学习使机器翻译（MT）获得巨大发展，机器翻译对信息类文本的处理能力达到前所未有的高度，对一些技术类文本翻译已经达到很高的准确度，其商业运用已经获得成功（Toral，Way，2014：173）。相比之下，机器翻译对文学文本的处理能力仍然有限，其主要原因大致有两个：第一，文学语言包含大量隐喻，而目前人工智能处理隐喻的能力仍然有限；第二，目前的机器翻译（如百度、有道等）以一般文本为对

* 本文系国家社科基金一般项目“叙事学视野中的翻译研究”（17BWW013）阶段性成果。

† 作者简介：王浩，云南大学外国语学院，副研究员，博士。主要研究方向：叙事学、翻译理论与实践。电子邮箱：741526937@qq.com。

象，而要处理文学文本的话，需要开发新的算法并建立相应的语料库作为支撑。因此，机器翻译加译后编辑（MT+PE）的人机合作翻译模式对于文学翻译而言，还有很长的路要走。但也有学者指出，即便在当前 MT+PE 模式下，“基于大数据的人工智能翻译，可以集已有的人类翻译之所长，给翻译者提供参考”（陶锋，2019：34）。笔者认为，虽然当前机器翻译处理文学文本仍然存在种种问题，但无论从翻译研究还是实践的角度看，都不能忽视机器翻译的参考作用，而如果译者能够充分利用这一参考作用，一方面可以提高翻译效率和准确度，另一方面可以由此发现机器翻译存在的一些症结，进而为机器翻译的发展提出有益的建议。因此，就当前来看，充分认识和运用机器翻译对文学翻译的辅助功能显得很有必要。本文以笔者在文学翻译实践中借用机器翻译的经验为基础，对机器翻译的辅助功能加以分析和评价，以期推进业界和学界对这些功能的理解和重视。

## 二、研究基础

自 20 世纪初机器翻译诞生以来，关于机器翻译是否能取代人类翻译的话题一直是学界的兴趣点之一。进入 21 世纪后，关于以人工智能为支撑的机器翻译能否胜任文学翻译引起业界关注。就近几年的研究来看，国外学者在技术推进方面所做的研究值得关注，国内学者则在哲学反思、教学应用、人机翻译对比研究方面做出尝试。

### （一）国外研究情况

从专业角度用机器翻译处理文学文本的尝试多见于国外。难度最高的文学翻译恐怕非诗歌翻译莫属。耿泽尔（Genzel）及其项目组成员在统计机器翻译（SMT）系统中添加句子长度、音步、韵脚等限制，尝试英法格律诗互译。在 2010 年自然语言处理经验方法大会（2010 Conference on Empirical Methods in Natural Language Processing）上，耿泽尔在做题为“‘诗意’统计机器翻译：韵脚与音步”（*“Poetic” Statistical Machine Translation: Rhyme and Meter*）的发言时指出，就当时的技术而言，机器翻译只能在形式正确或意义正确之间做出选择（Genzel，et al.，2010：163）。贝萨希尔（Besacier）和施瓦茨（Schwartz）尝试用机器翻译一个文学文本，他们 MT+PE 的方式让一名非职业译员进行译后编辑，然后收集试读者的反馈，并请该文本的法语译者做出评论。结果发现虽然专业译员对译文看法不一，但普通读者对译文的接受度较高，这意味着运用机器翻译可能在短时间内产出“低成本”译文，而作家也有望使其作品译介到更多不同语言的国家（Besacier，Schwartz，2015：114）。沃伊特（Voigt）与朱拉夫斯基（Jurafsky）研究了文学与非文学文本在指称衔接（Referential Cohesion）上的差异，发现文学文本的指称链比非文学文本要密集。因此，如果要将机器翻译应用于文学翻译，就需要充分考虑句子层面之上的文本话语特征（Voigt，Jurafsky，2012：18）。

与以上研究相比，托洛尔（Toral）与威（Way）的研究进一步让学界看到了文学机器翻译（Literary MT）的前景。他们以法语—英语、法语—意大利语、意大利语—加泰罗尼亚语文本翻译为例，通过双语评估替换（bilingualevaluationunderstudy，BLEU）评分和翻译错误率（Translation Error Rate，TER）评分对机器翻译进行定量和定性分析，发现同一语族语言之间互译的 BLEU 分值较高。同时，他们还发现机器翻译的正确率在 2013—2015 年有所提升，以他们所选取的译文为例，需要译后编辑的文字数量减少了 6%（Toral，Way，2015：265）。最后，他们还指出了未来机器文学翻译研究的两个方向：其一，使机器翻译系统适应于作者的写作风格和译者的翻译风格；其二，用其他类型的机器翻译辅助工作流（MT-assisted workflow）取代 MT+PE 模式，如互动式机器翻译（Interactive MT）。

## （二）国内研究情况

早在 20 世纪 80 年代，王佐良就撰文指出，如果科技要发展到能够让机器接管翻译家的工作，首先“需要解决一个难题，即如何使机器人充满文化意识”（王佐良，1984：2）。虽然这只是一种假设，但却从文化层面提到文学翻译对译者的要求。陶锋（2019：37）认为，文学文本中的隐喻和情感是机器翻译面临的难题，虽然有可能从技术层面上解决隐喻与情感翻译的问题，但译者的文化积淀很可能就是机器翻译难以逾越的边界。即便如此，人工智能翻译对于世界文学的发展具有重大意义，并且这两者可以相得益彰。

从应用层面看，很多从事翻译教学的学者从不同角度分析了机器翻译在教学中的实际应用问题，但由于机器翻译更适用于非文学文本，因此这类研究大多以信息类文本的机辅翻译研究为主，如钱多秀（2009）、刘扬（2009）、朱玉彬（2012）、王华树（2014）、张丽娜（2018）、刘勇（2018）、陈振云（2019）、许春翎，郭琦（2019）林颖（2019）。这类研究虽然很少直接关涉文学文本的机器辅助翻译，但也从不同程度上间接指出机器翻译在处理文学文本中存在的不足。例如，刘扬（2009：203）认为，“翻译的过程不仅需要直觉思维和逻辑思维，还必须具有形象思维，没有形象思维的翻译，译文就会走样”。

从对比研究角度看，国内学者对人机翻译比较所做的研究也不在少数。虽然专门从文学翻译角度对比人机译文的研究很少，但却富有启发性。例如，吴建兰、黄煜婷、张洛（2018：15）以诗歌、散文、小说的翻译对比为基础，认为目前机器翻译的文学文本还有很多不尽人意的地方，机器翻译“如果想要攻克文学翻译这一城池壁垒，就不能忽视文学性的重要性”。

## 三、机器翻译对文学翻译的辅助功能

国内外学者对机器翻译与文学翻译的关系已经开展了很多研究，总体上对机器翻译的未来发展持乐观态度，并且很多学者都强调人机合作的重要性。在如今机器翻译的现状与人机互动的未来前景之间，译者和研究者可以做些什么？笔者认为我们已经可以适当运用机器翻译来辅助文学翻译实践。

目前，国内文学翻译界对机器翻译的评价普遍倾向于从准确率、正确率的角度提出批评，习惯于从“挑错”的角度查找机器翻译在识辨、认知、理解、表达等方面存在的种种不足，认为机器翻译无法与人工翻译相提并论。笔者认为这是关于机器翻译认识的一个误区，这种认识过早地用我们对人工翻译的标准来对机器翻译提出要求。至少就目前而言，机器翻译系统的研究与开发大多不以取代人工翻译为目的，而是以辅助人工翻译为主要目的。在科技、工程技术翻译等不少领域中，机器翻译的辅助功能将译员从大量繁重、重复的劳动中解放出来，得以高效率、高质量地完成翻译任务。虽然机器翻译尚不能承担文学文本的翻译，但如果因为机器翻译错漏百出而弃如敝履，则有可能导致我们对文学翻译在未来的发展准备不足。

虽然文学机器翻译存在种种不足，但是其应用前景仍然值得期待。就目前的机器翻译的水平而言，MT+PE 尚不完全可行，其他机器翻译辅助工作流也在探索之中，但机器翻译仍然能在文学翻译实践中发挥一些辅助功能，包括正向提示功能、反向提示功能、辅助搜索功能和回译核查功能。本文仅以人们常用的百度、有道等机器翻译为例，对这四项功能加以展示和分析。

### （一）正向提示功能

机器翻译的正向提示功能，指的是机器翻译产出的文本在用词、句式等方面对译者具有提示作用。如果说“挑错”的思维方式是从查找不足的角度来看待机器翻译，那么我们也可以采取逆向思维，去看看机器翻译中有哪些值得译者借鉴的地方。英国作家、布克奖得主伊恩•麦克尤恩的长篇小说《长日留痕》最后一段有两个长句，其原文、百度翻译、人工翻译如下。

**例一**

**原文：**

. . . On Chesil Beach he could have called out to Florence, he could have gone after her. He did not know, or would not have cared to know, that as she ran away from him, certain in her distress that she was about to lose him, she had never loved him more, or more hopelessly, and that the sound of his voice would have been a deliverance, and she would have turned back. Instead, he stood in cold and righteous silence in the summer' s dusk, watching her hurry along the shore, the sound of her difficult progress lost to the breaking of small waves, until she was a blurred, receding point against the immense straight road of shingle gleaming in the pallid light.

**百度翻译（2019）[1]：**

……在切西尔海滩，他本可以向佛罗伦萨喊叫，他本可以去追她。他不知道，也不想知道，当她从他身边跑开时，她在痛苦中确信她将要失去他，她从来没有更爱他，或是更绝望地爱他，他发出的声音将是一种解脱，她会回头。相反，他站在夏日的黄昏里，冷冷而公正地沉默着，看着她沿着海岸匆匆地走着，她艰难前进的声音消失在小波

[1] 基于人工智能的机器翻译正在通过机器学习不断改进、完善自身，机器翻译产出的文本会随时间的变化而有所不同，故此笔者给每一段机器译文标注机译年份。

浪的破碎声中，直到她在苍白的灯光下闪闪发光的巨大的笔直的石瓦路上，变成了一个模糊的后退的点。

**人工翻译：**

……在切瑟尔海滩上，他本来可以冲着佛洛伦斯喊出来的，他本来可以去追她的。他不知道，或者说他不想知道，当她从他身边跑开时，在即将失去他的痛楚中，她对他的爱一定比以往更强烈，或者更难以自拔，此时如果能听到他的嗓音，她会得到某种解脱，她会回过头来。然而，夏日黄昏中，他只是冷冰冰地站着，理直气壮，一言不发，看着她沿着海滩匆匆离去，她举步维艰的声音淹没在飞溅的细浪中，一直看到宽阔而笔直的、在黯淡的灯光下隐隐闪烁的砂石道上，她成了一个模糊的、渐行渐远的点。

毋庸讳言，以上这两句话的百度译文基本没有文学性可言，与人工译文不可同日而语，但并非一无是处。第一，译文中的词汇选择基本正确，而且选词有“直译”的倾向，如“痛苦”(distress)、“绝望地”(hopelessly)、“解脱”(deliverance)、“冷冷”(coldly)、“公正”(righteous)、“苍白的”(pallid)等，这相当于发挥了词典的参考作用，译者在参考这些用词的时候，可以用同义词代换等方法优化词汇的选择。第二，原文的句式比较复杂，而百度的译文并未因原文句式的复杂性而出现病句，相反，其行文较为流畅，仿佛采用了“顺句操作”的翻译技巧，这一点也值得借鉴。第三，译文的正确率较高，这在同类文本的机器翻译中并不多见，而且就文中下划线部分而言，机器翻译的正确性超过了人工翻译。

任何翻译作品中都难免存在误译，细节上的舛误无可厚非。杨武能（1993：57）认为：“一部译作虽说错漏不在少数，但富于文学性……应该得到承认……反之，极少字句和语法错误，甚至标点符号也对原文亦步亦趋，但没有文学性，读来味同嚼蜡。”百度对“certain in her distress that she was about to lose him, she had never loved him more”这句话的翻译正可谓“味同嚼蜡”，但是其正确性高于人工译文是显而易见的。一部作品的文学性不仅仅在于文字的优美与流畅，也有赖于话语表达形式在读者心中激起的情感反应。这句话属于独立主格结构，叙述者借此在以“他”(爱德华）的视角为主的一个长句中表现了弗洛伦斯的内心感受。《在切瑟尔海滩上》所讲述的爱情悲剧来源于男女主人公之间深刻的误解，叙述者交替借用男女主人公的视角来讲述他们各自的情感和情绪变化，由此形成一种显在的叙述张力，这种张力在小说结尾处达到一个高潮。小说末尾的这两个句子将这种叙述风格贯穿到底，即同时揭示爱德华和弗洛伦斯最深切的心理感受。百度译文较为忠实地体现了弗洛伦斯此时此刻的心绪，而人工译文中“她对他的爱一定比以往更强烈”这句话更像是叙述者对弗洛伦斯心理感受的推测，这难免减弱了小说结尾对读者的冲击力。译者在翻译过程中如果能够有鉴别地参考百度译文，就有望避免这句话的误译。

## （二）反向提示功能

机器翻译的反向提示功能，指的是机器翻译中存在的明显错误表明相关句段无论在原文的理解和译文的表述上都有较大难度，由此提示译者需要谨慎处理。机器翻译产出的文本常常会产生文理不通、令人费解甚至荒唐可笑的词句，这是机器翻译遭到诟病的重要原因之一，但译者仍然可以从相反的角度来看待这一问题，即凡是机器翻译存在重大语病之处，往往表明原文难以处理，译者需格外注意。英国作家理查德·金（1879—1947）写过一篇名为“家中骷髅”（Family Skeletons）的散文，以轻松幽默而不乏揶揄的笔调谈论他对家丑的看法。原文第一段前四句话及百度译文和人工译文如下。

**例二**

**原文：**

The worst of keeping a“Family Skeleton”shut up in a cupboard is that the horrid thing will insist on rattling its old bones at the most inopportune moments — just, for example, when you are entertaining to tea the nearest thing you’ve got to God — whether she be an“Honorable”(in her own right, mark you!) or merely the vicar’s wife!（1）Whatever family skeletons do or do not possess, they most assuredly lack *tact*. They are worse than relations for giving your“show away”at the wrong moment.（2）If relations do nothing else,（3）they at any rate sit tightly together around family skeletons, if only to hide them from full view by the crowd.

**百度翻译（2019）：**

把一具“家族骷髅”关在柜子里，最糟糕的是，这个可怕的东西会在最不合适的时候，坚持把它的老骨头敲碎——比如，当你在享受喝茶时，你离上帝最近的东西——不管她是不是一个“可敬的人”（就她自己而言，给你打上记号！）或者仅仅是牧师的妻子！（1）不管家族骨架有没有，他们肯定缺乏机智。他们比关系更糟糕，因为他们在错误的时刻给了你“炫耀”。（2）如果亲戚们什么也不做，（3）他们至少会紧紧地围着家族的骨架坐在一起，如果只是为了不让人群看到他们。

**人工翻译（2019）：**

把“家中骷髅”关在柜子里，怕就怕这家伙不分时候把老骨头弄得咔咔响，比如在你把地方的头面人物——“贵妇人”（相当于，且记！）也好，或者只是教区牧师的夫人也罢——拽到上帝面前端茶送水款待之时。（1）不管这些丑陋的骷髅有着怎样的特点，有一点是肯定的，它们都是些死眼皮子，比那些让你在不恰当的时候“露马脚”的亲戚还要难堪。（2）亲戚们起码会紧紧围坐在“家中骷髅”周围，即使别的做不来，（3）不让人看光整个家丑也好。

以上百度译文的错误非常明显，下划线的部分完全不知所云，这种情况给予人们质疑机器翻译的充分理由。但如果换个角度来看，这段机器译文一方面暴露出机器翻译的缺陷，另一方面提醒译者，原文下划线部分的内容应当重点分析，谨慎处理。

这篇短文机智诙谐而富有讽刺意味，作者在第一段中对泛指所有人的受述者“你”（you）极尽讽刺挖苦之能事，因此需要译者有意识地从受述者的视角来体会原文的辛辣笔调。此处所引的原文句式比较复杂，用词略偏古旧（与作者所处时代相关），这是机器翻译失误的两个重要原因。笔者认为导致机器翻译失误的又一个重要原因在于机器翻译无法再现受述者的视角。作者用“你”来指称一切爱慕虚荣的市井小民，这类人趋炎附势，很爱面子，但却常常出尽洋相。

基于对词汇、句式和受述者视角的理解，原文第（1）句的意思是当“你”请街坊上距离上帝最近的人——不论是“尊贵的”某某或者仅仅只是教区牧师的妻子——喝午茶的时候，“家中骷髅”就会急于让“你”出丑。在这种解读中，“距离上帝最近的人”是受述者虚荣心的集中体现。原文第（2）、（3）句话则通过“你”对亲戚的鄙视与不屑描绘出受述者的小市民嘴脸。第（2）句话的意思是说在让人出洋相这方面，“家中骷髅”比亲戚强多了，这意味着在受述者眼中，亲戚们也不是省油的灯，只不过比“家中骷髅”略逊一筹罢了。第（3）句话与第（2）句话前后相连，其中的“nothing else”指的是第（2）句中让人出洋相（giving your “show away”）这件事，故而第（3）句话的意思是“如果说亲戚除了让你出尽洋相之外什么也不做的话”，这就进一步凸显了受述者对亲戚的鄙夷、埋怨之情，读来令人捧腹。

机器翻译显然还不能对文本做出以上分析，尤其是不能从受述者“你”的角度来传译原文的意旨，因此译文无法卒读。两相对比之下，就这三句话的翻译而言，人工译文虽然文从字顺，但在意义传达方面都不准确。如果译者能够从机器翻译的反向提示功能出发，对机器译文的严重错误句段予以充分的重视，寻绎原文句子之间的逻辑关系，在翻译过程中充分考虑受述者的视角，就有望再现原文的意涵和风貌。

在此需要指出的是，例二表明机器翻译对文本中的视角关系缺乏敏感度。王阳在叙事学著作《小说艺术形式分析》一书中用矢量方程来计算、确定叙述者、受述者、人物等的视角关系，这其中暗含了将叙事学研究成果引入人工智能研究的想法。笔者不懂书中的数学演算，所以对于这一尝试是否可行不能做出评论，但却认为叙事学理论体系对叙事及非叙事作品的解读和阐释都具有特殊的启示意义。如果叙事学研究中的某些概念系统，如与视角、聚焦、直接话语、间接话语等相关的叙事学原则能够编入机器翻译的算法体系之中，则有可能从一个侧面上提高机器翻译的水平。

有时候译者也可以通过机器翻译来检查自己的译文，当机器译文与人工译文出现明显的不一致，这可能表明译者对原文存在误解或误读，这也可以算作是一种反向提示。笔者把以色列著名诗人阿米尔·欧尔（Amir Or）诗歌的英译本译为中文的过程中，曾遇到以下例子。

**例三**

**原文：**

Look around, leave the path;

that tree, that doe, that hawk
will guide you to your goal,
and you' ll carve a new path with your footfall:
in the forest of man, no path is needed,
only to know how the inside becomes the out.

**百度翻译（2019）：**

环顾四周，离开小路；
那棵树，那只母鹿，那只鹰
会指引你达到目标，
你将用你的脚步开辟一条新的道路：
在人类的森林里，不需要任何道路，
只知道里面怎么变成外面。

**人工翻译：**

看看四周，离开这条路；
那棵树，那头鹿，那只鹰
将带你走向最终的目标，
而你也将用你的足球开凿出一条新路：
在人的丛林中，不需要路，只需要知道
内部如何变成外部。

审校人员发现笔者将“footfall”误读为“football”，造成误译。如果笔者在翻译以前参考百度译文，那么百度译文中的“脚步”就会给予笔者正向提示；如果笔者在译后参考百度译文，这个词就会给予读者反向提示。在两种情况下，百度译文都可以帮助笔者避免误译，提高翻译、审校效率。

### （三）辅助搜索功能

“搜商”是大数据时代译者必备的一种重要能力。王华树（2016：10）认为，“掌握信息检索的方法是一个身处互联网时代的个体应当具备的能力，而这种能力也被称为搜商或搜智”。实际上机器翻译系统本身就集搜索、学习、信息处理等诸多功能于一身，机器译文本身已经在一瞬间帮助译者完成了很多搜索工作，而笔者在翻译实践中发现，当文本中出现多个语种的词句，机器翻译能够发挥较好的辅助搜索功能，在一定程度上弥补了译者外语能力不足的缺陷。瑞典著名诗人、小说家、文学史家、瑞典学院院士谢尔·埃斯普马克（Kjell Espmark）所著的《翻译灵魂——现代诗歌从波德莱尔到超现实主义的一条主线》（*AttÖversättaSjälen: EnhuvudlinjeI modern poesifrånBaudelaire till surrealismen*）含有一篇万余单词的英文摘要，其中引用了诸多诗人、评论家、文学史家的大量作品、评论和文学术语，语种包括瑞典语、法语和德语。

在没有机器翻译辅助的情况下，译者如果不懂这三门外语，一般只能向通晓这些语种的专家求助。为了解决这一问题，笔者采取了三个步骤。第一，考虑到欧洲语言之间的差异小于英语与汉语的差异，首先借用不同的机器翻译将这些词句译成英语，通过分析对比，选出语义与上下文较为契合的机器译文。以下是笔者在翻译过程中将外文与机器英译文对齐后生成的部分内容。

**例四**

| **原文** | **机器翻译（2019）**[1] |
|---|---|
| *AttÖversättaSjälen: Enhuvudlinje I modern poesifrån Baudelaire till surrealismen* | Translating the Soul: A main line in modern poetry from Baudelaire to surrealism |
| *L'universpoétique de Baudelaire* | Baudelaire' s world of poetry |
| Sur *Le Tasseen prison*d' Eugène Delacroix | On The Cup in prison of Eugène Delacroix |
| *Les Voixintérieures* | Inner Voices |
| "Au Lecteur" | "To the reader" |
| "La pente de la reverie" | "The slope of the reverie" |
| la *correspondance* et [le] symbolism universels, cerépertoire de toutemétaphore | the universal correspondence and [symbolism], this repertoire of any metaphor |

❶ 笔者在翻译过程中参考了多种机器翻译的译文，因此标注为“机器翻译”。笔者2016年完成该文的翻译之后，没有保存外文与机器英译文对齐的文本。在本文的写作中，笔者采用相同步骤来还原当时翻译的过程，因此机器翻译时间为2019年。

| | |
|---|---|
| le rêve de son coeur sous uneformed' ange | the dream of his heart in the form of an angel |
| "Un voyage á Cythère" | "A trip to Kythera" |
| *Romances sans paroles* | Romances without words |
| "Ariettesoubliées IX" | "Forgotten Ariettes IX" |
| une oeuvre pure | a pure work |
| Hinter ihmsteht sein toterBruder, oderergeht die alteWendeltreppeherab | Behind him stands his dead brother, or he goes down the old spiral staircase |
| *Blätterfür die Kunst* | Leaves for the art |
| Neue Gedichte | New poems |
| Intensität | Intensity |
| einNebeneinander | a juxtaposition |
| …… | …… |

第二，笔者以机器译文为参考，按图索骥，通过关键词搜索等方法，找出原文本，再搜索其英译文，或是直接搜到权威的英译文（如电子图书、网络开放资源上的权威译本）。第三，根据可靠的英译文，查找权威的中译文。通过这三个步骤，笔者发现由于埃斯普马克引用的作品均为名家名作，均可找到已出版的中译文，故此直接采用他人的译文。就文学批评术语和学者的评论而言，由于大部分内容可以在网上搜到中国学者的译文，故此也直接采纳。少部分未翻译成中文的词句，由于西方语言中彼此对应的文学批评术语大多具有相同的词根，笔者根据机器译文和原文中的关键词比对，再通过维基百科等网络资源查证后直接译成中文。最终，在机器翻译的辅助下，笔者通过以上三个步骤、三种方式，独立完成了文中非英文词句的翻译工作。这是机器翻译具有辅助查询功能的一个鲜活例证。

### （四）回译核查功能

顾名思义，机器翻译的回译核查功能指的是通过机器翻译对译文进行回译，以便在一定程度上对译文进行核查。从实践上看，回译核查功能对逆译更加有效，因为译者对外语的掌握往往达不到对母语的熟悉程度，因此机器回译有时可以让译者看到自己在外语表达上存在的失误。笔者在翻译人物传记《追逐太阳的人——杂交水稻之父袁隆平》一书的删节版时，就多次通过机器回译发现译文存在的不足和失误。以下随举一例：

**例五**

**原文：**

以杂交水稻所占比例之小，而达到如此显著的增产效果，已经令人叹为观止。

**人工翻译：**

The relatively small acreage in contrast with the disproportionately large yield increase of hybrid rice already held the world in awe.

**百度回译（2019）：**

与杂交水稻不成比例的大幅度增产相比，相对较小的种植面积已经让世界为之惊叹。

从百度回译来看，“disproportionately”用词不当，从语义和情感色彩两个方面都与原文相去甚远。更重要的是英译文的语义重心出现偏差。原文是说杂交水稻种植面积较小而增产比例之高，令世人惊叹，而百度回译表明英译文把杂交水稻种植面积较小作为重点加以突出，显然不符合原义。

梁实秋的散文《忆青岛》（节选）被用作第十届“中国海洋大学 -《英语世界》杯”翻译大赛汉译英比赛的原文本。2019 年《英语世界》第 10 期刊登了两种风格迥异的参考译文，其中一种译文有很多值得商榷之处，现仅举一例，用百度回译加以核查：

**例六**

**原文：**

我是北平人，从不以北平为理想的地方。

**人工翻译：**

Although I was born and bred in Peiping, I have never regarded it as the best place to call my home.

**百度回译：**

虽然我是在北平出生和长大的，但我从来没有把它看作是给我的家打电话的最好地方。

以上是《忆青岛》（节选）英译文的第一句话。在熟悉原文的情况下，读者很可能会把英译文回译为“虽然我生长在北平，但我从不认为它是可以称为家乡的最好的地方”，但是百度却给出了出人意料的回译。而细看之下，百度翻译恰恰译出了英文在字面上最可能表达出来的意思，这意味着人工译文可以作两种理解，或者说存在歧义。

以上五例、六两例表明译者可以借助机器翻译的回译核查功能发现译文存在的不足，并加以改善，这可以视为一种基于译者自身需求的回译核查工作。除此之外，机器回译还可以在一定程度上满足他人了解和跟进翻译项目的需求。在某些翻译项目之中，尤其是对翻译质量要求较高的商业翻译项目，回译是一个重要环节。文学翻译一般不要求回译，但是译者在与作者、出版商沟通交流的过程中，为了让作者、编辑了解自己的翻译原则和风格，可以通过回译来争取作者和其他相关人士的理解与认可。为了节省时间和人力成本，机器翻译是一个很好的选择，可以在几乎不耗费人力成本的情况下让他人对译文的基本风格和忠信度获得总体印象。笔者在 2018 年、2019 年翻译两本画（图）册中具有散文风格的文字说明时，曾以此方式与作者和编辑进行沟通，并取得较好的效果。

## 四、结语

基于人工智能技术的发展及我们对文学翻译的认识，本文通过对具体案例的展示和分析来说明当前机器翻译对中英文学文本互译具有四个方面的辅助功能。以上分析表明，只要运用得当，机器翻译可以帮助译者提高翻译效率和准确度。同时，在借助机器翻译的辅助功能从事文学翻译的过程中，译者可以为机器翻译的发展提出建议。例如，沃伊特与朱拉夫斯基发现句子层面之上的文本话语特征是文学机器翻译必须考虑的一个问题。本文对例二的分析表明，如果能把叙事学研究的成果整合到机器翻译的算法之中，就有可能进一步提高机器翻译对文学文本的处理能力。

需要指出的是，这项研究存在两个方面的不足。第一，出于分析需要，案例中的机器翻译均能对文学翻译起到良好的辅助作用，但这些例子都经过认真筛选，而在实际操作中，机器翻译的能力还十分有限。第二，笔者发现，在辅助查询和回译核查方面，机器翻译的助推作用十分明显，但是在正向与反向提示方面则要求译者具有较高的分辨能力，否则译者可能受到机器翻译的干扰。并且，由于译者在翻译过程中需要不断参考机器翻译，虽然可能借此避免一些误译，但是工作效率未必会显著提高。

## 参考文献

阿米尔 • 欧尔 . 2017. 时间博物馆 [M]. 王浩 , 译 . 北京 : 外语教学与研究出版社 .

刘扬 . 2009. 机器翻译教学 ：问题与对策 [J]. 湖南科技学院学报 , (4):200-203.

陶锋 . 2019. 人工智能翻译与“世界文学”[J]. 人文杂志 , (8):30-37.

王华树 . 2016. 翻译技术实践 [M]. 北京 : 外文出版社 .

王华树 . 2014. 信息化时代的计算机辅助翻译技术研究 [J]. 外文研究 , (3):92-97.

王阳 . 2002. 小说艺术形势分析 [M]. 北京 : 华夏出版社 .

王佐良 . 1984. 翻译中的文化比较 [J]. 中国翻译 , (1):2-6.

吴建兰 , 黄煜婷 , 张洛 . 2018. 文学性视野下的机器翻译与人工翻译差异 [J]. 外语艺术教育研究，(6):11-16.

谢尔 • 埃斯普马克 . 2017. 翻译灵魂——现代诗歌从波德莱尔到超现实主义的一条线索 [C]// 王浩 , 译 . 学问——中华文艺复兴论坛 . 广州 : 花城出版社 .

杨武能 . 1993.《卅载不解缘苦乐存心知——杨武能三十年译文自选集 • 序》[J]. 当代文坛 , (2):55-57.

伊恩 • 麦克尤恩 . 2007. 在切瑟尔海滩上 [M]. 黄昱宁 , 译 . 2018. 上海 : 上海译文出版社 .

BESACIER L, SCHWARTZ L. 2015. Automated translation of a literary work: a pilot study [C]. Proceedings of NAACL-HLT Fourth Workshop on Computational Linguistics for Literature. Denver,114-122.

CHEN Q W. 2019. Yuan Longping: the Father of hybrid rice[M]. WANG H, Trans. Beijing: China Intercontinental Press.

GENZEL D, USZKOREITJ, FRANZ O. 2010. Poetic’ statistical machine translation: rhyme and meter [C]. Proceedings of the 2010 Conference on Empirical Methods in Natural Language Processing. Cambridge, 158-166.

KING R. 2019. Family skeleton [J]. 周领顺 , 译 . 中国翻译 , (4):170-172.

MCEWAN I. 2008. On Chesil beach[M]. New York: Anchor Books.

SHIH-CH’ IU L. 2019. Reminiscences of Tsingdao (Exerpt)[J]. JUN H, Trans. 英语世界 , (10):110-112.

TORAL A, WAYA. 2015. Machine-assisted translation of literary text: acase study[J]. Translation Spaces, 4(2):241-268.

TORAL A, WAYA. 2014. Is machine translation ready for literature?[C]. Proceedings of the Translating and the Computer 36 Asling. London, 174-176.

VOIGT R, JURAFSKYD. 2012. Towards a literary machine translation: the role of referential cohesion [C]. Proceedings of the NAACL-HLT 2012 Workshop on Computational Linguistics for Literature. Montréal, 18-25.

# 校本特色平行语料库建设与检索平台应用研究

王　鑫*

**摘要：**本文以校本特色为切入点，重点探讨应用于翻译的特色平行语料库设计研发流程，介绍语料库检索平台的建设构架和应用。第一，对双语平行语料库建设研究中的国内外相关成果进行梳理；第二，以郑州轻工业大学外国语学院外语专业的办学定位、专业设置、人才培养目标为切入点，制定校本特色专业平行语料库的建设目标，设计平行语料库的技术指标和加工流程；第三，基于校本特色语料库，介绍基于 Windows + IIS +. Net + Linux + Mysql + Elastic Search 网站架构的在线特色语料库检索平台建设和应用意义。

**关键词：**校本特色；平行语料库；检索平台

平行语料库建设与翻译教学和翻译实践应用研究关系密切。随着技术的不断飞跃和大数据时代的来临，利用大规模平行语料，对翻译教学和实践研究中的语言现象进行系统性分析，有利于验证、完善现有理论或观点。另外，通过实证性方法，为翻译教学和研究应用提供数据支撑和量化分析。在 BTI 和 MTI 的翻译教学实践中，平行语料库是直观、现实的语料素材库，有助于教学目的的实施和教学效果的反馈，增强学生对翻译实践和翻译技术操作的参与度。平行语料库与翻译的结合已经成为外语语言学科研究和实践领域的热点和重点。

---

* 作者简介：王鑫，男，硕士，郑州轻工业大学外国语学院讲师。研究方向：口译、翻译技术。电子邮箱：304072109@qq.com。

## 一、平行语料库研究基础

### （一）国外研究综述

语料库语言学单独被研究者列为语言学研究的一个重要分支，但早期的语料库语言学研究对象局限于语言基于规则的句法——语义分析和句法本身，“拒绝语言直觉”（Leech，1991），缺少数据实证性研究和更广泛的应用研究成果。在 20 世纪 90 年代之前，语料库与翻译学的研究在学术界几乎无人问津。

随着计算机技术的发展，计算语言学界把大规模处理文本和以大规模语料库分析为基础的研究作为研究焦点（冯志伟，2013）。同时期，机器辅助翻译的研究也有了重大突破，机器翻译 EBMT（Makoto，1984）和隐马尔科夫模型 HMM（Brown，1988）的提出，迅速推进了计算机自然语言处理划时代发展（王厚峰，2003）。大规模语料库和平行语料库的研发和探索也随之兴起。从 1990 年起，英—挪、英—意双语平行语料库、曼彻斯特大学翻译语料库相继建成。与此同时，国外学者率先将语料库与翻译研究结合，认为翻译研究应该基于平行语料库、多语语料库和可比语料库进行。

2000 年以来，国外研究者越来越关注平行语料库的相关研究。笔者通过在线学术外文期刊检索工具，分别以 Parallel copora、parallel corpus 为关键词进行检索，统计出从 2000—2019 年 10 年间平行语料库相关的研究文献，通过对文献标题和关键词进行筛选，最终确定有效研究成果数量为 703 篇。使用 The Prime Machine 语料库检索软件对文献题目进行词频分析和干扰项排除，提取了词频≥ 7 的词汇，统计结果见表 1。

通过对表 1 中的词频进行归类和分析，同时结合 The Prime Machine 检索软件中的词频句子列表比对，发现国外的研究成果主要集中表现为：①双语语料库与翻译研究保持较高的关联度；②双语和多语（multilingual）平行语料库涉及多个语种，如英语、汉语、日语、西班牙语、阿拉伯语等；③自动对齐方法、语料提取（extraction）的方法和技术层面的研究和论述较多；④研究对象多聚焦语言学的词（word）、句（sentence）、文本（text）、语义（semantic）、语法（grammar）等；⑤语料库的分类研究活跃度不够，只涵盖了文学（literary / bible）、医学（medical）、法律（legal）等方面。总体上看，国外的研究成果涵盖的范围较广，研究对象、内容和方法形式多样，但在特色语料库的研究上还有待开发和提升。

**表 1 外文文献有关平行语料库题目词频分析**

| 关键词 | 词频 | 关键词 | 词频 | 关键词 | 词频 | 关键词 | 词频 | 关键词 | 词频 | 关键词 | 词频 | 关键词 | 词频 |
|---|---|---|---|---|---|---|---|---|---|---|---|---|---|
| English | 196 | Spanish | 30 | model | 19 | mining | 13 | evaluation | 10 | verbs | 9 | Tibetan | 8 |
| translation | 175 | web | 30 | semantic | 18 | equivalents | 12 | medical | 10 | voices | 9 | trainings | 8 |
| Chinese | 101 | sentence | 29 | data | 17 | Hindi | 12 | phrase | 10 | annotated | 8 | verb | 8 |
| alignment | 59 | contrastive | 26 | sentence | 17 | larger | 12 | resource | 10 | automatically- | 8 | bible | 7 |
| machines | 52 | comparable | 24 | teaching | 17 | lexical | 12 | conversion | 9 | code | 8 | classification | 7 |
| automatic | 44 | aligned | 22 | discourse | 16 | senses | 12 | Croatian | 9 | collocations | 8 | cognitive | 7 |
| word | 44 | Arabic | 22 | extracting | 16 | translating | 12 | disambiguation | 9 | Europeans | 8 | compilation | 7 |
| extraction | 41 | Russian | 22 | resource | 15 | acquisition | 11 | hybrid | 9 | expressions | 8 | compiling | 7 |
| multilingual | 41 | Czech | 21 | speech | 15 | Dutch | 11 | pairs | 9 | legal | 8 | domain | 7 |
| texts | 38 | Drench | 21 | Bulgarian | 14 | grammar | 11 | quantitative | 9 | matching | 8 | generation | 7 |
| text | 35 | statistical | 21 | Persian | 14 | lexicon | 11 | retrieval | 9 | monolingual- | 8 | interpreting | 7 |
| translation | 35 | case | 19 | Polish | 14 | literary | 11 | small | 9 | parallels | 8 | learners | 7 |
| Japanese | 30 | Korean | 19 | terminology | 14 | dictionary | 10 | transfer | 9 | term | 8 | lexicons | 7 |

## （二）国内研究综述

国内研究者对语料库语言学的研究开始于 20 世纪 80 年代，杨惠中（1981）、胡文仲（1987）等学者较早地从计算机在语料库建设中的作用、语料库基本技术和应用、国外语料库词典建设等角度进行了论述。CNKI 检索结果显示，1980—2000 年与语料库有关的文章共 21 篇，从成果数量上看不够活跃。

国内平行语料库的研究开始更晚，杨惠中（1993）第一次引入了语料库语言学和机器翻译，介绍了语料库与自然语言处理、人工智能和语料库在翻译中的应用等。直到 2003 年，何安平（2003）对第 23 届国际语料库语言学年会 ICAME2002 进行了综述，之后国内在平行语料库方面的研究逐步增多。语言和翻译研究者在平行语料库的基础上进行的文本对照研究、双语词典研究等对广泛的翻译教学与研究潜在研究价值巨大（王克非，2004）。

通过 CNKI 检索统计，2003—2019 年平行语料库研究成果的发表数量如图 1 所示。

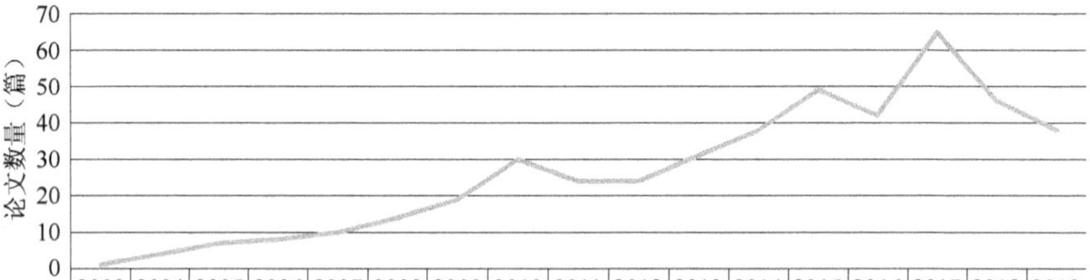


| | 2003 | 2004 | 2005 | 2006 | 2007 | 2008 | 2009 | 2010 | 2011 | 2012 | 2013 | 2014 | 2015 | 2016 | 2017 | 2018 | 2019 |
|---|---|---|---|---|---|---|---|---|---|---|---|---|---|---|---|---|---|
| —— 数量（篇） | 1 | 4 | 7 | 8 | 10 | 14 | 19 | 30 | 24 | 24 | 31 | 38 | 49 | 42 | 65 | 46 | 38 |

图 1　CNKI 中文平行语料库文献 2003—2019 年数量统计

如图 1 所示，2003—2009 年，平行语料库的论文数量共计 63 篇，通过对论文关键词和题目的对比分析，这一阶段的研究多侧重于平行语料库在英汉翻译教学和翻译研究方面的综述和介绍，研究对象局限性较为明显。

随着国内互联网技术的推广和互联网的普及，网络资源和双语检索工具及机器辅助工具的研发和应用开始慢慢让研究者意识到平行语料库对翻译的意义。近十年来，以平行语料库为研究对象的学术成果也逐年增加，并越来越受到学界的重视，研究成果的数量上升明显。2010—2019 年十年间，CNKI 可检索到的论文数量达到 387 篇，其中核心期刊论文为 116 篇，研究的方向和内容也逐步丰富。利用词云统计工具，对核心 116 篇题目进行词频分析生成词云图（图 2）。

图 2　CNKI 2010—2019 年中文核心期刊平行语料库文献题目词云图

从词云图分析可以看出，近十年国内平行语料库的研究成果多聚焦于英、汉双语的翻译、教学、文学文本等翻译个案的研究，语料库的类型基本上以双语语料库为主。面向翻译应用、专业类的检索、多语种平行语料库等角度的研究还远远不够，而要开展基于语料库的翻译教学实践，离不开计算机技术支撑下翻译教学平台的研制与运用（朱玉彬，陈坚林，2015）。笔者通过对近几年现有平行语料库的应用和研发成果进行统计和筛选，目前国内平行语料库大体上可分为以下四种：一是双语外语学习者平行语料库，如 WEResearch 英汉双语平行句对语料库等；二是文学用途平行语料库，如绍兴文理学院汉英平行语料库等；三是政府标准化平行语料库，如中国关键词、“一带一路”旅游和文化多功能语料库等；四是自建特色语料库，如南方医科大学医学英汉汉英平行语料库等。

以上几类平行语料库网站或平台大都基于高质量的平行语料库，通过人工后台数据处理和优化，对平行语料整合和后台加载。各个类型的平台都有各自的侧重点。多语种平行语料库主要集中在国外，国内的多语种语料库相对较少，主要原因是研发成本较高、时间较长；学习者语料库偏重二语习得，平行句对内容相对普通，专业性方面无法满足广泛的专业性需求；文学类用途语料库主要用于文学文本的对比性研究，学术意义较高；政府标准化语料库是国家对关键词汇的界定，是提升中国语言话语权的利器，有着重要的决策性价值；商用的大型平行语料库基于大数据挖掘，可实时地对数据进行简单清洗和储存，并且具有自动翻译和储存功能，数据精度和开放性还有待提升。自建语料库数据量较小，涉及文本类型不够广，功能不够强大，通用性不强。另外值得注意的是国内多语种平行语料库较少。

整体上看平行语料库语研究呈现以下三个特点：一是平行语料库集中在双语的研究上，国内学者多以中英双语平行语料为研究对象，其他语种的平行语料库研究匮乏，多语种平行语料库的研究更是少之又少；二是研究领域主要以集中在教学、翻译和文化、文学等，而应用领域，特别是具有应用价值、跨学科特色平行语料库研究还亟待开发；三是平行语料库规模多以自建、小型双语平行语料库为主，大规模行业特色平行语料库的相关研究和研发还不够。因此，如何设计、建设和研发特色双语和多语平行语料库将成为语料库翻译研究领域新的研究内容，特色平行语料库以校本特色专业为突破口，探讨特色双语和多语平行语料库的建设研究。

## 三、平台建设目标与意义

校本特色平行语料库旨在突出校本专业特点，立足郑州轻工业大学外语专业的办学定位、专业设置、人才培养目标，以自建中英、中韩多语平行语料库为基础，研究设计基于大数据的多语平行语料库的原始数据采集、数据处理、检索模式开发等流程。

### （一）建设目标

目标设计建设一套以中英物流和化工、中韩商务和旅游专业结合的多语语料库检索系统和语言服务平台，为翻译教学和翻译应用的研究提供借鉴。同时，有效融通校本语料库构建流程和企业技术研发等环节，为进一步研发开放型、应用型和多模态的语料库打下基础。

### （二）建设意义

随着国内语言服务需求增加，BTI 和 MTI 的普遍开设，服务于翻译教学和翻译应用的平行语料库设计和建设必将与机器辅助翻译和翻译技术结合，才能达到更好的服务目的，提升翻译技术的广泛应用和机器辅助翻译的效率。翻译技术、机器辅助翻译技术在语言服务行业的普及和 BTI、MTI 教学中的推广，加速了国内平行语料库建设和研发的进程。结合郑州轻工业大学特色专业，建设校本特色的平行语料库有效地精准定位BTI和MTI院校人才培养目标，增强和突出了特色专业方向的记忆库在翻译教学和翻译服务中的应用。

因此，校本特色多语平行语料库及检索平台的建设意义可以总结为以下七点。

（1）从校本特色方面，突出郑州轻工业大学专业特点，外语与特色专业打通，实现了跨学科的融通，有利于郑州轻工业大学资源整合。

（2）从BTI和MTI教学和人才培养角度看，特色平行语料库的研发的整体流程和应用顺应国家MTI的培养方案，可以系统地将机器翻译、计算机辅助翻译、语言文字识别、信息检索、文本转换、术语管理等（MTI专业学位要求）结合起来，为人才培养提供实证性支撑。

（3）从语言服务角度看，特色平行语料库的建设为特色专业大规模语言服务项目提供了后台记忆库和术语库的数据保障，提升了语言服务的效率和准确度。

（4）从平行语料库检索平台搭建看，基于校本双语和多语特色专业的平行语料库，引入检所平台研发的校企合作机制，做到校本语料库构建流程和企业技术研发的有机互补，探究跨学科人才的培养和企业接收出口，真正实现了产学研的融通；为目前国内较为稀缺的多语平行语料库提供资源，促进了基于多语平行语料库的翻译和语言研究。

（5）多语平行语料库通过关键词检索，进行多文本、跨语言的翻译研究和翻译应用。

（6）开放API云服务接口，通过远程调用，实现特色平行语料库的应用拓展。用户可以远程调取，也可以进行个性化平行语料的制作和储存，提高了平行语料库的应用价值。

（7）为多模态特色平行语料库的建设提供了数据和技术支撑。

## 四、平台建设过程

校本特色平行语料库建设流程相对比较复杂。数据采集涉及多语种和多个专业方向，研发过程师生和企业共同参与，因此语料库建设的流程符合科学合理、可行性高的要求。基于现有语料资源和软硬件条件，整合团队人员和选定专业方向，以有序、系统地开展语料库开发建设。本特色平行语料库的流程设计如图 3 所示。

## （一）资源整合

资源整合主要包括对现有平行语料库制作和对齐软件使用情况进行梳理；对已有纸质资源和电子资源搜集整理；对已有记忆库和平行语料库进行分类；对现有的储存服务器设备和网络条件进行测试等环节。为平行语料库的制作提供便利。同时选定特色专业方向，以专业为导向进行特色资源的整合。

## （二）组建团队

由于语料库平台涉及面广，内容多，建设工程量大，需要多个环节的团队来承担。团队组建主要包括教师团队、学生团队和企业团队。教师团队邀请具有丰富翻译实践经验和计算机网络及计算机辅助翻译经验的老师加入，主要负责资料收集、筛选和归类，学生实践课程辅导和技术指导等工作；学生团队由 MTI 学生组成，主要承担资料搜集、语料清洗降噪等内容；企业团队主要成员来自开发企业的一线，主要任务是参与平台的架构设计和开发、检索平台数据处理和实施等内容，同时教师团队、企业团队共同承担培养学生的任务。

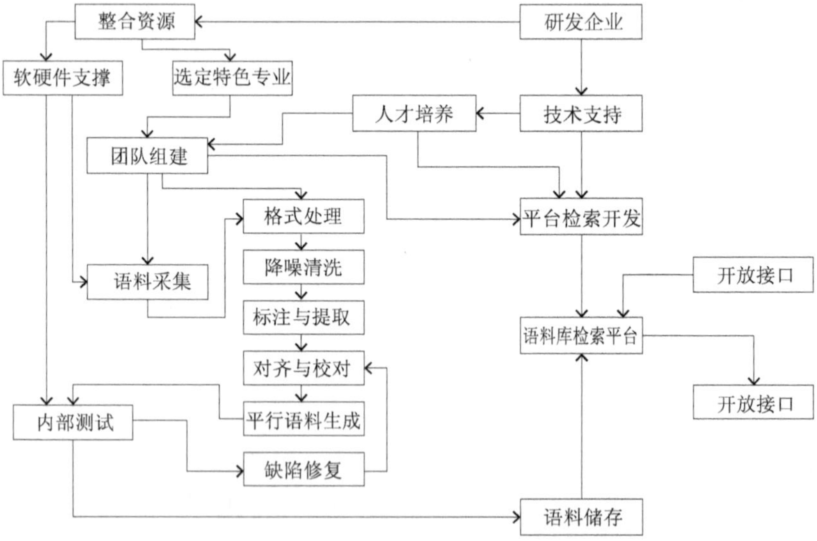


图 3　平行语料库平台设计流程图

### （三）语料采集

语料采集是整个平台流程设计的核心环节，直接影响语料库检索结果的质量、精度等。语料采集的流程中语料的降噪、格式处理、标注和提取等环节相对比较烦琐，不同的软硬件需要交叉使用，因此对软硬件的熟悉程度和操作的熟练程度会影响到平台的搭建进度。语料采集可设计为 MTI 学生的实训环节，通过课堂教学和实训达到以练促学的效果。处理完的文本再做文本对齐处理，一般来说，中英双语的对齐工作较为容易，可以使用 ABBYY Aligner 或 LSCAT Transmate 等软件来自动处理，处理完之后进行校对。中韩双语文本的对齐处理则需要对参与人员在流程和软硬件使用上进行重新培训和测试，同时中韩双语的文本相对于中英双语文本而言，数量上和整齐度上也有较大差距，因此需要大量的人工校对工作，变相地增加了中韩平行语料库的建设的难度。平行语料生成环节，对预料的格式要做严格的规定，根据语料库检索的算法和识别规则，规定最终生成格式为 TMX 格式和 Excel 对齐格式。

### （四）内部测试

利用局域网检索平台对 TMX 或 Excel 格式进行数据导入和加载，通过本科翻译课程和 MTI 翻译实训课程，用特定关键词列表检索，对平行语料进行多次测试，找出错误和缺陷并进行标注，反馈给制作团队，重新进行语料的清洗对齐工作。

### （五）语料储存

二次降噪的平行语料经过加密处理，安装在可供远程访问的服务器端。使用服务器端的语料库管理工具对语料库进行分类管理和加载，同时支持语料的实时更新和远程调用。

### （六）语料检索平台研发

平台团队对检所平台提出设计方案，企业开发人员与团队老师结合，开发可用于语料导入、语料管理和语料检索的开放性平台。技术层面依托企业开发人员。根据特色语料设计定制化的平台界面，预留接入、接出的开放端口，以实现开放的检索平台的进一步研发和应用。最后实现通过定义关键词，进行跨多语言的翻译对比研究。

### （七）语料生成和应用

平行语料以 TMX 和 Excel 两种格式储存。TMX 和 Excel 格式文档作为通用格式可在机器辅助翻译软件中加载。利用机器辅助翻译软件工具将平行语料库转换为翻译记忆库或术语库，实现机助翻译的自动翻译功能，从而辅助翻译教学和翻译实践应用。

## 五、平台构架与功能特点

基于云计算、大数据带来的信息获取和数据检索的革命性变革，储存于云服务器的云端开放数据为语料库建设研究带来了新的启发。在线平行语料库平台检索平台基于现有的平行语料库，通过后台的 API 接口，可以直接访问开放数据，也可以通过用户注册，对内部数据进行开放性检索和语料数据的管理。该检索平台系统整体类库结构如图 4 所示。

该检索平台的后端开放性接口实现了外部数据的平台调用和内部数据的外部调用，还可以与在线翻译平台进行对接，在线翻译实训平台应包括平行语料库制作模块、语料库管理模块和自动翻译模块。检索平台设计同时要考虑到软硬件环境和开发系统环境。根据上述功能模块，利用安全性较高的 Windows + IIS + .Net + Linux + Mysql + Elastic Search 架构，对平台进行研发。

如图 4 所示，该检索平台构架主要功能包括：用户管理模块；平行语料制作模块；检索模块；数据管理模块；记忆库、术语库模块；API 调用模块。检索平台通过用户管理模块提供用户的检索权限和数据制作权限；平行语料库制作模块可以进行多个语种的自动对齐、校对、标注和测试；检索模块可以实现多语种源于和目的语的检索，检索结果以双语对照的形式显示，方便查询和对照分析；使用者可以使用记忆库和术语库模块，进行个性化的记忆库和术语库制作、保存和下载等；API 调用模块为开放功能，可以实现后台与外部 API 对接或作为 API 接受外部调用。

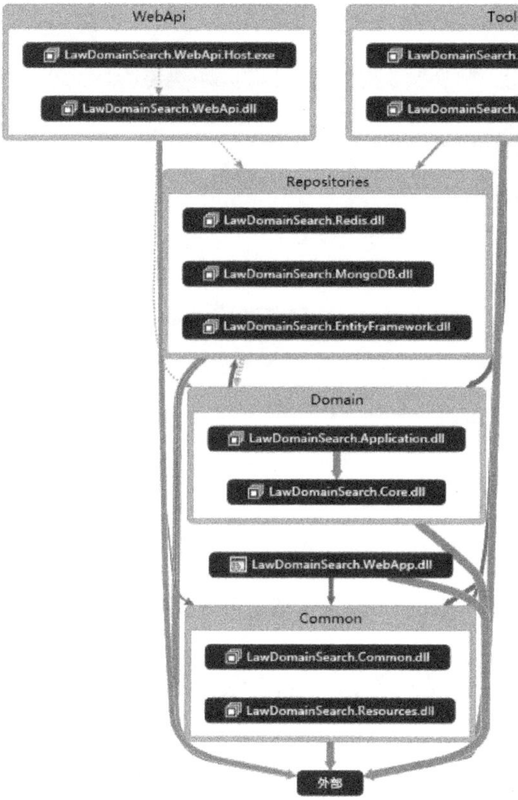


图 4　语料库检索平台后台架构模式

经过前期资源整合现已建成特色专业中英双语平行语料库 150 万句对、中韩双语 47 万句对的平行语料库，语料库数据还在进一步扩充。同时，中俄双语的以语料库建设正在进行中，预计完成中俄双语通用语料库 180 万句对，最终实现多语种的对比研究和翻译比较研究和应用。核心功能如图 5 ～图 7 所示。

图 5　中 - 英、中 - 韩关键词单语和多语检索界面

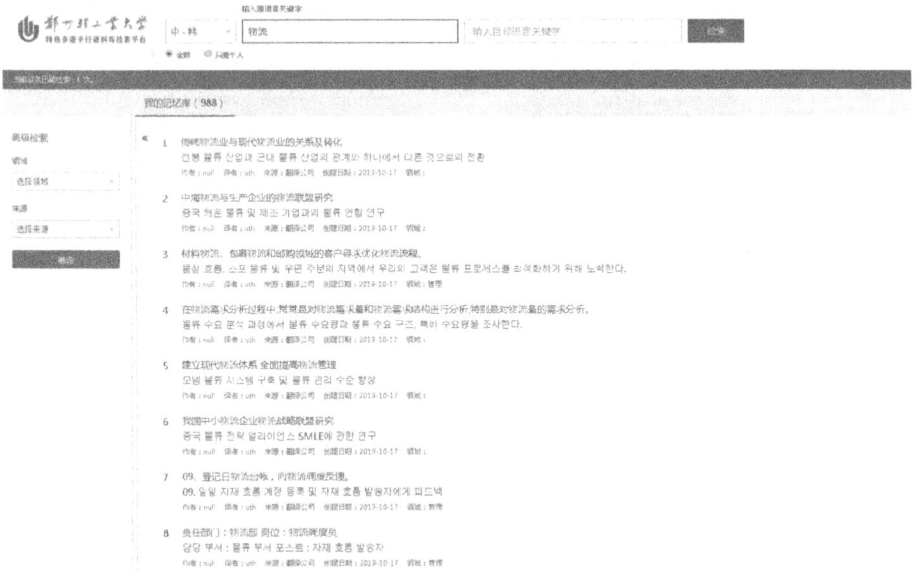


图 6　中韩双语检索结果句对示例

图 7　记忆库添加、管理界面

## 六、结语

本文以校本特色专业为切入点，在国内外平行语料库研究的基础上，借鉴和总结前人研究方法和成果，进行多语平行语料库建设和检索平台研发探究，细化了语料库的研究和应用范畴，突出了平行语料库的专业特征和应用价值；设计研发出基于大数据、满足翻译教学和实践需求的多语语料库检索和应用构架，开放的翻译记忆库和术语库的管理更有利于翻译实训和应用的转化，为未来多模态语料的动态扩充和视觉化呈现提供研究基础。鉴于本文以校本特色专业平行语料为库侧重点，成型的语料库现阶段只实现了中英、中韩、中俄等语种的检索，特色专业方向也以郑州轻工业大学特色专业为重点研发对象，还需要在范围和数量上进一步扩展。本文旨在为语料库研发相关的后续研究提供可能性的借鉴，助力语言大数据研究的进一步发展。

### 参考文献

冯敏萱 . 2011. 汉英平行语料库的平行处理 [M]. 北京 : 世界图书北京出版公司 .

冯志伟 . 2013.《统计机器翻译》述评 [J]. 外语教学与研究 , (4):29-633.

何安平 . 2003. 基于语料库的英语教师话语分析 [J]. 现代外语 , (2):161-170.

胡开宝 . 2012. 语料库翻译学研究导引 [M]. 南京 : 南京大学出版社 .

胡文仲 . 1987. 介绍一部以计算机语料库为基础的英语教学词典 [J]. 外语教学与研究 , (3):58-62.

廖七一 . 2000. 语料库与翻译研究 [J]. 外语教学与研究 , (5):380-384.

王华树 . 2017. 职业化时代背景下的 MTI 教育创新与本地化人才培养 [J]. 外国语 , (5):111-112.

王华树 . 2013. 浅议翻译实践中的术语管理 [J]. 中国科技术语 , (1):11-14.

王厚峰 . 2003. 基于实例的机器翻译 : 方法和问题 [J]. 术语标准化与信息技术 , (2):33-36.

王克非 . 2004. 新型双语对应语料库的设计与构建 [J]. 中国翻译 , (6):75-77.

王克非 , 刘鼎甲 . 2017. 大规模英汉平行语料库的检索与应用 : 大数据视角 [J]. 外语电化教学 , (6):3-11.

熊兵 . 2017. 应用文汉英平行语料库的构建及其应用研究 [M]. 武汉 : 华中师范大学出版社 .

严灿勋 . 2015. 英汉军事语料句子对齐研究 [M]. 北京 : 国防工业出版社 .

杨惠中 . 1993. 语料库语言学与机器翻译 [J]. 上海交通大学学报 ( 社会科学版 ), (1):98-111.

杨惠中 . 1981. 计算机辅助词典编纂 [J]. 外国语 ( 上海外国语学院学报 ), (1):31-34.

扎内廷 , 贝尔纳迪尼 , 斯图尔特 . 2007. 语料库与译者培养 [M]. 北京 : 外语教学与研究出版社 .

GAVIOLI L. 2010. Exploring corpora for ESP learning (studies in corpus linguistics)[M]. Amsterdam: John Benjamins.

LEECH G. 1991. The state of the art in corpus linguistics [C]//AIJMER K, ALTENBERG B. English corpus linguistics: studies in honor of Jan Svartvik[M]. London: Longman, 8-29.

NAGAO M. 1984. A framework of a mechanical translation between Japanese and English by analogy principle[C]//ELITHORN A, BANERJI R. Artificial and HUMAN Intelligence[M]. Amsterdam: North-Holland.

# 统计学汉英动态术语库的建构与应用探析*

陶李春　王心媛　孙　丽†

**摘要：**本文通过对统计学汉英对照术语库的整理分析，得出统计学术语的特征包括词组型术语居多、普通词汇专业化、派生词的使用等。统计学术语的翻译，尤其是汉语统计学术语的英译，其翻译策略具有很强的研究价值。汉语统计学术语的英译除了运用异化、音意结合、零翻（缩）译等策略，还要特别注意术语形式的优化，即注重理据性。通过研究，本文发现汉语、英译统计学术语系统均具有较高的经济律，具有术语翻译的系统合理性。

**关键词：**统计学术语；术语特征；翻译策略；术语经济律

## 一、引言

术语是思想交流的重要工具，是人类知识在语言中结晶（冯志伟，2011）。而信息技术的飞速发展也促成术语的革新与发展，动态术语库的建构应运而生。新术语大量产生，旧术语渐渐消亡，语言的新陈代谢是人类社会发展的写照，也承载学科知识的更新与拓展。

---

* 本文获得江苏社科应用精品工程项目“基于术语库的《原富》译名研究”（18SWB-35）的资助，是该项目的部分成果；受到教育部产学合作协同育人项目“ICT语料库建设与翻译技术师资培训”（201802278004）的资助。

† 作者简介：陶李春，南京邮电大学外国语学院，副教授、博士。研究方向：术语翻译。电子邮箱：nathant@126.com。

王心媛，南京师范大学外国语学院，研究生。研究方向：MTI 英语笔译。电子邮箱：1598371493@qq.com。

孙丽，安徽工程大学外国语学院，讲师。研究方向：语言学。电子邮箱：bobbyterm@163.com。

统计学是通过搜索、整理、分析、描述数据等手段，以达到推断所测对象的本质，甚至预测对象未来的一门综合性科学。开展汉英对照的统计学术语建库与应用探析不仅有利于术语建库及相关研究的开展，而且能够促进统计学术语概念的梳理及溯源，促进学科知识的有序更新。

本文以统计学为例，基于南京大学动态术语数据库（NUTERM：Nanjing University Terminology）中统计学这一学科的3852条术语进行对照分析，旨在通过建立和分析术语库，系统探究汉语统计学术语的特征，探讨英译统计学术语的特点，归纳英译统计学术语时建议采取的翻译策略，阐发统计学术语系统的经济律。笔者希望本文能够一定程度展现统计学术语库的意义，帮助及促进统计学领域的研究，促使读者对术语翻译产生兴趣并为其提供基础理论知识。

## 二、术语建库概述

为了以科学的方式较为全面地探讨统计学术语，提高文章科学性和说服力，本文将基于术语库进行分析，由于缺乏相关领域术语库，需要先行建库。该库拟收入统计学大量术语，术语要求有一定的研究价值和实践意义。基于NUTERM的总体要求，统计学建库遵循以下流程，即语料收集、确立核心术语、开发计算机编纂平台、术语自动抽取、人工审校、反复审定验收等环节。

### （一）收集原始语料

在NUTERM数据库中，任何一条术语都是一个独立的知识单位，具体的术语知识涉及英语对应词和语境信息，对应词和语境信息全部都是真实语料。语料收集过程大致如下：

（1）基于中文社会科学引文索引（CSSCI）的关键词字段制定汉语关键词底表；

（2）在汉语关键词底表的基础上，使用网络抓取工具从中国知网、万方等学术网站上获取含有汉英对照关键词的相关网页；

（3）通过设计相关程序把汉英对照关键词提取出来并存储到文本文件中，经过格式转换和数据清洗，用UTF-8编码的方式存储；

（4）以汉语关键词为底表，从中国知网（CNKI）辅助翻译、句酷、词都等网站上获取汉英平行短语对、句子对和段落对作为汉英关键词的语境信息，并计算各自出现的频次；

以上语料反映语言真实使用情况，所以术语一词多译现象并不鲜见。术语编纂者的任务是利用自身专业的知识背景，挑选出合理、普遍、能识别的多种英译及其相关语境，给译者和研究者提供参考的真实语料。

## （二）确立各学科核心术语条目

### 1. 确定词典

依据专业词典出版机构、词典编纂者、词典凡例介绍、用户反馈（真实用户反馈兼网上用户评价）和专家推荐等因素来综合评价所选词典的可靠性和权威性，以用户真实反馈和专家推荐为最终标准。

### 2. 确立词目收录范围

任何一门学科都有各自的专有名词。关于如何处理专有名词的收录问题，在向国内有着丰富建库经验的冯志伟先生咨询后，我们决定以生成附表的形式收录专有名词，并且细化分类，如人名、书名、地名、机构名称等。

### 3. 学科间术语去重

鉴于人文学科之间千丝万缕的联系，不可避免地存在学科之间术语重合的现象。然而，这一阶段的去重工作与第一阶段相比要复杂，需要判断重合的术语是否具有相同的概念内涵和外延。只有在概念内涵和外延完全一致的前提之下才能去重。去重的最终目的是为了提高用户查询的效率。概念内涵和外延稍有差异就要当作不同术语分别收录在不同学科体系之内。经过各学科小组之间的协定和小组内部对词目范围的最后审定确立各学科的核心术语词目，并将之保存。

## （三）开发计算机编纂平台

获取信息管理及计算机领域的专业人士指导和支持，基于项目需求和统计学术语收集的规划，开发计算机编纂平台，为术语建库及统计分析提供技术平台及技术支撑。具体开发阶段可以分为可行性分析研究与计划阶段、系统需求分析阶段、系统概要设计阶段、系统详细设计阶段和系统实现阶段。按照一定的行动计划和日程表，在多方努力下，初步建立起计算机编纂平台。

### （四）术语自动抽取

术语抽取的基本理论是基于其结合紧密性和领域性这两个特征。以“摆动指数”这个统计学术语为例，在前期对初始数据库分词之后，这个术语被分为“摆动”和“指数”两个词语，结合关联挖掘的思想，在统计学的数据库中，这两个词同时出现的概率远远大于其他类目的数据库，这就是术语结合紧密性和领域性的体现。

具体的提取过程如下：

（1）考虑到初始的统计学数据库不可能也无法涵盖所有的文章，所以只选取了一定数量的不同级别的统计学期刊或与统计学相关的期刊，并且以论文题目为参考标准，选择了各期刊不同年份的一定数量的论文，形成统计学数据库。

（2）然后对统计学数据库进行分词，统计出各个单词的出现频率，将出现频率较多（达到一定的阈值）的单词作为抽取出的简单术语。

（3）结合上述结合紧密性和领域性的特征，通过比对不同学科之间复合词出现频率的不同来抽取复合术语。

（4）将简单术语和复合术语整理归类，通过专家讨论会的形式筛选出最终确定的统计学术语列表。

（5）通过相关匹配技术，匹配出汉英双语对应的统计学术语列表。

### （五）人工添加术语信息和校对

计算机编纂平台的开发可以自动抽取语料，填充对应词信息和语境信息。然而，计算机始终只能机械地完成抽取对应工作，无法识别所获取的信息是否有效（能否作为参考），所以人工校对信息非常有必要。此外，每一条术语除了对应词和语境信息，还有百科信息（主要是指术语的参见信息）和管理信息需要补充，这一部分工作必须由编纂者完成。

### （六）反复审定验收

构建 NUTERM 数据库好比编纂一部大辞典，从收集语料到实际编纂，再到反复审定，每一个环节都必不可少。编纂小组审定之后还要交给专家组审核，直至最终验收。以计算机编纂平台开发方专家为主，同时邀请统计学和翻译学等各方面的专家参加共同审定，听取各方专家的意见，并结合意见进行平台的修改与完善。

## 三、统计学术语的形式特征分析

一直以来，全国科学技术名称审定委员会做了大量的名词及术语的审定工作。但是到目前为止，关于统计学术语的专门讨论与研究寥寥无几。因此，为了更好地研究汉语统计学术语的英译策略，需要首先对汉英统计学术语的特征进行总结，对汉英统计学术语形式的特征分析如下。

### （一）统计学术语的基本特征

#### 1. 词组型术语居多

对南京大学术语数据库中3852条统计学术语进行整理的统计结果（表1）显示，统计学术语中，词组术语（即两个及以上的单词构成的术语）比例突出，而单词型术语则相对少了许多。

**表1 汉语英译统计学术语系统的类别**

| 类别 | 条目数量（条） | 所占比例（%） |
|---|---|---|
| 词组术语 | 3634 | 94.3406 |
| 单词术语 | 218 | 5.6594 |

#### 2. 普通词汇专业化

术语源于普通语言，同时又是普通语言与专业知识的结合。统计学术语除了具有普通语言的构词特征，又具有其独特性（表2）。

**表2 汉语、英译统计学术语普通词汇专业化示例**

| 汉语统计学术语 | 英译统计学术语 |
|---|---|
| 伯努利游动 | Bernoulli walk |
| 二项式置信区间 | binomial confidence interval |
| Buffon 投针问题 | Buffon's needle problem |
| Chi-bar 卡方分布 | Chi-bar squared distribution |
| Rudas–Clogg–Lendsay 拟合指数 | Rudas–Clogg–Lendsay index of fit |
| 安斯康比残差 | Anscombe residual |

可以看出，在统计学术语中，汉语统计学术语对应的英译统计学术语往往具有普通词汇专业化的特征。例如，“walk”这一普通词汇，本义为“步行”，但在统计学这一特定领域中，可以表示“游动”的含义。又如，“confidence”对应“置信”等。

#### 3. 其他特征

统计学术语具有总体基本数量较为稳定的特征，不会因时代飞速发展而随之有剧烈的数量波动，其数量增速较缓，使统计学术语界得以循序渐进地统一术语的英汉名称标准与规范，为术语翻译工作者针对统计学术语的标准化命名工作提供了便利。

同时，统计学术语也具备一般术语的一些共同特征，统计学术语不乏单义术语。所谓单义性，是指一个术语应尽可能只对应一个概念（向音，李苏鸣，2012）；且通过分析发现，统计学术语名称尽量避开了多义、同义词等的使用，以增强术语的针对性、科学性和准确性的特点；统计学术语同多数科技术语一样，不带有任何情感色彩且语体中立，术语词多采用客观的名词、动词和形容词，且以名词、动词居多，具有突出的名词性特征。

统计学因其归属自然科学范畴的特点，其研究对象多为自然界的客观存在，很大程度上可以摒除人为主观感受的影响，使得统计学术语与一般自然语言相比，具有更强的语境独立性和语体中立性（郑述谱，2006），极少受思想意识分歧与斗争的影响。

### （二）对汉语统计学术语基于术语库的特点分析

#### 1. 语缀的使用

中国的现代术语学研究与汉语的词汇、语法乃至语义的研究密切相关，与汉字的研究密切相关。就词汇层面来看，冯志伟（2011）提出，在现代汉语术语中，语缀比一般汉语词汇中要丰富得多，这是现代汉语术语的特点之一。另外，汉语的语缀不仅可以附加在词根或单词上，还可以附加在词组上。而在印欧语言中，语缀一般是不能附加在词组上的。汉语统计学术语中就体现了这一特征，如在“非对称分布”“反高斯抽样”“极值”等词中，“非……；反……；极……”几个前缀的使用就是典型例子。同时，汉语统计学术语的尾词也可以包含性质、本质或属性的意义，如在“格拉布斯估计量”“回答率”“本征值”“广义平稳性”等词中，“……量；……率；……值；……性”这些尾缀的使用。

2. 较英译术语更冗长

汉语统计学术语的平均长度为5.0767个汉字，而英语统计学术语的平均长度为2.4059个单词。虽然该组数据并不能说明英语术语更为经济，因为据NLPIR[1]对3852条汉语统计学术语切分的结果显示：在多数情况下，汉语术语的分词数量与英译术语的词数相等。但是，仍有一部分汉语统计学术语的分词数量大于英译术语词数，部分英译术语较汉语术语更经济，详见表3。

表3　汉语、英译术语词数不对等示例

| 汉语术语 | 汉语术语分词 | 分词数量 | 英译术语 | 英译术语词数 |
| --- | --- | --- | --- | --- |
| 必要完备性 | 必要 /a 完备 /a 性 /ng | 3 | essential completeness | 2 |
| 边缘似然度 | 边缘 /n 似 /vg 然 / rz 度 /ng | 4 | marginal likelihood | 2 |
| 分类统计量 | 分类 /vd 统计 /v 量 /n | 3 | classification statistic | 2 |

3. 专业词汇的使用

从语义层面来看，汉语统计学术语的词义具有较为明显的专业性。将3852条汉语统计学术语输入到NLPIR汉语分词系统中，得到的词频统计如图1所示。

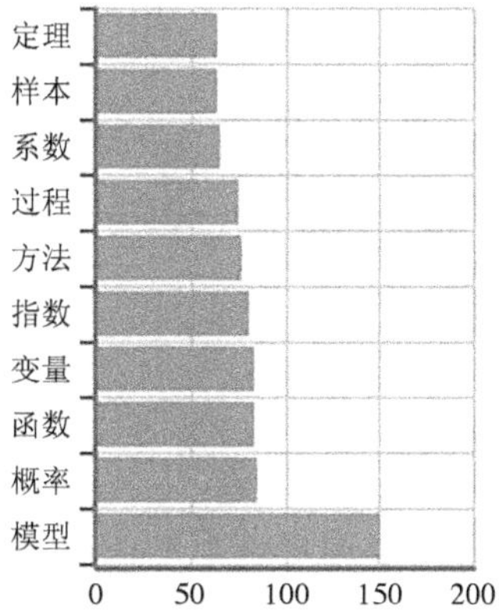


图1　基于NLPIR汉语分词系统的名词词频统计图

[1] 张华平博士研发的汉语分词系统 http://ictclas.nlpir.org/。

由图 1 不难看出，汉语统计学术语在用词、选词上具有明显的统计学特征，名词“模型、概率、函数、变量”等术语词的高频出现都体现了与统计学专业的相关性。

## （三）对英译统计学术语基于术语库的特点分析

### 1. 普通名词专业化

从英译统计学术语高频词统计表（表 4）可直观得出，英语统计学术语中，普通名词专业化的特征较为明显。一些普通英语词汇被引用到统计学术语中，并赋予新的意义，但是不会完全偏离其基本词义，仍与其基本词义保持紧密关联，对术语学习者的理解不会构成太大障碍。

**表 4　英译统计学术语高频词统计示例**

| 英译单词 | 汉语 | 频数 | 频率（%） |
|---|---|---|---|
| distribution | 分布 | 349 | 3.86 |
| test | 检验 | 265 | 2.93 |
| model | 模型 | 135 | 1.49 |
| sampling | 样本 | 103 | 1.14 |
| design | 设计 | 101 | 1.12 |
| estimator | 估计（量） | 94 | 1.04 |
| regression | 回归 | 92 | 1.02 |
| method | 方法 | 86 | 0.95 |
| function | 函数 | 77 | 0.85 |
| analysis | 分析 | 71 | 0.79 |

### 2. 派生词与复合词居多

1）派生词多

英语的词缀具有构词能力强、表达能力突出、简词达意的特点，派生词的使用是专业术语的一个主要特征，也是词汇的主要构词法。派生词的词缀中大多含有希腊语、拉丁语、法语等语言的词缀，这类词语语义较固定，符合术语的准确性、客观性的要求（韦孟芬，2014）。在英译统计学术语系统中，派生词数量众多，表 5 列出了一些示例。

表 5　英译统计学术语系统派生词示例

| 词缀 | 词缀含义 | 术语示例 |
|---|---|---|
| inter- | 在……间 | interval |
| multi- | 许多 | multivariate |
| in- | 非、不 | inequality |
| -ion | ……状态 | regression |
| -or | ……的物 | Estimator |

2）复合词多

英译统计学术语系统的另一个特点是大量使用复合词。复合词具有词义可推断性的特征，往往将简单的词语组合使用可便于读者理解。表 6 列出了一些复合词的示例。

表 6　英译统计学术语系统复合词示例

| 构词法 | 术语示例 | 词义 |
|---|---|---|
| 形容词 + 名词 | absolute moment | 绝对矩 |
| 名词 + 分词 | block clustering | 块聚类 |
| 分词 + 名词 | scoring test | 得分检验 |
| 介词 + 名词 | within-group | 组内 |
| 名词 + 名词 | second-order | 二阶 |

### 3. 缩略语少

英译统计学术语的构词，因其应用科学的属性而有其独特之处：除了具有术语派生、复合和合成的构成方式等科技术语的一般特征外，很少（0.2856%）使用缩略语，统计学术语多采用全称来标明所含意义，在这个层面上，可以说具有较强的理据性。

## 四、汉语统计学术语英译策略及方法描述

统计学术语具有很强的科学性，富含强烈的专业特色，在对统计学术语的翻译中，一方面要考虑到源语语言，另一方面也要恰当地运用适当的翻译方法将英汉两种语言的共性体现出来。这两者相辅相承，缺一不可。而翻译学后结构主

义的异化论与归化论实质上就是把翻译的外部因素和内部因素如何发生互动等纳入其研究范围当中。对统计学术语进行翻译的译者已经应用了异化论与归化论作为翻译的指导方向。但问题的关键在于如何恰当地运用归化和异化策略对统计学术语进行翻译。

### （一）统计学术语翻译中的策略选择

翻译策略主要有直译与意译、语义翻译（semantic translation）与交际翻译（communicative translation）、异化翻译（foreignizing translation）与归化翻译（domesticating translation）（Newmark，1988；Venuti，1995）。

国内影响最深、认可度最高的翻译原则或标准，是清末思想家、翻译家严复归纳的“信”（faithfulness）、“达”（expressiveness）、“雅”（elegance）。但“雅”这一标准，在翻译实践中，很难实现。刘重德基于此，将“雅”改为“切”[closeness（in style）]，即切合原文风格，形成“信”“达”“切”三字。随着翻译工作的发展，翻译策略有了更广泛的分类，大体上说，不外“归化”与“异化”这两大阵营。

异化翻译法（或异化法）（Foreignizing Translation or Minoritizing Translation）和归化翻译法（或归化法）（Domesticating Translation or Domestication）是美国翻译理论家（Lawrence Venuti，1995）创造的、用来描写翻译策略的两个术语。这些概念并不是完全区分开的，而是各有侧重，可以有机结合指导翻译实践。直译和意译聚焦意义和形式，直译要求既忠实原文意思，又重现原文结构，意译则主张由于语言不同而导致形式难以在译文中重现时，应该果断跳脱原文形式。异化和归化则是关注源语中包含的独特文化因素是否应该原汁原味呈现给目标语读者。异化强调保留异国情调，而归化主张贴近目标语所处的文化。可以看出，直译和意译侧重语言层面，异化和归化侧重文化层面，应该互为补充，丰富翻译策略与标准。

#### 1. 归化翻译策略在统计学术语英译中的应用

“归化”（domestication）的翻译策略是指尽量减少译文中的异国情调，目标语为目标语读者提供一种自然流畅的译文，遵守目标语言文化的主流价值观，公然对原文采用保守的同化手段，使其迎合本土的典律、出版潮流和政治需求。主张以目标语文化为归宿的“归化派”提出译文不仅要克服语言的障碍，还要克服文化的障碍，而译者的责任之一就是避免文化冲突，尽可能地使源语文本所反映的世界接近目标语文化读者的世界，从而达到源语文化与目标语文化之间的“文化对等”。归化翻译法通常包含以下六个步骤：①谨慎地选择适合于归化翻译的文本；②有意识地采取一种自然流畅的目标语文体；③把译文调整成目标语篇体裁；④插入解释性资料；⑤删去原文中的实观材料；⑥调协译文和原文中的观念与特征。纵览统计学术语系统，采用“归化”英译策略的术语可谓是少之又少。

### 2. 异化翻译策略在统计学术语英译中的应用

“异化”（foreignization）的翻译策略是指故意使译文冲破目标语常规，保留原文中的异国情调，偏离本土主流价值观，保留原文的语言和文化差异，在一定程度上保留原文的异域性（foreignness），故意打破目标语言常规的翻译。主张在译文中保留源语文化的“异化派”提出，翻译的主要目的是文化间的交流，源语文化将会丰富目标语文化和目标语的表达方式。读者的阅读目的包括想了解异国文化，译者应相信读者的智力和想象力，能理解异国文化的特异之处。Venuti把异化翻译描述成一种“背离民族的压力”，其作用是“把外国文本中的语言文化差异注入目标语之中，把读者送到国外去”。具体说来，异化翻译法包括以下特点：①不完全遵循目标语语言与语篇规范；②在适当的时候选择不通顺、艰涩难懂的文体；③有意保留源语中的实观材料或采用目标语中的古词语；④目的是为目标语读者提供一次“前所未有的阅读经验”。

纵观研究参考的统计学术语系统，不难发现，统计学术语的英译主要采取“异化”策略，如阿贝尔不等式（Abel inequality）、百分位参考图（percentile reference chart）、暴露因子（exposure factor）、备选假设（alternative hypothesis）、比例频数（proportional frequency）等。

除此之外，不难看出，大多数术语倾向于“直译”的翻译方法。这或许是缘于统计学学科的特殊性。该学科科学性强，概念较抽象。因此，在英译的过程中，想要在目标语中像文学翻译一般传神就很难，况且，似乎没必要这么做。统计学的客观性说明，其术语及术语的翻译必是客观的、科学的、固定的。

### 3. 普通词汇专业化

在汉语统计学术语的英译过程中，可利用普通词汇的隐喻作用来构成术语，便于读者在已有概念和新概念之间建立类比关系，从而有助于对新概念的理解。例如，“伯努利游动”（Bernoulli walk），“一致系数”（coefficient of agreement）中，“walk”与“agreement”这两个普通词汇的使用，便利了读者的理解，能够“望文生义”。

## （二）汉语统计学术语英译方法描述

观察统计学术语系统，不难发现，在汉语统计学术语系统的英译过程中，译者运用了“意译”“音意结合”等翻译方法。本文主要从“意译”“音译”“音意结合”“零翻译”“零缩译”的翻译方法出发，分析汉语统计学术语系统的英译方法。

对统计学术语系统进行整理、考察，统计出各种翻译方法在统计学术语系统英译中所占的比例（由于“音译”方法较为特殊，只在“音意结合”方法中考察，鉴于术语中没有单独运用“音译”方法的术语，这里不做过多阐释）见表 7。

表 7　汉语统计学术语系统英译方法统计

| 翻译方法 | 意译 | 音意结合 | 零翻译 | 零缩译 | 音译 |
|---|---|---|---|---|---|
| 条目数量（条） | 3118 | 732 | 332 | 11 | 0 |
| 所占比例（%） | 80.9450 | 19.0031 | 8.6189 | 0.2856 | 0 |

### 1. 意译法

可以看出，统计学术语系统中，“意译”翻译方法占据绝对优势，达到了 80.95%。相关例子如下：干预分析（intervention analysis）、高低图（high-low graph）、更新定理（renewal theorem）、混合试验（mixture experiment）、获取抽样（capture sampling）、机会约束（chance constraint）、基本周期（base period）、集合性指数（aggregative index）、计算机密集方法（computer-intensive methods）、季节性波动（seasonal fluctuation）、加权误差（weighted error）、假定平均（assumed mean）、间接标准化（indirect standardization）、交互成分（component of interaction）、禁止概率（taboo probability）等。

### 2. 音意结合法

“音意结合”的翻译方法，在统计学术语英译的应用中，地位也比较突出，达到 19.0031%。如埃尔朗分布（Erlang distribution）、巴塞洛缪问题（Bartholomew's problem）、布拉韦相关系数（Bravais correlation coefficient）、查普曼 - 科尔莫戈罗夫等式（Chapman-Kolmogorov equation）、甘特程序图（Gantt progress chart）、哈代 - 温伯格定律（Hardy-Weinberg law）等。

### 3. 零翻（缩）译

统计学术语的英译中，采用“零翻译”及“零缩译”翻译方法的术语相对较少，占比分别为 8.6189% 和 0.2856%。

采用“零翻译”方法的术语有：霍夫丁 C1 统计量（Hoeffding C1 statistic）、截尾 Poisson 分布（truncated Poisson distribution）、肯德尔 tau 统计量（Kendall's tau statistic）、零膨胀 Poisson 回归（zero-inflated Poisson regression）、中央 *P* 值（mid *P*-value）、最大 *F* 比率（maximum *F*-ratio）、交替条件期望模型（ACE model）、协方差分析平行性（parallelism in ANCONA）、一致最大功效检验（UMP test）、依时方差分析（time-by-time ANOVA）等。

### 4. 形译法

在汉语统计学术语中，有一些字母、汉字或形状表示的术语，在英译过程中，可以将其保留。例如：“U 形分布”译为“U-shaped distribution”，“钟形分布”英译为“bell-shaped distribution”等。这种翻译方法保留了术语的形象，能暗示读者术语的相关特征，读者比较容易接受。

## （三）汉语统计学术语英译中的回译策略

统计学术语系统中，吸收了许多译自英美的术语，但在汉语统计学术语的英译过程中，应采取何种策略才能将这些汉语术语成功回译到英语中去，目前学界尚未形成定论。回译作为翻译策略能有效地保证译文的准确性，有效传递对等统计学知识。因此，统计学术语的回译策略是统计学译者术语能力的重要内容（吴娜，2014）。

回译指在将译介过来的词语译至译自语时，追溯其原型的翻译过程，从原文到译文的过程称为翻译，从译文到回译文的翻译过程即为回译。

当回译文中的术语追溯至原型时，回译文术语与原文术语则一致，即为译底。与之相对的是译心，即回译文术语与原文术语不一致。回译是特殊的翻译过程，故也是双明示推理过程。过程中有三方参与者，即译员、回译员和回译文读者。回译员作为衔接者，很大程度上决定了交流是否成功。

（四）关注术语形式的优化——理据性

术语的理据性是指术语应当正确地使用词汇、形态手段和句法结构以表达概念、内涵，即把概念和术语的形式结合起来。根据术语形式对指称概念的反映程度，可将术语理据性划为三个层次：形象理据性、范畴理据性、有序性（吴丽坤，2005）。汉语统计学术语的英译应当关注术语形式的优化，即重视术语英译的理据性。

1. 形象理据性

在统计学中，一些汉语术语能使人联想到一些众所周知的事物，即术语的形式揭示了术语所命名概念的特征；而在术语的英译过程中，也保留了这种特征。例如，汉语术语“J 形分布”“S 形”等在英译时，译为“J-shaped distribution”“Sigmoid”等，表征事物、现象的外在形式，体现了形象理据性。

2. 范畴理据性

统计学术语中，某些术语成分可以表达概念对概念范畴的所属关系。例如，汉语统计学术语中，表述过程、结果的“韦斯腾贝格四分位数间距检验”“无偏置信区间”分别英译为“Westenberg’s interquartile range test”“unbiased confidence interval”；表述属性的“物价指数”“线性估计量”英译为“price index”“linear estimator”；表述工具的“德劳奈三角测量”“序贯卡方检验”英译为“Delaunay triangulation”“sequential chi-square test”等。这些英译术语都保留了汉语术语对概念范畴的所属关系，在语义层面上，体现了术语语义的透明性，从而相应地具有范畴理据性。

3. 有序性

根据术语的形式与结构即可判断术语在术语系统中的位置，这一特性为术语的有序性。以汉语统计学术语系统中的一个子系统“序贯 ×××”为例，能够分析出术语的有序性；同时，英译统计学术语系统也延续了这一特点，反映出同一范畴中概念的属种关系，最大限度地体现了术语的系统性，详见表 8。

表 8　统计学术语有序性案例

| 序贯 $T$ 检验 | sequential $T$ test |
|---|---|
| 序贯分配程序 | sequential allocation procedure |
| 序贯分析 | sequential analysis |
| 序贯概率比检验 | sequential probability ratio test |
| 序贯估计 | sequential estimation |
| 序贯检验 | sequential test |
| 序贯卡方检验 | sequential chi-square test |
| 序贯平方和 | sequential sum of squares |
| 序贯容忍域 | sequential tolerance region |
| 序贯选择 | sequential selection |

不难看出，统计学术语英译过程中，理据性的延续，使得术语无需借助定义，就能反映相应概念的全部或部分意义，使术语命名的概念易于理解，从而使术语形式得到优化。

## 五、汉英统计学术语系统经济率对比分析

冯志伟先生于 1997 年首次提出“术语经济律”的概念。通过观察、分析，冯志伟提出，在系统的术语总数保持不变的情况下，单词的构词能力越强，术语系统的经济指数越高。从源语术语命名的角度来看，这个规律符合语言使用的经济原则。这样，源语术语系统如果呈现出一定的经济律，那么对应的术语翻译系统也应尽可能符合相似的经济律特点，由此基本可以看出该术语翻译系统整体质量的优劣（胡叶，魏向清，2014）。

本文对象为统计学术语系统，对汉语统计学术语系统及相应的英译统计学术语系统分别统计与分析，考察统计学“术语翻译经济律”的具体情况和统计学术语翻译系统的整体质量，以及其在术语翻译系统评价方面的适用性。

在一定的学科领域内，如果具有大量术语条目的术语系统具有较高的经济指数，那么，这个系统必然包含大量由少数基本单词构成的词组型术语，而这些词组型术语构成了该术语系统的主要部分。在汉语统计学术语系统中，绝大部分是两个或两个以上语素构成的词组型术语，单词型术语较少，见表 1。

从词组术语占据绝对优势的比例（94.3406%）来看，统计学术语可能具有较高的经济指数。下文将运用经济指数公式来进行分析。

术语系统的经济指数是指系统的术语数 *T* 被不同单词总数 *W* 来除所得的商。术语系统的经济指数用 *E* 来表示，公式为 $E = T / W$。其中 *E* 的单位是“条 / 词”，读为“条每词”，也就是说每词构成多少条术语。在大多数术语系统中，$E$>1 条 / 词；如果 $E \leqslant 1$ 条 / 词，则说明术语系统设计的经济效应不高。例如，在某个术语系统中，$T$=1510 条，$W$=858 词，则该系统的经济指数为 $E=T/W$=1510/858=1.76（条 / 词），该术语系统的经济效应比较高。这说明，当术语系统有 1510 条术语时，每个单词平均可构成 1.76 条术语。

以统计学为例，将汉语统计学术语系统、英译统计学术语系统分别做“术语经济指数”的数据统计。系统的术语数 *T* 不难得到，不同单词总数 *W* 使用 AntWordProfiler 软件进行处理，处理结果中的 type 值即为 *W* 的值，因此就不难得出两术语系统的“术语经济指数”*E*。具体参见表 9 和表 10。

**表 9　汉语统计学术语系统经济指数**

| | |
|---|---|
| *T*（条） | 3852 |
| *W*（词） | 1797 |
| *E*（条 / 词） | 2.14 |

**表 10　英译统计学术语系统经济指数**

| | |
|---|---|
| *T*（条） | 3852 |
| *W*（词） | 2422 |
| *E*（条 / 词） | 1.59 |

可以看出，在 3852 条汉语统计学术语系统中，共计 1797 个不同的字，平均每 2.14 个字构成一条术语。而在 3852 条英译统计学术语系统中存在 2422 个不同的单词，平均每 1.59 个单词构成一条术语。相比之下，汉语统计学术语系统的经济律高于英译统计学术语系统的经济律，汉语统计学术语系统较英译统计学术语系统经济效应更高，汉字的构词能力更强。同时，研究发现，术语系统的经济指数高低受到系统中术语数的强烈影响。随着系统的术语数的增加，术语系统的经济指数也逐渐升高。

按照术语系统经济指数的计算公式，利用区间值，可分别计算汉语统计学术语系统和英译统计学术语系统的经济指数。我们取总数据量的 20%、50%、66.7%、75%、85% 及 100% 来计算术语系统经济指数，目的是形成术语系统经济律曲线图。两术语系统的取值统计情况分别见表 11、表 12。

**表 11　术语数量、不同单词数量和经济指数的关系（汉语统计学术语系统）**

| 项目 | 20% | 50% | 66.7% | 75% | 85% | 100% |
|---|---|---|---|---|---|---|
| $T$（条） | 771 | 1926 | 2569 | 2889 | 3274 | 3852 |
| $W$（词） | 719 | 1204 | 1404 | 1511 | 1623 | 1797 |
| $E$（条 / 词） | 1.07 | 1.60 | 1.83 | 1.91 | 2.02 | 2.14 |

**表 12　术语数量、不同单词数量和经济指数的关系（英译统计学术语系统）**

| 项目 | 20% | 50% | 66.7% | 75% | 85% | 100% |
|---|---|---|---|---|---|---|
| $T$（条） | 771 | 1926 | 2569 | 2889 | 3274 | 3852 |
| $W$（词） | 942 | 1652 | 1968 | 2101 | 2235 | 2422 |
| $E$（条 / 词） | 0.82 | 1.17 | 1.31 | 1.38 | 1.46 | 1.59 |

依据以上术语数量、不同单词数量和经济指数三者之间的数量关系，通过图解方式，能构建出术语系统经济律曲线图，从而系统地呈现汉语统计学术语系统、英译统计学术语系统之间的经济律关系，并将两者进行对比，如图 2 所示。

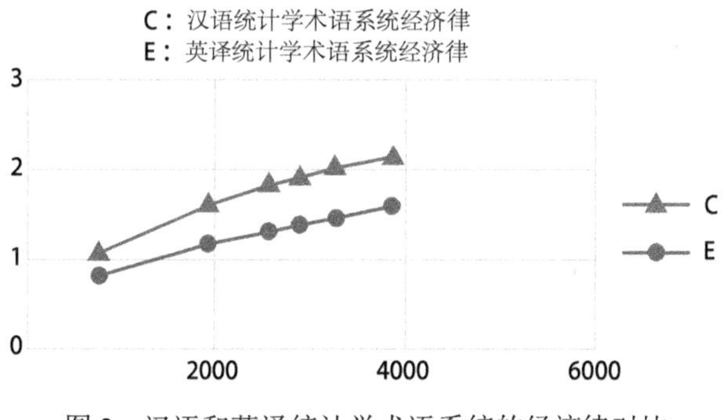


图 2　汉语和英译统计学术语系统的经济律对比

如图 2 所示，C 曲线代表汉语统计学术语系统，其经济指数（$Y$ 轴）的变化与术语数量（$X$ 轴）的变化呈正比关系，抽取的术语数量越大，经济指数越高。同样地，E 曲线代表英译统计学术语系统，经济指数（$Y$ 轴）的变化与术语数量

（*X* 轴）的变化也呈正比。综合考究 C 和 E 两条曲线不难发现，统计学术语系统的经济指数随术语数量的增加而呈现逐渐增加的趋势。而且，C 曲线在各点总是高于 E 曲线，说明汉语统计学术语系统的特征比英译统计学术语系统的特征明显（经济率越低，系统特征越不明显），而且经济效应更高。

总之，从术语系统的经济律曲线可以初步推断出：在统计学术语系统中，无论是汉语统计学术语系统，还是其对应的英译统计学术语系统，均体现出术语的系统经济律。统计学术语名词的英译符合术语翻译系统的总体要求，整体而言，具有术语翻译的系统合理性。本文以统计学术语为例，运用数据展现出术语系统经济律的科学性，提高该理论的说服力，同时将理论与实际结合，从术语经济律这一理论概念中归纳术语翻译应该遵循的原则，如尽量一一对应，确定术语在一个领域内的固定英译表述，对翻译活动有一定的指导意义。

## 六、结语

在信息技术得到广泛应用的今天，术语管理、术语建库是业界、学界比较关心的话题，翻译技术类教材中涉及了术语管理方面的内容，而且近年来术语管理方面的教材也陆续出版（王华树，冷冰冰，2017；王华树，王少爽，2017），为术语学的深入探索及术语教育的推广打下了基础。而针对具体某个学科和领域的术语研究有待进一步推进。统计学是应用数学的一个分支学科，根据对其进行建库和列表分析并结合先前相关研究，可以发现其术语具有客观性、稳定性、科学性等基本特征，并且具有经济率高的特点。另外，汉语统计学术语选词倾向于专业化术语，而英译统计学术语则青睐于普通词汇的使用。在汉语统计学术语的英译过程中，译者要灵活运用归化、异化的策略，尽量使用简单词汇表达专业术语的涵义，做到心中有读者，从而进一步推动统计学术语的跨语言、跨文化传播与发展。

### 参考文献

冯志伟 . 2011. 现代术语学引论 ( 增订本 )[M]. 北京 : 商务印书馆 .

郑述谱 . 2006. 试论语言学术语的特点 [J]. 外语学刊 , (3):51-54,112.

韦孟芬 . 2014. 英语科技术语的词汇特征及翻译 [J]. 中国科技翻译 , (1):5-7,23.

吴娜 . 2014. 法律术语回译策略的关联理论阐释 [J]. 石家庄铁道大学学报 ( 社会科学版 ), (2):41-44.

吴丽坤 . 2005. 术语的理据性与术语模式 [J]. 解放军外国语学院学报 , (2):27-32.

胡叶 , 魏向清 . 2014. 语言学术语翻译标准新探——兼谈术语翻译的系统经济律 [J]. 中国翻译 , (4):16-20.

王华树 , 冷冰冰 . 2017. 术语管理概论 [M]. 北京 : 外文出版社 .

王华树 , 王少爽 . 2017. 术语管理指南 [M]. 北京 : 外文出版社 .

向音 , 李苏鸣 . 2012. 领域术语特征分析——以军语为例 [J]. 中国科技术语 , (5):5-9.

NEWMARK P. 1988. Approaches to translation[M]. London: Prentice Hall, 38-69.

VENUTIL L. 1995. The translator’ s invisibility-a history of translation[M]. London and New York: Routledge, 15-20.

# 技术写作的名与实[*]

李双燕[†]

**摘要：**本文以中国企业走出去对技术写作这一新兴业务的需求为背景，针对国内近年来在引介过程中对其概念与实质理解不一这一现状，梳理了技术写作的概念内涵、发展演变、类型特征、创作流程、写作工具与结构化写作模式等，以期较为客观全面地认识技术写作的本质，把握技术为人服务这一宗旨，增强产品软实力，提升用户体验，提高我国跨语言跨文化技术传播能力。

**关键词：**技术写作；概念；实质；结构化写作

## 一、引言

随着经济全球化的不断深化和“走出去”战略、“一带一路”倡议、“中国制造 2025”战略的实施，高素质的技术写作（技术传播）人才作为一种跨界复合型专业语言服务人才越发供不应求。《中国企业“走出去”语言服务需求蓝皮书》显示，30.5% 的企业具有文案写作需求（王立非，崔启亮，蒙永业，2016）。《2016—2017 年中国国家形象全球调查分析报告》显示，使用中国产品是海外受众获取中国信息的主要渠道，占所调查渠道的 41%，比 2015 增长 6%（当代中国与世界研究院课题组，2018）。这是推动技术写作发展的强大动力，使技术写

---

* 基金项目：本文系首都经济贸易大学新入职青年教师科研启动基本项目：“企业‘走出去’过程中技术写作规范研究”（02491965261302）、北京市教育委员会 2020 年度社科计划资助项目：“译者技术传播能力的构成与培养研究”（SM202010038001）的阶段性研究成果。

† 作者简介：李双燕，首都经济贸易大学讲师，博士。主要研究方向：翻译理论与实践，技术传播。电子邮箱：lsyan025@163.com。

作成为语言服务的重要内容。

技术写作在北美、西欧、日本、韩国等地区和国家发展成熟，但在我国还处于起步阶段：岗位需求集中在一些大型跨国公司（如IBM）及本土企业（如中兴）。相关研究也开始起步，不过这些研究分散在传播学、翻译学、写作学及行业实践中，引介概念的多，深入本土的少，且各家对技术写作概念、范畴及实质的解释不尽一致，不利于其在国内的接受与发展。因而，对这一新兴事物需要从源头上追溯其概念由来、演变过程、类型特征及在实践中具体的写作流程、常用工具和行业最佳实践方案等，从而理解其实质，呵护技术写作这颗幼苗健康茁壮成长。

## 二、技术写作的概念

“技术写作”由“technical writing”翻译而来，不同领域在引介过程中选用的词汇不尽一致，分歧集中在“technical”上。根据《柯林斯英汉双解大词典》的释义，“technical”作为形容词表示在特定领域或职业中使用的，专门化的，与实践、工业或应用科学的技术与过程相关的事物，对应的中文有“技术的、技巧的、专业的”。译介时有的取其“技术的”义项，译为“技术写作”（胡清平，2004；苗菊，高乾：2010）；有的取其“专业的”义项，译为“专业写作”（段平，2010）；有的在中国语境里找相似称谓，如“实用文体写作”（徐昉，2010）；还有的根据其工作内容使用其他名称，如一些公司使用“信息开发”“语言方案”等。这些虽然都是指技术写作，但其外延却存在差异。前三种指科学技术类写作，后两种扩大到日常生活、工作中，等同于应用文或实用文写作。我们将前者归为狭义概念，后者归为广义概念。相应地，“technical writer”也有多种称谓：技术写作人员、技术写手、文档工程师、信息工程师、信息咨询师、资料架构师、编辑等。同样，国外对“technical writer”的称呼也不一致：information designer、information engineer、technical documentation expert 等。

名多易乱实。涅基（Gnecchi）等（2011：178）指出：“称谓繁多导致技术写作（技术传播）这一职业认可度较低，容易令人困惑不解，甚至还会降低多语言文本的质量。”“名正则言顺”，统一名称是研究的起点，名称统一是研究顺利进行的保障。鉴于行业界通常将“technical writing”称为“技术写作”，将“technical writer”称为“文档工程师”，本文也选用这两个称谓，但并不排斥其他说法。

技术写作的多种概念实则暗含了其定义的多样性，分歧的焦点同样在对“技术”一词的使用上。与概念的广狭相对应，我们将仅从技术方面进行的定义称为狭义，将包含其他领域在内的定义称为广义。

从狭义来看。维基百科指出："技术写作是技术传播的书面表现形式，后者广泛存在于各种技术行业或领域中，如计算机硬件和软件行业、工程领域、化学行业、航空业、机器人行业、金融业、消费电子产品行业和生物行业等”（Wikipedia，2016）。此定义借助技术传播这一更大的范畴说明了技术写作涉及的技术领域非常广泛。部分学者也持这种观点，如古尔德（Gould）、洛沙诺（Losano，2008）认为“技术写作是指需要特定技术领域的专门知识来完成的写作”。

然而，经过一个多世纪的发展，技术写作的范围已从技术内容延伸到各类专业信息。马林（2007：1）认为“技术写作是为了特定的目的向特定读者群体传递特定信息的一种写作。我们每天阅读的大部分资料都属于技术写作的范畴——课本、产品使用说明书、烹饪大全等”。可见，技术写作并不局限于“技术”二字，而是指各类行业中的专业化工作内容，即使该工作内容与传统的“理工科技术”并不直接紧密相关，仍可被视为其职业领域中的专业信息（张鸰，2012：106）。因此，广义上可以认为技术写作是从业人员在职业环境下从事的专业信息书写与分享的过程。

## 三、技术写作的演变

广义而言，技术写作实践具有悠久的历史，下文将从传统与现代两个阶段梳理技术写作的历史渊源与发展演变。

### （一）传统技术写作的起源

虽然不少研究者认为，西方第一份完整的技术文档应当是中世纪英国文学之父乔叟（Geoffrey Chaucer，1343—1400）于1391年所撰写的《占星论》（*A Treatise on the Astrolabe*）（Freedman，1961；Basquin，1981；Ovitt，1981），但哈格（John Hagge，1990）则认为《占星论》并非第一本技术文档，在此之前及与其同时代的还有许多技术文献。他同意布罗克曼（John Brockmann，1983：155）的观点："不应将技术写作的起源归于某个'英雄式'人物，而应看到在技术传播漫长的发展过程中，同时为之做出贡献的那些名人和普通人。"哈格将传统技术写作的发展划分为三个重要时期：古英语时期（450—1100 年）、中世纪英语时期（1100—1500 年）和文艺复兴时期（1400—1600 年）。与乔叟的《占星论》同时代的中世纪文档还有关于算术、音乐、军事、烹饪、航海、捕鱼、狩猎及其他领域的操作手册。到了文艺复兴时期，技术文档从天文和医学文本扩展到航海、渔业、养蚕、养蜂等多个领域。若上溯到古英语时期，依然可以看到具有技术写作特征的专著，如欧洲语言中最早的医学著作《伯德医书》（*Bald's Leechbook*）。该书大约创作于 9 世纪，用盎格鲁 - 撒克逊语写成，描写了疾病的原因、症状、治疗方法等。《占星论》的许多写作特征都能在这部著作中体现出来。例如，注意读者接受程度，设有详细的目录和大纲，每一章的前面都有内容简介等（Voigts，1979；Cameron，1983）。因而，哈格呼吁学术界深入挖掘古英语时期的文献，再现技术写作起源的历史原貌。

如果从技术写作的初衷来看，最早还可以追溯到亚里士多德时期。技术写作最初主要关注如何通过语言文字来描述技术、产品等信息，因而是以修辞学为基础的。西方修辞学理论发源于亚里士多德的修辞学，指的是"说服的艺术"。亚里士多德提出了演讲的三要素——演讲者、听众与内容，分别对应修辞三要素——信誉、情感和逻辑。信誉是针对传播者而言的，要取得预期的传播效果，传播者就要努力在受众中建立良好的形象，提高自身的权威性与可信度等。情感是针对受众而言的，传播者要了解受众的情感类型及其产生的条件，了解不同受众群体的心理特征及情感需求，从而采用恰当的手段以达到说服的目的。逻辑是针对传播方式而言的，通过传播者的理性思维发挥作用。海尔曼（Heilman，1989）将修辞分析应用到产品研发阶段的概念主题写作中，有效解决了研发、销售等部门相互独立、沟通不畅、缺乏信赖的弊端，增强各部门之间的合作与理解。可见，亚里士多德的修辞学理论在现在技术写作中依然保持强大的生命力。

### （二）现代技术写作的起源

现代技术写作产生于教学变革的需要，最早可以追溯到美国 19 世纪 60 年代对工程师教育的改革。当时工程师所接受的是职业教育，社会地位较低。为改变这一现状，一些教育者建议改革课程系统，提高工程师的人文素养。经过几十年的不断尝试，直到 1910 年左右，开始将英语与工程专业结合，一是在英语教学中加入与工程相关的内容；二是减少文学和作文练习，增加工程师职业写作训练。这就是工程英语（Engineering English）的雏形。

塔夫茨大学（Tufts University）的伊尔（Samuel Earle）是工程英语教学改革的先驱，被称为“技术写作教学之父”。1911 年其专著《技术写作理论与实践》（*Theory and Practice of Technical Writing*）问世，这是第一本真正意义上的技术写作教材。书中提出了技术写作原型课程，注重培养工程师的四项语言能力（Kynell，1999）：

（1）陈述能力（narrative）：将抽象思想转变为文字的能力；

（2）描写能力（descriptive）：描述一项不在眼前的物体的能力；

（3）定向能力（directive）：针对不同读者写作的能力；

（4）阐释能力（expository）：在写作中充分理解并详尽阐述概念的能力。

可见，伊尔对技术写作的探讨是基于“话语方式”（Modes of Discourse）（Connors，1982），这体现了整个 19 世纪技术写作的理论基础——修辞学，如何应用修辞学传播技术信息成为该时期技术写作人员的重要工作内容。这一课程模型为技术写作奠定了发展方向，之后技术写作教学、研究与实践无非是对该模型的深化与拓展。

### （三）现代技术写作的发展

两次世界大战为美国带来重大发展契机，军事、制造、电子及航空等领域对技术写作人才的需求空前紧迫。20 世纪 30 年代末，兵器生产与科技发展为制造业带来大量就业机会，由于军事技术日益复杂，许多工人没有技术背景，无法进行生产；战地人员不懂技术，无法使用军事设备，因而需要把复杂的技术传授给不懂技术的人，这对于仅仅接受过少量写作训练的工程师来说，是一个极大的挑战。有些部门开始雇佣写作人员专门负责文档撰写，技术写作自此成为一种职业。通用电器、通用汽车等大型企业先后设立了技术写作部门。在 20 世纪 70 年代，技术传播已经真正成为一项独立的产业。到 80 年代，技术传播学迎来了真正的学科发展（徐奇智，王希华，2006）。

第二次世界大战之后，随着科学技术的不断更新，技术写作得到了快速发展，美国几乎每个院校都开设了技术写作课程；通用电器、通用汽车等大型企业先后设立了技术写作部门。其范围也从写作逐渐扩大到信息架构（Information Design）、技术编辑（Technical Editing）、技术绘图（Technical Illustrating）、可用性测试（Usability Testing）等，进而出现了技术传播（Technical Communication）这一更广泛的领域。根据美国技术传播学会 STC[1]的定义，任何针对技术或专业领域，使用技术进行传播或提供任务指导的传播形式，都可以是技术传播。就其学科属性而言，有学者将技术传播作为传播学的一个特殊分支（嵇峰，2013），其特殊性在于既不属于纯粹的理科，也不属于纯粹的文科，而是在技术与人文之间建立了一座桥梁（Kynell，1999）。技术传播在发展过程中不断从其他多个学科汲取理论滋养，成为一门交叉学科，拥有了坚实的理论基础。大量技术传播组织开始出现，如 STC（美国）、Tekom（德国）、JTCA（日本）、KTCA（韩国）等；*Technical Communication* 等专业期刊推动了学术研究。经过 150 余年的发展，技术写作几乎渗透到各行各业，与大众生产生活息息相关。

就国内而言，虽然作为一个专门的职位，技术写作的历史较短，但相关实践最早可以追溯到 3000 年前的《易经》（Ding，2003），之后《皇帝内经》（Ding，2014）、《天工开物》（Ding，2010）、《梦溪笔谈》（Zhang，2013）等从不同方面为大众日常生产生活提供了指导。此外，我国古代多个领域的典籍中都蕴含着技术传播的智慧，如《墨经》（自然科学）、《浑天仪图注》（天文）、《齐民要术》（农业）、《本草纲目》（医药）、《武经总要》（军事）、《水经注》（地理）、《南方草木状》（植物），以及航海、饮食、音乐等多个领域的历史文献，亟待深入挖掘研究。这些典籍的叙述方式对今天我们从事技术写作具有较高的参考价值，其总结了古人如何搜集专业知识、如何呈现专业信息、如何绘制插图等。还可以从更宽广的社会学角度进行分析，如技术文档在中国为何向来不受重视？促进或阻碍技术文档发展的因素有哪些？流传下来的作品的作者身份如何，写作的动机何在？对这些问题的分析将有助于我们从历史中汲取经验，以史为镜，反哺当下。

## 四、技术文档的类型

技术写作的交付件称为技术文档（Technical Document）。学术界与行业界对

[1] STC 全称为 Society for Technical Communication，详情参见：https://www.stc.org/。

技术文档的划分方法有多种，大致可以归纳为以下三种划分标准。

## （一）文本类型

根据布勒（Karl Bühler）提出的三大语言功能：再现（Representation）、表达（Expression）和呼吁（Appeal），莱斯（Katharina Reiss，1971：28，转引自 Gentzler，1993：71）划分出三种文本类型：信息型（Informative）、表达型（Expressive）和操作型（Operative）。之后纽马克（Peter Newmark，1998）又区分了语言的主要功能与次要功能：主要功能包括表达型（Expressive）、信息型（Informative）及呼吁型（Vocative）；次要功能包括寒暄型（Phatic）、语释型（Metalingual）及美学型（Aesthetic）。纽马克认为说明书之类的技术文档属于呼吁型。本文认为不宜将技术文档全部归入呼吁型，因为技术文档包含不同的种类，其中有关产品介绍的文档以信息功能为主，呼吁功能次之；而用户指南、实用操作之类的文档以呼吁功能为主，信息功能次之。

方梦之（1999：32）将技术文本（Technical Prose/Document）作为科技文本的子类，认为其包罗万象，包括可行性报告、产品说明书、用户指南、操作手册等，并进一步划分了供专家使用的文档（Expert-to-Expert）和供普通用户使用的文档（Expert-to-Lay Person）。这是国内较早对技术文档进行深入分析并明确赋予其独立文本类型名称的研究。可惜在后人的研究中，没有继承“技术文本”这一称谓。

## （二）技术背景

美国国家作者协会（National Writers Union，NWU）根据技术写作者及受众的技术背景，将技术文档分为三类：

（1）传统技术文档：传统技术文档的受众是具有技术背景的人员，写作者往往需要丰富的技术知识才能撰写维修手册、科技论文、编程指南、技术说明等；

（2）技术教育：技术教育是向没有技术背景的受众传授技术信息，写作的文档包括硬件和软件手册、系统管理指南、产品入门指南、影响报表等，写作者并不需要很多技术知识；

（3）技术营销：技术营销是指为公司撰写销售材料、公司内部交流材料等；

写作者需具备与文本读者一样的技术背景以撰写规格说明、小册子、简报等。

### （三）文档功能

目前行业界多从文档功能角度将其分为三类：

（1）研发文档：产品研发过程中供专业工程师使用的文档，详细记录产品的研发目的、开发阶段、研发时限等。这类文档是为了方便项目成员了解工作目标、进度，促进成员之间互相沟通；

（2）管理文档：供管理人员使用的文档，包括测试报告、项目开发总结报告等，供普通用户、技术支持工程师、售后服务人员等使用；

（3）用户文档：产品发布后交付用户使用的文档，如使用指南、维修手册等，供普通用户、技术支持工程师、售后服务人员等使用。该类文档的目的在于帮助用户了解产品、执行操作、解决难题，是沟通产品与用户的桥梁，也是产品软实力的重要组成部分。

其中，前两类也可以统称为内部文档，即面向企业内部人员；最后一类属于外部文档，即面向产品终端用户。对用户来说，比较重要的内容包括[1]：

（1）产品信息说明，如参数表，可以影响客户的购买决定；

（2）常见故障处理，客户通常遇到问题时才会看文档；

（3）操作说明，客户参考文档完成产品操作，尤其针对复杂的产品。

## 五、技术写作的特征

各类技术文档虽然在对象、适用范围、内容专业程度、写作风格等方面存在差异，但都具有一些共同的特征，不同学者从不同角度进行了总结。伯内特（Rebecca Burnett，2001）认为文档具有信息性、语境性、目的性、受众性、文本组织性、视觉性和可用性等七大特征；中兴通讯学院将其概括为四点：针对性、专业性、功能性及规范性（中兴通讯学院，2013：4）；马克尔（Mike Markel，2012）在《技术传播》（*Technical Communication*）一书中，总结了六个特点：有特定的读者、帮助读者解决问题、反映公司的目标与文化、协同创作、使用设计增加可读性、包含文字或图像或兼而有之。本文兼顾多方观点，归纳出

[1] 参见科多思技术传播社区微信平台发布的一项关于文档使用情况的调查：http://mp.weixin.qq.com/s/Wr5Yy8fxCppaxQaoH0UJQg。

技术文档的八项特征。

（一）面向特定受众

技术文档面向特定的读者或听众（包括个人和群体）（Burnett，2001：7）。这就需要写作之前进行受众分析，考虑读者的年龄、工作、经验、知识、任务、问题等。文档架构、内容、信息详尽程度、术语、写作风格等都要契合读者特征。针对不同语言文化的读者，还要考虑跨文化因素对文档设计、组织、风格等方面的影响。

（二）解决用户问题

“技术写作不是目的，而是达到目的的手段，之所以称为技术写作在于其实用性与专业性”（White，1996）。因而，“技术写作不为表达作者的创造性，也不为取悦读者，而为帮助读者学习或完成一些任务”（Markel，2012：3）。用户一般在遇到问题时才会阅读技术文档。简言之，技术写作以技适人，让技术为人服务。

（三）针对使用场景

技术文档传递各行各业的专业信息，面向特定语境，满足特定的需求。从信息设计到文档撰写，都要考虑用户使用文档的场景，考虑用户的特定需求，是一种“场景化写作”。高度场景化的文档能给用户创造一种代入感，更好地帮助用户解决问题。

（四）注重信息设计

文档信息架构应符合读者的逻辑思维习惯，使用合理的导航手段，如目录、列表、标题、字体、字号、颜色、间距等，使文档看起来更专业，更富有吸引力，方便读者定位、查询所需信息。例如，产品手册中的安全信息采用不同的字号和颜色以突出显示，便于读者理解其重要性。

（五）力求图文并茂

大多数技术文档包含文字和图像。“一图胜千言”，图像有助于吸引读者，阐明复杂的概念或操作流程，呈现大量数据统计信息，还可以跨越语言障碍。随着“读图时代”的来临，用户获取技术信息的主渠道已经从传统“平面”化的专业文档（产品说明书、用户手册等）转向“立体”化的新媒体或富媒体渠道（图片、视频、超链接等）。因此，除文本编辑工具外，文档工程师还需掌握图像处理工具，如 Photoshop 等，以迎合用户阅读习惯。

### （六）需要团队协作

这是由文档的创作流程决定的。从专业的技术文档开发角度来看，真正意义上的高质量技术文档开发是一个复杂的过程，包括需求分析、架构设计、文档写作、质量控制、文档发布、文档交付、文档维护等环节（中兴通讯学院，2013：8）。在此过程中涉及文档工程师、图像编辑师、领域知识专家、设计师、可用性专家及本地化翻译人员等。这一特征催生了技术文档的模块化和结构化技术，便于分工协作（中国技术传播联盟，2018：6）。

### （七）遵循写作规范

技术写作需要遵循一定的标准或风格指南。目前国际上已经出台了多种相关指南，如《微软风格指南》（*Microsoft Manual of Style*），从语言、语法、标点、形式、结构、数字、度量衡、术语、索引等方面规范文档写作，确保风格统一，降低全球化与本地化成本。

### （八）考虑法律责任

一方面，技术文档中使用的各种元素，如字体、数字或图像等，需要在最初写作阶段就考虑到版权问题，避免引起不必要的法律纠纷；另一方面，文档信息务必准确无误，确保用户正确理解，安全操作，如因文档信息不明确、有歧义或印刷等问题导致用户操作失误，进而引起设备损坏甚至人身伤害，企业将承担法律责任。

其中“面向特定受众”与“解决用户问题”是技术写作区别于其他类型写作的最大特征（Markel，2012：7）。从技术写作产生之初，伊尔就强调了解目标读者，因为“技术交流的核心是人与人之间的交流”（Markel，2012：8）。文档应以用户为中心，在正确的时间以正确的方式提供正确的信息，从而使操作更加便捷高效。例如，软件指南帮助用户更加独立地成功使用产品，使产品更容易进入市场，减少支持成本；医疗指南帮助患者和陪护人员管理治疗过程，帮助患者早日康复，降低器械不当使用带来的成本与风险；功能说明和提议有利于不同专家组之间有效沟通，加快研发循环，减少由于误解引起的重复工作及沟通不畅带来的风险；培训项目可以提高员工技能，为员工带来更多从业机会，也使企业和产品更加高效安全；设计精良的网站使用户查找信息更方便，提高用户对网站的访问量和满意度；专业图示清楚呈现产品的操作步骤或部件组成，使用户高效快捷地完成任务。从中可以看出文档的双重作用：方便用户获得并使用信息，帮助企业实现预定目标。米勒（Carolyn Miller）早在 1979 年就呼吁将人文因素作为技术文档的内在特质，在科学与人文之间找到平衡点（Miller，1979）。概言之，技术写作以专业知识为内容，以人文关怀为旨归，促进专业信息的有效传播。

## 六、技术写作的流程

技术写作可以分为五个阶段。

### （一）确定目的与受众

技术文档是为特定目的服务的，或向受众传递思想和概念，或告诉受众如何完成特定任务。文档工程师使用各种方式对受众进行分析或进行内容测试。

受众类型会影响传播的多个方面：从词汇选择到图像使用再到文档风格和内容架构。通常情况下，针对特定受众，技术传播人员必须考虑哪些因素可以对文档有用（能够支持某种特定的任务）、可用（在完成该任务时可以使用）。例如，没有技术背景的用户可能会对一份充斥着技术术语的文档产生误解，甚至不看文档，而具有技术背景的用户可能期待看到更多与工作有关的关键技术信息；当用户比较忙碌时，通常没有时间阅读整篇文档。所以内容必须易于检索，如使用标题、空白及其他导航信息。总之，用户的需求不同对文档的要求也会各异。行业实践中往往采用虚拟角色（persona）、用户任务分析（user task analysis，UTA）等方法明确用户需求。

### （二）搜集信息

文档工程师可以亲自搜集一手资料或使用他人整理的现成二手资料。对于不熟悉甚至陌生的产品，可以借鉴同类产品的文档是如何撰写的，获取一些灵感和思路；也可以通过问卷、访谈、技术文章等尽可能多地收集产品信息；还可以请教产品的研发人员。当然，如果条件允许，最好亲自使用产品，获取直观使用的经验和感受。在此基础上，根据用户需求对各类信息进行区分、归纳、简化，从而确定文档开发任务。

### （三）构架信息

在动手写初稿之前，文档工程师需要对文本思想进行组织，才能使行文流畅，内容完整。文档组织方式有多种：

（1）时间顺序：适用于描写具有先后顺序的文档，如描述某项任务的各个操作步骤；

（2）组成部分：适用于描写物体各部分的文档，如表示计算机各部分的图形（键盘、显示器、鼠标等）；

（3）由简单到复杂（或相反）：从简单的内容开始逐渐深入；

（4）从具体到一般：从细节入手，再将其归为不同的范畴；

（5）从一般到具体：从一些概括性的范畴开始，逐渐深入到细节。

对全文进行有序组织之后，写作者就开始拟写大纲，清晰地显示出文档的结构，有了大纲，写起来会更加流畅，可以节约写作时间。

### （四）起草初稿

大纲完成之后，就可以按照大纲的思路撰写初稿了。在这个过程中，最好能够静心写作，不受干扰，也不要急于修改，大多数作者会等初稿完成之后再修改，以防思路被打断。

### （五）编辑修改

修改文档时要有顺序地进行，首先是内容的调整与重组，调整句子、段落的位置使其更符合逻辑，内容要删繁就简，突出重点。其次是风格的调整，技术写作要避免个人风格，写作时遵循写作规范，以确保文档在措辞、标点、格式、整体风格等方面能达到用户的期待水准。这些写作规范有的是各行业领域通用的，如《芝加哥风格指南》（*Chicago Manual of Style*），有的是针对特定领域的，如信息技术领域一般参考《微软风格指南》，还有的是针对某个项目、某类产品、某个公司、某个品牌或某个客户的。不管其具体内容如何，各类规范一般都会对写作内容做出详细规定，涉及标题、列表、图像、时态、人称、主动或被动，句子长短、字体字号、版权等信息。再次是语法与标点的调整。一般文档需要经过自我审校（Self-review）、同行审校（Peer Review）和专业审校（Technical review），确保文档技术信息正确无误，语言表达简洁得体，并对文档进行实际测试和验证后才能发布。

上述 5 个步骤主要涵盖了文档写作的前期准备和写作过程，其实在写作完成后，还有发布、交付与维护等环节，共同构成文档的整个生命周期。其实对于技术写作人员来说，写作只是水到渠成的事情，最难的还是写作之前的准备，其中主要的是学习产品知识。一款产品通常需要经过设计、研发、测试、文档写作、本地化（投向国际市场的产品）等几个环节。这几个环节的先后顺序只是从逻辑上而言的，实际工作中，通常不是一环接一环进行，而是并行的，是一种敏捷开发模式（Agile Developing Model）[1]，这样有利于及时发现问题及时修订，节约时间，提高质量。

一份优秀的文档一定是建立在对产品的透彻了解基础之上的，写作者掌握的专业知识越多，写起来越得心应手。因而，对文档比较重视且有条件的公司，会在产品理念设计阶段就安排文档写作人员介入，参加各种产品培训会议、用户分析会议等。熟悉了产品设计理念，明确了用户需求之后，写作者就可以设置优先等级，分步骤搭建文档框架，并请研发人员或产品经理审校，沟通细节。所以，整个写作过程既是一个学习的过程，也是一个沟通的过程，对写作者的学习能力和交际能力都是一个考验和进步的机会。

## 七、技术写作工具

常用技术写作工具种类比较多，不同企业会根据文档写作需求选择不同的工具。从工具的用途上，可以将其分为文本编辑工具、图像编辑工具、视频编辑工具及内容管理工具等。

[1] 敏捷开发是指在软件开发过程中，以用户需求为核心，通过组织内各职业部门之间的协作，不断优化解决方案，其特点是循序渐进、提早交付，持续迭代，且可以灵活快速地应对变化。

根据李双燕、崔启亮（2018）对国内技术写作发展状况的调查，常用文本编辑工具有 Office Word、FrameMaker、RoboHelp、InDesign、Dreamweaver、Arbortext Editor、XMetal Author、oXygen、Author-IT Adobe Acrobat、Tagtool 等；除商业解决方案之外，也存在一些开源工具，如 DITA Open Toolkit（DITA-OT）；还有新型轻量级写作工具 Markdown 及自研工具等。

常用图像编辑工具有 Photoshop、Office Visio、Epic Editor、Illustrator、SnagIt、Auto CAD、Auto CAD、Pro/E、CorelDRAW、IsoDraw、OpenOffice 及 Inkscape 等，这些专业的位图和矢量图编辑工具反映了图像在文档中的重要性。视频编辑工具有专业屏幕录制软件 Camtasia Studio、集成化视频编辑软件 Adobe Premiere、视频后期处理软件 Adobe After Effects（AE）等。

此外，为统一管理内部语言资产，如创作的文档、翻译的文档、写作规范、翻译规范、翻译记忆库、术语库等，大中型企业一般会采用内容管理系统（Content Management System，CMS），如 Windchill、Arbortext Content Manager 等，很多企业还会根据需求研发定制自己的内容管理平台，多数技术写作工具可与 CMS 集成，实现对内容的有效管理。

在文本编辑工具的选择和使用方面，对于很多小型企业或是简单的文档写作任务，Office Word 等基础写作工具就可以满足。但对于复杂的产品或大型写作任务，基于 Word 进行写作就面临很大的挑战，如开发效率低、不易进行多人协作、内容重用困难、内容与结构不能分离、难以同源发布为多种格式、内容管理成本较高等。因而，很多大型企业开始采用结构化写作模式（Structured Writing）。

## 八、结构化写作模式

结构化写作是指对技术内容模块进行合理的符合逻辑的分类和定义，并以特定的标准、规则、流程，针对内容模块进行写作的过程（刘阳，2018：37），从而实现内容的模块化、语义化、关联化和标准化。最常见的结构化写作，如简历、开题报告、公司年终总结等，都是基于一定模板进行的写作，其形式一般是固定的，写作者只需要根据不同的模块填充相应的内容即可，即内容与形式是分离的，这标志着公司文档管理逐渐走向标准化。

对内容进行结构化，一般需要借助描述性的语义标记，相当于给不同的内容贴上相应的标签，声明内容类型，好比超市的商品，划分出食品区、日化区、衣帽区等，提示这部分存放哪些内容。目前常用的语义标记语言是 XML（Extensible Markup Language），即可扩展标记语言，这是一种结构化的文档，可以添加有关数据用途的信息。使用 XML 编写文档可以实现文档内容与形式完全分离，这样使用一套技术数据就可以支持多种格式的发布。此外，XML 具有统一的标准语法，确保文档规范统一。

目前基于 XML 语言的写作标准有多种，主要包括 DITA、Docbook 和 S1000D。其中，Docbook 是一套面向书本的结构化标准，由 OASIS（Organization for the Advancement of Structured Information Standards，结构信息标准化促进组织）的 DocBook 技术委员会维护，主要用于数字出版领域，非常适合于计算机硬件和软件领域的书籍和论文。S1000D 是一个区域性国际标准，覆盖支持任何系统工程的技术出版活动。这些系统工程包括空间、海洋、陆地的交通工具、装备或设施等，同时包括民用或军用技术文档资料的所有方面（中国技术传播联盟，2017）。而在技术传播行业实践中通常采用的是 DITA，即 Darwin Information Typing Architecture（达尔文信息分类系统）。DITA 是由 IBM 公司于 2001 年提出的，为解决从内容生产到发布整个流程中技术文档的写作、描述、存储、共享与利用等问题提供方案，2004 年开始由 OASIS 的 DITA 技术委员会管理，最新版本为 2017 年发布的 DITA 1.3 标准。

DITA 是一种基于主题（Topic）的结构化写作方法，主题是最小的、独立的、可重用的信息单元（Unit of Information），这意味着主题的划分粒度在于能够解决单一的实际问题或说明一个独立的主题。每个主题只针对一个特定的目的，只包含一个独立的内容单元，各个主题相对独立，内容和样式分离，从而实现内容的最大化复用和共享，实现了单源维护、多元发布机制，便于按照用户的需求自动输出为 PDF、HTML、CHM 和其他多种形式的交付件，也可以大大节约文档维护成本及本地化翻译成本。DITA 将不同的主题进行分类、组织，按照其内容的信息类型，将基本主题划分为三大类：概念（Concept）、任务（Task）和参考（Reference）。DITA1.3 标准将“故障排除”（Troubleshooting）从任务类型中分离出来，作为一种独立的信息类型，详见表 1。

表 1　DITA 四种主题类型

| 主题类型 | 主题内容 |
| --- | --- |
| Concept（概念主题） | 回答“是什么”（What it is）：用于描述用户成功使用一个方案、系统、流程、产品、工具或特性所必需的背景知识 |
| Task（任务主题） | 回答“如何做”（How to do）的问题：通过明确定义的结构为用户提供完成一个特定任务所需要的方法和步骤 |
| Reference（参考主题） | 提供用户执行任务时所需的参考信息，一般包含命令、告警、语法规则、参数说明等 |
| Troubleshooting（故障排除主题） | 描述用户执行任务时的常见问题，一般包含问题的原因分析、解决方案等信息 |

这四类主题都包含 <title>、<description>、<prolog> 和 <body> 四部分。DITA 允许在这四类基本主题类型之上扩展新的类型，通过 DTD（Document Type Definition）模板定义可以控制每种主题的结构和风格，重新创建 DITA 主题中的元素、元素属性、排列方式、层级顺序等。上述文档编辑工具中，Arbortext Editor、XMetal Author、Oxygen 等都是基于 XML 标准，可以较好地支持 DITA。现以“使用遥控打开投影仪”这一操作任务的写作为例，利用 Oxygen 展示 DITA 在任务型主题中的 DTD 结构化写作。如图 1 所示。

图 1　Oxygen 任务型主题结构化写作界面

可见，一个任务主题中可以包含下列元素：

（1）Title：任务名称；

（2）Shortdesc：简要介绍任务内容或目的等；

（3）Prolog：表示该主题的元数据，如作者、版权、日期等信息；

（4）Taskbody：任务主题的核心部分，又可以包含 prereq（任务的前提条件）、result（预期结果）、context（任务背景信息）、step（执行任务的具体步骤）等。

通过这些标签对内容和结构进行定义，相互之间不能交叉，如不能在 cmd（命令）标签中输入 concept（概念）内容，这样就确保了同类信息类型的内容和风格的统一性和完整性。

## 九、结语

综上所述，技术写作实践可谓源远流长，中国也有较为深厚的技术写作基础，这正是今天我们发展技术写作（技术传播）的土壤。近代西方技术写作经过了 150 余年的发展，最初以提高工程师的人文素养、普及生产技术为出发点，逐渐从工程技术领域延伸到各个专业领域，包括自然科学与哲学社会科学；从文本修辞到各类写作工具的应用，其概念、范畴及方法等一直在随时代变化，但其宗旨不变——让技术为人服务。在技术文档设计、创作、翻译等过程中，要牢牢把握这一核心，以人为本，以信息赢得用户。

随着中国企业“走出去”和中国产品在海外的传播，如何写好中国“产品故事”，如何讲好中国“产品故事”，将对中国国家形象的构建发挥越来越重要的作用，企业对跨文化、多语言、多媒体技术写作的需求也将日益增长。而随着人工智能时代的来临，用户获取信息的媒介正在发生变化，以图文为主的传统技术文档正向结构化、语义化、动态化、富媒体化方向转变。这些新技术、新媒介将会逐渐改变用户使用信息的行为与习惯。如何满足用户对信息交互的新需求，如何实现传统技术文档的结构化升级是当下技术传播面临的重要且艰巨的任务。对于正处于起步阶段的中国技术传播而言，这一任务愈加艰巨。这就需要在企业实践、人才培养、学科建设、科学研究及政策扶持等多方面不断探索，形成信息生产、传播与维护的有机生态链，不断提升信息带来的经济效益，让技术传播在新时代发挥更大的价值，让中国的产品、技术和服务跨越语言文化等障碍顺利走向国际，实现全球化，提升国家语言服务能力，加强我国对外话语传播。

## 参考文献

当代中国与世界研究院课题组 . 2018. 2016—2017 年中国国家形象全球调查分析报告 [J]. 对外传播 , (2):18-21.

方梦之 . 1999. 科技翻译 : 科学与艺术同存 [J]. 上海翻译 , (4):32-36.

胡清平 . 2004. 技术写作、综合科学与科技翻译 [J]. 中国科技翻译 , (1):44-47.

嵇峰 . 2013. 传播学框架下的技术传播研究 [J]. 现代传播 , (3):103-104.

李双燕 , 崔启亮 . 2018. 国内技术写作发展现状调查及其对 MTI 教育的启示 [J]. 外语学刊 , (2):50-56.

刘阳 . 2018. 结构化的技术写作与内容管理 [M]. 上海 : 同济大学出版社 .

苗菊 , 高乾 . 2010. 构建 MTI 教育特色课程——技术写作的理念与内容 [J]. 中国翻译 , (2):35-38.

段平 . 2010. 专业信息交流英语教程 [M]. 北京 : 中国人民大学出版社 .

徐昉 . 2010. 英语写作教学与研究 [M]. 北京 : 外语教学与研究出版社 .

马林 . 2007. 英语技术写作与交流 [M]. 哈尔滨 : 哈尔滨工业大学出版社 .

徐奇智 , 王希华 . 2006. 技术传播学 : 美国的发展对我们的启示 [C]// 全民科学素质与社会发展——第五届亚太地区媒体与科技和社会发展研讨会论文集 . 北京 : 中国科技新闻学会 , 58-62.

王立非 , 崔启亮 , 蒙永业 . 2016. 中国企业“走出去”语言服务需求蓝皮书 [M]. 北京 : 对外经济贸易大学出版社 .

张鸰 . 2012. 论美国 TC 的学科属性 [J]. 厦门理工学院学报 , (1):103-107.

中国技术传播联盟 . 2018. 技术传播入门手册 [Z]. 北京 : 中国标准化协会 .

中兴通讯学院 . 科技文档写作实务 [M]. 北京 : 人民邮电出版社 , 2013.

BASQUIN E A. 1981. The first technical writer in English: Geoffrey Chaucer[J]. Technical Communication, 28(3): 22-24.

BROCKMANN R J. 1983. Bibliography of articles on the history of technical writing[J]. Journal of Technical Writing and Communication, 13(2):155-165.

BURNETT R E. 2001. Technical communication [M]. Australia: Thomson.

CAMERON M L. 1983. Bald’ sleechbook: its sources and their use in its compilation[J]. Anglo-Saxon England, (12):153-182.

CONNORS R J. 1982. The rise of technical writing instruction in America[J]. Journal of Technical Writing and Communication, (12):329-351.

DING D. 2003. The emergence of technical communication in China—Yi Jing (I Ching): the budding of a tradition[J]. Journal of Business and Technical Communication, 17(3):319-345.

DING D. 2010. Introducing China' s first comprehensive technical writing book: On Technological Subjects by Song Yingxing [J]. Technical Writing and Communication, 40(2):161-177.

DING D. 2014. An important link in the chain connecting ancient Chinese philosophy to present day style of Chinese technical communication: Introducing Yellow Emperor' s Classic of Internal Medicine—China' s first comprehensive medical book [J]. Technical Writing and Communication, 44(1):43-59.

FREEDMAN W A. 1961. Geoffrey Chaucer, technical writer [J]. Society of Technical Writers and Publishers Review, 8(4):14-15.

GENTZLER E. 1993. Contemporary translation theories[M]. London: Routledge.

GNECCHI M, et al. 2011. Field convergence between technical writers and technical translators: consequences for training institutions[J]. IEEE Transactions on Professional Communication, 54(2):168-184.

GOULD J R, LOSANO W A. 2008. Opportunities in technical writing careers[M]. New York: McGraw Hill.

HAGGE J. 1990. The first technical writing in English: a challenge to the hegemony of Chaucer[J]. Journal of Technical Writing and Communication, 20(3):269-289.

HEILMAN C W. 1989. Using rhetorical analysis to write concepts for product development[C]// Society of Technical Communication. Proceedings of the 36th International Technical Communication Conference Chica, RT-15-RE-17.

KYNELL T C. 1999. Technical communication from 1850—1950: where have we been? [J]. Technical Communication Quarterly, 8(2):143-151.

MARKEL M. 2012. Technical communication(10th edition)[M]. Boston & New York: Bedford/ St.Martin' s, 3-8.

MILLER C R. 1979. A humanistic rationale for technical writing[J]. College English, 40(6):610-617.

NEWMARK P A. 1998. Textbook of translation[M]. Shanghai: Shanghai Foreign Language Education Press.

OVITT G J R. 1981. A late medieval technical directive: Chaucer' s treatise on the astrolabe[C]. Proceedings of the 28th International Technical Communication Conference, E-78-E-81.

PFEIFFER W S. 2006. Technical communication: a practical approach[M]. Beijing: Publishing House of Electronics Industry.

VOIGTS L E. 1979. Anglo-Saxon plant remedies [J]. Isis, (70):250-268.

WHITE F D. 1996. Communication technology: dynamic processes and models for writers[M]. New

York: Harper Collins College Publishers, 12.

WIKIPEDIA. Technical Writing[EB/OL]. (2016-03-30) [2018-04-20].http://en.wikipedia.org/wiki/Technical_writing.

ZHANG Y J. 2013. Examining scientific and technical writing strategies in the 11th century Chinese science book brush talks from dream brook [J]. Technical Writing and Communication, 43(4):365-380.

# 新技术时代：区块链将重构语言服务行业

彭志红 [*]

**摘要：**语言和区块链具有相似基因，每一种语言就是一条公链。翻译行业虽历经几次工业革命，但迄今仍以作坊形式存在，根本原因是翻译产能的提供者，即分布于全球的各类双语人才，由于缺乏公开透明的价值兑现模式，其潜能未得到有效释放。驱动区块链生态中权、责、利量化的通证，可对双语人才进行辨识并对其语言资产确权，建立他们的信用资产和语言资产。通过人机共译模式，实现人赋慧于机器、机器赋能于人的理念，使翻译产能大幅提升，从而产生可持续增长的不同语言之间的转换能力，即跨语种语能。语能将成为区块链时代的基础能力，颠覆传统翻译模式，重构语言服务行业。

**关键词：**语言服务；区块链；通证；语言资产；信用资产；跨语种语能

## 一、引言

源起于翻译的语言服务行业在中国可以追溯到从玄藏法师在长安翻译佛经开始，一千多年来，历经三次工业革命，人类文明得以加速进步，许多行业得以根本性改变。但是，语言服务行业的基本模式，一直是由客户自行从应用场景中将需要服务的需求剥离出来，传递给相匹配的产能提供方，只不过因为技术的产生，使传递的速度得到很大提高，匹配的方式发生了一定的改变。但是，这个剥

---

* 彭志红，女，博士，区块链专家，语言信息链创始人，新加坡区块链技术基金会（BCF）理事，武汉市引进 3551 高端管理人才。于 2019 年 10 月由商务印书馆出版专著《当语言遇到区块链》。研究方向：区块链技术、语言服务管理。电子邮箱：peggy_lic@163.com。

离、传递和匹配的模式一直未变。在未来，区块链将对语言服务行业带来什么样的冲击和影响，是否会颠覆语言服务行业呢？

## 二、语言服务行业的困局

### （一）客户缺乏唾手可得的语言服务

客户正是因为不懂目标语言，所以才需要找人来翻译，更无法自己判定翻译质量的优劣。语言服务多数情况下是日常学习、工作、生活等众多零散场景中的一部分，通常很少独立存在；常规基于外包的服务模式需要用户自己将内容从场景中单独剥离出来交给翻译公司，客户无法剥离出来的许多即时性和零散的语言服务需求，则无法得到充分满足，客户面对翻译需求，通常是能回避就回避，能绕则绕，不得已情况下，才会找翻译公司，对语言服务的使用极不便捷。

### （二）译员高付出得不到高回报

一方面，作为译员，由于缺乏统一公开可信的评价体系，优秀语言人才难以被发现，大多数情况下只能与普通语言人才一起承接低价值的服务，获得与普通语言人才一样的回报。另一方面，语言人才基本是被动等待客户和翻译公司的业务，即使主动将有价值的信息翻译后，由于缺乏足够的传播能力和渠道，其劳动价值无法充分体现。

译员的价值，一直以来难以在市场上得到充分的价格体现，而且，其创造性劳动更是难以在分享中得到相应价值回报。

### （三）行业大数据难以有效聚集

语言服务公司相对比较分散，公司的边界非常模糊，大多数依赖兼职译员。不同语言服务公司间存在天然的不信任和潜在的竞争关系，导致信息无法共享，无法建立统一公开可信的评价体系。这种由来已久的模式，使具备巨大价值的语言大数据处于相互封闭的孤岛状态，使得依赖大数据支撑的人工智能在语言服务行业发挥的价值非常有限，先进的生产模式在语言服务领域无法获得有效应用。基于不同语言之间转换的翻译行业，一直无法实现大规模产出。在一个项目的全部费用中，语言服务的最终提供者通常只能获得价值的 40% ～ 50%，其中有大部分被传统落后的生产模式所消耗。

语言服务行业的三方：客户、译员和翻译公司，处境大多比较困窘，行业处于胶着状态。而随着互联网的高速发展，信息的爆炸式增长，人们对全球信息的渴求比任何时代都更为强烈。随着科技的发展，全球范围内物质层面上的交换上越来越便捷，但精神层面上的交流上仍存在巨大的屏障。互联网可以便捷地将全球不同语种的信息送抵我们的个人计算机，但我们可以看到却得不到。我们与世界的距离，是计算机屏幕与眼睛的距离，本质上，是语言把我们阻隔在了自己的母语世界里。落后的语言服务行业远未满足人们对唾手可得的语言服务的渴求。

## 三、语言与区块链具有相似基因

能掌握精美复杂的语言，这种能力是我们人类与生俱来特有的一种生物属性。语言可以使人们对某一个目标达成共识，而展开大规模的协作，“仓颉造字，天雨粟，夜鬼哭”，文字的产生，是人类历史上震天撼地的大事，更是使人摆脱了时空对记忆的困扰。通过语言，我们可以站在历史和未来的交汇点上，能从语言沉淀下来的几千年历史文明中汲取能量，并且能与心目中未来的美好憧憬衔接起来。正是人类具有这种神奇的语言能力，经过一代又一代人的积累，铸就了我们今天的世界。

### （一）语言本身就是一种共识

同一语言社区的成员可以相互传递信息，表达思想，迅速达成共识，并协作完成一个目标。语言是一种约定俗成，即一种共识。通过对语言的习得，人们对客观和主观世界建立起一致的共识，这样，才能进行沟通交流和协作。语言是人们在长期的生活实践中形成的一种公认的表达习惯，且被这个语言群体里的成员接受并沿用。人类可以通过语言迅速在人群中传递信息，从而在一群陌生的人中，建立起相同的认知图景，甚至引起强烈的情感共鸣，使得这些互不相识的人，可以为了心目中建立起来的一个共同目标，自发组织起来，进行分工协作，各自发挥自身的价值，形成一种不可思议的巨大力量，共同去达成一个貌似不可及的目标。

### （二）语言是去中心化的分布式存在

语言是公开透明的，每一个人都可以看做是一个节点，每一个人都有平等拥有和使用语言的权利，都可以自由地使用任何词汇和语法进行沟通交流。无论社会地位的高低或财富的多寡，婴儿都一样可以躺在妈妈怀抱里牙牙学语，都可以自由习得和使用各种词汇和句式，如果将我们的大脑视作一个精致的计算机，那么，语言就类似于操作系统，每一个人都可以毫无门槛地自由地装上这个操作系统，无须告知其他节点，更无须征得其他节点的同意，便可成为这个语言体系的一员，并与其他节点享有同样的权利。语言就像一个分布式数据库，存在于我们每一个人的大脑里，语言是人类的共同财富，语言可以视为由人们共同创造并世世代代延绵传递和发展的一个系统。

### （三）语言是一个开放的系统

除了交易各方的私有信息被加密外，区块链的数据对所有人公开，任何人都可以通过公开的接口查询区块链数据和开发相关应用，整个系统高度透明和开放。语言亦是如此。语言是每一个人都可以拥有的公共资源，这种资源不像其他的自然资源或社会资源是有限的，如土地、森林、矿藏、石油这些自然资源，或人力、补贴、学额这些社会资源，它们均会因为人们的使用而损耗或减少，从而引起人们的争夺。也不会像诸如花卉、字画、珠宝等因为数量增加可被众多的人拥有而使其价值降低。相反地，语言是使用的人数越多，使用者的国别和种族越多，使用的频率越高，语言会越活跃，会越具生命力，发展会越快，其经济价值也会越高。同样，在区块链生态中，参与者越多，使用的场景越丰富，相互之间越能形成自组织形式进行协同，那么，这个链的商业价值就越大。

### （四）语言的发展是群体自治的结果

语言是发展的，语言的发展不是权威机构制定并强行要求的结果，而是语言群体的心理认同到达某一个程度自发传播、使用并沉淀的结果。当语言群体对这种表述的接受度到达某个阶段时，便会迅速传播并广泛使用，于是又形成了新的共识。这个过程是自然完成的，语言群体里的每一个人既是参与者也是传播者和见证者。如“佛系”“锦鲤”“杠精”“割韭菜”等这些新词，我们对其表达的含义达成共识后，不仅自己使用，还会进行传播。在我们的人生旅程中，无须得到任何许可，人人都能够在语言生态贡献力量，共建生态，我们每一个人会不断地见证一些新词的兴起和旧词的衰落，并且也可参与语言的创造。

这种属性与公链的可参与共识过程是一致的。区块链让多参与方、多中心的系统按照公开的算法、规则形成的自动协商一致的机制基础上运行，使整个系统中的所有节点能在去信任的环境中自由安全地交换数据、记录数据并更新数据，任何人为的干预都不起作用。

共识、去中心化、开放的系统和群体自治，这些都是区块链的基本特性，而语言与区块链具有相似基因，所以说，语言就是天然的区块链，每一种语言，即可视为一条公链。语言是最能体现人的本质的一门学科，每一种语言，就是一种情感世界，就是一种看世界的方式，不同的语言使用者，本质上，都是生活在自己的母语链里。全世界不同的语言，就像一张张无形的网，将人们分隔在了自己的母语世界。

## 四、信用资产和语言资产

### （一）信用资产

区块链世界中每一个人的信用值是对一个数字身份所承诺的践行能力和承担后果能力的共识。信用值越高的人，对一个信息或一件事做出判断的影响力或权重就越高，对整个体系做出的贡献就越大，获取的收益也就越多，此为信用资产。

区块链通过网络中多节点共同记账的方式，按顺序将每个时间段的数据固化下来，并形成一个个可追溯、不可篡改的数据区块，将这些数据区块连接起来沉淀在链中，仿佛是在按时间前进的步伐完整地记录历史，基于区块链的这种不可篡改的特性，可建立译员的信用资产。

语言智能的发展，是受语言本身的特性束缚的，人类语言的个性化、情景化、时序化、区域化等特点，使得语言的表达具有丰富性，连人都可能会产生歧义，更别说机器。而且，语言是发展的，人的思维也是在不断变化的，那些标准化、重复性、可量化的工作可以被机器智能取代。翻译这种创造性劳动，对于文字的综合理解和对情感、知识、文化等的表达与融入，机器永远无法超越人类。不能被机器取代的这部分体现人类思维和智慧的创造性劳动，双语人才基于区块链语言产品工作，可通过大数据，像一把尺子量化译员的专业能力和信用，像一个档案对译员的全息数字身份进行持续、动态、安全、完整、忠实的记录，将译员的专业背景、能力方向、客户评价、同行认可、职业素养等进行综合描绘，形成译员的信用资产。

### （二）语言资产

翻译是一种创造性劳动，同样的创造可能在不同的地方有不同的人已重复完成。通过区块链能够将这些创造的过程和成果聚集起来，每个人的贡献被确权后进行共享，其他人可以在此基础上继续改进和创新，整个创造和演变的过程将被完整地记录产下来。对于个体可作为资产从中获取收益，对于整个群体将是无价的知识财富。

通过区块链确权，建立译员的语言资产。机器翻译经历了第一代规则翻译，第二代统计模型翻译，第三代神经机器翻译系统，现在，自然语言处理技术通过神经网络翻译技术获得突破后，又陷入了优质的语料匮乏质量提升缓慢的新瓶颈。优质的语料，分布式地存储在全球译员及双语人才的计算机里，而且，他们在日常的语言转换中会持续地适时地产出新的语料。这些极具价值的语言数据，基本处于闲置状态。

人类社会正在步入一个全新的数字经济时代，在这个时代，机器智能将与人类智能紧密结合，机器智能将参与以前只有人类参与的大规模协作。大规模协作的基础是信任，基于区块链建立起译员的信用资产，使译员可辩识，辩识是协作的基础，辩识度越高，协作的紧密度就越强，协作的效果就越好。基于区块链建立的译员语言资产，可使从事创造性劳动的双语人才，尤其是作为自由职业的译员，他们的语言能力和专业能力可以得到综合发挥，他们的社会认同感、自我满足感和成就感，能在区块链时代得到很好的满足。这样，不仅人的创造性劳动的潜质被释放出来了，机器翻译也因为有了持续的适时优质大数据供给而变得更加优化与智能。

## 五、跨语种语能

### （一）语能和跨语种语能

语言是有能量、有广度、有深度和有温度的。语言自身所具有的以及衍生出的各种形式的能量，总括为语能。语言里蕴含着先民的历史经验和人生智慧，使人的认知从大脑内走向大脑外，从个体走向群体，并跨越时空和地域不断进行能量传递，产生新的科学成就和人类文明。那些以不同语言形式感动过我们、点亮过我们、打动过我们、改变过我们及现在还在影响着我们的力量，就是语能在现实生活中作用于我们的一种表现形式。

跨语种语能是不同语言之间相互转换的能力，跨语种语能是语能的一部分，亦即狭义的语能。跨语种语能是由语言数据资源的有效流转而产生的，而语言数据不同于其他的行为数据，语言数据是能全面反映出人类思维和智慧的数据，是智能时代的原料和动力，是区块链时代的基础资源。

每个时代的基础资源是不同的。农业时代，地表资源是基础资源，土地、森林、江河，以及上面的牲畜、草皮、树木、野兽、植物、药材、水源等都是人们争夺的对象；工业时代，随着科技的发展，资源的开发转向了地下，地下资源成为基础资源，石油、矿藏、海洋等，成为人们争夺的对象。现在，物理世界的地表资源和地下资源基本上得到全面的开发，也支撑人类社会走到了一个新的阶段，即信息时代，社会基础资源已从物理世界转向了人工世界，数据资源成为信息时代的基础资源。

语言，承载着历史和文化，是人类智慧的结晶，人们通过语言来认知社会，同时，通过语言来表达智慧，所以说，语言数据资源，相较于其他数据资源而言，是一个能全面反映人类思维和智慧的重要数据资源，是建设智能社会的基础资源。

区块链和语言的天然属性有着惊人的相似，跨语种语能是区块链和语言同频共振产生的内生价值，这个内生价值，可以解决因为语言转换产能不足而大量信息只能停留在母语世界的这一历史难题。跨语种语能越大，不同语言之间相互转换的能力就越强，转换的速度就越快，这种语能越稳定，不同语言之间相互转换的准确度就越高，转换的质量就越高。

## （二）跨语种语能将成为区块链时代的基础设施

语言数据资源一直高度分散，缺乏一个机制能把这些宝贵的数据有效地集结并运用起来。每天，无数被翻译过的句式和表达，又在被很多人绞尽脑汁地重复翻译，人们不得不日复一日地进行着大量重复性劳动，原因是优秀的脑力劳动成果没法在市场上得到相应的价格体现并进行有偿分享，区块链可以为个体的数据资产确权，让优质语料的创造者能获得相应的市场回报，从根本上解决数据资源的聚集这一关键难题，同时也可以为第三代神经机器翻译因无足够的适时优质数据所困提供解决方案。

人工翻译和机器翻译是互促式地提供语能。人将大数据提供给机器，使机器更聪明，产生的翻译产能更大、质量更高，翻译的效率得以提升，反过来，机器给人提供技术支持，数据能有效共享，使人不用花费时间精力在重复性劳动上，人可专注于创造性劳动，翻译的质量得以提升。人工翻译和机器翻译的这种良性互促发展模式，可以释放出巨大的语能，使翻译可以达到机器的速度，人的质量。

同时，语能与使用终端之间，也是呈互促式发展。基于利益的趋使，必定会有越来越多的技术开发者，根据人们不同场景下对语言服务的需要，开发出形形色色的语言终端产品，使人们唾手可得地使用语言服务。需求刺激供给，语能也会受到激发。

这种模式，极其类似于电能。在人们没有发现电之前，水一样在流，风一样在吹，太阳一样在照耀，但他们并没有被转换成电能为人类服务。科技的发展，将水、风、太阳、煤、油等各种资源发的电进行聚集并经电网整合输出稳定的电能，电能是工业时代的基础能力，各种电器只要插入标准的接口，即可被赋予电能为人们提供各种便捷的服务，人们的工作和生活因为有了电能而发生了根本性变化，将人类文明向前推进了一层。

电能源自于物理世界的基础资源，语能则是源自于人工世界的基础资源。语能是区块链和语言契合后迸发的火花，是区块链和语言的爱情结晶。这种全面深刻反映人类思维和智慧的语言数据进行有序汇集和流转后，基于分布式人工智能和区块链技术，使数据充分得以分享并按贡献大小及时得到价值肯定，这必将极大地激发人的创造性，并引爆语能的广泛应用，开启新一代价值互联网应用的新纪元。

## 六、区块链和语言双向赋能

区块链需要语言，语言可以使区块链发挥全球协同的威力。区块链天然就是全球的，每一条公链，如果没有语言作为支撑，就只能局限在不同的语言社群内部，将难以跨越不同语言社群形成共识，在全球范围展开大规模的协同，进行价值传递。打破语言的障碍，是区块链时代的刚需。语言也需要区块链，区块链与语言产生的语能可打破语言的屏障，使语言文化展示出在全球传播的魅力。区块链与语言是相互赋能，彼此成就，放大对方的价值。

传统的语言服务行业处在需求分散、供给分散、信息和资源难以互通的弱中心化状态，生产方式仍然是以“高人力投入＋来料加工”的模式。要打破行业内部分散且相互封闭的格局，是改变语言服务行业的必经之路。语言服务是一种创造性劳动，不仅是对语言能力，还对专业能力及跨文化沟通能力都有较高要求，是一种综合能力的输出，智力含量很高。传统中心化模式下，很难对这种高智力劳动进行衡量，使他们的价值能得到合理的价格呈现，这是区块链可发挥作用的重要方面。

## 七、结语

时代呼唤语言服务行业的变革，而区块链对语言服务行业的变革提供了技术支撑。语言和区块链的结合将通过重构社会的沟通和传播模式继而重构商业模式，进入一个没有语言障碍的新世界。祖祖辈辈畅想“千里眼”和“顺风耳”，移动互联网将这千百年来的梦想变成了现实。“巴别塔”是人类的一个美好愿望，但又是一个迟迟没有兑现的梦想。人们已然习惯了被语言这张无形的网所隔离的生活，我们的认知和实际生活的边界，就是语言的边界，不到不得已，我们是不会去寻找翻译公司的。语言的边界一旦被消融，这层阻隔一旦被打破，世界之大，世界之美，世界之新，将会加速地呈现在我们眼前。

不同的语言是不同的看世界的方式，不同语言的碰撞，可以擦出许多创新的火花。但是，不同国家不同母语的科学家要组成一个联合科研团队，一个潜在的前提就是，大家需要使用同样的语言，否则，无法了解彼此的思维并进行科学探讨。这样，势必有些科学家需要付出更大的努力，他们不仅要在科研能力上达到一定水准，还需要语言能力也达到一定程度，语言的门槛，无疑将一部分科学家排除在外。如果全世界的科学家，能按照所需的专业能力灵活组合成强大的联合科研团队，共同攻克世界难题，诸如癌症、瘟疫、全球变暖、水资源等世界难题，可集结全球最优人力资源找到解决方案，造福人类。没有语言障碍的新世界可以使我们真切地感受到世界之新。

语言是人类文明的结晶，是文明世代相传的载体，也是人类能够相互产生关联、组织协同战胜地球上其他物种，得以发展到今天最根本的能力。人类文化所有成就，都可以理解为人类通过语言与前人协作的结果。也是语言，使人的认知从大脑内走向大脑外、从个体走向群体实现不断跨越的结果。区块链与科技史上其他创新的不同点是，历史上的科技创新都是与提高生产力相关的，而区块链则是通过改变生产关系，改变人与人之间的协同交换和利益分配模式，进而提高生产力。在这个区块链的新技术时代，我们将通过重构语言服务行业，而迎来人类文明加速发展的新时代。

# 第二篇　技术教学篇

# 人工智能驱动的翻译教育变革

陆晓明*

**摘要：**随着人工智能技术应用在中国语言服务行业的比重上升，企业对复合型翻译人才的需求日益增长，高校的翻译教育因此也要有相应的变革。本文通过归纳分析市场翻译人才需求，介绍人工智能对翻译实践的助力，基于当前翻译人才培养的困境，探讨人工智能背景下翻译教与学的模式创新。

**关键词：**人工智能；翻译教育；复合型翻译人才；模式创新

## 一、引言

从 1956 年人工智能起步至今，随着数据体量增大、硬件性能大幅提高、计算效率提升、移动网络全面普及，图像分类、语音识别、知识问答、机器翻译、无人驾驶等技术的突破促进了全方位的行业变革。自 21 世纪开始，人工智能技术在翻译领域愈发重要，在大规模、规范性、求精准的翻译方面的表现良好。越来越多的语言服务商和自由译员借助人工智能技术进一步提升了翻译质量和效率。同时，人工智能的发展对翻译人才的培养也提出了更高的要求。相较于传统翻译教育机制下人才培养只重视语言技能的学习，未来的翻译教育应该更注重以市场需求为导向的专业性培养。

了解当前翻译市场在人工智能时代的变化趋势后，翻译教育从业者需要思考目前人工智能技术在翻译领域有哪些具体应用，人工智能技术带来的颠覆性冲

* 作者简介：陆晓明，女，广东外语外贸大学高级翻译学院教师，翻译技术教育与研究中心主任助理，硕士学位。主要研究方向：翻译技术。电子邮箱：xiaoming6.lu@foxmail.com。

击凸显了当前翻译人才培养的哪些问题，翻译专业培养机制需要哪些方面的创新。这些问题也是翻译教育从业者在趋势的浪潮里动态规划出一条可行性路径的缩影。

## 二、人工智能技术在翻译领域的发展及影响

自2012年AlexNet卷积深度神经网络在GPU上实现以后，计算力和深度神经网络模型不断提升，带动了人工智能时代的革命与复兴。翻译产业深受各种技术工具、网络和云技术所带来冲击的同时，也受益于技术发展和创新所带来的成果。口译和笔译服务随着世界互联的高需求、“一带一路”倡议的指导而与时俱进。

人工智能技术口笔译的应用主要体现在硬件设备和软件应用。而软件应用主要体现在机器翻译与语音识别两大方面。

### （一）机器翻译技术发展及影响

机器翻译思想正式提出于1949年，中国对机器翻译的研究始于在20世纪80年代末。近几年国内机器翻译发展呈现繁荣景象，百度、科大讯飞、阿里巴巴、腾讯、搜狗、网易等公司相继推出自己的机器翻译系统。

机器翻译大致经历了三个阶段：20世纪50年代开始的基于规则的机器翻译、70年代开始的基于统计的机器翻译，以及2008年开始的基于神经网络的机器翻译。机器翻译技术最早被广泛应用在计算机辅助翻译软件上，随着大数据和云计算技术的快速发展，机器翻译在很多特定领域发挥了重要作用，其应用涵盖文本翻译、语音翻译、图像翻译、视频翻译和VR翻译等方面。总体而言，机器翻译的发展将呈现实用化、多模态、多语言、网页端向移动端转移、垂直领域结合更紧密的趋势。在翻译市场上，低端译员被淘汰，而中高端译员则借助机器翻译快速产出译文，这对于术语规范化程度高且存在大量专有名词、机构名词的技术翻译领域而言效果尤为显著，但翻译的价格会被压缩。

### （二）语音识别技术发展及影响

语音识别技术研究起源于1952年，美国贝尔实验室制造了一台自动数字识别机“Audrey”，用来识别数字0—9的发音。20世纪60年代到70年代初，语

音识别技术开始形成系统的框架。国内关于语音识别技术的研究与探索从20世纪80年代开始。隐马尔科夫模型使语音识别技术通过移动App和车载语音系统走进日常生活。不同行业企业内使用的定制化引擎可以支持自定义热词，提高命名实体的词汇识别准确率，应用在包括智能法庭、智能客服、智慧医疗等场景。借助语音识别技术辅助教学，相较于传统的口译教学课堂，更有效减少了学生的信息处理负担，提升学生的口译输出质量。

语音识别技术在21世纪开始曾一度陷入瓶颈期，但在2010年，谷歌发布了一个手机语音控制应用程序，并通过用户数据开发语音增强模型。语音识别技术因此迅速发展。在2019年9月的语音领域顶级学术会议Interspeech上，基于注意力机制的新型端到端语音识别系统依然是自动语音识别领域的研究主流。目前市场上谷歌、微软、百度、腾讯、有道、科大讯飞、网易见外等公司都提供实时语音翻译服务。

## 三、翻译人才培养问题症结

技术的发展相应地促进了行业的变革，专职翻译人员在市场的比重不断降低。大型民营企业的专职翻译员工比例远低于兼职或外包翻译人员。语言服务企业全职员工岗位中，“全职翻译人员”仅占15%。高达61%的企业将50%以上的翻译业务量交由兼职人员完成。翻译硕士（16.9%）的待业率高于全国待业率（14.8%）的平均水平，满足社会需求度偏低（杨平，2014）。

本文对主流招聘平台之一拉勾网进行爬取分析[1]后，收集整理当前广州、深圳两市英语（翻译）人才需求（应届生或工作两年以内，不包括实习岗位）数据如下：截至2019年11月27日开放的236个英语（翻译）相关职位中，有123个职位是运营销售类（52.1%），49个职位是英语翻译（含英文编辑、秘书，20.8%），25个职位是客服技术支持类（10.6%），17个职位是机构英语教师（7.2%），少数岗位是IT管理或测试工程师性质（2.1%）。

这些数据中约2/3的职位是运营、销售、海外推广、商务拓展、客服或技术支持性质工作，对语言有基本要求外，更强调的是个人业务能力。纯粹从事文字

[1] 文中岗位数据的爬取仅限于拉勾网（该平台以互联网行业招聘发布为主），不包含翻译公司、高等院校、政府机关及事业单位的岗位招聘，后续研究中将作进一步的研究分析。

或口头性质的翻译岗位很少，大多数岗位是偏内容编辑或行政文秘性质。市场需求主要集中在复合型专职翻译人才上，即外语 + 一门专业领域知识（朱一凡、管新潮，2019）。

以互联网行业为例，外语能力在具体工作中往往体现在能熟练借助机器的力量，对机器辅助翻译后的语言半成品进行深加工改良。译员自身的语言翻译功底固然证明了翻译学科及行业的优势，但真正考验应届生、影响其长远职业发展的是翻译外的一门专业领域知识的积累。不同专业领域的用词、句法、风格差别大，要求译文不能停留于表面的语言转换，而是将特定的学科内容进行解析重构。这项能力可参照企业 SME（Subject Matter Expert）业务专家资源要求。

当前高校培养的翻译人才面临的问题如下。

### （一）教学定位与社会应用脱节

现有的翻译专业人才培养模式偏向学术型教育的模式，一方面加强了基本功扎实、职场适应力强的学术型人才的竞争力，另一方面却疏离了职业翻译教育与翻译行业的联系，导致教学内容与职业能力需求脱节。应用型人才的培养模式并未如学术型教育般成熟，当中只关注语言不熟悉技术的应届生在实际工作中容易出现明显的知识结构断层现象。这类学生译员对计算机的掌握程度偏低，如果无法熟练高效利用机器辅助处理翻译工作，则会占用工作学习上的时间和精力，也不利于职场发展。而且机器翻译由于具备能降低成本的优势，在语言服务行业应用普遍，对技术的掌握逐渐成为语言服务从业者的必备技能之一。

### （二）翻译教学配套资源不充足

翻译技术知识的更新迭代速度非常快，对教研硬件设备的要求较高，具体体现在计算机性能、网络速度、辅助翻译软件上。国际知名翻译辅助软件 SDL Trados 的单机版需要数万元人民币，一套适用于计算机辅助翻译实验室的联机版（1 台主控机加 30 台终端机）需要数十万元人民币，而且每年还需要数万元的软件更新维护费用。这不是每一所国内高校能负担得起的（郜万伟，2010）。配套设施的限制会减少学生的上机练习时间，从而降低他们对软件的熟练程度。另外，由于计算机辅助翻译或翻译技术学科的教学要求对计算机有一定的熟悉，并且需要了解行业动向，很多语言类教师在这方面的知识结构不够系统深入，市场经验积累相对匮乏，造成了在该领域的教学和研究的困难。

### （三）行业认知和职业规划不清晰

学生译员对行业的了解及对自身的职业定位有限。在校学生译员的理论学习机会很多，实践应用机会却很少。匮乏的实战体验使学生无法了解不同行业的发展前景及与自身的契合度，无法短期把握不同岗位的工作特征和上下游的工作流程，无法了解翻译市场和客户服务的现状，很可能会在步入职场后走更多弯路。

## 四、“AI+”翻译实践教学模式创新

在全国翻译专业学位研究生教育2019年年会的主旨发言中，仲伟合教授对翻译硕士专业学位教育提出的建议之一是，不要忽略人工智能、大数据等信息技术带给翻译硕士专业学位研究生教育的影响。市场和MTI应届生的双向满意程度部分反映出专业培养机制的有效性。以下是针对上述人才培养存在问题的建议。

### （一）明确人才培养方向，重视跨学科交流建设

技术革新迭代增速的时代需要替代性低、学习能力强的人才，高校人才培养过程从过去纯粹的“知识传授”应逐渐过渡到“能力培养”与“环境支持”。单一的技能无法满足当前市场岗位需求，有效的技能资源配置组合需要高校与学生共同的努力。语言能力的培养固然重要，但帮助人才适应社会时代需求才是根本。专业学科未来的发展很大程度取决于人才培养的竞争力。如何凸现学科优势、准确预测大环境发展和精准定位学科建设方向，需要具体的实践验证来动态规划最优路径。

教育部、财政部、国家发展和改革委员会联合印发的《关于高等学校加快“双一流”建设的指导意见》明确指出，针对“双一流”建设，高校要创新学科组织模式，围绕重大项目和重大研究问题组建学科，瞄准国家重大战略和学科前沿发展方向，依托科技创新平台、研究中心等，整合多学科人才团队资源，组建交叉学科，促进哲学社会科学、自然科学、工程技术之间的交叉融合。翻译专业

可以结合自身特点和学科优势，重视学科交叉融合，打破学科界限，加强跨学科学术发展的权重，大力促进跨学科知识的生产和复合型人才的培养，通过技术教学引领学科水平的整体提升。

### （二）保证教研硬件投入，提升技术师资软实力

人工智能对人类创造力的促进作用不仅体现在低端工作层面解放人类双手，更体现在帮助人类更好理解自身复杂的学习机制，有效拆解还原人类对历史经验归纳的过程。学生对翻译技术的掌握及对翻译工作原理的理解能帮助其对翻译理论的框架构建、分支检索有更深的体会。

良好的硬件设施配套加快学生对设备软件的上手速度和熟练程度，减少学生日后实际职场工作中遇到的阻力，也给校内外专家教师提供了稳定的教学条件。高校可以切实维护口笔译教研设备的管理与升级，关注行业相关动态，提高硬件资源利用的性价比。

翻译技术教师应具有快速学习、熟悉技术、迭代自身知识结构的能力，并且对行业有一定的了解。在教学目的和内容的设置上，应紧密结合行业岗位的需求，积极搜索收集前沿行业实践案例，重视学生技术能力的基础和底层能力的培养，适当讲解传授技术原理，同时侧重语言和技术的融合应用。

### （三）了解新技术与趋势，加强师生实践与培训

培养复合型翻译人才的过程需要关注任务的多样性与时空复杂度。对译员的训练需要培养其在不同应用场景下面对具体问题的应变能力，检验其基础扎实程度和明确自身能力发展边界。在变化的翻译生态下，校企合作、高校之间的学术交流有助于为人工智能和翻译教育深度融合创造良好的环境。人机合作的推进要求在校师生对技术的前沿发展和具体操作需要有清晰认识。横跨产学研的合作交流创造较丰富的实践活动，为高校师生提供了解前沿技术和洞察趋势的机会，帮助实现教育过程中从实践认知到理论认知的上升。

校企合作的增强，如业界专家到高校的任教指导、教师到企业挂职、学生实习、校企共研项目等方式，都有助于校企双方了解各自需求，互通有无。师生可以运用自身知识积累在术语管理、语音识别、质量管控、海外市场开拓领域更好为企业提供服务，企业可以为高校在翻译技术课程设计、教材开发、案例提

供、学生就业方面提供合作支持。

## 五、结语

高校翻译人才的培养在人工智能时代不能沿袭过去的模式，新道路的探索需要清晰定位自身专业优势价值，精确判断发展边界，及时更新行业发展动态的知识，拥抱新技术和突破单一学科限制，为专业人才营造良好的教学研究环境，输入与时俱进的教学实践内容，提供培养多重技能的实践实习机会。

未来的翻译教育应该聚焦人工智能时代需求，创新人才培养模式，优化课程建设体系，深化校企合作，改进师生实践机制，加大对技术软硬件的投入，加强学科团队和平台建设，提升翻译人才培养水平和整体学科教育实力。

### 参考文献

崔启亮 . 2017. 全国翻译硕士专业学位研究生教育与就业调查报告 [R]. 北京：对外经济贸易大学出版社 .

符滨 , 蓝红军 . 2019. 走向产学研一体化的翻译技术教育——“2019 年全国翻译技术研究与教育高峰论坛”综述 [J]. 东方翻译 , (4):93-95.

郜万伟 . 2010. 计算机辅助翻译在翻译教学中的应用 [J]. 新乡学院学报 ( 社会科学版 ), (6):192-194.

顾心宇 . 2019. 人工智能翻译的应用与发展 [J]. 科技传播 , (11):111-112.

李霄垅 , 王梦婕 . 2018. 基于语音识别 App 的同声传译能力培养教学模式建构与研究——以科大讯飞语记 App 为例 [J]. 外语电化教学 , (1):12-18.

清华 - 中国工程院知识智能联合实验室 . 2018 机器翻译与人工智能研究报告 [EB/OL]. (2018-05)[2020-01-12]. https://static.aminer.cn/misc/article/translation.pdf.

邱娜 . 2019. 人工智能视阈下教育变革探究 [J]. 智库时代 , (43):84-85.

谭铁牛 . 2019. 人工智能的历史、现状和未来 [J]. 智慧中国 , (Z1):87-91.

王华树 , 李德凤 , 李丽青 . 2018. 翻译专业硕士 (MTI) 翻译技术教学研究：问题与对策 [J]. 外语电化教学 , (3):76-82,94.

王少爽 . 2012. 译者术语能力探索 [D]. 南开大学 .

赵军峰 , 姚恺璇 . 2019. 深化改革探讨创新推进发展——全国翻译专业学位研究生教育 2019 年会综述 [J]. 中国翻译 , (4):111-116.

中国翻译协会 . 2019. 2019 中国语言服务行业发展报告暨“一带一路”语言服务调查报

告 [R]. 中国翻译协会 .

朱一凡 , 管新潮 . 2019. 人工智能时代的翻译人才培养：挑战与机遇 [J]. 上海交通大学学报 ( 哲学社会科学版 ), (4):37-45.

ANGELONE E, EHRENSBERGER-DOW M, MASSEY G. 2019. The blooms bury companion to language industry studies[M]. London: Bloomsbury Publishing.

DARTNALL T. 2013. Artificial intelligence and creativity: an interdisciplinary approach: studies incognitive systems(Vol 17) [M]. Berlin: Springer Science & Business Media.

KIKEL C. A brief history of voice recognition technology[EB/OL](2019-07-06)[2020-01-12]. https://www.totalvoicetech.com/a-brief-history-of-voice-recognition-technology.html.

# 新文科理念下翻译教学中工作坊模式与翻译技术的融合研究*

闫　欣†

**摘要：**本文基于“新文科”教育理念，根据翻译教学实践，探讨在有限的翻译教学时间中，如何将工作坊教学模式与当今广泛使用的翻译技术相结合，依托具体的实用文本翻译任务，通过丰富的网络资源和工具，在交互式教学中培养学生基本的翻译技术能力，提升学生的知识自主建构意识、双语语言功底、翻译实践水平和团队协作精神。

**关键词：**新文科；工作坊；教学模式；翻译技术；翻译教学

## 一、引言

“新文科”的教育理念由美国希拉姆学院（Hiram College）于2017年率先提出，是指对传统文科进行学科重组、文理交叉，即把新技术融入哲学、文学、语言等诸如此类的课程中，为学生提供综合性的跨学科学习。推动人文社会科学与新科技交叉融合是新文科建设的重点方向和主要目标（王铭玉，张涛，2019）。近年来，人工智能与信息技术在外语的教学与研究中也逐渐渗透和广泛运用。

翻译作为我国高校英语专业和MTI的核心课程，其教学现状和对策研究引起学界的积极关注和深入探讨（柴明颎，2010；贺莺，2015；王克非，秦洪武，

* 本文系陕西省教育厅专项项目“陕西省高校信息对外翻译研究”和西安邮电大学教改项目“西安邮电大学课程信息规范翻译实践与研究”的阶段性研究成果。

† 作者简介：闫欣，西安邮电大学人文与外国语学院讲师，硕士。主要研究方向：翻译学，外语教育。电子邮箱：yan_xin2011@126.com。

2015；张文鹤，文军，2017；王华树等，2018；王华树，王少爽，2019）。教学的根基和实施起源于教学设计和课堂组织，传统的课堂以教师为中心，通过翻译理论普及和技巧方法的讲解，引导学生练习翻译，但这种教学模式已经落伍。在“新文科”教育理念下，笔者认为翻译教学应融合技术，采用学生为主、教师引导，自主、合作、互动的工作坊模式。我国一些学者已经对其进行了一定的理论探讨和教学实践（张春柏，吴波，2011；吕亮球，2014）。本文重点探讨如何将工作坊教学模式结合互联网平台和人工智能背景下的各类机器翻译（Machine Translation）工具、计算机辅助翻译（Computer Aided Translation，CAT）工具、网络在线翻译平台和在线译后编辑工具，依托具体的实用文本材料翻译任务，在交互式教学中培养学生基本的翻译技术技能，提升学生的综合语言功底、翻译实践能力和团队协作精神。

## 二、工作坊教学模式

### （一）理论基础

翻译工作坊（Translation Workshop）起源于20世纪60年代的美国，保罗·恩格尔在爱荷华大学首创这种教学模式，即“类似于商业性的翻译中心，由两个或两个以上的译者集中在一起进行翻译活动”（Gentzler，1993）。其理论基础是社会建构主义，即在课堂上教师是教学的主导者，学生是教学的主体。建构主义强调学习者在学习过程中的认知主体作用，学生不是外部刺激的被动接受者，而是学习的主动构建者（姜雪，2014）。该理论对工作坊教学模式影响是教学应该关注师生互动和教学情境，运用教学资源和技术方法促进学生自主学习和同伴合作学习，发挥学生的自主能力来进行新知识、新信息、新方法和新技术的建构。

### （二）模式特点

翻译工作坊不像传统的翻译课，只对学生灌输知识，教师是主角，学生被动听课，而是学生会按照翻译任务被分成不同合作小组，每组所有的人员会分配到不同任务，在教师的统筹下，小组成员模拟真实的翻译过程，通过小组各成员之间及各小组间的相互探讨与协作，合作完成教师指定的翻译实践任务。其核心特征可以归纳为以下三点。

第一，合作型课堂。在这种教学模式下，学生与学生之间合作完成翻译任务，学生和教师合作完成任务的讲解和分析。

第二，学生是主体，教师是引导者。作为新型课堂的合作者和参与者，学生应从课前、课堂和课后开展一系列活动。在工作坊的实践任务完成过程中，学生小组成员通过前期准备、搜寻资料、讨论分析、撰写拟稿、修改润色和确定终稿来完成一项翻译任务，整个过程锻炼了成员的合作能力（郑东方，陈德用，2019）。

第三，课堂教学中贯穿着学生自评、互评和教师的综合点评。展开评价目的在于提升学生分析和评估译文质量的能力，有助于学生明确翻译过程的发展方向，激发学生自主参与翻译实践和自主进行实践探究的能力。这种合作式的学习，使教师和学生形成学习共同体，在学习共同体成员的个体探索和互动分享中完成对所学知识的意义建构（朱雪林，2015）。

## 三、教学模式结合

### （一）翻译技术的概念范畴

只需要笔、纸和工具书的传统翻译学习模式早已一去不复返了。随着计算机网络技术的发展更新、社会的信息化和数字化，翻译技术在翻译实践中是不可或缺的（Quah，2006）。那么，什么是翻译技术？

根据王华树（2017）在《翻译技术教程》中的定义，它是指翻译服务人员在翻译过程中综合应用的各种技术，包括译前的格式转换、资源提取、字数统计、重复率分析、任务分析、术语提取、重复片段抽取技术、预翻译技术等，译中的辅助拼写、辅助输入、电子词典和平行语料库查询及验证、翻译记忆匹配、术语识别技术等，译后的质量检查、翻译格式转换、译后排版、翻译产品语言测试及语言资产管理技术等。翻译技术是主客体之间的媒介，在本质上体现了译者主体对翻译客体的实践关系，是译者主体本质力量的展现。

20 世纪 90 年代以来，国内外对翻译技术的基本分类有不同的角度和特点，其中 Bowker 的分类具体见表 1（王华树，2017）。

表 1　翻译技术的基本分类

| | |
|---|---|
| 人工翻译 | 文字处理工具 |
| | 拼写与语法检查工具 |
| | 电子资源 |
| | 互联网工具 |
| 计算机辅助翻译 | 数据获取工具 |
| | 语料库分析工具 |
| | 术语管理系统 |
| | 翻译记忆工具 |
| | 本地化与网页翻译工具 |
| | 诊断评估工具 |
| 机器翻译 | 机器翻译系统 |

此外，在机器翻译的过程中，译者只需在程序中打开需要翻译的文档，翻译程序就会完成一切内容。在机器辅助翻译时，翻译程序只是为译者的翻译提供帮助，实现检索和记忆，再由译者自行做出选择，有效避免译者的重复劳动。机器辅助翻译技术在国外已经有较长的发展历史，较著名的有 SDL Trados、Déjà Vu、memoQ、TransTools、IBM Translation Manager、WordFisher、Wordfast 和 OmegaT 等；国内的主要有 Transmate、雪人 CAT、雅信 CAT 等。

### （二）翻译技术与翻译教学的融合

2016 年，搜狗在乌镇召开的互联网大会上演示实时机器翻译时称其语音识别准确率达 97%，机器翻译准确率达 90%（李梅，2017）。北美历史最悠久的专业翻译人才培养院校——渥太华大学翻译学院开设了一门必修课程“翻译技术”，该学院认为学生只有掌握了足够的计算机辅助翻译知识，能熟练运用翻译软件才能成为真正的职业译者。可见，随着信息技术的发展，工具能力培养范围的增加，在翻译教学中融入翻译技术以提高译者的翻译效率和译文质量是形势所趋。翻译技术能力主要包括计算机应用能力、信息检索能力、CAT 工具应用能力、术语能力、译后编辑能力等（Bowker，2002；王华树，2017）。面对翻译技术，工作坊模式的翻译教学需要做出相应的调整，设计融合两者的教学大纲，采用以培养翻译实践能力和技术运用的教学目标，引导学生在工作坊的合作翻译训练中运用各类技术工具，形成“机器翻译 + 译后编辑”的流程，熟悉整个语言翻译服务的运行机制。

#### 1. 理论熟悉阶段

侧重让学生认识和了解翻译技术的运行原理和基本操作。以教师讲述为主，引起机器翻译概念，并介绍基本的 CAT 翻译软件、网络搜索技能、常见权威的电子词典、在线翻译平台和机器翻译过程等。

#### 2. 实践运用阶段

在工作坊模式下，依托真实的翻译实践任务，在交互式教学中侧重让学生在翻译进行过程中运用掌握的翻译技术工具和网络资源，学生自主实践为主，教师从旁协助指点，提升学生的学习积极性，培养其知识自主建构能力、翻译实践能力和团队协作精神。

#### 3. 教学设计与实施阶段

课堂是教师实践教学理念和教学方法的场所，是外语教学改革的策源地之一（徐锦芬，2018）。笔者不断地探索教学模式和课堂设计，尝试翻译工作坊模式，开设了“实用文本翻译工作坊”的课程，并在教学中根据文本类型的不同，让学生循序渐进地从传统的翻译方法过渡到大量使用翻译技术，从而将两者紧密结合，让学生发自内心地感受到翻译技术在翻译实践中的帮助作用。

### （三）工作坊中的翻译技术

如前文所述，翻译技术囊括的范围很大，课堂上运用的翻译技术和运作方式，从基础到高级，由简单到复杂，主要包括以下方面（王华树，2017；闫欣，2019）（表 2）。

### （四）教学设计

为进一步将工作坊教学模式与翻译技术有效结合，应用于实际翻译课堂，笔者对新课“实用文本翻译工作坊”进行了如下的基本教学设计。

**表 2 工作坊课堂上可以运用的翻译技术能力或工具**

| 名称 | 运用方式或特点 | 举例 |
|---|---|---|
| 在线词典 | 成本较低，只要联网即可使用，大多数是免费使用；<br>时效性强，更新迅速，新词热词更易查到；<br>方便快捷，节省时间 | 金山词霸、灵格斯词典、有道词典、牛津词典、朗文词典、柯林斯词典、海词、汉典和韦氏词典等知名英汉双解学习词典 |
| 搜索引擎和权威百科网站 | 网络信息资源检索；<br>查找不同专业领域知识 | 百度、谷歌、必应、Anzwers、Ceek、Goo、Naver、Yabba、Yandex、维基百科和微软多媒体百科 Encarta 等 |
| 专业术语词典或术语库 | 很多专业团体已建成术语数据库，是翻译学习的信息来源；<br>通过网络即可搜索到，可付费或是免费使用 | "汽车专业英语术语""石油行业英语术语""生物化学行业英语术语"和"通信行业英语术语"等 |
| 在线翻译平台 | 翻译效率大大提升；<br>机器翻译和人工翻译相结合；<br>译者主要工作是译后编辑；<br>提供的语种齐全，大多是免费使用 | 百度翻译、谷歌翻译、必应翻译，有道在线翻译、Translation Workspace 以及微信在线翻译（谷歌在线翻译和 Translation Workspace 都能提供 100 多种语言的翻译） |
| 计算机辅助翻译（CAT） | 核心是翻译记忆库；<br>利用翻译记忆技术，将翻译过程中的术语匹配、译名统一、高度相似的句子再现等工作由计算机完成 | 前文已经做过简介，此处不再赘述 |
| 云翻译技术 | 基于语料库和翻译的云存储；<br>各种语料库资源，存储介质及服务器共同储存在云端，实现翻译资源共享，形成相互促进的翻译生态系统 | 翻译交易平台、翻译生产平台（Memsource、MateCat、TmxmallYiCAT、译马网和云译客等）、翻译语料数据平台和人工智能机器翻译平台 |

1. 课程基本情况

该课程全部是在工作坊模式下进行实训实践 + 译文讲解，不再从上而下进行翻译理论和练习的讲授灌输。课堂现场翻译，译前利用网络工具进行文本背景知识和文本特点查询，译中翻译形式多样化（鼓励学生随时采用前文叙述的多种翻译技术工具），译后小组形式自由讨论和修改译文，最后师生探讨确定终稿。

教学内容不局限于文学文本，主要选取实用性的文本材料，篇幅适中，两个课时内能完成初稿。根据一学期 16 周、32 课时，两周完成一个模块。内容包括文学文本（Literary Texts）、法律协议文本（Law & Agreement）、公众演讲文本（Public Speech）、科技文本（Science & Technology）、旅游文本（Tourism）、经贸商务文本（Economy & Tradeand Business）和通信文本（Telecommunications）等 7 个模块，占用 14 周，第 1 周是导论概述，第 16 周是答疑解惑。

### 2. 学生受众情况

该课程授课的对象是英语专业大三的学生，以一个班级 35 人为例，全班分成 7 个小组，每个组 5 人，指定一位组长。学生们一方面经过前面两年语言基础的学习和夯实，尤其是语法、词汇、阅读、写作和文化课程的学习，能够更容易、更迅速、更科学地进入这门课程的学习；另一方面，通过课程“翻译理论与实践”，学生已经掌握了基本的翻译理论与技巧，但是偏向文学文本的翻译实践，毕业之后会很难适应和胜任应用文体的翻译，势必造成大学的专业翻译教学与社会的实际应用脱节，所以通过“实用文本翻译工作坊”进行弥补和加强。

### 3. 实践场地条件

该课程设计中，理想的场地是类似于可以工作的空间或语言实验室，配备了计算机（安装了翻译辅助软件）、多媒体设施、互联网（含本地局域网）等。总之，场地要有足够的空间，可以满足小型讨论、报告与演示的需要；要有能满足资料检索、信息交流的现代通信手段；能够储存和展示学生在实践过程中的成果。目前，因为语言实验室还在完善之中，暂且在语音教室进行授课，由于计算机终端功能有限，学生需要携带自己的笔记本电脑来完成翻译实践。其他环节则不受任何影响。

## （五）教学实施

根据以上基本教学设计，该课程是在西安邮电大学英语专业 2016 级和 2017 级学生的教学中具体实施，施行内容如下。

### 1. 翻译任务

翻译内容共计 7 个模块，每个模块的第一周（前两个课时）是实践环节，教师所在教室当堂布置一篇文本的翻译。例如，学生拿到原文并进行阅读之后，根据文章主旨内容和文体特点，利用互联网工具，诸如前文所述的百度、谷歌、必应、Anzwers、Ceek、Goo、Naver、Yabba、Yandex、维基百科等，查看文本的背景特点、专业知识和翻译方法。

### 2. 课堂实践

学生在教室现场开始翻译，按照规定的时间进行阅读、查词、翻译、润色和审校，整个过程允许使用手机、计算机等前文所述的各类翻译技术来搜索和查询资料。例如，在词汇查询阶段，学生根据自己的翻译习惯，多方位从金山词霸、灵格斯词典、有道词典、牛津词典、朗文词典、柯林斯词典、海词、汉典和韦氏词典等知名英汉双解词典中查询和确认词义，也可以通过网络上权威的术语数据库，来确定专业词汇。例如，在通信文本模块，对于专业词汇，学生们参照了术语数据库“通信行业英语术语”，从而解决和统一了全文的技术词汇。

在长难句翻译之中和段落翻译中，可以运用百度翻译、谷歌翻译、必应翻译，有道在线翻译和 Translation Workspace 等，协助自己进行前期的计算机辅助预翻译，接着进行人工修改和润色，或是利用译后编辑工具（MTPE），进行译文的改善。

对于有些文本，可以直接运用计算机辅助翻译软件和平台完成翻译任务。例如，在经贸商务文本模块的翻译实践中，班级里有 1/3 的学生是利用 Tmxmall 公司开发的 YiCAT 在线机辅助翻译平台来进行翻译实践，他们直接将原文调入 YiCAT 之中进行翻译，然后根据个人的理解进行译后编辑工作，速度很快，效率很高，准确性也很强。该平台操作简单，还有海量中英双语语料，可调用机器翻译，启用预翻译和术语查询功能，同时降低软件操作难度；1/3 的学生是仅利用网络搜索工具筛选类似的经贸商务平行文本，然后进行对比“借鉴式”的翻译，也提高了翻译的准确性；最后 1/3 的同学，仍旧按照传统的方法，纯粹人工翻译，除了词典，不接触任何翻译技术，翻译速度和准确率都较差。

#### 3. 团队协作

每两周进行一个板块的任务，各小组从组员分工、前期准备、查找资料、问题讨论、翻译初稿、译稿分析、译稿修改、译稿润色到最后的反馈总结，必须分工明确，团队合作，共同探讨解决问题的方法。

#### 4. 展示点评

每个模块的第二周（后两个课时）是工作坊交流讲解环节，在各板块会有代表小组，通过课下准备 PowerPoint 来进行课堂展示讨论，主要围绕本小组的最终译文展示、使用了哪些翻译技术工具、如何具体运用、碰到哪些具体问题、团队的解决方案、译后的经验分享、悬而未决的问题等方面。其他小组参与探讨译文、交流经验和评论代表小组的翻译作品。在翻译工作坊教学中，学生自评、互评和他评是学生对翻译过程进行总结和反思，是翻译教学目标实现的重要指标。

5. 考核侧重

平时表现成绩比重高，按照小组团队给分，而非个人。小组平时课堂的积极参与，翻译练习训练和 PowerPoint 讲评要占取 50% 的比例，甚至更高，旨在鼓励每个学生，每个小组积极投身到工作坊式的翻译学习中。

6. 结合技术

根据文本类型的实用性特点，鼓励和引导学生探索和采用多种翻译技术工具。在所有模块中，对于文学性较强的文本，总体鼓励学生大胆摸索和采用适合自己的翻译方法和问题解决方案，适当运用翻译技术工具；对于应用性较强的文本，则督促学生广泛运用上述提及的各类翻译技术来协助自己翻译文本内容，提高翻译效率和准确率。

## 四、教学评估

根据工作坊与翻译技术结合的课堂设计，“实用文本翻译工作坊”进行了 4 个学期，在两届学生中进行了实施，笔者一直关注每个小组学生的表现，通过观察思考和学生座谈，了解他们的翻译过程、翻译速度、译稿质量、上课积极性、期末成绩及组员之间的人际关系等。笔者在每次工作坊的译文讲解阶段之前，通过座谈的形式，要求每个小组的代表成员，谈谈自己小组的翻译程序和感悟，运用过哪些翻译技术工具（表 3）。

最后，在考试考核当中，学生面对篇幅长的文本材料，不再紧张，其翻译速度也明显高于前一学期，成绩明显好于前一学期。学生得益这种工作坊教学模式中的“自主翻译、自由讨论、借助技术、同伴互评、共同修改”的合作方式，它为学生创造自主学习环境，提升教学效果，使学生为学习承担更多的责任，提高自学能力。

**表 3　教学结果讨论**

| 讨论途径 | 翻译过程 | 结果显示 |
|---|---|---|
| 座谈交流 | 翻译进行阶段 | 学生认识和接触到了各种翻译技术，更愿意在翻译实践中，尤其是实用文本翻译中借助翻译技术工具来自学专业知识和完成翻译任务。<br>例如，每次的翻译实践中，学生都会根据自己掌握的翻译软件平台，诸如 SDL Trados、Wordfast、Transmate 和 YiCAT 来进行翻译任务实践。 |
| 课堂观察 | 翻译修改阶段 | 学生在翻译进行中，通过工作坊的模式互相切磋交流，展开讨论，又通过技术手段来查询和验证，从而提升了自己的知识水平和搜商能力，也得到了翻译实践的乐趣。 |
|  | 翻译考核阶段 | 通过课堂翻译的时间统计，发现积极使用各种翻译技术的小组，其翻译速度、效率和准确度远远高于不使用翻译技术的小组，每次都能在课堂上提前完成任务，而不使用翻译技术的小组往往课堂上无法按时完成任务，或是非常的仓促，初稿质量很差。 |
|  |  | 工作坊的模式，使每个小组形成了固定的翻译团队，无论在翻译实践中还是翻译讲评中，都配合默契；在展示讲评环节，积极运用翻译技术的小组，对自身的译文更有信心，争论中也依据充分。 |

## 结　语

社会对高水平复合型翻译人才的需求与日俱增，高校翻译课程的教学现状和对策研究需要不断地深入进行。“新文科”的教学理念在翻译教学中的体现就是要积极采用工作坊的教学模式，摈弃形式主义和照本宣科的授课方法和教学模式，切实结合各种翻译技术工具，让学生学习语言之外，跨学科接触和学习技术。本文的研究是以 7 个文本翻译模块任务为驱动，把学生分成不同的学习小组，在有限的翻译教学时间中现场进行文本材料翻译实训。在交互式的翻译教学过程中帮助学生掌握信息搜索的技巧，引导学生使用翻译技术工具和软件，培养学生灵活使用翻译技术的基本能力，从而全面提升学生的知识自主建构能力、双语语言功底、翻译实践能力和团队协作精神。

### 参考文献

柴明颎 . 2010. 对专业翻译教学建构的思考——现状、问题和对策 [J]. 中国翻译 , (1):54-56.

贺莺 . 2015. 高阶思维取向型翻译教学模式研究 [D]. 陕西师范大学 , (11):31-35.

姜雪 . 2014. 社会建构主义理论视角下高校英语教学的全新内涵和更新路径 [J]. 河北大学学报 ( 哲学社会科学版 ), (2):132-136.

李梅 . 2017. 信息时代的“项目 + 技术”二轮驱动特色翻译教学 [J]. 外国语 , (5):99-101.

吕亮球 . 2014. 翻译工作坊教学模式探究 [J]. 上海翻译 , (4):48-51.
王华树 . 2017. 翻译技术教程 ( 上册 )[M]. 上海 : 商务印书馆 , 6-8.
王华树 , 李德凤 , 李丽青 . 2018. 翻译专业硕士 (MTI) 翻译技术教学研究 : 问题与对策 [J]. 外语电化教学 , (3):76-82.
王华树 , 王少爽 . 2019. 翻译场景下的术语管理 : 流程、工具与趋势 [J]. 中国科技术语 , (3):9-14.
王华树 , 张成智 . 2018. 大数据时代译者的搜索能力探究 [J]. 中国科技翻译 , (4):26-29.
王克非 , 秦洪武 . 2015. 论平行语料库在翻译教学中的应用 [J]. 外语教学与研究 , (5):763-772.
王铭玉 , 张涛 . 2019. 高校“新文科”建设 : 概念与行动 [N]. 中国社会科学报 , 3-21.
徐锦芬 , 雷鹏飞 . 2018. 社会文化视角下的外语课堂研究 [J]. 现代外语 , (4):563-573.
闫欣 , 陈瑞哲 , 张井 . 2019. 翻译技术云平台的发展现状与趋势 [J]. 中国科技翻译 , (1):22-25.
张春柏 , 吴波 . 2011. 从翻译课堂到翻译工作坊——翻译精品课程建设的启示 [J]. 外语教学理论与实践 , (2):70-73.
张文鹤 , 文军 . 2017. 国外翻译教学研究 : 热点、趋势与启示 [J]. 外语界 , (1):46-54.
郑东方 , 陈德用 . 2019. 社会建构论视域下翻译教学中译者主体性的培养 [J]. 牡丹江大学学报 , (5):142-144.
朱雪林 . 2015. 翻译工作坊教学的目标设计与实现路径 [J]. 黑龙江高教研究 , (12):160-162.
BOWKER L. 2002. Computer-aided translation technology: a practical introduction[M]. Ottawa: University of Ottawa Press, 25.
BOWKER L, CIRO J. 2009. “Machinetranslation”, machine translation and global research: towards improved machine translation literacy in the scholarly community[C]. Bradford: Emerald Publishing Limited, 37-54.
GENTZLER E. 1993. Contemporary translation theories[M]. London: Routledge, 55.
QUAH C K. 2006. Translation and technology[M]. New York: Palgrave Macmillan, 33.

# 翻译本科“计算机辅助翻译”课程建设问题与建议
## ——以河南师范大学为例

温　彬*

**摘要：**为了顺应翻译市场的需求，培养应用型翻译技术人才，国内各翻译本科逐步开设了“计算机辅助翻译”课程。本文在分析国内高校开展计算机辅助翻译教学的主要问题的基础上，以河南师范大学为例，在教材、师资、教学内容、教学形式、产学研究合作等方面，为国内翻译本科的计算机辅助翻译教学提供改革建议，以期为还未开设或正在开设 CAT 教学的本科院校提供参考。

**关键词：**计算机辅助翻译；翻译本科；CAT 教学；课程建设

## 一、引言

经济全球化的持续发展促使语言服务业在不断进步。当今，从事语言服务业的一线译员，不仅要具备出色的语言转换能力，还应掌握娴熟的翻译技术，并懂得如何管理翻译项目。因此，为顺应翻译市场对应用型翻译人才的需求，国内各高校开设计算机辅助翻译（Computer Aided Translation，CAT）课程势在必行。

一方面，顺应当今翻译市场的巨大需求。根据《2019 中国语言服务行业发展报告》（中国翻译协会，2019：5）：“全球语言服务产值保持了良好的持续增

---

* 作者简介：温彬，河南师范大学 外国语学院 讲师，硕士。研究方向：计算机辅助翻译、翻译理论与实践。电子邮箱：wenbin840706@163.com。

长势头，2018 年总产值为 465.2 亿美元，预计 2019 年总产值将首次达到约 500 亿美元。”该报告还显示：国内语言服务行业所涉及的翻译领域多样化，其中，信息技术、教育培训、政府外宣为占比最大的三个领域，分别为 63%、52% 和 45.3%（中国翻译协会 2019：10）。翻译文本不再局限于传统的纸质文本，而是呈现出多元化趋势，除了 Word、Excel、PowerPoint、PDF、网页、图片等，还有视频字幕、软件界面语言等的翻译。为了优质高效地完成翻译任务，各类 CAT 软件早已成为一线译员从事翻译工作的核心工具。

另一方面，满足翻译专业建设的要求。在欧盟委员会的“欧盟笔译硕士”（EMT）项目的培养方案中，提到了译员应具备的三种基本翻译技能：翻译基本功、信息获取能力、计算机辅助翻译及术语工具应用能力，后两种都涉及计算机综合应用能力（转引自徐彬，2010：46）。再观国内，何刚强（2009：52）曾指出：“翻译硕士专业学位教育强调的一点是‘应用型’人才培养。”翻译硕士尚且注重培养应用型人才，更何况学历更低的翻译本科了。所以，无论是翻译本科专业，还是翻译硕士专业，都要重视 CAT 教学，使高校的人才培养目标直接与翻译市场接轨，以培养应用型、复合型翻译人才为己任。

## 二、翻译本科计算机辅助翻译教学主要问题分析

放眼全球，“如英国曼彻斯特大学、英国伦敦大学帝国理工医学院、加拿大渥太华大学、美国卡内基梅隆大学以及香港、台湾等地区的一些高校，在翻译技术课程方面已摸索出比较完善的体系”（吕立松，穆雷，2007：37），而中国内地的 CAT 教学和应用研究则起步较晚。2002 年，香港中文大学作为中国首家高校，开设了与本地化相关的课程。2004 年，北京航空航天大学作为中国内地首家高校，给英语专业语言学方向和翻译方向的一年级硕士研究生开设了“计算机辅助翻译”课程。2007 年，北京大学语言信息工程系在国内首设计算机辅助翻译软件工程硕士，主要培养顺应现代翻译市场需求的既懂知识又懂技能的翻译技术人员，明确提出应将 CAT 课程纳入到我国翻译专业的课程体系设置当中。

自 2006 年国家教育部开设翻译本科专业和 2007 年开设翻译硕士专业以来，为顺应翻译市场对翻译技术人员的需求，国内高校开设 CAT 课程的呼声越来越高。王华树等（2018：77）对全国 MTI 院校进行了调研，有效数据显示：125

所高校开设了翻译技术课程（55.8%），99 所高校没有开设（44.2%）。根据《2019 中国语言服务行业发展报告》（中国翻译协会，2019：23）：开设翻译技术课程之所以困难重重，73.5% 的受访高校认为“缺乏专业的师资力量”为最主要原因，20.6% 的受访者表示目前“缺乏科学权威的教材”，2.9% 的受访者表示目前“缺乏与之匹配的硬件设施”和“缺乏符合学生需求的培养方案”。可见，国内高校开设 CAT 课程任重而道远。

### （一）传统理念束缚

长期以来，由于在 CAT 研究和教学领域缺乏认知，导致人们对 CAT 产生了两大误区。

误区之一：认为“计算机辅助翻译”（CAT）即“机器翻译”（MT），坚信“电脑不如人脑”，从而漠视计算机辅助翻译。CAT 源于 MT，这一发展历程导致人们容易将二者画上等号。“机器翻译指的是利用计算机进行翻译，是没有人工参与的全自动翻译过程”（钱多秀，2009：49），其原理是利用翻译记忆功能来快速匹配原文并自动给出译文。CAT 有广义和狭义之分：“广义的 CAT 技术涵盖一系列从业者用于辅助翻译、修订、校对等的工具，包括内容管理系统、写作技术、桌面排版、文字处理、翻译管理系统、翻译记忆工具和计算机辅助翻译、质量保证工具、修订工具、本地化工具、机器翻译、术语管理系统、项目管理软件、语音 - 文本识别等”（王华树 ，2017：3）；“狭义的 CAT 主要包括翻译记忆和术语管理这两个方面的技术或工具”（王华树，2016：29）。

误区之二：认为 CAT 软件自带强大的术语库和翻译记忆库，无论何时进行翻译实践，无论从事哪个领域的翻译实践，都能自动检索术语库和翻译记忆库并给出参考译文。这就好像译者随身带着电子词典和百科全书。

### （二）教学模式固化

目前，很多高校依旧遵循“以教师为主，以学生为辅”的传统翻译教学模式，即以一本固定教材为载体，教师讲解、学生观看，教师把控教学内容和课堂节奏，不仅师生之间缺乏互动，学生之间更是没有互动。翻译教师重理论轻实践，翻译练习往往停留在篇章层面，学生缺乏以项目为依托的团队翻译实践经验，以至于课程结束后仍不了解翻译市场中真实的翻译项目是如何进行的。

翻译本科的 CAT 课程的培养目标要与翻译市场接轨，重在培养实践型、应用型、复合型的翻译人才，以满足现代翻译市场对翻译技术的需求。所以，传统的翻译授课方式在翻译技术课程中已不受用，本科 CAT 课程应以学生为中心，注重 CAT 软件的实操练习。让学生组成翻译团队进行翻译项目训练，使学生牢牢掌握 CAT 技术并熟悉完整的翻译项目工作流程。然而，传统教学模式在一定时间内难以转变，无法适应运用翻译技术的新环境。

## （三）师资严重匮乏

CAT 教学具有较强的针对性，对任课老师要求较高。能够胜任翻译本科 CAT 教学的任课教师，不仅要掌握翻译学知识，拥有良好的双语互译能力，还要懂得 CAT 软件的工作原理和运行机制并能熟练操作这类软件。除此之外，教师还应懂得翻译项目管理的相关知识，注重培养学生的全局性眼光，使学生理解翻译团队的工作流程。

“目前教翻译的老师，大部分都是过去从事外语教学的，虽然也不乏从事翻译理论与实践研究的，但大部分人对翻译技术不太了解，既缺乏相关理论知识，也缺乏实际运用经验。”（傅敬民，谢莎，2015：41）而 CAT 软件的熟练掌握也不是一蹴而就的，需要任课教师投入大量的时间和精力，先要拥有一定的计算机基础应用能力，并经过一段时间的培训学习，才能熟练掌握 CAT 软件的操作。

## （四）优质教材不多

“国内的 CAT 研究与教学呈现出‘两热两冷’的局面：两热乃是 CAT 研究起步早、竞争热，译员和翻译机构应用热；两冷则是理论和应用研究冷，学院翻译教学冷。”（徐彬，2010：45）目前，由于国内本科 CAT 教学尚处在研究初始阶段，故而国内已出版的 CAT 教材为数不多，质量上乘的教材就更少了。

这类教材主要有钱多秀主编的《计算机辅助翻译（全国翻译硕士专业学位系列教材）》，徐彬主编的《翻译新视野——计算机辅助翻译研究》，王华树主编的《计算机辅助翻译实践》和《翻译技术教程》，李萌涛主编的《计算机辅助翻译简明教程》，吕奇、杨元刚主编的《计算机辅助翻译入门》，唐旭日、张际标主编的《计算机辅助翻译基础》等。这类教材“有的编排顺序不合理，有的知识体系不完善，有的支撑案例偏孤立，有的课后习题类型亟须革新”（王华树，2015：191）。

### （五）配套资金及设备短缺

建立高校 CAT 实验室，对软硬件的前期投入资金较高，并不是每个高校都可以负担得起的，资金、设备不足是限制 CAT 课程开设的主要原因之一。

CAT 实验室需要配备的基础设施有桌椅、电脑、多媒体教学设备等，更需要花大价钱购进 CAT 软件。当前，翻译市场主流的 CAT 软件，如 SDL Trados、Déjà Vu、Wordfast 等，单机版的市场售价在几千元人民币到几万元人民币不等，而一套服务器版本（如 1 台主控机加 30 台终端机）的售价则高达几十万元人民币。不菲的价格让很多高校的翻译教师无法接触到这类先进的 CAT 设备，也就无法对其进行深入研究，更无法实施 CAT 教学。而且，这些软硬件后期的维护和升级也需要花费不少资金。硬件需要定期维护，软件需要打补丁升级。很多付费的 CAT 软件，若想升级版本，则需另外续费。

## 三、翻译本科专业计算机辅助翻译教学之改革建议

笔者所任教的河南师范大学，其翻译本科专业从 2012 年起便开设了“计算机辅助翻译”课程，作为第三学年第一学期的选修课。笔者立足国内翻译本科“计算机辅助翻译”教学的现状和面临的主要问题，结合该校的实际情况，并借鉴该领域领军院校的宝贵经验，在教材、师资、教学内容、教学形式、产学研究合作等方面提供改革建议。

### （一）编写完整细致的教材

优质的课程必然离不开相配套的教材。但是目前，在全球范围内尤其是在中国国内，质量上乘的翻译技术教材（包括广义的 CAT 教材和狭义的 CAT 教材）为数不多。

首先，国内翻译本科可以从国外引进比较优秀的 CAT 教材。其次，随着国内在该领域的认知越来越深入、知识储备越来越完善，可以组织国内的行业领军人物和资深教师合力编写适合我国现状的 CAT 课程教材。再次，一些条件较成熟完善的高校，如在 CAT 课程开设方面的领军院校，可以组织相关教师编写适合本校的内部 CAT 教材，要注重因地制宜、因材施教，结合本校的办学特色和

学生实际情况，合理编排教学内容，随着这些内部教材的不断完善与改进，以期日后出版。与此同时，那些条件不成熟的高校，可以先编写 CAT 课程的内部讲义，并日益完善与改进这些内部讲义。河南师范大学翻译本科的 CAT 课程是从各类优质教材中挑选合适的内容，再细化成具体的内部讲义。

适用于国内翻译本科的 CAT 教材，应属于翻译技术方面的入门级教材。在内容编排上应以软件的实际操作为主，并介绍 CAT 的相关理论知识，如 CAT 的概念、历史、运行原理等。除此之外，对于翻译技术要求较高的翻译项目，如网站的本地化和软件的本地化，教师可以推荐一些有深度的本地化教材，供学有余力的同学进一步了解网站和软件在开发和汉化等方面的知识。

### （二）开展多渠道的师资培训

高素质的任课教师是 CAT 教学的重要质量保障。在当下国内翻译本科的 CAT 教学中，加强师资培训仍是当务之急。

首先，鼓励并支持 CAT 任课教师参加中国翻译协会与各大高校合办的翻译技术师资培训。“自 2012 年开始，中国翻译协会所举办的全国翻译专业师资培训中，增加了‘翻译与本地化技术’和‘翻译与本地化项目管理’两个培训项目，涉及计算机辅助翻译软件应用和翻译与本地化项目管理理念以及技术的各个方面。”（徐彬，2014：107）同时，社会各相关协会和机构也会不定期地组织并举办翻译技术培训班，CAT 教师应珍视这些宝贵的培训机会，以提高自身的翻译技术水平。河南师范大学每年都会外派相关教师参加各类翻译技术培训。其次，鼓励并支持各任课教师参加国内外相关的翻译技术学术会议。通过外派教师参加学术研讨会，可以使其开阔学术视野、了解国内外该领域的最新发展动态和研究趋势。再次，可喜的是，当下已有诸多免费的在线 CAT 学习资源，相关任课教师应充分利用这些免费的网络资源，自学翻译技术相关知识。例如，北京大学的 CAT 慕课便为自学者带来了便利。

此外，各大高校可与翻译公司建立合作关系，或聘请企业专家（如专职译员、工程师或咨询顾问等）对任课教师进行专项培训，或聘请企业中既具有实战经验又具有教学能力的人作为兼职教师，来校为学生开办翻译技术讲座，以扩大学生的眼界，提高学生对翻译技术的认知。例如，河南师范大学会不定期地聘请 SDL、Atril、Tmxmall、传神等企业的专家来办讲座。这些来自校外的专家是对

CAT 师资队伍的有利补充。高校也可以委派教师去翻译公司挂职锻炼，参与到实际的翻译项目中，以便更好地熟悉和掌握翻译项目管理流程。

### （三）完善课程教学内容

如上文所述，CAT 有广义和狭义之分。笔者所在的河南师范大学，在翻译本科“计算机辅助翻译”课程的内容设置上，积极参考其他高校的有效经验，从广义的 CAT 角度来规划教学内容，分为理论和实践两个部分（表 1）。

**表 1　河南师范大学翻译本科的“计算机辅助翻译”课程之内容设置**

| 模块划分 | 模块内容 | 章节内容 | 搭配主流 CAT 软件 |
| --- | --- | --- | --- |
| 理论 | CAT 基本概念<br>CAT 与 MT（机器翻译）的区别<br>CAT 发展史<br>CAT 软件工作原理<br>翻译市场的现状、特点及走势 | | |
| 实践 | 翻译信息技术 | 高级文字处理技术<br>文本格式转换技术<br>搜索技术<br>数字文本获取（OCR）技术<br>桌面排版技术 | MS Office<br>格式工厂<br>ABBYY FineReader<br>Adobe FrameMaker<br>CorelDRAW |
| | CAT 软件应用 | 术语库的创建、维护和管理<br>翻译记忆库的创建、维护和管理<br>各种格式的文档翻译<br>双语对齐 | SDL Trados<br>Déjà Vu<br>雪人<br>YiCAT |
| | 翻译项目管理 | 译前项目分析<br>项目管理流程<br>译后质量控制 | |

（1）理论部分。理论是实践操作的基础，该模块主要讲述 CAT 的基本概念、发展历程、工作原理和运行机制，此外，CAT 与 MT（机器翻译）之间的联系与区别，当今翻译行业的现状、特点及未来走向，都是学生要了解的内容。

（2）翻译信息技术。该部分主要讲授职业翻译技术人员在日常工作中经常遇到的各类相关技术。面对 PDF、音频、视频等不同格式的稿件，译员须懂得文本格式转换技术。实际中，客户经常给 PDF 格式的原稿件，这就要应用数字文本（OCR）获取技术，“OCR 是指电子设备（例如扫描仪或数码相机）对文本资料进行扫描，然后对图像文件进行分析处理，获取文字及版面信息的过程”（于红，2013：44），把 PDF 转换为适于编辑的 Word，再用 Indesign 等桌面排版工具生成 PDF 译稿。此外，在信息量高度增长的当下，翻译离不开搜索技术，译员还须掌握常用的高级搜索语法，以便高效搜索普通关键词无法搜到的内容。

（3）CAT 软件应用。CAT 软件的操作应用是翻译技术课程的核心部分，应至少占一半以上的课时。该模块重点介绍几款主流 CAT 软件的用法，如 SDL Trados、Déjà Vu、雪人，使学生在实操练习中明白 CAT 软件的工作原理。该模块应重点讲授术语库和翻译记忆库的创建、维护和管理，如何利用 CAT 软件翻译各类不同格式的文档，如何通过双语对齐创建双语平行语料库等。

（4）翻译项目管理。“翻译项目管理的基本流程为：接单、项目分析、任务分配、建立质量控制小组、搭建术语库、翻译、质量检查、交稿”（黄海瑛，刘军平，2015：50），这不同于学生个人的从源语言文本到目标语文本的翻译练习。翻译项目管理有利于学生形成全局性视野，是 CAT 教学不可或缺的一部分。

### （四）实施多种形式教学

#### 1. 翻转课堂教学

“翻转课堂”适用于 CAT 软件实操部分的讲授。河南师范大学的翻译本科，教师在课前录制好软件操作视频，通过网络把讲义和相关视频等纯技术内容发给学生，学生可提前自学本次课程的主要内容。课堂中，采用“理论讲解 + 教师演示 + 上机操作 + 评价反馈”的流程模式。教师运用理论指导实践，学生按照教师的要求练习相关的技术操作，教师则针对学生提出的问题进行现场指导和答疑，以便学生能更好地进行课下实践。这种“自学—讲—练”的课堂模式，能够让教师以学生为中心，先学后教，以学定教。一方面，学生通过反复观看教学视频，力求完全掌握 CAT 软件的技术操作；另一方面，将讲授型教学法和自主学习法相结合，大大提高了教学效率。

#### 2. 情境化教学

建构主义所提倡的情境化教学模式适用于“翻译项目管理”教学模块。在教法上，情境化教学具体体现为以项目驱动式的案例教学法。

河南师范大学的 CAT 实验室可同时容纳 30 个学生，把学生分为 5 组，每组 6 人，采取“翻译工作坊”的形式，通过合作企业所提供的真实案例或模拟案例，把学生带入真实或接近真实的翻译流程里。在每个团队中，学生可扮演不同的角色，如项目经理、译员、审校等，实现 CAT 课堂与翻译市场的接轨。项目经理接受客户任务，按客户要求规范分析并合理分配翻译任务；译前分析阶段，包括翻译术语、建立双语或多语术语库、进行预翻译等；译中阶段，译员在翻译记忆库和术语库的双重辅助下进行翻译，确保译文语言风格的统一性和术语的一致性，审校审核并修改初稿，完成质量保证（Quality Assurance）工作；译后及收尾阶段，对译文进行桌面排版并有效回收语料，确保最终译文符合客户要求。这种模拟真实情境的多人协作式方法，不但有助于提高学生的团队意识、沟通能力以及服从力，还有助于学生判断如何在实际翻译过程中做出恰当选择。

### （五）充分利用网络免费资源

对于本科阶段的 CAT 教学而言，建成 CAT 实验室需要投入较大的资金，这令一些资金较为紧张的高校望而却步。其实，网络上还有很多免费的 CAT 资源，各高校应懂得充分利用这些开源资源。

例如，国产 CAT 软件“雪人”分为单机和服务器的标准版和免费版。其单机免费版，系统自带 30 万英汉、汉英词典，只可翻译 TXT 文档；其服务器免费版，则可以实时共享翻译记忆库和术语库。虽然“雪人”免费版的功能有所限制，但仍能满足一般的翻译需求，可作为入门级的 CAT 软件来使用。除了开源的 CAT 资源，限期免费使用的 CAT 资源也应受到重视。翻译市场上某些主流的 CAT 软件，虽然价格不菲，但一般会有 30 天的试用期，如 SDL Trados，可以让学生充分利用这 30 天多练练手。

当下，国内本科的 CAT 教学在很大程度上，仍停留在单机操作的层面上，即普遍使用单机版的 CAT 软件来进行教学和操练。但是，目前有许多 CAT 软件都可以进行网络协同办公，如雪人、SDL Trados、Déjà Vu 等的服务器版本，可以经由局域网或广域网共享翻译记忆库和术语库。此外，周兴华（2013）曾推荐过诸多免费的 CAT 资源，如 Wordfast、Across、MemSource 等。

### （六）加强产学研究合作

产学结合，加强校企合作，共建实习基地，这俨然已成为社会公认的应用型人才的培养途径。翻译本科 CAT 教学重在培养学生的翻译综合素质和翻译技术实操能力，往往要求学生在掌握一定的理论知识后，到有关企业进行实习或短期培训。高校应与各大语言服务供应商或翻译公司建立长期有效的合作机制，以期实现双方共赢的结果。例如，河南师范大学与传神、Tmxmall、Atril 及当地的翻译公司合作，以期给学生提供更广泛的实习空间。

一方面，高校利用翻译机构的人力物力等资源优势，可以缓解高校 CAT 设备和资金短缺的现状，更好地服务于翻译教学。组织学生到企业去实习或进行实地考察，既能帮助学生巩固 CAT 理论知识，又能获得宝贵的翻译实战经验，还有利于学生充分了解真实的翻译流程和翻译行业的运作模式。有条件的话，学生也可以做兼职译员，直接参与翻译项目，亲身融入到实际的翻译环境当中，巩固并提升相关的 CAT 技术。如果企业允许的话，使用翻译机构以往的真实客户翻译材料作为教学素材，在翻译本科的 CAT 课程中进行小型翻译项目训练，学习效果可想而知。

另一方面，学生在翻译机构进行实习锻炼，毕业后可以直接上岗。学生不仅在实习期在无形中帮企业增加了利润，而且在毕业后，也缩短了新员工与企业的磨合适应期，能尽快为企业创造利润。与此同时，学生的就业问题也得以解决和改善。

## 四、结语

在翻译技术蓬勃发展的当下，国内各高校应看清现状、立足长远，努力做到与翻译市场接轨，以培养翻译行业所需的应用型翻译人才为己任。国内本科翻译专业应提升“计算机辅助翻译”课程在整体课程体系设置中的地位，多渠道利用各种资源以克服不足。河南师范大学翻译本科的 CAT 教学，长年来积极优化教学法和教学内容，注重产学结合、校企合作，努力提高教学效率，重视培养学生的翻译实践能力和翻译技术水平。培养真正符合社会需求的高素质的翻译技术人才，是各高校所肩负的任重道远的职责。

### 参考文献

傅敬民，谢莎 . 2015. 翻译技术的发展与翻译教学 [J]. 外语电化教学，(6):37-41.

何刚强 . 2009. 简谈翻译硕士专业教材《笔译理念与策略精讲》编撰原则 [J]. 中国翻译，(1): 51-53.

黄海瑛 , 刘军平 . 2015. 计算机辅助翻译课程设置与技能体系研究 [J]. 上海翻译 , (2):48-53.

吕立松 , 穆雷 . 2007. 计算机辅助翻译技术与翻译教学 [J]. 外语界 , (3):35-43.

钱多秀 . 2009.“计算机辅助翻译”课程教学思考 [J]. 中国翻译 , (4):49-53.

王华树 . 2017. 翻译技术教程 ( 上册 )[M]. 上海 : 商务印书馆 .

王华树 . 2016. 翻译技术实践 [M]. 北京 : 外文出版社 .

王华树 , 李德凤 , 李丽青 . 2018. 翻译专业硕士 (MTI) 翻译技术教学研究 : 问题与对策 [J]. 外语电化教学 , (3):76-82.

王华树 , 王勤晓 . 2015. 国内计算机辅助翻译教材研究 [J]. 译苑新谭 , (7):188-193.

徐彬 . 2010. 计算机辅助翻译教学——设计与实施 [J]. 上海翻译 , (4):45-49.

徐彬 . 2014. 翻译技术教学新思考 [J]. 北京航空航天大学学报 ( 社会科学版 ), (6):107-111.

于红 , 张政 . 2013. 项目化教学 : 理论与实践—— MTI 的 CAT 课程建设探索 [J]. 中国翻译 , (3): 44-48.

中国翻译协会 . 2019. 2019 中国语言服务行业发展报告暨“一带一路”语言服务调查报告 [R]. 中国翻译协会 .

周兴华 . 2013. 计算机辅助翻译教学 : 方法与资源 [J]. 中国翻译 , (4):91-95.

# 新时代计算机辅助翻译实验室建设研究*

郑忠耀†

**摘要：**应时代召唤，计算机辅助翻译（CAT）课程成为翻译教学中一门重要课程，CAT实验室建设迫在眉睫。本文以河南理工大学外国语学院CAT实验室建设经验为基础，围绕建设要点、建设原则、建设目标、技术指标、验收评估等方面进行深入探讨，旨在推动CAT实验室建设及时有效、科学合理、与时俱进，使CAT实验室在翻译技术教学、翻译实践及翻译研究等方面发挥更大作用。

**关键词：**CAT实验室；建设要点；建设原则；建设目标；技术指标；验收评估

## 一、引言

翻译学继出现语言学转向、文化转向之后，随着信息技术的快速发展，开始出现技术转向（张成智，王华树，2016），机器翻译、计算机辅助翻译（Computer Aided Translation，CAT）技术应运而生，作用日益凸显（王华树，2014），成为当代社会翻译行业必备技术之一，是翻译人才必修的课程，翻译技术能力成为语言服务从业者的必备素质（王少爽，2016）。

2019年11月9日至10日，"新中国翻译事业70年论坛暨2019中国翻译协会年会"在北京举行。大会发布了《2019语言服务行业发展报告暨"一带一路"语言服务调查报告》，该报告指出，"55.9%的受访高校目前已经开设翻译技术相

---

* 本文最初发表于《外国语言与文化》2019年第1期，此处略有删减。

† 作者简介：郑忠耀，男，河南理工大学外国语学院副教授，硕士。主要研究方向：笔译、计算机辅助翻译。电子邮箱：zzy@hpu.edu.cn。

关的课程”，机器翻译研究如火如荼，CAT 教学也逐渐成为 BTI、MTI 必修课程。但是，与计算机辅助翻译技术相比，机器翻译质量满意度总体偏低，70.7% 的语言服务提供方受访企业表示机器翻译结果易给译者造成困扰，反而不利于翻译效率的提高（中国翻译协会，2019）。时隔半个多世纪，该结论仍与 1966 年美国自动语言处理顾问委员会（ALPAC）的 7 人专家组对 1963 年美国乔治敦大学宣布停止机器翻译项目作出的报告结论相一致，即“计算机辅助翻译可能是让翻译更好、更快，让翻译成本更低廉的一个重要途径”（陈善伟，2014）。

因此，在培养翻译人才过程中，高校外语专业对开设 CAT 课程更加重视，既有详细的教学大纲、考试大纲，又有多样化的计算机辅助翻译教材，但由于不可或缺的 CAT 实验室建设要么不及时，要么不合理，使 CAT 教学效果颇受影响。为打造理想的翻译技术教学、实训、科研平台，为翻译技术课程服务，笔者围绕 CAT 实验室建设问题，根据自身相关教学经历和所属学院 CAT 实验室建设经验展开研究讨论，提出拙见，以供参考。

## 二、建设意义

CAT 实验室是开展翻译技术教学与实践的重要基础性平台，关乎翻译人才培养质量，因此建设意义重大，建设工作势在必行。

（1）CAT 实验室是翻译学科建设的需要。为满足社会对翻译人才的需求，翻译专业硕士学位（MTI）授权点自 2007 年以来发展迅速，MTI 专业建设方案中明确指出，办学院校应该具备语言实验室或翻译实验室等基础设施（宫华萍，2017）。

（2）CAT 实验室助力翻译技术教学。翻译技术教学离不开软件和硬件环境支持，CAT 实验室的软件、硬件环境配置足以满足常规翻译技术教学之需。有此平台支撑，翻译技术教学活动才能落到实处，一些技术、技巧演练才能以生动活泼的形式呈现出来。

（3）CAT 实验室助推翻译实践。翻译能力的培养和提高关键在实践，大量练习有助于把握规律，提高效率。传统翻译练习方法是笔译或口译训练，教师布置作业，学生借助字典查询认真完成，费时费力。计算机的普及应用为我们提供了更加便捷的练习手段——直接在计算机里进行双语转换翻译训练，省时省力。

CAT 实验室完全可以让师生高效完成各种翻译练习，从而提高学习效果。

（4）CAT 实验室为师生提供 CAT 学习和研究资源。由于建设需要，CAT 实验室一般会预置大量语料资源便于师生调取使用，成为学生学习和教师研究的基本对象。随着学习进度加快和学习内容加深，原有资源难以满足教与学的需要，这时教师或学生就会把信息搜索对象瞄准网络资源。在工业 4.0 时代，网络云资源成为人们主要的搜索点，在日常教学中，师生会主动搜集有价值的学习和研究资源，会让 CAT 实验室语料资源不断得到丰富和更新，成为师生学习、研究的宝贵资源库。

## 三、主要问题

由于翻译技术课程是近年来在高等教育中出现的新型课程，根据《2019 语言服务行业发展报告暨“一带一路”语言服务调查报告》，外语专业在开设此类课程时，“有 73.5% 的受访高校认为‘缺乏专业的师资力量’为目前存在的最主要问题。此外，有 20.6% 的受访者表示目前‘缺乏科学权威的教材’，2.9% 的受访者表示目前‘缺乏与之匹配的硬件设施’和‘缺乏符合学生需求的培养方案’”（中国翻译协会，2019）。

从 CAT 实验室建设角度看，主要存在以下两方面的问题。

（1）CAT 实验室建设滞后，缺乏与 CAT 教学、实践相匹配的硬件设施。建设资金不足与课程建设需求之间的矛盾是该问题的主要原因。翻译学科的发展需要及时开设计算机辅助翻译课程，该课程需要在 CAT 实验室进行，但由于建设资金投入较多，大多学校一时难以完成建设任务，该课程不得不在常规教室进行，所带来的问题也难以解决。例如，学生缺少上机操练机会，教师课堂演示也受到操作环境的限制，难以及时发现学生学习中存在的问题，教学效果不理想。

（2）CAT 实验室建设不合理，建设效果不理想。建设不合理的原因大致有两个，一是 CAT 实验室建设负责人认识不到位，建设目标不明确，在计划过程中产生很多疏漏；二是 CAT 实验室建设承包商缺乏 CAT 实验室建设经验，以完成建设任务为目的，对使用效果考虑不周。教师在上课时遇到的问题如演示画面卡顿，上网不流畅，教师显示器、学生显示器、投影仪三方屏幕分辨率不一致，产生画面比例失衡问题，教学软件功能有限，互动性差等。

## 四、建设实施

翻译技术的突飞猛进、翻译人才的严重缺乏，给翻译技术教学带来挑战，其所依赖的CAT实验室建设亟需得到有效实施，但需要首先明确建设要点、建设原则、建设目标、技术指标等重要内容，这样才能在建设中有的放矢，成竹在胸。

### （一）建设要点

为满足教学和翻译实践需要，CAT实验室建设过程中需要考虑一些关键建设环节，这些环节与实验室功能的发挥有着密切关系，是保证建设成效的关键，可分为两个部分。

#### 1. 核心部分

CAT实验室建设的核心部分包括：CAT主流软件系统、软硬教学平台、教师机、学生机、服务器等。该部分决定着CAT实验室建设质量等级，主要观测点为建设规模（占地面积、学生容纳量），主流软件系统使用数量、电子教学平台实用功能数量、服务器功能模块数量等。

#### 2. 外围部分

CAT实验室建设的外围部分指的是能够辅助核心部分良好运作的全部软件、硬件构成及实验室维护与功能拓展服务，主要包括CAT第三方辅助软件、网络连接设备、音视频传输设备、师生桌椅、服务器机柜、音响设备、显示设备、打印设备、扫描设备、安全设备、空调设备、实验室管理软件、实验室管理硬件设备、实验室维护与升级服务等（宫华萍，2017）。

核心部分构成类别简单，但是起关键作用，外围部分构成类别较多，对CAT实验室运作起辅助作用，两个部分相辅相成，缺一不可，共同保证CAT实验室建设质量。

### （二）建设原则

为适应新时代CAT技术教学需要，CAT实验室建设要以人为本，以服务师生为宗旨，确立建设原则。以人为本就是实验室全部配置设置应充分考虑到人的使用感受，让参与者拥有舒心的环境、愉悦的操作、便利的交流、连续的成就感。服务宗旨体现了 CAT 实验室建设的服务性特点，服务对象是教师和学生，服务主体是实验室负责人和管理者，服务主体应对实验室建设、维护、管理负责，做好工作规划、计划，制定可行性实施方案、实施办法，不断丰富服务内容。

在人本思想和服务宗旨指导下，根据对当前 CAT 技术和信息技术的了解，以及长期的 CAT 教学、实验室建设经验，笔者提出两个建设原则。

#### 1. 专业化原则

专业化原则是指 CAT 实验室全部软件、硬件配置和人员配置达到高度专业化程度，在教师、学生和管理员共同协作下，借助各项功能，顺利完成翻译教学、翻译实践、翻译研究等各项任务。

在该原则指导下，需要在以下三个方面达到专业化程度。

一是实验室硬件配置专业化。硬件配置包括计算机、网络、服务器、投影仪、打印机、扫描仪、音响设备、桌椅、机柜等。要求产品一流，性能强劲，功能丰富，运行流畅，兼容性强。能够满足全部翻译教学、翻译实践、翻译研究任务要求，并且具备功能扩展和产品升级空间。

二是实验室软件配置专业化。软件配置包括四部分：计算机操作系统、CAT 系统平台、第三方辅助软件、电子教学平台。为达到专业化程度，需要购置业界公认、市场占有率高的软件系统或工具。软件系统平台或工具与硬件设备兼容性好，能充分发挥硬件性能优势，运行效率高，专业化功能丰富，运行界面友好，满足全部翻译技术教学、实践、科研等需求。

三是实验室建设参与者认知专业化。CAT 实验室建设参与者包括负责实验室建设的领导、CAT 任课教师、实验室建设技术人员、实验室管理人员等，他们对 CAT 技术、CAT 教学与实践、CAT 科学研究、CAT 实验室建设等方面的认知程度，直接影响着实验室的建设层次和建设质量，专业化认知水平越高，实验室建设效果越好。

#### 2. 标准化原则

标准化原则是指在 CAT 实验室建设中，建设内容应符合实验室建设指标要求。实验室建设一般包括体制与管理、设施与设备、队伍与培训、任务与成果、环境与安全、制度与规定等方面内容，见表 1。

**表 1　实验室建设标准化内容**

| 一级指标 | 二级指标 |
|---|---|
| 体制与管理 | 建立文件、管理体制、建设规划、管理手段 |
| 设施与设备 | 设施设备管理、设施设备使用管理、设施设备维修、设备完好率、设备更新、教学必备工具配套数 |
| 队伍与培训 | 实验室主任数、专职人员、人员结构、岗位职责、人员培训、人员考核、指导教师 |
| 任务与成果 | 教学任务、教材、实验项目管理、科研任务、实验室开放、设备共享、实验研究、实验报告、每组实验人数 |
| 环境与安全 | 实验用房、设施和环境、整洁卫生、安全措施、特殊安全、环境保护、安全教育、安全责任 |
| 制度与规定 | 物资管理制度、学生实验守则、人员管理制度、安全与环保制度、实验管理制度、信息收集整理制度、档案管理制度、其他管理制度 |

资料来源：赵耀东，荆晶，陈黎. 2019. 高校实验室标准化建设和质量管理探索 [J]. 实验技术与管理，(2): 18-20；王冠中，谭平，杜林娟，等. 2016. 地方高校实验室标准化建设的研究与实践 [J]. 价值工程，(32): 46-48.

各项一级指标通过其对应的二级指标要求，体现实验室建设标准化原则。

## （三）建设目标

在充分认识建设原则的基础上，CAT 实验室建设需要根据单位的实际情况制定建设规划，完成建设目标。

根据建设周期长短，CAT 实验室建设目标可以分为短期目标、中期目标、长期目标。短期目标在于解决眼前实际问题；中期目标在于完善建设项目；长期目标在于谋划 CAT 实验室建设大局（宫华萍，2017）。

以河南理工大学外国语学院 CAT 实验室建设为例。

### 1. 短期建设目标

2017—2018 年度，①确定实验室建设规模和地址。根据河南理工大学外国语学院语言实验室功能分布情况和面积大小，最终确定建设一个 32 座学生容纳量的小型 CAT 实验室。②确定 CAT 系统平台。根据兄弟院校 CAT 实验室建设经验和 CAT 系统平台的国内外影响力，最终确定购置 SDL Trados 系统作为 CAT 实验室的主要应用平台。③通过招投标方式签订合同书，购置第一批基础设备，保证第一个建设阶段完成后，CAT 教学活动能够正常开展。向供方提出设备清单和配置要求。④ 2018 年暑期结束前完成全部安装、调试工作，达到预期建设目标。

2. 中期建设目标

2019—2020 年度，购置 Trados 服务器和记忆库服务器软件；2021—2022 年度，购置 Trados 术语库服务器软件和翻译项目管理软件；2023—2024 年度，购齐 Trados 全部配套软件。

3. 长期建设目标

紧跟时代发展步伐，进一步密切翻译与技术的关系，购置更多在国内外影响力较大的翻译系统平台，逐步引入虚拟仿真技术，在机助人译的 CAT 实验室基础上，建立人助机译（human assisted machine translation，HAMT）的 HAMT（张效祥，2018）实验室，构建起较为完整的“翻译 + 技术”实验室建设模式，为翻译教学、翻译实践、翻译研究提供平台。

## （四）主要技术指标

CAT 实验室建设质量体现在实验室主要构件技术指标上。下面以河南理工大学外国语学院 CAT 实验室为例，对这些技术指标提出建议性要求，见表 2。

表 2　CAT 实验室主要构件技术指标一览表

| 序号 | 主要构件 | 数量 | 指标要求 | 说明 |
|---|---|---|---|---|
| 1 | 教师计算机 | 1 台 | CPU：Intel Core i7-7700 3.6G 4C<br>主板：Intel B250<br>内存：16GB DDR4 2400 UDIMM<br>显卡：GT730，2GB 显存<br>硬盘：1TB HD7200RPM 3.5 寸 SATA3,<br>128GB SSD M.2 2280 NVMe TLC<br>网卡：Integrated Ethernet 千兆<br>显示器：21.5 寸 IPS 液晶 ×2，分辨率<br>1920×1080<br>操作系统：Windows10×64 位操作系统<br>分区镜像管理系统：可实现批量同传学生机<br>操作系统 | 后续配置应高于这些要求 |

续表

| 序号 | 主要构件 | 数量 | 指标要求 | 说明 |
|---|---|---|---|---|
| 2 | 学生计算机 | 32 台 | CPU：Intel Core i5-7500 3.4G 4C<br>主板：Intel B250<br>内存：8GB DDR4 2400 UDIMM<br>显卡：核芯显卡，自带 HDMI 接口<br>硬盘：1TB HD7200RPM 3.5 寸 SATA3，128GB SSD M.2 2280 NVMe TLC<br>网卡：Integrated Ethernet 千兆<br>显示器：21.5 寸 IPS 液晶，分辨率 1920×1080<br>操作系统：Windows10×64 位操作系统<br>分区镜像管理系统：可实现创建任意分区镜像上传至教师机以备批量同传使用 | 建议学生机去掉机械硬盘，只保留 256GB 固态硬盘；学生座位数根据建设条件，可以适当扩容；其他配置标准最好与教师机保持一致 |
| 3 | 投影机 | 1 台 | 标准分辨率：1920×1080 | 这个特定分辨率要求主要是为了让教师机、学生机、投影仪的图像显示比例保持一致，便于提高图像切换调试效率 |
| 4 | 幕布 | 1 张 | 投影面积：2340 mm×1750mm<br>比例：16 ∶ 9<br>幕布类型：电动幕<br>幕布材质：玻珠<br>对角线：120 英寸 | 幕布比例的特定要求是为了适应投影仪 1920×1080 分辨率下的正常显示比例，让教师机、学生机、投影仪的显示比例一致 |
| 5 | 多媒体语言学习系统教学软件 | ≥2 套 | 功能要求：多国语言界面；屏幕控制和示范；远程控制；任意设置座位布局；下发和提交作业等<br>指标要求：便于教师、学生示范和远程控制指导；音频延时小于 1 毫秒，体验效果理想 | 提供多套教学软件是为了让任课教师多一些选择，根据不同授课内容和授课方法启用不同的教学软件 |
| 6 | CAT 软件（以 Trados 为主） | ≥2 套 | 特点要求：<br>1. 具备统一、友好的编辑环境<br>2. 具备高校的语言资产管理<br>3. 具备广泛的适用性<br>功能要求：<br>1. 具备项目管理功能<br>2. 具备预翻译功能<br>3. 具体文件分析功能<br>4. 具备翻译记忆参考功能<br>5. 系统集成机器翻译功能<br>6. 具备实时预览功能<br>7. 具备术语参考功能<br>8. 具备智能编辑功能<br>9. 具备质量检查功能<br>10. 具备辅助排版功能<br>11. 具备审校模式功能<br>12. 具备软件扩展应用平台 | 可以按照《翻译硕士专业学位授权院校专项评估指标体系》酌情购置 |

续表

续表

| 序号 | 主要构件 | 数量 | 指标要求 | 说明 |
| --- | --- | --- | --- | --- |
| 7 | 网络交换机 | 1 台 | 参数要求：<br>1. 千兆以太网交换机<br>2. 应用层级为基本三层<br>3.48 个 10/100/1000Base-t，4 个 1000Base-X SFP 接口，背板带宽为 240GBPS，包转发率为 78MBPS，支持 VLAN 划分，支持智能堆叠<br>功能要求：<br>能够流畅访问广域网、城域网、局域网 | 网络交换机的质量和性能决定着 CAT 实验室内部互动与互联，以及外部网络访问的质量和效果，应引起高度重视 |
| 8 | 服务器机柜 | 1 台 | 占用空间不大，设计合理、美观，便于集中放置服务器、路由器、交换机等 | |
| 9 | 功放 | 1 台 | 安装调试简单，扩音清晰，灵敏度高，性能稳定，保护功能完善 | |
| 10 | 音箱 | 1 对 | 壁挂式，灵敏度高，清晰度高，高低音功能齐全 | 高质量壁挂式音箱的配置可以有效避开长期困扰语言实验室建设的声音延迟问题，也省去了多余的耳机和麦克风配置，既节省开支，又提高讲解质量 |
| 11 | 鹅颈话筒 | 1 个 | 电容式换能方式，灵敏度高，语音清晰 | 便于教师进行清晰的课堂讲解 |
| 12 | 无线话筒 | 2 个 | 调制方式为宽带 FM，频率稳定，音频响应灵敏，声音不失真 | 课堂互动时，供教师和学生使用，提高沟通时效 |
| 13 | 扫描仪 | 2 台 | 零边距扫描，LED 光源，响应速度和扫描速度极快 | 主要用于高效扫描大部分纸质书籍，帮助积累语料 |
| 14 | 打印机 | 1 台 | 体积小，反应快，具备黑白打印功能 | |
| 15 | 教师主控台 | 1 套 | 由五个分柜组成，美观实用 | 该套组件指标要求可以根据设计风格的不同灵活提出 |
| 16 | 教师椅 | 1 个 | 五轮转椅，高度可调，可 360° 自由旋转，舒适度高。 | |
| 17 | 学生桌 | 32 座 | 钢木结构，八边形圆桌模式，每张桌可供 8 名学生围坐，为分组教学，开展圆桌小组讨论提供便利。共摆放 4 张 | 该部分可根据不同布局设计提出不同要求。有学者认为学生按列排列，面对面就坐更有利于现场教学指导（宫华萍，2017），那就需要设计为方形桌面，若为 32 座实验室，可设计四列，每列四对学生对坐 |
| 18 | 学生椅 | 32 把 | 带靠背、扶手，人体工学设计，凳面和靠背采用网状材料，透气性好 | 该部分可根据各自设计特点灵活提出指标要求 |
| 19 | 系统集成 | 1 套 | 各类专用线、电源开关的规格和布局符合国家安全标准，设计科学合理，便于操作 | 该部分是集中控制实验室全部设备的中枢，规格和指标要求较高，注意把控质量关 |

### （五）实施情况及现实问题

2017—2018年度的短期建设目标完成后，该学院CAT实验室顺利投入运行。笔者在该学院是唯一承担CAT技术教学的教师，通过一年多来的使用和维护，认为该实验室建设效果良好，能够保证翻译技术教学任务的有效完成，帮助提高教学质量。在2019年度，“计算机辅助翻译课程”教学效果被所教授的四个自然班，111名本科生评价为“优秀”，这充分说明，高质量的CAT实验室建设效果促进了CAT教学效果的有效提高，得到了学生的充分认可，实现了CAT实验室建设的初衷和目的。

在中期建设目标实施过程中，2019年暑期，已经完成了对Trados服务器和翻译记忆库模块的购置和调试工作，目前运行效果良好。

然而，在该学院CAT实验室建设实施过程中，一些现实问题仍然存在，并在短期内难以得到有效解决，它们不同程度影响着CAT实验室建设质量。

（1）建设资金严重不足，难以一次性完成全部建设任务。该问题在全国一般高校，尤其是理工类一般高校中体现得比较明显。

（2）一些CAT系统平台价格昂贵，没有按照教育用途和商业用途区别对待，一定程度上影响了CAT实验室建设质量和翻译技术人才培养质量。

（3）CAT教学师资匮乏，影响了CAT实验室建设积极性和教学实验效果。《2019语言服务行业发展报告暨“一带一路”语言服务调查报告》也指出，绝大部分高校在开设翻译技术相关课程时，认为“缺乏专业的师资力量”是目前存在的最主要问题（中国翻译协会，2019）。

（4）CAT实验室管理的专业性要求与管理人员的非专业性现实存在矛盾，影响管理效率，需要加强实验室管理人员培养力度。

## 五、验收评估

为保证CAT实验室建设质量，提高建设效果，CAT实验室建成之后需要多方评价，接受验收评估，以求查漏补缺，完善发展。

### （一）评估主体

CAT实验室建设一旦完成，便面临着一系列评估与考核，按照实验室启用时间顺序，通常会经历：建设项目验收、师生评估、行业评估、专业评估等。因此，评估主体主要有建设项目验收小组成员、任课教师、选课学生、翻译行业专家、翻译专业学位研究生教育指导委员会专家等。

### （二）评估内容

CAT 实验室建设评估主体不同，评估内容也有差异。

建设项目验收小组一般由学校相关职能部门工作人员、学院负责人、教师代表等组成，主要任务是监督检查建设项目质量是否过关、建设项目能否满足合同内容要求，评价标准分为“合格”“不合格”,“符合”“不符合”,“齐全”“不齐全”等，评价结果一般为“通过”和“不通过”。

师生评估内容主要体现在实验室的教学服务功能和教学效果方面，日常教学中遇到的所有问题都可能影响评估结果。通过师生对实验室的评估、师生互评、教师对学生学习效能和能力的综合测评（刘茜，2018），以督促实验室建设更加完善合理，教学目标更好地实现。

行业评估的目的主要是为了监督检查 CAT 实验室建设是否与行业要求存在差距，建设内容是否需要及时完善。评估内容主要是教学内容是否符合行业要求，培养目标是否符合行业需求，实验室设备是否符合行业标准等。

MTI 教学指导委员会委员评估的目的是实验室建设能否满足学位点建设需求，评估内容主要包含实验室建设规模是否符合要求，软硬件配置能否满足硕士生培养需求，实验任务是否达到培养目标等。

除了以上评估分类，CAT 实验室还应该满足一般实验室的评估要求。按照徐卫昌（2019）提出的实验室评估指标体系框架模型，实验室评估体系由 6 个一级指标、17 个二级指标和 1 个特色创新项目构成，6 个一级指标包括体制与管理、教学与研究、设备与设施、队伍与人员、环境与安全、特色与创新等。

总之，CAT 实验室建设验收评估能够有效促进实验室对翻译技术教学与实践、翻译研究、翻译技术人才培养等服务功能的实现，在学科、专业建设中也起到重要的监督检查作用。

## 六、结语

CAT教学是社会发展对高等教育提出的新要求，CAT实验室建设迫在眉睫。笔者借鉴本河南理工大学外国语学院CAT实验室建设经验，对CAT实验室建设进行了探讨：找出问题倾向，指出建设意义，强调建设要点，提出建设原则，确定建设目标，明确技术指标，严控验收评估，确保建设质量。目的在于通过对CAT实验室建设系统性思考，提供一些参考性建设建议。对于尚存的现实问题还需要在发展中逐渐解决，这也是CAT实验室建设工作不断得到加强和完善的必由之路。

在工业4.0时代，CAT实验室建设注定要与不断更新的科学技术同步发展，它需要专业的精神、开放的态度、包容的胸怀和长远的眼光，只有紧跟时代潮流，才能搭建起以“培养复合型翻译人才”（夏晓东，2019）为目的，集翻译技术教学、翻译研究与翻译实训等一体化、多功能的应用平台。

### 参考文献

陈善伟 . 2014. 翻译科技新视野 [M]. 北京 : 清华大学出版社 .

宫华萍 . 2017. 计算机辅助翻译实验室建设及应用探索 [J]. 实验室研究与探索 , (4):257-261.

刘茜 . 2018. 基于 Trados 的高校计算机辅助翻译实验室教育平台研究 [J]. 实验室研究与探索 , (4):288-291,307.

王冠中 , 谭平 , 杜林娟 , 等 . 2016. 地方高校实验室标准化建设的研究与实践 [J]. 价值工程 , (32):46-48.

王华树 . 2014. 信息化时代的计算机辅助翻译技术研究 [J]. 外文研究 , (3):108.

王少爽 . 2016. 语言服务行业翻译技术的全景解读——《计算机辅助翻译实践》评介 [J]. 中国翻译 , (4):65-69.

夏晓东 . 2019.“一带一路”倡议下复合型翻译人才培养的问题与对策 [J]. 现代教育管理 , (1):98-102.

徐卫昌 . 2019. 实验室评价指标体系研究与探索 [J]. 科教导刊 , (2):296.

张成智 , 王华树 . 2016. 论翻译学的技术转向 [J]. 翻译界 , (2):104-118.

张效祥 . 2018. 计算机科学技术百科全书 [M]. 北京 : 清华大学出版社 .

赵耀东 , 荆晶 , 陈黎 . 2019. 高校实验室标准化建设和质量管理探索 [J]. 实验技术与管理 , (2):18-20.

中国翻译协会 . 2019. 2019 中国语言服务行业发展报告暨“一带一路”语言服务调查报告 [R]. 北京 : 中国翻译协会 .

# 新时代国内翻译技术教材研究

李　莹[*]

**摘要：**人工智能时代，翻译技术迅猛发展，对高等教育的人才培养提出了严峻挑战。翻译技术教材作为提升学生翻译技术能力的重要载体，关乎翻译技术课程的顺利实施。本文梳理翻译技术教材建设和研究现状，剖析国内现有教材的问题，提出改善建议，并以《翻译技术简明教程》为例进行个案分析，对于编写翻译技术教材具有借鉴意义。同时，希望以教材建设为契机，探索面向优势学科国际化人才培养的翻译技术教材编写方法。

**关键词：**翻译技术；教材研究；翻译技术能力；个案分析

## 引言

新时代背景下，云计算、大数据、人工智能、机器翻译、众包翻译等语言技术取得新突破，推动翻译技术教学成为翻译教育的重要内容。《2019 年中国语言服务行业发展报告》显示，55.9% 的受访高校目前已经开设翻译技术相关的课程，报告同时指出，缺乏专业师资、权威教材和硬件设施的问题依然普遍存在。教材是教师选择教学内容的重要参考，也是学生学习知识和动手实践的主要依据。教材建设在翻译技术课程中占有重要位置。科学、适用的教材可以推动课程教学体系的完善，甚至加快师资培养进度，刺激翻译技术软硬件资源的采购需求。

---

* 作者简介：李莹，广东农工商职业技术学院讲师。研究方向：翻译技术教学和研究。电子邮箱：87904696@qq.com。

## 一、翻译技术教材出版现状

目前国内自主编写的翻译技术教材主要有 23 本，见表 1。该表显示：①翻译技术教材编写始于 2010 年，逐渐升温，特别是近三年出版了 13 本。这反映了翻译技术的教学需求旺盛，其根源在于社会需求，即翻译技术已经成为语言服务企业的赢利点，迫切要求语言服务人才具备翻译技术能力。②教材名称多冠以“计算机辅助翻译”或“翻译技术”。这反映出作者认为这两个术语更能明确标识教材内容。③作者群体逐渐壮大。这反映了更多教师已经预见到技术驱动型社会的到来，提前转型。

**表 1　部分国内自主编写的翻译技术教材**

| 序号 | 书名 | 作者 | 出版社 | 出版年份 |
|---|---|---|---|---|
| 1 | 计算机辅助翻译概论 | 王华树 | 知识产权出版社 | 2019 |
| 2 | 翻译技术简明教程 | 王华树、李莹 | 世界图书出版社 | 2019 |
| 3 | 计算机辅助翻译简明教程 | 李萌涛、崔启亮 | 外语教学与研究出版社 | 2019 |
| 4 | 翻译技术 | 管新潮、徐军 | 上海交通大学出版社 | 2019 |
| 5 | 计算机辅助翻译 | 王宝川 | 重庆大学出版社 | 2018 |
| 6 | 计算机辅助翻译 | 杨蔚 | 同济大学出版社 | 2018 |
| 7 | 计算机辅助翻译基础与实训 | 杨晓丽 | 宁夏人民出版社 | 2018 |
| 8 | 计算机辅助翻译基础 | 唐旭日、张际标 | 武汉大学出版社 | 2017 |
| 9 | 翻译技术教程（上下册） | 王华树 | 商务印书馆 | 2017 |
| 10 | 翻译技术 | 高巍、张晨曦 | 上海交通大学出版社 | 2017 |
| 11 | 新理念大学英语翻译技术教程 | 段成 | 外文出版社 | 2017 |
| 12 | 电子工具与计算机辅助翻译 | 吴虹 | 吉林大学出版社 | 2017 |
| 13 | 计算机辅助翻译教程 | 徐海燕 | 江西高校出版社 | 2017 |
| 14 | 翻译技术实践 | 王华树 | 外文出版社 | 2016 |
| 15 | 计算机辅助翻译教程 | 潘学权 | 安徽大学出版社 | 2016 |
| 16 | 计算机辅助翻译入门 | 吕奇、杨元刚 | 武汉大学出版社 | 2015 |
| 17 | 计算机辅助翻译实践 | 王华树 | 国防工业出版社 | 2015 |
| 18 | 计算机辅助翻译：理论与实践 | 张霄军、王华树、吴徽徽 | 陕西师范大学出版社 | 2013 |

续表

| 序号 | 书名 | 作者 | 出版社 | 出版年份 |
| --- | --- | --- | --- | --- |
| 19 | 本地化与翻译导论 | 杨颖波、王华伟、崔启亮 | 北京大学出版社 | 2011 |
| 20 | 翻译与本地化工程技术实践 | 崔启亮、胡一鸣 | 北京大学出版社 | 2011 |
| 21 | 计算机辅助翻译 | 钱多秀 | 外语教学与研究出版社 | 2011 |
| 22 | 计算语言学与机器翻译导论 | 张政 | 外语教学与研究出版社 | 2010 |
| 23 | 翻译新视野——计算机辅助翻译研究 | 徐彬 | 山东教育出版社 | 2010 |

## 二、翻译技术教材问题剖析

关于国内翻译技术教材的相关研究日益深入。樊军（2015）、吕奇和王树槐（2017）从宏观视角研究国内 CAT 教材的编写现状、编写特点和主要问题；王少爽和冯晓辉（2013）、王华树和王勤晓（2015）、王少爽（2016）、王少爽和覃江华（2018）从微观层面评析了特定教材。笔者通过归纳以往的研究成果，并结合了解到的相关情况，此处主要从编写理念、编写体例、内容安排、编者等方面探讨翻译技术教材中存在的问题。

### （一）编写理念

#### 1. 对政策和市场关注度不够

人工智能时代，技术正在全球范围内深刻地改变着人类的社会生活。伴随着《新一代人工智能发展规划》《中国教育现代化 2035》等一系列政策文件的相继发布，技术成为激发社会活力的重要因素，信息素养成为人的基本素养。翻译技术是关于语言处理的信息技术，不仅有利于提高翻译专业学生的信息素养，而且可以用于提高优势学科国际化人才的信息素养。

当今时代，中国深入参与国际事务，占大学生绝大多数的优势学科学生被有意无意地排斥在翻译教学之外是既不合理也无必要的做法（王金波，王燕，2006）。罗选民（2002）指出，中国引进的 80% 以上的西方经典著作（不包括文学著作）是由该领域的学者翻译的，可以肯定，将来许多科技翻译人员将来自大学（英语）翻译教学。扈明丽（2002）通过调研得出结论，绝大多数学生认为翻译是重要的。既然翻译教育对于非翻译专业的国际化人才培养如此重要，那么，作为翻译教育重要组成部分的翻译技术教学理应纳入大学英语课程体系，翻译技术教材也不能忽视优势学科学生的翻译技术学习需求。然而，目前大多数翻译技术教材是的目标读者是翻译专业的学生，对于非翻译专业学生的适用性有待研究。

2. 知识建构中师生互动不足

师生双方在互动中完成知识的建构和能力的培养。某些教材侧重单向的知识传授，没有考虑教学设计的要素和课堂实施的环节，缺乏问题情境，不能引导师生有效互动。

（二）内容安排

1. 模块组合不当

某些教材缺乏翻译技术的体系化呈现。①分类交叉重复。例如，我们知道 MultiTerm 是一款术语管理软件，某教材第四章为术语与术语库，第七章为 MultiTerm 入门，这两章内容都是关于术语的，却分开为两个模块。②部分模块缺失。例如，某教材并没有容纳机器翻译模块。③模块僵化重复。例如，某教材连续六章的内容分别是 SDL Trados Studio 2014、Déjà Vu X2、memoQ 2013、传神 iCAT、雪人 CAT、雅信机辅笔译教学系统。

2. 译例不够真实

某些教材的案例没有使用语言服务产业的真实语料，呈现的问题意识不强，不利于学生理解语言服务实践中的语言问题是如何通过技术手段解决的。翻译技术是用来解决翻译实践中遇到的实际问题的，案例失真，就无法呈现技术的真实应用场景，容易导致学生知其然不知其所以然。

3. 工具评价主观

对于工具主流与否的评价过于主观。被某些教材列入主流 CAT 软件、主流机器翻译系统的软件只是简单罗列，并没有参照相对客观的标准，随意性较大，难以保证教材的科学性。尤其是某些软件的市场占有率非常有限，却占据了大量篇幅，可能会误导学生。

4. 软件过于陈旧

虽然技术更新换代较快，教材的出版周期相对较长，不可避免地会导致教材所呈现的软件存在一定的滞后性，然而，软件版本过于陈旧就会导致学生不能够了解技术发展现状。例如，2018 年出版的某教材第五章是 Trados 2007 版本介绍和使用；第六章是 Trados 2011 文件处理和翻译本地化。而此时，Trados 2017 版早已出版。

5. 语种适用有限

在演示软件时，大多教材使用的语言方向是中英互译，没有考虑到更多语种甚至小语种的翻译技术应用需求。据《2019 中国语言服务行业发展报告暨"一带一路"语言服务调查报告》的数据显示，"一带一路"沿线国家的语言类型超过 111 种。提供多语种沟通的技术解决方案是翻译技术教材应该覆盖的内容。

（三）编写体例

某些参考文献存在书名或者作者名字错误、格式编排失当等问题。例如，某教材的参考文献缺少文献类型信息。文献不规范无法反映编者具有严谨的学术态度。出版形式单一。主要是纸质教材，纸质版本的信息非常有限，技术更新换代快，发展迅速，融合线上资源可以让教材内容的容纳性更好。部分教材提出过配套网络课程资源，遗憾的是并没有落实。

（四）编者问题

某些编者忽视了教材语言应该内容正确、简洁凝练、逻辑关系清晰。例如，某编者将国内机器翻译软件产品分为全文翻译（专业翻译）、在线翻译、汉化软件和电子词典。这种分类方法存在的问题在于内容交叉、表达主观。又如，某编者对于机器翻译发展历程的描写缺乏条理性，无法呈现机器翻译的大致发展脉络。编者是教材的创作者，应该认识到教材的重要作用，应以非常严谨的态度对待教材编写工作。

## 三、翻译技术教材编写建议

### （一）革新编写理念

#### 1. 紧扣国家政策和市场需求

2010 年以来，国务院与教育部紧锣密鼓地在全国高校引导校企合作和产学研的教学改革，特别是近两年更明确提出人工智能发展战略、教育信息化改革措施、国际化人才培养方略。国家政策体现了国家对于现实问题的解决方案，教材编写者响应国家政策有利于教材编写创新。编写翻译技术教材与市场需求保持一致，就是适应国家和企业外向型发展的需要，培养"语言 + 专业 + 技术"的国际化人才。

将翻译技术课程融入大学英语课程体系，有利于当前大学英语翻译教学与行业发展紧密对接，丰富和完善现有的教学体系，同时提升优势学科大学生的信息素养，激发其自主学习的兴趣，提升其自主解决问题的能力，为国家"一带一路"语言服务战略培养具备综合能力的人才。

#### 2. 秉承"理实一体化"教学模式

真正的教学过程是由师生在良性互动中完成学习任务，是人在充满人性光芒的环境中完善自我的知识体系。"理实一体化"的理念将理论和实践融合在一起，让师生边教、边学、边做，有助于学生形成技术思维。教材应该便于教师教、学生学，重视教师的指导作用和学生的主体作用的有机结合，考虑教学设计的要素和课堂实施环节，增强课堂体验。

### （二）优化教材内容

优化模块组合，教材的总体结构应该呈现翻译技术的知识体系，内部模块设计应该有机衔接，核心内容选择需要遵循翻译实践的技术能力要求，练习或任务等学习活动设置应该能够切实提升学生的信息素养；选取真实译例，以问题为导向，帮助学生了解翻译技术在语言服务实践中的具体应用情况；依据相对客观的标准（如中国翻译协会、美国语言服务研究机构 Common Sense Advisory 等的官方统计数据）客观地评定工具；教材编写时，使用软件的最新版本，即便投入使用后，也要根据技术发展情况，及时修订教材内容；适度覆盖更多语种。

### （三）规范编写体例

重视参考文献格式。参考文献是教材的必要组成部分，体现科学的继承性和对知识产权的尊重，便于编辑评价教材水平、读者共享信息资源。国内出版教材的参考文献格式主要遵循 GB/T 7714—2015《信息与文献参考文献著录规则》的要求。

出版载体立体化。突破单一纸质形式，线上线下相结合，通过在线网络教学资源平台等方式提供课件、实操视频和素材（项目文件包、翻译技术库、术语库等），全方位立体化地配合教学实施过程。同时，根据技术更新和社会需求不断地完善教材内容，以满足学生未来就业的需求。

### （四）提升编者水平

教材质量的好坏关键在于编者。要编出好的翻译技术教材，编者不仅要懂语言和技术，也要具备相当的学术水准，更要具有丰富的翻译实践经验。编者团队要有合理的校企人员构成比例，确保教材内容既具有系统性、权威性和科学性，又具有灵活性和真实性。

## 四、个案分析——以《翻译技术简明教程》为例

随着改革开放进程不断深入，国际化人才对于中国参与全球事务至关重要。国际化人才的培养离不开外语教育教学，离不开考试这个重要手段的推动。《中国英语能力等级量表》（*China's Standards of English Language Ability*）（2018）是加强外语能力测评体系建设的标志成果，与外语教育教学构成一个完整的体系，成为我国国际化人才培养强有力的工具（姜钢，2018）。在该等级量表的能力描述框架中，翻译能力描述框架包括口译能力和笔译能力。当今时代背景下的口译和笔译实践已经发生了翻天覆地的变化，翻译产业朝着技术化转向，翻译技术能力成为译者的基本能力，这种应用翻译技术的能力可以称之为译者的信息素养（王华树，2016）。

提升信息素养已经成为教育部印发的《教育信息化 2.0 行动计划》的基本目

标之一。如何在新时代提高大学生的信息素养已经成为国际化人才培养的重要研究课题。世界翻译教育联盟作为编写教材的牵头单位，在广东外语外贸大学、广东财经大学、南方医科大学等多所大学开展实地调研，发现面向优势学科国际化人才培养的翻译技术教材严重匮乏。编写一本高质量翻译技术教材是具有前瞻性和开创性的举动。

### （一）编写理念

《翻译技术简明教程》的总目标是提升信息化时代大学生的信息素养，提高利用翻译技术手段获取和处理语言信息的能力。它秉承“语言 + 技术 + 专业”的创新理念，对接语言服务行业的实践，以真实案例展现翻译流程的技术解决方案，助力学生跨越语言关，提高专业领域的国际学术交流能力。

该书应重视交际教学法、任务教学法等多种不同教学方法的实施。首先，教材内容有助于师生良性互动，有利于发展一种探究式的教法和学法，师生共同努力解决技术问题，从而激活学生内在的知识系统，给学生提供探究翻译技术、语言问题和专业知识的机会，引导学生通过自主学习来提高技术水平、语言水平和专业水平。其次，教材通过任务的设计和开展来完成教学活动，将学习内容分解成一系列衔接的任务，并且提供充分的素材支撑来协助学生完成任务。

### （二）编写内容

教材不但涉及 Trados 等主流 CAT 工具和机器翻译及译后编辑工具的使用，而且涵盖信息素养、搜商、文本处理、术语和语料处理、质量检查等工具，更有辅助写作、辅助听写、技术文档写作、视频翻译等多种工具。在编写时，采用的版本基本上都是最新的，但其美中不足在于技术更新换代太快，等到出版时某些版本又有更新，甚至有个别工具不再提供服务。

正文可根据不同功能形成前后衔接的内容，方便进行教学设计和教学实施。①将重要的概念、原理安排在基础知识环节；②用真实案例引入需要解决的问题；③提出恰当的技术解决方案；④提供对于解决问题有帮助的相关技巧；⑤在解决了案例提出的问题后，再设置一个相似的练习供学习者巩固所学知识。

多数案例来源于参编企业的真实项目（非涉密）。通过真实案例展示语言问题的技术解决方案。为了凸显其与优势学科的结合，尤其是对新兴领域的关注，不同章节的案例分别选取自不同的专业领域，力图实现语言技术、语言学习和专业知识的有机结合。

### （三）编写体例

出版载体包括纸质教材和丰富的电子教学资源（PowerPoint、实操视频和实操文档），非常便于教师授课及学生自学使用。教师要有信心，即使面对同样的电子资源，只要加强学习，提升自己的学识水平，依然可以有效地指导学生。

### （四）编者团队

主编具有较深的翻译技术素养，并且全程参与到教材的整个编写过程中；编委会由北京大学、广东外语外贸大学等国内高校和研究机构及传神、SDL、科多思等多家语言服务行业领先企业的20位专家学者组建而成；团队还多次邀请澳门大学教授李德凤、澳门城市大学教授李树英、广东外语外贸大学教授赵军峰和陈金诗、华南理工大学教授韩金龙、广东工业大学教授陈晓茹等专家参与内部评审，听取了诸多宝贵意见。在编者和指导专家的共同努力下，《翻译技术简明教程》历时两年，终于面世。

## 五、结语

新时期，随着我国的国际影响力进一步提升，各领域需要深度快捷地与世界交流，培养优势学科国际化人才的语言服务能力变得尤为紧迫，翻译技术教材的需求变得更为旺盛。检视现有教材存在的问题并提出改进方法，意在助力翻译技术教材的建设。未来，翻译技术教材的知识体系会更加合理，案例将更多来自语言服务实践，载体势必更为多样化，带来的教学体验也会更加舒适。

### 参考文献

樊军 . 2015. 国内计算机辅助翻译教材研究 [J]. 翻译论坛 , (2):35-39.

扈明丽 . 2002. 翻译能力的培养与大学英语教学——从一次翻译比赛谈大学英语翻译教学的改进 [J]. 中国翻译 , (6):54-56.

姜刚 . 2018. 专家解读《中国英语能力等级量表》[EB/OL]. 搜狐网 . 2018-4-15. http://www.sohu.

罗选民 . 2002. 中国的翻译教学 : 问题与前景 [J]. 中国翻译 , (4):56-58.

吕奇 , 王树槐 . 2017. 翻译职业化时代国内计算机辅助翻译教材编写现状思考 [J]. 山东外语教学 , (5):40-47.

王华树 . 2016. 翻译技术实践 [M]. 北京 : 外文出版社 .

王华树 , 王勤晓 . 2015. 国内计算机辅助翻译教材研究 [J]. 译苑新谭 , (7):188-193.

王金波 , 王燕 . 2006. 大学英语教学背景下翻译教学的个案研究 [J]. 西安外国语学院学报 , (2):25-29.

王少爽 . 2016. 语言服务行业翻译技术的全景解读——《计算机辅助翻译实践》评介 [J]. 中国翻译 , (4):65-69.

王少爽 , 冯晓辉 . 2013. 面向译者信息素养的教程——《计算机辅助翻译》述评 [J]. 英语教师 , (11):67-70.

王少爽 , 覃江华 . 2018. 大数据背景下译者技术能力体系建构——《翻译技术教程》评析 [J]. 外语电化教学 , (1):90-96.

# 第三篇　技术实践篇

# 语音识别技术在计算机辅助口译中的应用现状与模式研究

许炳梁　毕凌成 *

**摘要：**当今，语音识别技术被运用于口译实践、教学和研究中。有学者对于该技术与口译的结合做了相关研究，国内外智能语音企业不断优化语音识别软件产品。本文综述了语音识别技术在口译任务中的应用现状，总结出三种应用模式："语音识别+计算机辅助口译教学""语音识别+计算机辅助口译实践"和"语音识别+口译语料库建设"；并对语音识别技术的应用前景进行展望。随着深度学习、人工智能、自然语言处理技术不断的发展，语音识别技术将会被引入到越来越多的口译活动中，并为口译提供越来越有效的辅助。

**关键词：**语音识别技术；计算机辅助；计算机辅助口译；口译；人工智能

## 一、引言

无处不在的人工智能（Artificial Intelligence，AI）正在推动着人类社会的发展。李开复认为人工智能正在引领一场比互联网影响更为深远的科技革命。李开复在《人工智能》一书中列举了广泛接受的五个人工智能的定义（李开复，等，2017）。维基百科关于人工智能词条采用的是《人工智能：一种现代的方法》一书中的定义，即智能主体的研究与设计。智能主体指一个可以观察周遭环境并做

* 作者简介：许炳梁，昆明理工大学外国语言文化学院讲师，工学博士。主要研究方向：翻译技术与项目管理。电子邮箱：xblkmust@hotmail.com。

毕凌成，昆明理工大学外国语言文化学院讲师，文学硕士。主要研究方向：口笔译理论与实践。电子邮箱：247404365@qq.com。

出行动以达致目标的系统。无论对人工智能做了何种定义，人们都在强调人、机器及他们二者之间的关系。工业革命也在人与机器之间的旋律中前进。

在人与人的交流过程中，声音的产生和传递完成了语言信息流的交换。声音也几乎承载了所有的信息。一直以来，声音和语言的转换由人类完成。在信息技术蓬勃发展的今天，依靠语音识别和人工智能技术，计算机可以完成聆听、记忆、协调和产出。语音识别（Automatic Speech Recognition，ASR）是人工智能的重要落地点，其目标是将语音转变为可读文本。语音识别技术是一门交叉且非常复杂的学科，它涉及多个学科领域，包括语言学、生理学、心理学、声学、信号处理、模式识别、概率论、计算机科学、人工智能等。

2012 年，微软公司在“21 世纪的计算大会”主题演讲中展示了语音实时识别和翻译系统。该系统向世人描绘了一幅“跨越语言，沟通无碍”的美好蓝图（微软亚洲研究院，2012）。该系统拉开了机器口译的序幕。随后，国内搜狗、腾讯、讯飞和百度也进行了关于机器口译的大量研究。目前认为，虽然机器口译与人类专家的水平相比仍然有较大差距，但在非极端情况下，机器口译已初步具备可用水平。且相比于人类，机器口译系统具有更好的领域适配能力、更好的长时记忆能力和更大的处理能力（搜狗语音，2018）。有学者指出，机器口译和人工口译二者之间具有相互关联、彼此传承、相对独立、互为补充的价值关系（赵毅慧，2018）。

## 二、语音识别技术的发展

### （一）语音识别技术基础

语音识别研究可追溯到 20 世纪 50 年代，如贝尔实验室的 AUDREY 系统，用模拟电路 实现了对 10 个数字的识别。从那以后，语音识别技术经历了模式识别、统计模型、机器学习、深度学习等几个发展阶段。现在的语音识别系统主要包含四个模块：语音信号处理与特征提取模块，声学模型模块、语言模型模块、语音解码和字典模块，如图 1 所示。

语音信号处理与特征提取模块包含了预加重、加窗分帧（Harris，1978）、短时傅里叶变换（杨毅明，2012）的处理过程，以及基于声道的 LPCC 特征或基于听觉的 MFCC 特征提取过程（陈卫东，等，2009）。语音信号处理与特征提取模块完成了语音信号特征向量的提取。声学模型模块是语音识别中的重要模块，它是建立模式识别分类器的依据（Gales，等，2008；Yu，等，2016）。对给定输入语言序列，计算该序列出现的先验概率的过程即为语言模型。目前使用较多的语言模型为神经网络语言模型（Bengio，等，2003；Mikolov，等，2010）。

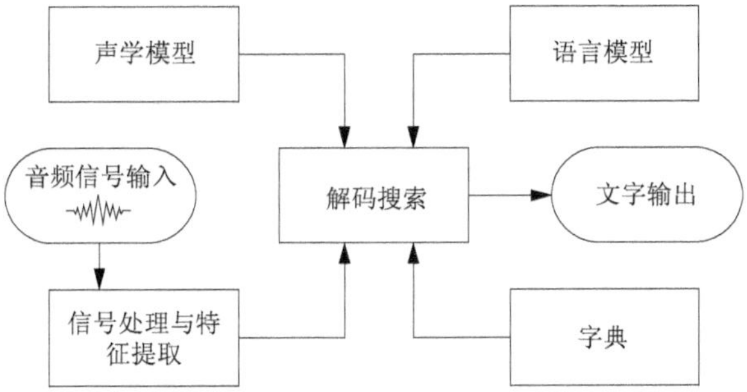


图 1　语音识别技术框架

随着人工智能技术的不断发展，机器学习领域需求不断增加，深度学习框架被提出（Bengio，等，2009）。“深度”一词是指神经网络中的层数。层数越多，网络越深。相对地，一般的神经网络只有 3 层。深度学习采用深层结构的神经网络模型（多达几百层），旨在于建立、模拟人脑进行分析学习（LeCun，等，2015）。2011 年，深度神经网络模型用于大量词汇的连续语音识别，并取得了重大突破。至此，深度神经网络成为了主流的语音识别模型（Yu，等，2010）。

## （二）语音识别技术产业现状

很多信息产业机构和公司纷纷加入到语音识别的研发中来。中国商情网的数据（“语音识别行业市场”，2018）显示，在全球智能语音企业市场占比中，Nuance 以 31.6% 的份额稳居第一；谷歌和苹果则分别以 28.4% 和 15.4% 的份额排在第二、第三。

Nuance[1] 公司是最大的专门从事语音识别软件、图像处理软件及输入法软件研发和销售的公司。它主要的业务在服务器和嵌入式语音识别、电话呼叫转向系统、自动电话目录服务、医疗转写的软件和系统，为法律、医疗、教育等领域

[1] 详情参见 https://www.nuance.com/index.html。

提供解决方案。Nuance 推出的 Nuance Transcription Engine、Dragon Professional Individual 和 Dragon Anywhere 等软件，可以帮助用户用语音创建文档、编辑电子邮件、填写表格、管理电子邮件等。使用这些软件会比打字的速度快 3 倍，准确率可达 99%。谷歌是全球最大的搜索引擎公司，也一直致力于语音技术的发展，并将语音技术集成到产品和服务中。谷歌先后推出的 Google Voice Search[1]、Google Now[2]、Google Assistant[3]、Google Home[4] 和 Google Cloud Speech-to-Text[5] 等产品都展现了其强大的语音识别技术。微软在云计算平台 Azure[6] 上为其用户提供了认知语音服务，其中的语音转文本服务能实现根据说话风格和特定领域的术语量身定制语音识别。自然语言处理技术的发展促进了实体词识别的相关研究与服务。

我国智能语音市场主要被科大讯飞、百度及苹果公司占据。根据中国商情报数据，在中国语音识别企业市场份额占比分布中，科大讯飞为 44.2%，位居榜首；百度为 27.8%，排名第二。科大讯飞在全球智能语音市场位居第五，占全球市场份额的 4.5%。科大讯飞[7]是中国最大的智能语音技术提供商，具有全球领先的语音识别技术。讯飞开放平台提供语音听写、语音转写、实时语音转写、离线语音听写、离线语音听写、语音唤醒和离线命令词识别等语音识别服务，支持多种语种和方言，且提供中文标点智能预测。百度语音识别[8]服务包括语音识别、长语音识别、远场语音识别、呼叫中心实时语音识别和呼叫中心音频文件转写。语音识别融合自然语言处理技术支持多场景智能语音交互，应用于社交聊天、语音输入法、语音搜索等场景。

近年，语音识别已经取得了显著的进步。有研究者指出语音识别下一步的研究方向为①端到端的语音识别系统；②直接利用时域波形语音建模来代替人工设计的特征；③利用多个麦克风信号和深度学习来联合建模，用来提升远场环境下的语音识别效果（王海坤，等，2018：9）。

---

❶ 详情参见 https://play.google.com/。
❷ 详情参见 https://www.google.co.uk/landing/now/。
❸ 详情参见 https://assistant.google.com/。
❹ 详情参见 https://store.google.com/product/google_home。
❺ 详情参见 https://cloud.google.com/speech-to-text/。
❻ 详情参见 https://azure.microsoft.com/zh-cn/services/cognitive-services/speech-to-text/。
❼ 详情参见 https://www.xfyun.cn/。
❽ 详情参见 http://ai.baidu.com/tech/speech。

## 三、计算机辅助口译研究现状

### （一）人机互动型的机助口译

随着全球化进程的推进和对外交流的不断繁荣，口译需求群体、口译场景正趋于多样化和灵活化，技术的高度集成性为解决以上困难提供了较为系统的优化方案——人机互动型的机助口译（Computer-Assisted Interpreting，CAI）（赵毅慧，2017）。根据赵毅慧的提法，CAI 是指译员在现代信息技术（包括计算机、语料库、互联网、各类软件等）的辅助下完成口译活动。国内外很多学者将语音识别技术用于口译过程，主要包括译员教学和培训，口译辅助，语料库、知识库和术语库管理等方面，并进行了相关研究。

从国际范围看，技术视域下的口译教学研究较早，自 20 世纪 90 年代中期起已逐渐发展成一个专门的研究领域，即“计算机辅助口译教学”（Computer Assisted Interpreter Training，CAIT）。前期的研究主要集中在训练系统类，语料、术语管理类，笔记类，音频处理类工具在口译教学中的研究（Costa，等，2014；李智，2016；赵慧毅，2018）。早期的训练系统类有 Black Box（Sandrelli，等，2003）、Lab STS、NewClass DL-960（刘振，等，2014）、VIP（Corpas，2017）蓝鸽等（彭科明，2016）。

### （二）语音识别与口译交互模式

人工智能极大地提升了机器翻译（Machine Translation，MT）和语音识别的质量，使得人工智能与人类语言行为的结合具有了更多可能性。口译的临时性、灵活性和碎片化的特征，使得语音识别有越来越大的市场需求。语音识别作为自然语言处理的关键技术，已逐渐被运用于各种移动终端，各种语音识别产品层出不穷（王婉琦，2018）。余玉秀（2019）分析了有代表性的技术应用，总结出 AI 技术的发展现状；以国内众多的“AI+ 翻译”产品为例，探讨了人工翻译和机器翻译耦合的路径和发展前景。该文指出，“AI+ 翻译”已然成为科技发展的下一个风口。

新的技术环境下，人工智能或语音识别技术与人类语言的耦合机制已经成为新的研究话题。有研究者指出，人工智能技术驱动下的人机耦合包括两个方面，即人工智能 + 行业和人工智能 + 个人（张爱玲，2018）。笔译和口译为翻译的两种工作方式。机器翻译和翻译记忆技术在笔译行业的应用已非常广泛（张慧玉，等，2016；王华树，等，2014）。在笔译领域，CAT+MT+PE 已经成为现在主流的生产方式。其中，CAT、MT 和 PE 分别为计算机辅助翻译、机器翻译和译后编辑。在口译领域，语音识别所处的地位可用图 2 表示。显然，语音识别技术在人工智能或语音识别技术与人类语言的耦合将进一步推动语言服务行业的发展。

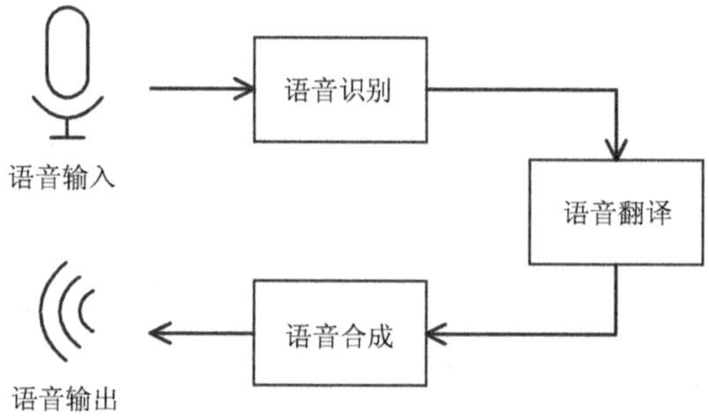


图 2　机器口译的三个步骤

资料来源：张爱玲，杨子靖，刘晨璇，等. 2018. 人工智能技术发展与专业口笔译实践耦合机制路径初探 [J]. 外语电化教学，(3): 90-96.

## 四、语音识别技术在口译活动中的应用模式

### （一）语音识别技术 + 计算机辅助翻译教学

ITE（Interpreter Training Environment）是一套个性化的有效提高口译训练效率的学习系统，语音识别就是 ITE 系统的核心组件之一（徐琦璐，2017）。科大讯飞的语音识别产品“讯飞语记”也被引入到口译教学中（李霄垅，等，2018）。因此，理解、记忆和输出这种传统的口译过程转变为包含文本、视译、输出三个环节的新型口译过程，如图 3 所示。

新的口译工作模式将发言人的语音信号转换为文本，学生在识别文本的帮助下完成文本理解，并以视译的方式输出文本。通过这种工作模式的口译教学训练，学生的同传能力和自信心均有显著提升。

除了通用的口译教学，语音识别技术还被用于特殊教育方面。非母语人士、听力受损或失聪人士在使用多媒体教育资料时存在障碍。Quintas（2017）开发

了 Miro Translate 字幕生成工具，该工具使用了 Microsoft Translator Speech API 并集成了字幕编辑功能。目前，日益增长的多媒体教育材料对字幕的需求量越来越大，如线上线下混合教育、微课、慕课等。这些需求不仅表现非翻译学科的教育方面，口译教育教学过程也会涉及众多的学习材料。当会议系统遇见语音识别，原本只能记录视频、音频等非结构化数据的会议系统瞬间变为可以记录结构化文本数据的会议"记录员"。这样不但能快速生成会议记录，还能通过搜索文字追溯会议音视频节点，大幅提升了会议系统在办公会议中的作用。

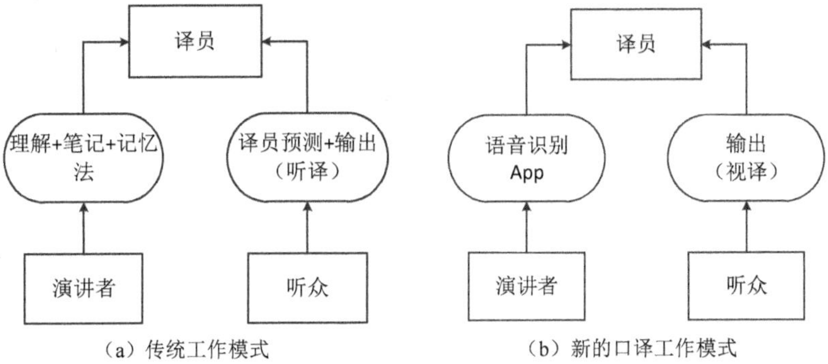


图 3　口译教学工作模式

资料来源：李霄垅，王梦婕. 2018. 基于语音识别 App 的同声传译能力培养教学模式建构与研究—以科大讯飞语记 App 为例 [J]. 外语电化教学，(1): 12-18.

## （二）语音识别＋计算机辅助口译实践

1995 年，Gile（1995，2009）提出了交替传译和同声传译精力分配模型。在交替传译中有如下两个阶段的模式：

Phase one：CI=L+N+M+C

L　　Listening and Analysis（听力与分析）

N　　Note-taking（笔记）

M　　Short-term Memory operations（短时记忆）

C　　Coordination（协调）

Phase two：CI= Rem+Read+P

Rem　　Remembering（长时记忆）

Read　　Note-reading（读笔记）

P　　　　Production（产出）

在同声传译中，其精力分配模式为：

SI=L+ P+M+C

L　　　　Listening and Analysis（听力与分析）

P　　　　Production（产出）

M　　　　Short-term Memory（短时记忆）

C　　　　Coordination（协调）

正如前面谈到，机器具有更好的领域适配能力、更好的长时记忆能力和更大处理能力。结合 Gile 的精力分配模型，可认为机器在听力与分析、短时记忆和产出方面能有效辅助译员进行工作。王建华（2019）在第四届翻译技术高层论坛中指出：目前，基于人工智能的识别技术已经超越了人类。在人类与机器口译的较量中，整合能力将是人类的最后一块阵地。

语音识别对口译实践具有显著的辅助作用。有研究者结合语音识别效果和翻译质量从定量角度进行研究。也有研究者从译员精力分配角度研究了语音识别的辅助作用。后来，语音识别的笔记作用被重点突出出来，有学者专门进行了研究。林小木（2013）设计出计算机辅助口译模拟系统，并用此系统设计了变量为语音识别率、屏幕显示延迟、屏幕显示语种、屏幕显示内容数量的四组实验。研究发现：计算机语音识别率在大约 85% 时，计算机会对译员起到辅助作用。当识别率达到大约 95% 时，计算机会有效地帮助到译员，并能够提高译员的翻译效率。沈旦（2014）针对语音识别辅助同声传译进行了研究，发现因为语音识别的辅助，中国译员在汉英同传中的表现会提高（更好），传递的信息量更多。其原因在于译员可以有更多的精力来协调各项任务，从而取得更好的口译表现。李函奕（2016）使用声龙语音识别软件，通过问卷调查及口译任务的实验手段，研究译员在语音识别软件辅助下的口译质量。研究发现，相比在无辅助的条件下，译员在语音识别辅助下的口译质量会有明显提高，做笔记的工作压力也有显著减少。朱志强（2015）设计软件来帮助译者在进行汉英交替传译时直接记录发言人所提及的数字信息，然后将其以醒目的方式标示出来。由于有软件的帮助，译者可以分出更多精力来照顾其他信息，以提高自身质量。徐曼曼（2015）研究了语音输入软件在汉英同传中的应用。语音输入软件在汉英同传中的积极作用在于能够提高数字准确率、减少改口和语气词的出现次数、优化句子结构、提高译文的逻辑性。

现在的研究更多集中于语音识别对人工译员的单方向的辅助作用。人们在实践探索中发现了人工辅助机器和人工与机器互助的工作模式。笔译方面，在进行机器翻译前，对原文本进行译前编辑工作，能获得较好的机器翻译效果。冯全功（2017）和张鹏（2019）研究了机器翻译的译前编辑对译文质量的提升效果，经研究发现，“译前编辑 + 机器翻译 + 译后编辑”模式所花费的时间更少，而且译文质量更优。这种模式可认为是人机互助的翻译工作模式。在口译方面，科大讯飞在“2019 世界制造大会”上就采用了人机互助的工作模式。“2019 世界制造大会”同步给出了口译音频与中英双语字幕。为了得到高质量的字幕，科大讯飞引入了人工参与质量保证的语音识别工作模式，可用图 4 表示这一工作模式。

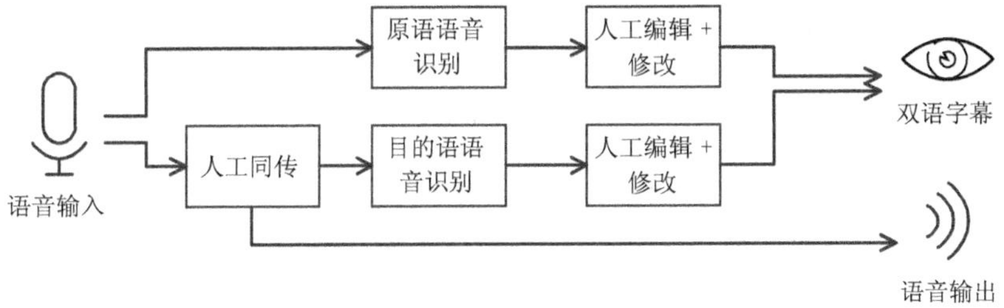


图 4　人工辅助同步输出双语字幕

科大讯飞这种人工辅助同步输出双语字幕的工作模式与语音到文本口译（Speech-to-Text，STT）工作模式类似。在芬兰、瑞典和奥地利，口译员使用计算机实时进行语音到文本的传输，给听力受损或失聪的人士提供口译服务（Norberg，等，2015）。

## （三）语音识别 +口译语料库建设

语料库是为研究语言而收集的并以机器可读方式存储的语言材料。语料库的研究工作始于 20 世纪 50 年代。而关于口译语料库的研究则稍晚一些。1998 年，Shlesinger（1998）提出了基于语料库的口译研究，他认为基于口译语料库的研究不仅可以研究口译本身，也为口译提供了新的研究方法。2003 年以后兴起了口译语料库研究的热潮，建立了一些具有代表性的口译语料库，包括日本名古屋大学开发设计的英日两语同声传译语料库、意大利博洛尼亚大学开发的欧洲议会口译语料库、同声传译方向性语料库 DIRSI、医院情景下的口译活动为语料收集对象的 K2 口译语料库等（吴娴，2013）。口译语料库是口译教学与研究的一个新领域，也是提高口译研究质量的重要途径与方法（张威，2013）。很多学者对此做了大量研究（王克非，2006；胡开宝，等，2007；王斌华，等，2009；仲伟合，等，2010）。

口译语料库的特殊性在于需要同时保存音视频和文本。根据研究目的和教学方案，口译语料库在概念设计和系统框架上具有理论方面的难度。从技术层面来说，口译语料库建设有以下几个难点：①语料的收集和整理；②加工与标注；③检索与分析。在语料的收集和整理阶段，需要对语料进行去噪和转写等处理工作。在早期，音视频资料向机器可读文本的转写主要由人工听写并录入完成。而后，随着语音识别技术的突破，音视频的转写可由机器完成，人工校对后即可进入下一步处理。现在口译语料库的建设大致可分为以下几个过程，如图 5 所示。过程中的一些细节的处理可根据研究目的、教学方案的设计做出改变。

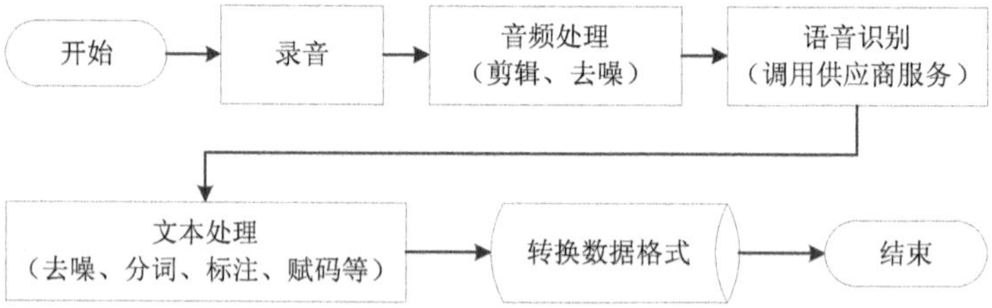


图 5　口译语料库建设流程

目前，对于音质清晰、发音准的音视频，科大讯飞[1]可提供文稿和字幕时间戳格式，根据需要对语气词进行过滤，其转写准确率最高可达 95% 以上。另外，科大讯飞的转写服务可实现将 1 小时音视频最快用 5 分钟完成出稿，大大提升了语料整理的工作效率。在方言和语种方面，讯飞支持粤语、四川话、东北话等 23 种方言发音的转写；Transcribe[2]支持英语、西班牙语、葡萄牙语、中文、希腊语、阿拉伯语等 20 种以上的语言，Trint[3]支持多种不同的英语口音，尤其是北美、大不列颠、澳大利亚地区的英语口音，还支持西班牙语、法语、德语、

❶ 详情参见 https://www.iflyrec.com/html/helpCenter/help.html#helpIntroduce。
❷ 详情参见 https://transcribe.wreally.com/。
❸ 详情参见 https://trint.com/。

意大利语等十几种欧洲语言。Happy Scribe[1] 支持 80 种语言，甚至同种语言的不同口音，如中国用户可以选择转写普通话或粤语。

## 五、结语与展望

翻译工作由“作坊”式的生产阶段进化到了信息化、专业化、流程化、规模化、协同化的现代语言服务行业阶段。口译工作形式也发生了很大的变化，出现了电话口译、视频电视、网络会议口译等；口译的内容向更多的垂直领域延伸，如法庭口译、商务口译、医学口译、施工项目口译等。包括语音识别技术在内的多种技术和设备被引入到口译中，口译服务向精细化发展。在技术变革的大数据时代，技术应用能力在口译员能力中占比越来越大。

科学技术在发展，口译模式及内容在变化。语音技术与口译活动将会在更新的人机互动方面发展，这种新的人机互动也一直会以效率、成本和质量为导向，为更精细化的口译服务提供支持。从这种意义上来说，“语音识别 + 计算机辅助口译教学”“语音识别 + 计算机辅助口译实践”和“语音识别 + 口译语料库建设”这三种应用模式将会为口译活动注入新的发展动力。

### 参考文献

陈卫东 , 王晓亚 , 解静 . 2009. 基于 LPCC 的多语种识别算法 [J]. 无线电工程 , (9):16-18,54.

冯全功 , 高琳 . 2017. 基于受控语言的译前编辑对机器翻译的影响 [J]. 当代外语研究 , (2):63-68,87,110.

胡开宝 , 吴勇 , 陶庆 . 2007. 语料库与译学研究：趋势与问题—— 2007 语料库与译学研究国际学术研讨会综述 [J]. 外国语 ( 上海外国语大学学报 ), (5):64-69.

李开复 , 王咏刚 . 2017. 文化发展出版社 [M]. 北京 : 文化发展出版社 .

李霄垅 , 王梦婕 . 2018. 基于语音识别 App 的同声传译能力培养教学模式建构与研究——以科大讯飞语记 App 为例 [J]. 外语电化教学 , (1):12-18.

李函奕 . 2016. 语音识别技术在交替传译中的辅助作用 [D]. 四川外国语大学 .

李智 . 2016. 国外计算机辅助口译软件应用与思考 [J]. 科学技术创新 , (8):192.

刘振 , 何明霞 . 2014. 国内计算机辅助口译教学研究的现状与思考 [J]. 外语电化教学 , (3):55-61.

彭科明 . 2016. 计算机辅助口译教学软件在交替传译训练中的应用及效果 [D]. 广东外语外贸大学 .

[1] 详情参见 https://www.happyscribe.co/。

人工智能 [EB/OL]. https://zh.wikipedia.org/wiki/ 人工智能 . 2019-12-26.

沈旦 . 2014. 语音识别辅助同声传译仿真研究 [D]. 厦门大学 .

搜狗语音 . AI 同传现状：不完美，但有价值 [EB/OL]. https: //zhuanlan.zhihu.com/p/45176217. 2018-12-8.

王斌华 , 叶亮 . 2009. 面向教学的口译语料库建设：理论与实践 [J]. 外语界 , (2):23-32.

王海坤 , 潘嘉 , 刘聪 . 2018. 语音识别技术的研究进展与展望 [J]. 电信科学 , (2):1-11.

王华树 . 2014. 信息化时代的计算机辅助翻译技术研究 [J]. 外文研究 , (3):92-97.

王克非 . 2006. 语料库翻译学——新研究范式 [J]. 中国外语 , (3):8-9.

王婉琦 . 2018. 人工智能在语言服务业中的应用现状与前景研究 [J]. 南方论刊 , (5):22-23.

吴娴 . 2013. 国内口译语料库的发展现状及存在的问题 [J]. 海外英语 , (6):154-155.

徐曼曼 . 2015. 语音输入软件在汉英同传中的应用 [D]. 北京外国语大学 .

杨毅明 . 2012. 数字信号处理 [M]. 北京：机械工业出版社 .

余玉秀 . 2019. AI+ 翻译：人工智能与语言行为人机耦合应用研究 [J]. 传媒 , (8):96-98.

张爱玲 , 杨子靖 , 刘晨璇 , 等 . 2018. 人工智能技术发展与专业口笔译实践耦合机制路径初探 [J]. 外语电化教学 , (3):90-96.

张慧玉 , 冯全功 . 2016. 关注行业发展开拓译学领域——《机器翻译的译后编辑：过程与应用》评介 [J]. 中国翻译 , (2):55-59.

张鹏 . 2019. 汉译英译前编辑对专业翻译整体效率的影响分析 [D]. 北京外国语大学 .

张威 . 2012. 近十年来口译语料库研究现状及发展趋势 [J]. 浙江大学学报 ( 人文社会科学版 ), (2):193-205.

赵毅慧 . 2018. 机器口译与人工口译的价值关系研究 [J]. 上海翻译 , (5):84-88.

赵毅慧 . 2017. 技术哲学视域下口译技术的“名”与“实”探析 [J]. 外语教学 , (6):89-94.

仲伟合 , 王斌华 . 2010. 口译研究方法论——口译研究的学科理论建构之二 [J]. 中国翻译 , (6):18-24,92.

朱志强 . 2015. 语音数字识别辅助汉英交传探究 [D]. 北京外国语大学 .

BENGIO Y, DUCHARME R, VINCENT P, et al. 2003. A neural probabilistic language model[J]. Journal of Machine Learning Research, 3(Feb):1137-1155.

BENGIO Y. 2009. Learning deep architectures for AI[J]. Foundations and Trends in Machine Learning, 2(1):1-127.

COSTA H, CORPAS PASTOR G, DURÁN MUÑOZ I. 2014. Technology-assisted interpreting[J]. Multi Lingual, 143(25):27-32.

CORPAS PASTOR G. 2017. VIP: Voice-Text integrated system for interpreters[J]. Proceedings of the Translating and the Computer, 7-10.

LeCUN Y, BENGIO Y, HINTON G. 2015. Deep learning[J]. Nature, 521(7553):436-444.

FANTINUOLI C. 2016. InterpretBank. Redefining computer-assisted interpreting tools[C]. Proceedings of the Translating and the Computer 38 Conference, London, 42-52.

MEEKER M. 2017. Internet trends 2017 Code conference [R].

MIKOLOV T, KARAFIÁT M, BURGET L, et al. 2010. Recurrent neural network based language model[C]. Eleventh annual conference of the international speech communication association.

NORBERG U, STACHL-PEIER U, TIITTULA L. 2015. Speech-to-text interpreting in Finland, Sweden and Austria[J]. Translation & Interpreting, 7(3):36-49.

QUINTAS L C. 2017. Towards a hybrid intralinguistic subtitling tool: miro translate[J]. Translatingand the Computer 39, 1-6.

SANDRELLI A. 2005. Designing CAIT (computer-assisted interpreter training) tools: Black Box[C]. Conference Proceedings–EU High Level Scientific Conference Series. Proceedings of the Marie Curie Euroconferences.

SHLESINGER M. 1998. Corpus-based interpreting studies as an off shoot of corpus-based translation studies[J]. Meta: Translators’ Journal, 43(4):486-493.

YU D, DENG L. 2010. Deep learning and its applications to signal and information processing [exploratory dsp][J]. IEEE Signal Processing Magazine, 28(1):145-154

# VBA 编程在翻译中的应用

李海亭 *

**摘要：**微软 Office 中的 VBA 编程功能可以将办公操作自动化。由于现代翻译中绝大多数原文和译文都用办公软件呈现，而且现代翻译中译前和译后的编辑工作基本上都可以在 Office 软件中完成，因此 VBA 编程可以将翻译实践中的许多操作自动化，从而提高翻译效率。本文首先介绍了 VBA 编程在翻译中应用的可能性及 VBA 编程的一些特点，然后通过一些实例来证明 VBA 编程在原文和译文等译前和译后文档编辑活动中有重要的作用，希望能够促进 VBA 编程在翻译中的应用研究。

**关键词：**VBA；编程；翻译

## 一、引言

VBA 是微软公司开发的面向办公软件的一种编程语言。这种编程语言可以将许多微软办公软件中的操作自动化，从而节省用户大量的时间和精力（Mansfield，2010：xxvii，3；2008：xxvii，3）。利用 VBA 可以将一些简单重复性的工作编写为程序代码，从而通过运行代码自动完成办公任务，提高文字处理、数字统计和信息管理等办公效率。现代翻译大多数以办公软件特别是 Word 的形式呈现，因此利用 VBA 编程可以提高翻译效率并保证翻译质量，特别是译前和译后的原文与译文编辑、修订的效率和质量。本文以翻译中的几个实例说明

---

* 作者简介：李海亭，男，陕西科技大学文理学院副教授，英语语言文学硕士。主要研究方向为：翻译技术和翻译理论与实践。电子邮箱：hasting_0866@163.com。

VBA 编程在翻译中的应用，希望今后有更多人参与到相关研究中。

## 二、VBA 编程在翻译应用研究

由于 VBA 编程在办公自动化过程中有重要的作用，对其在各个领域的应用研究也非常广泛。根据知网上面以“VBA 的应用”为检索词所得到的结果，VBA 编程在其他各个领域应用的研究非常普遍，但是在翻译方面的应用却搜不到任何文献。造成这种现象的主要原因是国内大多数翻译实践和翻译理论研究者出身于外语专业，而以外语这种文科专业为背景的学者多少都有一点“技术恐惧症”：对技术性的问题不敢尝试。而大多数计算机基础类的课程又很少涉及办公软件中的高级用法，造成大多数翻译实践人员对微软办公中的许多高级应用知识知之甚少。正如有学者指出的，“80% 的 Word 用户，其实只知道它 20% 的功能”（徐彬，2017）。许多人甚至根本不知道微软办公软件还有编程功能。

文字处理是翻译实践中最重要的工作内容，在现代翻译中，绝大多数的原文和译文都是以办公软件特别是微软 Word 的形式呈现。VBA 可以扩充办公软件的功能，使文字处理等办公操作自动化，因此在翻译原文和译文的编辑、修订过程中也应该有重要作用。虽然上文说在知网上搜不到 VBA 编程与翻译之间关系的文献，但这并不是说没有人知道 VBA 编程在翻译中的重要作用。例如，徐彬就多次提到了录制宏（其实就是 VBA 编程最基本的部分）在处理译文标点符号（2007：80）、术语收集整理（2010：47；2017：97）、隐藏奇数段落以获得原文与译文逐段对照的格式（2017：97）中的作用，以及在其他方面的应用（2014：108）。王华树也在其主编的翻译技术教材中将“宏编程基础与文本处理”作为翻译技术课程体系构建中计算机基础部分的一项内容。此外，王华树（2013）也多次在其研究中提到了 Java 和 Python 等计算机语言在翻译中的作用。因此，计算机编程应该成为计算机辅助翻译能力的一部分，而并不是可有可无的技术。

作为办公软件的一部分，VBA 编程与办公软件操作密切相关，比其他独立编程语言更容易学习和掌握。翻译实践人员可以在学会 VBA 编程的基础上将自己反复使用的操作进行编程，从而实现操作的自动化，节省时间和精力，而将更多的时间投入到翻译过程中译文理解和语言转换等创造性的工作上。

必须指出，虽然上文提到录制宏也可以完成一些重复性的操作，但是录制宏的功能非常有限。翻译实践人员想要通过 VBA 编程解决翻译中的实际问题，最好还是要学会自己编写 VBA 代码。原因主要有以下四点。

第一，不是所有的办公软件都有宏录制功能。在微软系列办公软件中，只有 Word、Excel 和 PowerPoint 提供了录制宏的功能，而其他 Office 软件并没有这个功能。特别是 Access 这个数据库软件在开发基于数据的程序方面具有非常重要的作用，但是却无法通过录制宏生成宏程序代码，自动完成各种操作。

第二，宏录制不能将两种以上软件结合起来使用。微软的各个办公软件都有自己的优势，如 Word 利于编辑处理文字，Excel 利于处理表格和数字信息，PowerPoint 利于演示，Access 利于各种数据处理。一般来说，用户在办公时很少能够同时使用两个以上办公软件。即使需要使用也需要另外打开一种程序文件，如译者可以查找存储在 Excel 中的英汉术语表并且将相关术语插入到 Word 文件中，就需要同时打开 Word 和 Excel 文件，通过在两个不同类型的文档之间复制粘贴来完成任务。然而在 VBA 编程中，各个不同软件之间可以相互调用。这样就可以用一种办公软件同时操作两个以上的软件，从而将各个不同软件之间的功能结合起来使用。

第三，并不是所有的办公操作都能通过录制宏来完成。宏录制只是将用户的某些操作通过 VBA 代码记录了下来，而这些代码通常会受到录制宏时所处理的文件对象本身的限制。例如，如果一个文档只有六个段落，而用户通过录制宏将这六个段落依次复制到了另一个文件中，以后启动录制的程序代码就只能复制六个段落，如果一个文档段落超过了六个，后面的段落就无法复制。

第四，即使有些操作可以用宏录制，而且启动后完全可以满足用户的操作要求，也会产生冗余代码。例如，以下两个代码块执行都可以将所选文字设置为隐藏字体，由于第一个是通过录制宏产生的代码块，而第二个是编写的代码块，结果代码长度差别很大。因为在第一个代码块中除了两个语句是有效语句以外，其他语句代码都是冗余代码。这样的代码如果不删除虽然并不会影响自动完成操作任务，但是代码过长却会拖慢程序运行速度，从而影响操作效率，而且代码过长也会影响以后对程序的维护和修改。

```
With Selection.Font
    .Hidden = True ' 有效语句
    .SmallCaps = False
```

```
    .AllCaps = False
    .Color = wdColorBlue ' 有效语句
    .Engrave = False
    .Superscript = False
    .Subscript = False
    .Spacing = 0
    .Scaling = 100
    .Position = 0
    .Kerning = 1
    .Animation = wdAnimationNone
    .DisableCharacterSpaceGrid = False
    .EmphasisMark = wdEmphasisMarkNone
    .Ligatures = wdLigaturesNone
    .NumberSpacing = wdNumberSpacingDefault
    .NumberForm = wdNumberFormDefault
    .StylisticSet = wdStylisticSetDefault
    .ContextualAlternates = 0
End With
```

录制宏产生的代码

```
With Selection.Font
    .Hidden = True
    .Color = wdColorBlue
End With
```

编写的代码

## 三、VBA 编程与计算机辅助翻译软件的共同设计原则

计算机辅助翻译技术“利用计算机模拟人脑记忆功能的机制，把翻译过程中简单、重复性的记忆活动交给计算机来做，将译者从机械性的工作中解放出来，全力关注翻译活动本身”（王华树，2017）。目前所有的计算机辅助软件的

设计都是基于这条原则。VBA 编程也是基于相似的原则，它可以让用户将办公过程中一些常见的重复性工作通过 VBA 代码编写为程序，然后通过运行程序而自动完成同样的操作。由于 VBA 和计算机辅助翻译软件有相似的设计原则，并且 VBA 编程主要处理的是各种办公操作，所以 VBA 应该成为现代翻译技术的一个组成部分，用来处理翻译过程中的各种文档操作。例如，在汉英翻译中，译文单词之间可能有一些多余的空格，通常可以用 Word 的查找和替换功能并结合 Word 通配符来将多个空格替换为一个空格。具体做法是使用查找和替换对话框中的“使用通配符”，在查找框中输入一个空格和 {2,}，在替换框中输入一个空格，然后点“全部替换”就可以清除全部的多余空格。在一般人看来，这个操作已经非常方便快捷。实际上这个操作因为反复使用可以编写为程序，以后就可以通过运行程序来自动完成，而不必每次都调用查找和替换对话框，并且在查找和替换框中输入查找和替换项。而且还可以将这个程序通过命令按钮加载到常用工具栏中并且为程序设置一个快捷键，以后需要时直接点击这个命令按钮或按快捷键就可以完成操作。

## 四、VBA 编程的特点

利用各种编程语言将日常生活和工作中的操作自动化已经非常普遍。为了满足各种不同编程的需要，现在也出现了各种不同的编程语言，如 Perl、Python 等。由于 VBA 与办公软件相结合，而翻译实践主要用的是各种办公软件，所以对于翻译实践中的各种操作而言，VBA 有以下的特点和优势。

### （一）操作便捷

微软 VBA 所编写的程序可以指定为常用工具栏的命令按钮，或指定快捷组合键，或通过给文件中添加命令按钮来运行，甚至还可以指定程序自动运行，因此使用起来非常方便快捷。对于一些个人常用的程序，可以存为文件模板，并且用命令按钮的形式加载在常用工具栏中，以后使用时与点击其他命令按钮一样来完成相应的操作。图 1 中最右侧的三列三行命令按钮就是将一些常用操作编写为 VBA 小程序，并以命令按钮的形式加载到了 Word 工具栏中。这样就可以如同点击 Word 命令按钮一样就完成所需要的操作。

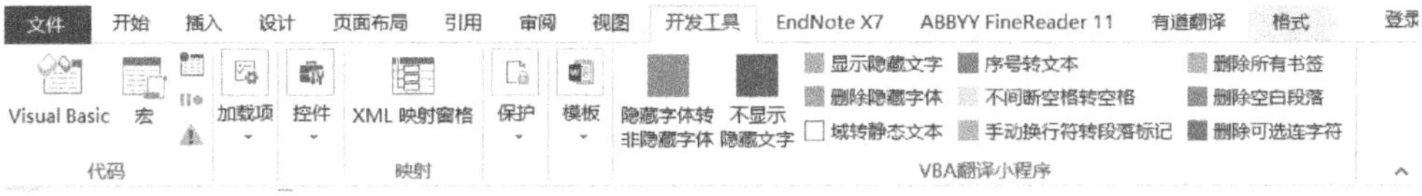


图 1　加载为工具按钮的 VBA 小程序

同时，有些稍微复杂一点的小程序，由于代码较长，可以单独保存为启用宏的 Word 文档（拓展名为 .docm），并在文档中添加一个程序启动按钮，将程序的操作说明直接写到文档中。为了保证程序的安全性和不被误改，可以使用 Word 的限制编辑功能。这样的文档以后再次使用时，只要打开文档，点击启动按钮就可以自动运行。不仅操作方便，而且还可以像一个小软件一样与团队成员或朋友相互分享。图 2 就是这样一个启动了宏程序的 Word 文档的部分截图。

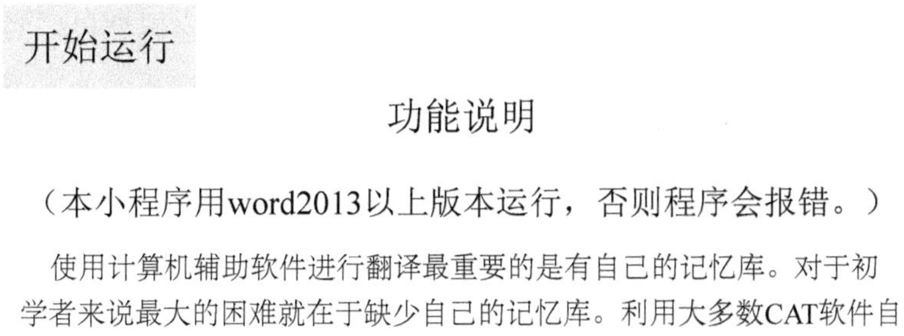


图 2　添加了启动按钮和操作说明的启动宏的 Word 文档

## （二）简单易学

与其他大多数编程语言相比，VBA 编程简单易学，容易上手。首先，用户不必学习和掌握许多与编程相关的知识。因为 VBA 内置于微软应用软件中，所以利用 VBA 编写程序不需要专门的集成开发环境，也就不需要学习开发环境软件。大多数程序编写人员除了要掌握一门计算机编程语言之外，还需要学习和掌握操作系统知识、数据库知识和计算机网络知识。而利用 VBA 编程，程序编写人员只要掌握了 VBA 语言并且熟悉微软办公软件的各种操作就可以编写一些简单实用的程序。其次，由于 VBA 语言中所涉及的各种对象、属性、方法和事件都对应于应用软件中的各种不同操作，因此编写的代码也相对容易理解和掌握，而且 VBA 的帮助文件提供了非常详细的查询，学习者可以通过查找帮助文件，较快掌握 VBA 中各种对象、属性、方法和事件的编码。再次，VBA 编辑器提供了自动插入功能，自动显示各个对象所涉及的属性、方法、数据类型，以及各种常量，用户只需根据自己的编程需要进行选择，更容易学习。最后，通过上文所提到的微软办公软件提供的宏录制功能，初学者可以较快理解各种代码的含义。因此，即使不熟悉算法的初学者也可以通过录制宏查看程序代码，从而熟悉各种算法和程序编码。

### （三）灵活定制

VBA 虽然基于微软办公软件，但是它能够满足不同目的的编程需求。可以根据用户的需要编写简单实用的代码完成并实现小的办公操作的自动化，同时也可以通过调用其他办公软件的 VBA 编程实现复杂任务的自动化操作。因为不同的用户用办公软件来完成不同的任务，所以不同的用户可以根据自己的需要编写不同的代码，实现不同操作的自动化。对于翻译来说，从译前原文文档的处理到译后译文的编辑都可以使用 VBA 编程实现翻译编辑过程某些操作的自动化。此外，VBA 编程也可以用于翻译术语管理之中。

## 五、VBA 编程在翻译应用中的实例

以翻译技术为基础的翻译流程包括译前、译中和译后三个过程。VBA 编程主要出现在译前的原文文本编辑和译后的译文文本加工，同时也可以应用于翻译术语管理方面（李海亭，2019）。以下就用几个实例说明 VBA 编程在翻译中的具体应用。这些例子中的代码一般都比较简单，基本上都适合添加到工具栏中，随时处理文档。

### （一）显示或不显示隐藏文字

校对是翻译过程中非常重要的环节。在校对过程中，有时候需要对照原文，以确定译文的意义是否与原文一致，这时候可以将原文和译文排列为段落对照的格式，也就是所有奇数段落都是原文，而所有的偶数段落都是译文。这样可以随时对照原文，检查译文意义表达是否准确。但有时在译文与原文意义一致的情况下，却只需要对译文的行文进行润色。这时候呈现原文反而会造成不便。其实，

完全可以使用 Word 隐藏文字的功能并利用显示或不显示隐藏文字满足两种不同的需要。具体方法是将原文和译文排成段落对照的格式，并且将原文设置为隐藏文字的格式（这个过程也可以用宏程序完成，见下文）。然后可以编两个不同的宏程序，一个显示隐藏字体，一个不显示隐藏文字（两个程序的代码如下），并且将两个宏加载到常用工具栏中，设置为按钮。在需要显示原文时，点击显示隐藏字体的按钮，原文自动出现。而在不需要显示原文时，点击不显示隐藏文字的按钮，原文自动隐藏，而只显示译文。

```
Sub 不显示隐藏文字 ()
ActiveWindow.View.ShowAll = False
ActiveWindow.View.ShowHiddenText = False
End Sub
Sub 显示隐藏文字 ()
ActiveWindow.View.ShowAll = True
ActiveWindow.View.ShowHiddenText = True
End Sub
```

### （二）隐藏原文奇数段落

Trados、Déjà Vu 和 memoQ 都可以忽略原文中隐藏的文字，利用这个特点，可以将原文中每一个段落都复制，变成 AABBCC 的形式，然后将奇数段落隐藏，这样导入 CAT 软件，翻译完成后，导出来的译文就成为原文和译文段落对照的格式。用表格和文本互换的操作可以完成这一任务，而且也可以将这个操作录制成宏，以便以后自动完成各种操作（徐彬，2017）。其实这种利用表格和文本相互转换的操作完成的任务也可以通过编写程序代码来自动完成，而且编写的代码要比宏录制产生的代码更加简洁，从而更容易理解和维护。图 1 和图 2 分别就是编写的代码和录制宏的代码实现自动隐藏奇数段落的部分代码。以下是这个程序的全部代码。

```
Sub 复制原文段落并隐藏奇数段落 ()
    Dialogs (wdDialogFileOpen).Show              '打开文件选择窗口
    Dim Doc As Document                   '定义新文档
    Set Doc = ActiveDocument              '为新文档赋值
```

```
  Dim Total As Integer                    '定义整形变量作为总行数
  Total = Doc.Paragraphs.Count            '为总行数赋值
  Dim DocName1 As String                  '定义整形变量作为活动文档名称
  Dim DocPath As String                   '获取活动文档路径
DocPath = Doc.Path                        '为活动文档路径赋值
Selection.WholeStory                      '选择整篇文档内容
  '将文档转换成表格
Selection.ConvertToTable Separator:=wdSeparateByParagraphs, NumCol-
umns:=1, _
NumRows:=Total, AutoFitBehavior:=wdAutoFitFixed
  With Selection.Tables (1)
    .ApplyStyleHeadingRows = True
    .ApplyStyleLastRow = False
    .ApplyStyleFirstColumn = True
    .ApplyStyleLastColumn = False
  End With
Doc.Tables (1).Columns (1).Select         '选择表 1 中的第一列
Selection.Copy                            '复制第一列内容
Selection.InsertColumnsRight              '在所选第一列后面插入新列
Selection.PasteAndFormat (wdPasteDefault) '粘贴所选第一列并格式化
Doc.Tables (1).Columns (1).Select         '选择表 1 中的第一列
  With Selection.Font '                   对所选列字体进行设置
    .Hidden = True
    .Color = wdColorBlue
  End With
Doc.Tables (1).Select '选择表 1
  '将所选表格转换为文档
Selection.Rows.ConvertToText Separator:=wdSeparateByParagraphs, _
NestedTables:=False
DocName = Left（Doc.Name, InStrRev (Doc.Name, ".") - 1) '截取源文档的文
```

件名

Doc.SaveAs2 FileName:=DocPath& "\" &DocName& " 段段对照 " ‘ 另存新文档为源文档的路径并重新命名

Doc.CloseSavechanges:=wdSaveChanges ' 关闭文档并保存修改

End Sub

### （三）切分长文档

在翻译活动中，经常会遇到一些长文档，如长达数百页的一本书。这样的翻译工作通常需要好几位译者合作完成。此时就需要翻译项目管理人员将长文档切分成多个短文档，然后分配给不同的译者。即使是一位译者独立在 CAT 软件中翻译这样的长文档，也应该将其按照章节切分成多个不同的文档，否则在原文导入和译文导出时，由于文件整体太大而导致导入、导出和打开过程太长，从而耗费大量时间。此外，长文档在翻译过程中如果出现任何错误可能会导致整个译文无法导出，给译文的译后编辑带来不便，而切分后的各个短文档即使出现问题，也只影响局部而不会影响全部。在长文档的切分中，可以利用 Word 大纲视图中创建子文档功能完成（徐彬，2017）。当然也可以使用 VBA 编写一个小程序来自动完成。以下代码就是通过录制宏产生的按照一级标题切分长文档的程序代码。可以按照不同的章节要求先设定好一级标题，然后直接运行该程序或点击添加到菜单栏中对应的按钮就可以直接将一篇长文档切分为好多个短文档。

```
Sub 切分文档 ()
ActiveWindow.ActivePane.View.Type = wdOutlineView
Selection.WholeStory
If ActiveWindow.View = wdMasterView Then
ActiveWindow.View = wdOutlineView
Else
ActiveWindow.View = wdMasterView
End If
ActiveDocument.Subdocuments.AddFromRange Range:=Selection.Range
ActiveWindow.Close
End Sub
```

### （四）去掉多余空格

在汉译英中，译文中一般要求在两个单词中间有一个空格，而在单词与标点符号之间不要空格。但一般会因为输入失误而在两个单词之间产生两个以上的空格或者在单词与后面的标点符号之间加上空格。通常在译文校对过程中应该去掉这些多余的空格。如果用人工校对和修改，不仅费时费力，还会因为各种原因而未能全部修改。这种简单的劳动其实也可以通过 VBA 编码来交给计算机自动完成。以下就是通过录制并编辑宏代码产生的去除英文多余空格的程序代码。

```
Sub 去除多余空格 ()
Selection.Find.ClearFormatting
Selection.Find.Replacement.ClearFormatting
  With Selection.Find
    .Text = " {1,}（[\,\.\?\!^13\（\）""""]）"
    .Replacement.Text = "\1"
    .Forward = True
    .Wrap = wdFindContinue
    .MatchWildcards = True
  End With
Selection.Find.Execute Replace:=wdReplaceAll
  With Selection.Find
    .Text = " {2,}"
    .Replacement.Text = " "
    .Forward = True
    .Wrap = wdFindContinue
    .MatchWildcards = True
  End With
Selection.Find.Execute Replace:=wdReplaceAll
End Sub
```

### （五）去掉所有书签

在翻译实践中，经常会遇到利用 OCR 技术将 PDF 文件（特别是 PDF 图像）转换成 Word 格式，然后再导入 CAT 软件翻译的情形。例如，用 FineReade 将 PDF 文件转换为 Word，然而有时 PDF 文档转换成 Word 后会出现大量的书签。这种书签一般用 Word 查找替换对话框中的定位功能一个一个删除，这样做费时费力，其实可以用以下四行代码编写的小程序一次全部删除，当然最好将这样的宏程序附加到常用菜单栏中，每次使用时只要点击一次就可以瞬间完成删除。

```
Sub 删除所有书签（）
Dim MyBkAs Bookmark
For Each MyBkInActiveDocument.Bookmarks
MyBk.Delete
Next
End Sub
```

以上几个小程序都是使用 Word VBA 编写的，这些 Word VBA 程序也是翻译中对原文和译文进行编辑最常使用的程序。

## 六、结语

本文论述了 VBA 编程在翻译实践中的应用，并以几个实例说明了 VBA 编程在原文和译文编辑及术语管理中的作用。实际上 VBA 编程在翻译中的应用远不止这些。作为办公软件的一个扩展功能，VBA 有极强的灵活性和适应性。将微软办公软件中的 Word、Excel、PowerPoint 及 Access 等各种功能通过 VBA 编程相互结合起来，会在翻译中有无限的应用前景。希望未来有更多学者在这一方面有所研究。

**参考文献**

李海亭 . 2019. Office VBA 编程设计两款翻译术语工具 [J]. 电子技术与软件工程 , (7):230-232.

王华树 . 2018. 翻译专业硕士 (MTI) 翻译技术教学研究：问题与对策 [J]. 外语电化教学 , (6):76-82.

王华树 . 2017. 翻译技术教程 [M]. 上海 : 商务印书馆 .

王华树 . 2013. 语言服务行业技术视域下的 MTI 技术课程体系构建 [J]. 中国翻译 , 34(6):23-28.
徐彬 . 2014. 翻译技术教学新思考 [J]. 北京航空航天大学学报 ( 社会科学版 ), 27(6):107-111.
徐彬 . 2010. 计算机辅助翻译教学——设计与实施 [J]. 上海翻译 , (4):45-49.
徐彬 , 郭红梅 . 2017. 翻译技术教学新谈 [J]. 当代外语研究 , (5):96-101.
徐彬 , 郭红梅 , 国晓立 . 2007. 21 世纪的计算机辅助翻译工具 [J]. 山东外语教学 , (4):79-86.
徐彬 , 谭莹 . 2008. 计算机辅助下的翻译协作 [J]. 山东外语教学 , (4):91-94.
俞敬松 , 王华树 . 2016. 计算机辅助翻译硕士专业教学探讨 [J]. 中国翻译 , (3):38-42.
RICHARD M. 2010. Mastering VBA for Microsoft Office 2010[M]. Indianapolis: Wiley Publishing, Inc, xxvii, 3.
RICHARD M. 2008. Mastering VBA for Microsoft Office 2007[M]. Indianapolis: Wiley Publishing, Inc, xxvii, 3.

# 技术驱动的翻译协作方法及其评价
## ——以计算机辅助翻译工具 memoQ 为例

周兴华　汪家玲*

**摘要：**在全球化和信息化浪潮驱动下，翻译业务大量涌现，新项目需求日益凸显，且呈现出规模大、语种多、周期短、要求高的特点。处理这样的项目，一方面需要翻译技术支持，另一方面需要多人协作翻译。memoQ 软件是一个集成翻译环境，译员专业版、项目经理版和服务器版均可以组织协作翻译，但方法不同，效果差别较大。鉴于目前协作翻译需求与协作翻译方法之间尚未有效对接，因此本文以 memoQ 软件三个版本的翻译协作方法为例进行集中探讨并给予简要评价，希望能为翻译协作的有效开展提供帮助。

**关键词：**计算机辅助翻译；memoQ 软件；翻译协作；方法；评价

## 一、引言

在全球化和信息化浪潮驱动下，翻译业务大量涌现并持续增长，新项目需求日益凸显，且呈现出规模大、语种多、周期短、要求高的特点。处理这样的项目，一方面需要翻译技术的支持，另一方面需要多人协作翻译。memoQ 软件是一个集成翻译环境，可以有效帮助项目经理、译员和审校人员处理翻译工作，其

---

* 作者简介：周兴华，男，南开大学博士研究生，鲁东大学外国语学院副教授、MTI 中心主任、翻译硕士研究生导师，主要研究方向：翻译技术、应用翻译。电子邮箱：xhzhou76@163.com。

汪家玲，女，黄河水利职业技术学院国际教育学院英语教师、外事专员，主要研究方向：翻译技术、应用翻译。电子邮箱：15684166998@163.com。

流程管理、翻译记忆、语料库等功能可以显著提高翻译效率。针对多人协作翻译需求，无论是 memoQ 译员专业版、项目经理版，还是服务器版，都有相应的解决方案，但具体方法不同，效果差别较大。鉴于目前协作翻译需求与协作翻译方法之间尚未有效对接，因此本文以 memoQ 软件三个版本的协作翻译方法为例进行集中探讨，并对每种方法的优势与不足给予简要评价，希望能为翻译协作的有效开展提供一定的帮助。

## 二、译员专业版协作方法

memoQ 译员专业版（Translator Pro，TPro），顾名思义，主要是给译员使用的一个版本（图 1）。在翻译公司，译员的主要工作是接受翻译或审校任务，完成并提交任务。软件界面也体现了这一特点，常规任务区有四个快捷图标，包括从 memoQ 服务器签出项目、导入包进行翻译、新建项目（无模板）、新建项目（基于模板）。译员专业版也是自由译者（Freelance Translators）使用最多的版本。在高校，这个版本一般是给学生使用。

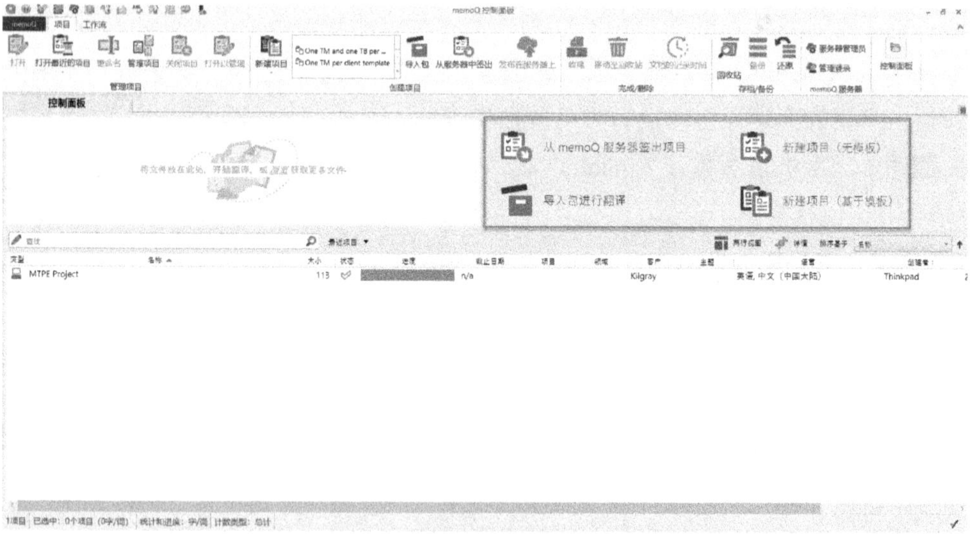


图 1　译员专业版界面

个人使用的软件版本原则上只能参与协作翻译而无法组织协作翻译，但是 memoQ 译员专业版可以新建项目，而且还有项目“备份”（Back up）和“还原”

（Restore）功能，通过这两个功能可以变通地实现翻译任务的分配、翻译资源的分享和译文的更新。

## （一）项目备份

项目负责人（项目经理或项目组长）建好项目之后，无论是单文件项目还是多文件项目，都可以将整个项目备份。备份文件可以存储在本地电脑，也可以存储到“语言终端”（Language Terminal），即 memoQ 提供的免费云空间中，或同时以两种方式存储（图 2）。

图 2　备份项目

## （二）项目还原

然后项目负责人将备份的项目文件通过邮件或云端共享等方式发送给其他参与翻译的人员。译员收到备份项目文件之后，通过“还原”功能将整个项目导入 memoQ 译员专业版软件，不需要任何其他设置就可以打开文件进行翻译或审校。完成任务之后，同样需要将整个项目备份，然后将新备份的文件返给项目负责人。此时，项目负责人通过还原功能将返回的备份文件导入，导入时选择对应的项目，就可以实现译文的更新（图 3）。

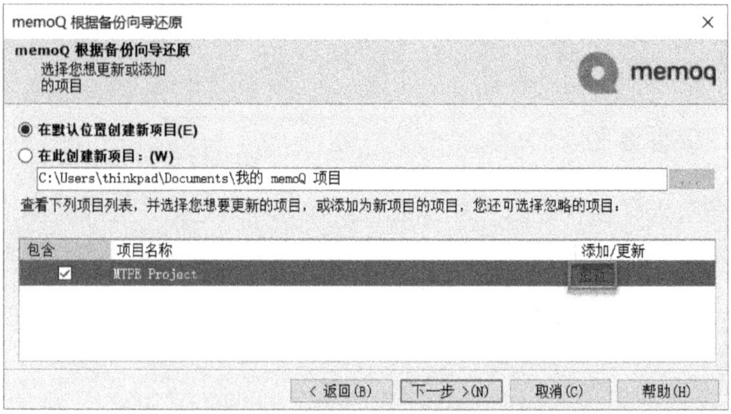


图 3　还原项目（更新译文）

## （三）特殊情景

协作翻译至少是在两个或两个以上的人员之间进行，而备份是将整个项目打包成一个文件，所以如果是单文件项目，备份项目之后分配给其他项目组成员时，需要单独说明每个人翻译或审校的句段范围（Segment Range）。另一个问题是，项目负责人在还原每个返回的项目时，后者会替代前者的译文。因此，可行的办法是，其他参与人员将翻译记忆库（Translation Memory，TM）导出为 TMX 格式（翻译记忆库交换格式）并发回给项目负责人，项目负责人将收到的翻译记忆库文件全部导入到原项目的翻译记忆库中（即合并翻译记忆库），然后进行预翻译处理就可以了。

如果是多文件项目，也就是项目包含多个文件需要翻译或审校，项目负责人可以根据实际情况，一个文件或几个文件新建一个项目，但都为这些项目添加相同的翻译资源，即相同的翻译记忆库和术语库等，然后分别备份项目并将备份文件发送给相关的译员。译员翻译或审校完成之后将备份项目返给项目负责人，项目负责人导入时选择对应的项目就可以更新译文，最终完成多文件的协作翻译。

除了上面提到的两种情景和处理方法，memoQ 译员专业版和项目经理版都有视图（View）功能（图 4）。通过这个功能，可以实现多个文档的合并、单个文档的分割，以及重复句段的提取等。

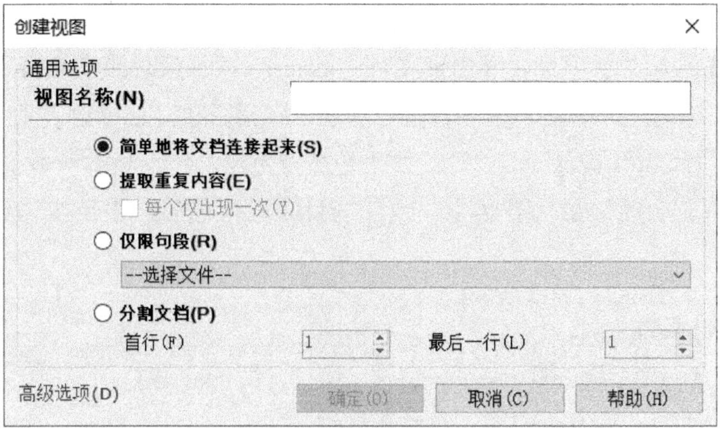


图 4　创建视图

项目负责人新建项目之后，可以根据实际情况灵活地创建视图（图 5），“视图名称”可以是文档名称加译员名称或直接以译员名称命名，这样每位译员“还原”项目之后，就可以很直观地看到自己负责的翻译或审校任务了。另外，视图中的文档是虚拟文档，也称“影子文档”，意思是对视图文档的翻译或审校将实时同步到原文档中，视图中的虚拟文档翻译或审校完，也就意味着原文档也翻译或审校完了，最后直接将视图中的文档删除就可以了。

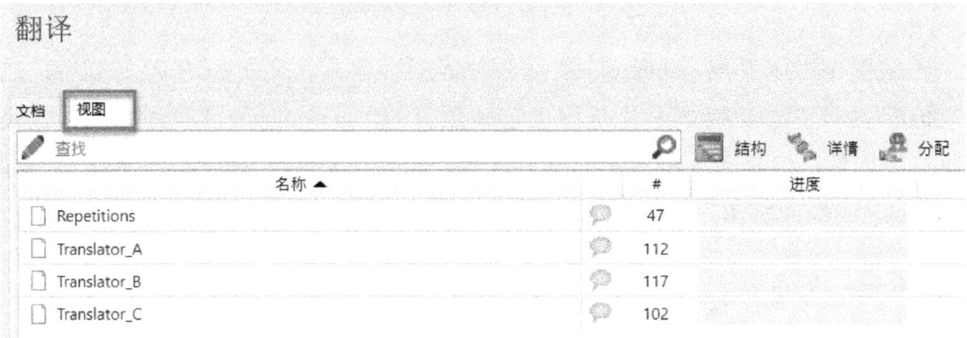


图 5　视图文档

## 三、项目经理版协作方法

memoQ 项目经理版（Project Manager，PM），主要是供项目经理使用的版本

（图 6）。在翻译公司，项目经理主要负责项目管理，包括新建翻译项目、分配翻译或审校任务、更新项目、导出译文等。memoQ 项目经理版包含译员专业版的所有功能，除此之外，还多了项目管理功能，包括新建多目标语言项目、新建项目分发包（Handoff Packages）等。如果是高校用户，这个版本一般供教师使用，但在以任务驱动的情景化教学中，担任项目经理角色的学生也应该使用项目经理版。

图 6　memoQ 项目经理版界面

从图 6 可以看出，memoQ 项目经理版界面中最大的区域是项目列表，这也恰好说明了这个版本主要是用来管理项目的。memoQ 项目经理版同样也是单机版软件，但是因为具有项目管理功能，所以可以组织基于本地项目（Local Project）的翻译协作。具体有三种方法。

## （一）项目备份与还原

因为 memoQ 项目经理版包含译员专业版的所有功能，所以通过项目备份与还原进行协作翻译的方法同样适用于 memoQ 项目经理版。这种方法前文已有详述，此处不再赘述。

## （二）创建项目分发包

项目经理新建项目之后，可以在翻译文档列表中直接为每个文档分配译员和审校者（图 7）。

图 7　分配译员和审校者

分配完译员和审校者之后，项目经理有两种选择：①将项目发布到服务器上，然后让译员和审校者从服务器中签出翻译任务；②为每位译员或审校者创建项目分发包，然后通过邮箱将项目分发包发送给相关译员或审校者。项目分发包是一个独立的文件（拓展名是 mqout），包含需要翻译或审校的文件和相关翻译资源，以及项目设置。因为本部分讨论的是基于本地项目的协作翻译，所以是第②种选择。第①种选择将在下一部分探讨。

项目经理在“概览”视图的“常规”选项卡中，单击“Create new handoff”（创建新分发包）就可以启动“memoQ 分发向导”（图 8）。

按照 memoQ 分发向导，项目经理可以进行自定义设置，包括分发包名称、包含的翻译资源等。最终生成的项目分发包名称中，T 表示翻译，R 表示审校，方便项目经理、译员和审校者进行区分（图 9）。

以翻译分发包为例，译员收到项目经理发送的项目分发包之后，通过“项目”功能区中的“导入包”或常规任务区中的“导入包进行翻译”（图 1），可以轻松地将翻译分发包导入，然后直接翻译就可以了。翻译结束之后，选中文档，单击“文档”功能区中的“交付 / 返回”快捷图标，就可以创建拓展名为 mqback 的交付 / 返回文件包（Delivery Package）（图 10）。

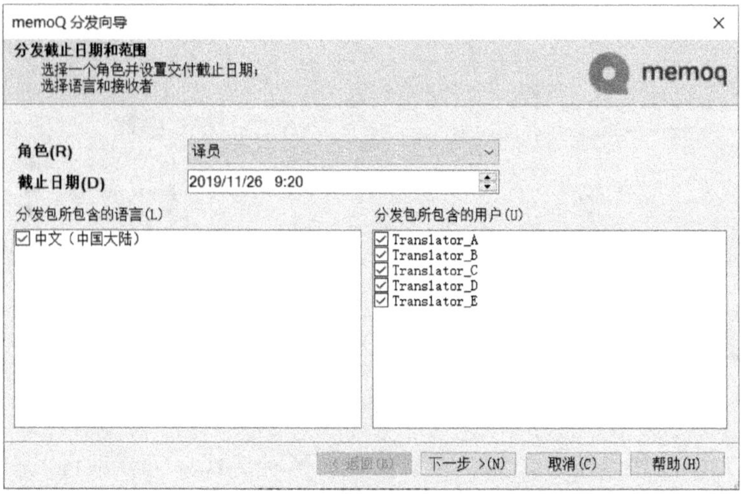


图 8　memoQ 分发向导

T Collaborative Translation Project.2019-11-26.09-22.Translator A.mqout
T Collaborative Translation Project.2019-11-26.09-22.Translator B.mqout
T Collaborative Translation Project.2019-11-26.09-22.Translator C.mqout
T Collaborative Translation Project.2019-11-26.09-22.Translator D.mqout
T Collaborative Translation Project.2019-11-26.09-22.Translator E.mqout

图 9　翻译分发包

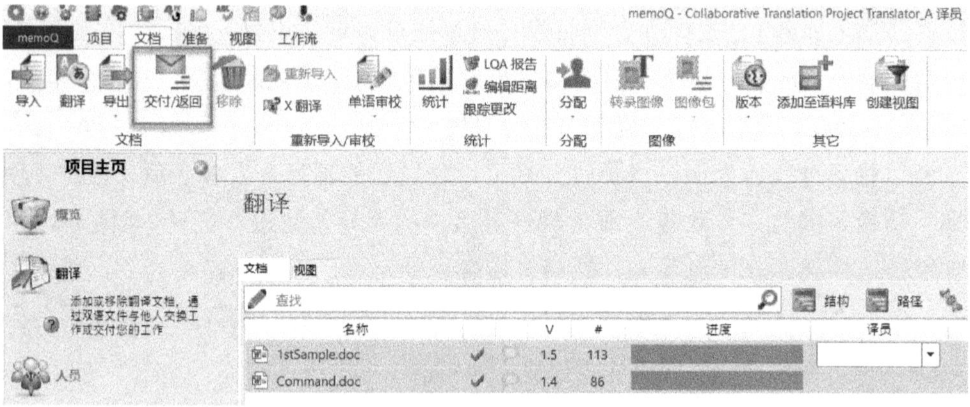


图 10　创建交付 / 返回文件包

项目经理收到译员返回的交付文件包之后，转到“概览”视图，在“分发 / 交付”选项卡中，单击“Receivedelivery”（接收交付）就可以将交付文件包导入并更新对应文件的翻译。

基于审校分发包的审校流程与翻译流程一样，只是在“角色”字段需要选择“审校者 1”或“审校者 2”（图 8）。

## （三）导出双语

memoQ 的“导出双语”（Export Bilingual）有三个选项。其中，第一个和第二个选项是为其他计算机辅助翻译（CAT）软件准备的文件格式，而第三个选项“表格 RTF”导出的文件可以在 MS Word 中直接打开进行编辑。这里的编辑既可以是审校（有译文的情况，包括机器翻译的译文），也可以是翻译（没有译文的情况）。项目经理导出 RTF 双语文件之后，可以通过邮件等方式将文件发给译员或审校者（图 11）。

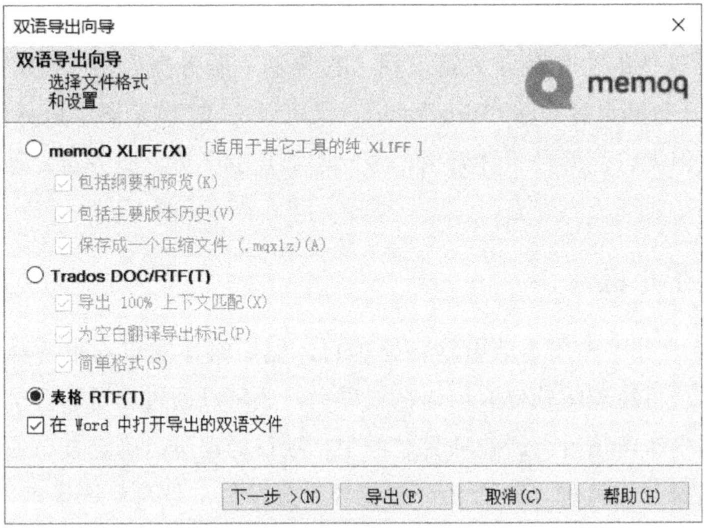


图 11　双语导出向导

译员或审校者接收到的文件样式如图 12 所示。无论是作为审校者对译文进行的编辑修改，还是作为译员（在无译文的情况下）进行翻译，返给项目经理之后，项目经理将其重新导入项目，就可以实现译文的更新。这实际上是“为不懂 CAT 软件使用的翻译人员参与翻译项目提供了便利。”（周兴华，2016：82）

| Command.doc<br>警告：请勿更改句段 ID 或原文本<br>MQ910811 2d2d0ea9-542f-478f-b375-42068ea7399f | | | | |
|---|---|---|---|---|
| ID | 英语（美国） | 中文（中国大陆） | 注释 | 状态 |
| 1 | **The Check Spelling Command** | **检查拼写命令** | | 已确认 |
| 2 | **To run the spelling checker:** | **要运行拼写检查：** | | 已确认 |
| 3 | Place your cursor at the point in your document where you would like the spelling checker to begin. | 将光标放在文档中希望开始拼写检查的位置。 | | 已确认 |
| 4 | From the **Tools** menu, choose **Spelling Checker** or just click the button **Check Spelling** [1] on the [2}toolbar{3]. | 从工具菜单中，选择**拼写检查**，或仅单击 [1] [2}工具栏{3] 上的**检查拼写**按钮。 | | 已确认 |
| 5 | Instead of using the button on the toolbar you can also press F7. | 除了使用工具栏上的按钮，您还可以按F7键。 | | 已确认 |
| 6 | The spelling checker begins checking at the cursor position. | 拼写检查从光标位置开始进行检查。 | | 已确认 |
| 7 | If spelling errors are found in your target text, they are highlighted and the **Check Spelling** dialog box is displayed. | 如果在目标文本中发现拼写错误，则将其高亮显示并显示**检查拼写**对话框。 | | 已确认 |

图 12　导出的 RTF 文件

# 四、服务器版协作方法

memoQ 服务器可作为翻译管理系统（Translation Management System，TMS），可以用来管理项目和自动化翻译流程，备受全球企业和翻译公司青睐。基于服务器软件的协作翻译大都采用“客户端 + 服务器”的“C/S”软件架构，但 memoQ 还有网页客户端（WebTrans），又可以构成“浏览器 + 服务器”的“B/S”软件架构。但无论是哪种软件架构，客户端都是生产端，服务器则是项目管理和资源共享中心。

## （一）新建项目

项目经理可以先在本地电脑新建项目，然后将其发布到服务器上，或直接从本地（即项目经理版软件）创建在线项目，还可以通过浏览器登录服务器，直接在服务器中新建项目。新建项目过程中，项目经理可以确定发布或共享哪些翻译资源，选择工作流程（是否允许创建项目分发包，是否允许译审同步等），选择资源签出选项（是否允许创建翻译资源离线副本，是否允许使用网页客户端，是否允许项目参与者在线沟通）等（图 13）。

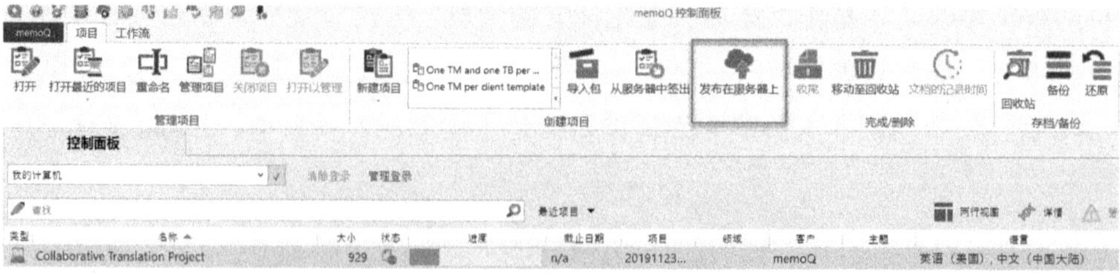


图 13　将本地项目发布在服务器上

## （二）任务分配

memoQ 服务器项目有三种分派翻译任务的方法：最先接受（Firstaccept）、小组众包（Groupsourcing）、分割文件（Slicing）。最先接受是一种竞标模式，第一位接受翻译任务的译员获得翻译机会，其他译员将被拒绝；小组众包就是由多名译员同时翻译同一份文件，依据每个句段只能翻译一遍的原则，共同完成整个文件的翻译；分割文件是将大型文件分割成若干部分，这些部分也被称为文档范围，然后分配给指定译员，译员只能处理分配到的文件，文件的其他部分处于只读状态。（周兴华，2015：78）

## （三）任务处理

项目经理启动项目之后，参与翻译或审校的人员就会收到任务邮件。通过邮件附件或客户端软件可以将项目签出到本地（图 14）。因为参与翻译或审校的人员共享了服务器上的翻译记忆库和术语库等翻译资源，所以翻译或审校的内容同步更新，项目经理可以实时查看每位译员或审校者的工作进度。如果翻译或审校过程中遇到问题，项目参与者之间可以在线沟通。

如果不想将项目签出到本地电脑或本电脑没有安装 memoQ 译员专业版或项目经理版软件，译员或审校者可以直接通过浏览器访问服务器并登录自己的账户，然后可以在网页客户端，即 WebTrans 中打开需要翻译或审校的文件进行处理。WebTrans 也为跨操作系统使用 memoQ 软件提供了便利。（王华树，2017）

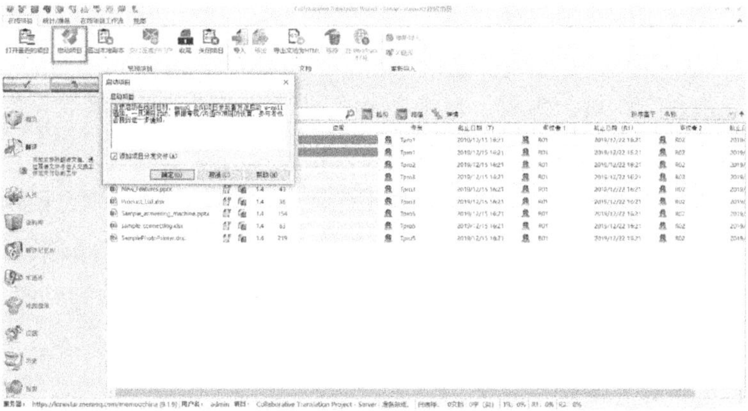

图 14　启动项目

## 五、协作方法评价

前面依据 memoQ 软件版本，分别概述了译员专业版、项目经理版、服务器版软件组织协作翻译的具体方法。显然，每种方法都有其适用条件、制约因素及优势与不足。

### （一）变通法实属无奈

通过项目备份与还原功能组织协作翻译是一种变通的方法，也可以说是一种不得已而为之的方法。这两个功能原本是为不同电脑之间、不同场所之间翻译项目的转换提供方便，如台式计算机和笔记本电脑之间，家里的计算机和单位的计算机之间项目的转换。这种协作方法的优点是前期投入较少，任务分工简单。不足之处在于，对于多文件项目或多目标语言项目来说，分配任务和更新译文都不是很方便。而最关键的问题是不能实时共享翻译记忆库和术语库等翻译资源，这不利于术语翻译和译文风格的统一，也为后续的审校工作增加了难度。显然，翻译过程中，项目负责人也无法实时了解每位译员的工作进度，很可能会因为某位译员的问题而耽误整个项目的交付时间。

### （二）常规法亦有掣肘

基于项目分发包和交付包组织协作翻译是单机版 CAT 软件组织多人协作翻译的常规做法。这也是自由译者或兼职译者之间进行翻译协作，翻译公司外包翻译任务时经常采用的方法。这种方法在具体实施过程中，可以很方便地分配译员和审校者，可以选择翻译记忆库和术语库等翻译资源，更重要的是可以控制是否允许译员导出译文，这一点对于自由译者之间的协作翻译和翻译公司的外包翻译都非常有意义。另外，默认的文件包名称可以清楚地区分工作任务，整个分发和交付的过程都有详细记录，翻译、审校工作流步骤一目了然，项目经理可以据此有效地管理翻译项目。这种协作方法的不足之处也是无法实时共享翻译记忆库和术语库等翻译资源，这其实是基于单机版 CAT 软件组织协作翻译的一个通病。徐彬（2008：93）提出采用定期交换并更新翻译记忆库的方法解决这个问题，有一定效果，但不是完美解决方案。

### （三）外部法情况最糟

使用导出双语的方法进行协作翻译，虽然可以让不懂 CAT 软件使用的译员参与到协作翻译中来，但显然没有翻译记忆库、术语库等翻译资源的支持，同样也没能逃脱无法实时共享翻译资源的桎梏。

### （四）服务器效果最佳

服务器版 CAT 软件专门为项目管理和协作翻译而定制，是名副其实的实时协作（Real-time Collaboration）解决方案。其最大的优势就是能够实时共享翻译记忆库和术语库，实时访问最新核准内容，充分发挥翻译记忆库的作用，切实提高了翻译效率，保证了翻译的准确性和一致性。整个项目流程自动发送邮件通知，翻译或审校内容实时更新，项目经理可以实时查看项目进度，预估存在的问题并能立即采取行动。项目文件存放在服务器上，不会因为任何一方的缺席而造成项目的拖延。“C/S”和“B/S”的软件架构，可以有效规避单纯依靠桌面版软件可能出现的各种问题。基于服务器软件的协作翻译，前期投资高，也需要专人提供技术支持。

## 六、结语

近年来，语言服务业发展迅速，翻译协作已经成为语言服务行业的主要工作模式，传统的手工翻译模式已经不能满足现代翻译项目的需要（王华树，郝冠清，2016：18）。借助计算机辅助翻译软件进行协作翻译，成为顺利完成翻译任务、提高市场竞争力的关键（周兴华，2015：77）。memoQ 作为一款主流 CAT 软件，其译员专业版、项目经理版、服务器版均可以组织协作翻译，具体采用的方法不同，效果也不一样，但又各有其适用的场景。memoQ 用户应该结合自身软硬件条件，灵活选用这些方法，高效地实现协作翻译的目的。

### 参考文献

王华树 . 2017. 翻译技术教程 [M]. 上海：商务印书馆 .

王华树，郝冠青 . 2016. 现代翻译协作中的术语管理技术 [J]. 中国科技翻译，(1):18-21.

徐彬 . 2008. 计算机辅助下的翻译协作 [J]. 山东外语教学 , (4):91-94.
周兴华 . 2015. 计算机辅助翻译协作模式探究 [J]. 中国翻译 , (2):77-80.
周兴华 . 2016. 四款主流 CAT 软件翻译协作功能比较研究 [J]. 中国翻译 , (4):82-86.

# 本地化流程中的术语管理
## ——memoQ 术语管理系统在游戏本地化项目中的应用

朱小二　杨绍龙　杨世臣 *

**摘要：**术语是支持企业本地化业务的一项重要资源。当前，企业术语管理存在概念不准确、用法不合规、数据规范缺失、管理不集中等问题。为实现术语在多语言、多媒介、多场景中概念和语言准确、合规、统一的管理目标，术语管理嵌入本地化项目流程成为重要途径。业务层面的术语管理包括：重构术语管理目标、设计术语管理流程、完善术语管理规范；技术层面的术语管理包括：推进跨部门、跨硬件平台、统一数据标准的术语管理系统应用；实践层面的术语管理包括：推进项目环节、项目角色、所属部门、功能层级、管理权限等术语管理工作细节的划分和实施。

**关键词：**术语管理；本地化项目；术语管理系统；嵌入式流程；术语数据标准

## 一、引言

在人工智能大发展的时期，传统的翻译模式和流程难以满足快速增长的翻译职业需求。对于本地化企业来说，术语管理是企业全球化业务中语言资产管

* 作者简介：朱小二，男，LinkAbroad 总经理，技术总监，翻译硕士毕业。研究方向：审校、本地化、翻译。电子邮箱：zhuxiaoer@linkabroad.cn。

杨绍龙，男，西安外国语大学高级翻译学院翻译硕士研究生。研究方向：计算机辅助翻译、翻译与本地化。电子邮箱：2390117199@qq.com。

杨世臣，男，西安外国语大学高级翻译学院翻译硕士研究生。研究方向：计算机辅助翻译、翻译与本地化。电子邮箱：535907499@qq.com。

理的重要部分，是支持企业本地化业务发展的一项重要资源。在本地化业务实践中，术语管理是一项持续性的、多方参与的、动态管理的工作，它为了满足既定的业务需求，实现术语在多语言、多媒介、多场景中概念和语言准确、合规、统一的管理目标，对所有术语构建多语言数据库，并进行术语收集、定义、处理、存储、编辑、应用、检索、维护、共享和管理等活动。

## 二、术语管理与本地化项目

术语管理贯穿于本地化项目管理中从启动到收尾的各个阶段，包括在项目中的术语提取、术语翻译、术语库建立、术语运用、文本翻译及审核工作。在每个项目的整体流程中，术语管理都是贯穿始终的一个重要模块，它对本地化项目进展发挥着越来越重要的作用。

### （一）术语

在企业业务中，术语通常涉及以下内容：

（1）产品和公司名称（如商标、特定的品牌名称等产品词汇）、特定的公司词汇（如公司标语）、特定对象的词汇、特殊缩略词和首字母缩略词、标准或习惯上通用的词汇（如技术术语）、区别于与竞争对象的相关术语、禁用词汇和非译词汇等；

（2）术语存在于源语和目标语交付件，此类载体通常包括技术参数、图纸、技术文档、法律法规、合规性文档（标准和规范）、合同协议、发布手册、用户手册、帮助文档、故障排除、网站介绍、产品包装、培训资料、营销资料和 FAQ 等材料；

（3）术语的应用部门，包括技术研发部门、技术文档写作部门、国际市场营销部门、产品和服务本地化部门和售后支持部门等；

（4）术语的使用主体，通常为产品研发工程师、技术文档写作人员、本地化人员、市场营销人员、翻译人员，以及翻译供应商。

### （二）术语管理

术语管理贯穿本地化项目启动阶段、计划阶段、实施阶段、监督阶段和收尾阶段。只有在项目全过程中严格地管理术语，才能避免后续项目的术语混乱问题。多语言术语管理是系统创建、收集、维护并呈现某行业具有特殊意义或用法的词汇的过程，典型的术语管理流程主要包括以下环节：

（1）确定与本地化产品密切相关的关键术语；

（2）从产品及其相关文档的历史版本中挖掘既有术语，最大限度地利用现有内容；

（3）定义术语，并说明术语与本地化流程相关的属性（词性、出处、使用情况等）；

（4）通过术语管理系统或软件应用等易于访问的集中式平台收集核心术语；

（5）将所有术语翻译为核心目标语言版本，确保术语在不同语言版本中保持一致；

（6）将多语言术语表发布至产品全球研发周期涉及的所有团队中。

### （三）本地化项目中的术语管理需求

以游戏项目中术语管理需求为例，翻译供应商和游戏公司开项目启动会议时，应向游戏公司获取既有的参考材料，如术语表、风格指南等材料，以帮助译员来理解质量和解决一致性的问题。实际业务中，术语存在许多实际管理的需求：

（1）同样的术语内容，在不同的材料中需要翻译成不同的语言；

（2）某些词汇不需要翻译，如公司名、品牌或游戏角色名称；

（3）竞品的词汇也尽量避免使用。

当前企业术语管理存在概念表达不准确、用法不合规、缺乏数据规范、管理不集中等问题。而问题产生的原因主要有以下两个层面。

（1）业务层面：术语管理工作未延伸、拓展并集成到信息开发、源文档创作、翻译、信息检索、市场营销、售后支持，做术语的全面质量管理等方面；

（2）技术层面：技术缺失（跨部门的、跨硬件平台的、统一的、规范的术语管理系统、数据标准、管理规范），管理流程不完整。

## 三、游戏本地化中的术语管理系统

在游戏本地化的术语管理系统中，术语管理问题依然严峻。普遍缺乏术语管理意识及管理规范，术语管理工具使用方式传统，跟不上现代本地化项目的翻译需求。此外，翻译项目中应用跨部门的术语管理系统缺失，而术语管理依托部门没有真正发挥其功能。

### （一）游戏本地化中面临的术语问题

企业公司普遍缺乏术语管理意识和术语管理规范。正规公司也因成本高而不做术语库，译员也不及时更新“空白的小词典”，形成了术语系统混乱。例如，在《圣斗士星矢》的三份译稿对比中，对于“纱织小姐”的翻译，第一位将其译成 Miss Yarn（纱线小姐），第二位将其译成 Saori（纱织），第三位将其译为 Miss Weave（纺织小姐）。这不仅是体现译者翻译水平高低，而且在游戏公司缺乏术语库的基础上，体现出游戏本地化项目中的术语难以形成规范，管理难度较大。

此外，游戏本地化翻译项目中术语内容繁杂，汇总整理难度大。加之当前术语管理工具普及程度较低，以及当前的术语工具功能有限（王华树，2018），远远无法满足游戏本地化公司对术语管理的多元化需求。例如，网络游戏需要大量地翻译角色、道具、场景、配音以及皮肤等内容。在译者完成整个游戏项目的翻译工作后，需要对大量的术语进行归纳整理，仅仅用 Excel 术语表格整理术语，不仅工作量大，容易使术语在汇编时遗漏或损失，加之缺乏有效的翻译和质检环节，术语管理的质量难以保证。用 Excel 表归纳游戏《地下城与勇士》中的道具术语整理实例如图 1 所示：

| | |
|---|---|
| Ring of Vitality | 活力戒指 |
| Berserker's Ring | 狂战士戒指 |
| Ring of Protection | 防护戒指 |
| Ring of Resistance | 抗性戒指 |
| Ring of fire Resistance | 火抗戒指 |
| Ring of Ice Resistance | 冰抗戒指 |
| Ring of Poison Resistance | 毒抗戒指 |
| Ring of Radiation Resistance | 辐抗戒指 |
| Ring of Stamina | 体力戒指 |
| Ring of Defense | 防御戒指 |

图 1　用 Excel 表归纳游戏《地下城与勇士》中的道具术语截图

从图 1 的游戏道具术语整理中可以看出，用 Excel 表整理游戏术语，在术语整理这一层面上：简单罗列术语，形式单一，质量得不到保障，难以形成统一的规范；在游戏本地化这一层面上，难以使术语得到及时更新，而且是否有相关术语整理人员对术语进行及时修订更新不得而知。这种简单的术语整理方式反映出现代企业中术语管理人才缺乏，术语专员人数绝对值依然较少（王华树，2018：67-72），从而整理出无规范性的游戏道具术语，这很难满足游戏本地化公司的需求。

## （二）游戏本地化中的术语管理系统

### 1. 术语管理系统依托职能部门

术语管理不是分散式的作业，更非局限于翻译这一个环节，而是串联于整个国际化和本地化的业务链条中。术语管理工作需延伸、拓展并集成到产品立项、开发、内容生产、本地化翻译、信息检索、市场营销、售后支持各环节。借助统一的术语管理系统进行术语数据流转，并执行响应的管理工作和权责划分。而推动术语管理系统的跨部门应用，串联在整个国际化和本地化的业务链条中，需要组织内部具备较为清晰的组织构架来支撑。具体流程如图 2 所示。

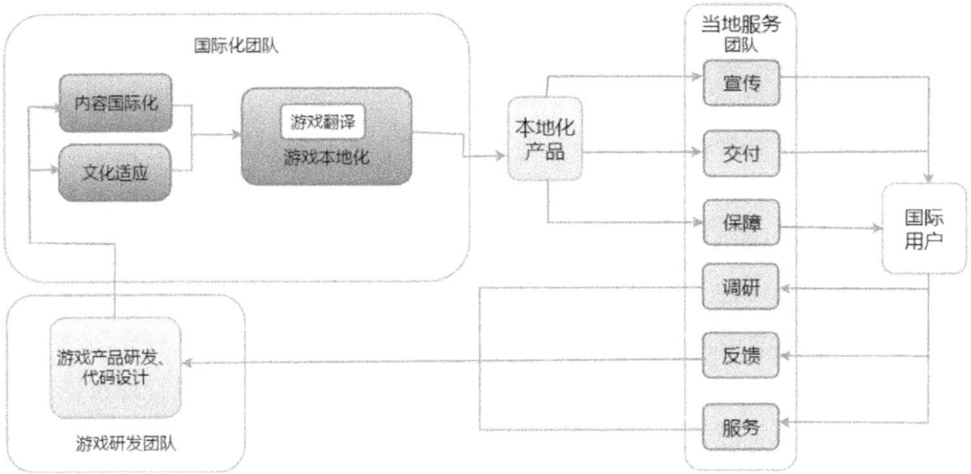


图 2　术语管理系统实施组织结构案例

以游戏公司的国际化和本地化项目管理团队为例，术语数据在设计和开发阶段，研发团队就各种概念（系统、人物、技能、属性、道具和装备等）进行定义，提供图片、场景等辅助材料，建立术语源语数据；游戏本地化团队和翻译团队在多语翻译环节会将嵌入在文本环境中的术语进行多语翻译和文化适应处理；

测试团队将不符合软件程序的字符串及文化不适应的术语进行反馈。以大型游戏《神界：原罪 2》的翻译项目为例（庄逸润，2019）。

在项目启动之前，由游戏翻译团队中专门的术语专员用 MultiTerm 工具对高频词提取并进行翻译，为翻译团队在设计开发阶段便对客户提供的游戏中的人名、地名等专有名词单独归类，建立所有译员可以共享的术语库，如将做成的术语库导入“Trados”格式并上传至石墨文档供译员查阅参考。

在项目进行过程中，需要发挥译者的主观能动性。让原本普通的英语文本通过翻译为中文后更加形象传神，适应中国本土文化需求。例如，“daggers drawn”译为利刃之舞，“lightning cascade”译为雷霆万钧更为形象。这样一来，翻译团队不仅对英语文本进行了文化适应，更加符合本土特征，还使游戏翻译质量得到保障。

在项目结束后，客户还会提供上代游戏的术语库，翻译团队可以沿用相同的术语，并根据客户的要求进行修改。在客户对项目进行反馈后，项目团队再将新的术语添加至先前的术语库，以此来不断更新术语库。

### 2. 术语管理工作和权责划分

术语管理可分不同层级、不同角色及其相应的职责。例如，管理层级：通常由项目经理进行术语管理的全局监控、协调分工及客户沟通，具体工作包括确定术语需求、制定解决方案等；语言层级：包括翻译人员，主要对术语进行各语种的翻译，术语专员，进行术语概念、定义、语境、语法规则、信息结构的规范和整理，质控人员，主要负责术语的审核、修订等工作；技术层级，通常为技术支持人员及本地化工程师，选择术语工具、确定词条结构、创建术语词条和存储术语数据；专业咨询层级，学科专家和法律专家，进行知识咨询和法律咨询；访问层级包括客户及访客等角色，通常进行术语检索和访问。以下为一个常规术语管理的工作划分。

在跨国游戏出版和开发公司中，典型的本地化团队由项目经理、国别专员和本地化工程师组成。有时，本地化团队可能会包括内部图形艺术家、翻译和测试人员，以便在紧急项目中补充外部供应商，并快速解决问题。团队成员通常分布在世界各地，远程工作（崔启亮，2011）。例如，在手机游戏《王者荣耀》本地化项目中，术语管理中角色、权限和职能划分如下所示。

1）管理层级

（1）项目经理：进行统筹的工作，对项目进行分工，并且负责和客户沟通，拿到该游戏的文本；

（2）二级项目经理：主要是国别专员，负责协调在其国家或地区发布的语言版本，安排用户界面字符串、消息、口语对话脚本及其他非屏幕内容的翻译，并且要校对、测试、当地演员的选角和录音。例如，海外版本里面有蝙蝠侠、牛仔造型的英雄等角色，国别专员需要在其中加入中国元素；

（3）整合经理：监督多个需要技术解决方案的本地化项目并调查实施这些修改是否可行。

2）术语语言层级

术语专员要建立统一的术语表，如"商城 - 活动 - 社区 - 赛事"标签栏的翻译，其中有本地化性太差的术语翻译需要进行归类。

3）技术层级

主要为 UI 交互技术，《王者荣耀》中存在着大量的竖版排版的文字，恰好与中文标签文字等长的控件、以北京时区统计有重合之处，因而《王者荣耀》出海时大量使用了 UI 交互技术。

4）其他层级

本地化工程师解决技术问题（通常与用户界面相关），并集成本地化资产，发布本地化版本。例如，处理《王者荣耀》中菜单、消息、配音、音乐、控件、带文字的图片资源；将游戏中的日期格式、时间格式、数字格式改为中文形式等。

## 四、基于 QTerm 的术语管理

### （一）QTerm 术语管理系统

#### 1. 基本介绍

QTerm 术语管理系统是集成于 memoQ 系统的网页端术语管理系统。可实现多术语语库的创建与在线维护、自定义术语信息结构、术语周期管理、术语数据结构化、账号管理、术语库权限设置、定义术语筛选规则、同 memoQ 客户端软件与 Webtrans 在线翻译编辑器交互数据、集成术语讨论板块和打印术语表等功能。

### 2.QTerm 术语管理系统的功能和优势

（1）基本功能：QTerm 术语管理系统具有单击即可添加术语、定义术语、设置禁用术语、模糊术语查找、存储图像、基于前缀的术语匹配以及术语提取和子语言；

（2）主要功能：对于企业管理术语资源，维护术语数据，它有灵活的术语库结构、支持讨论、多术语库搜索、自定义过滤器、描述性字段中的图形、视频、音频或其他媒体、与 memoQ 完全集成、访客访问以及权限管理和直接的用户界面；

（3）高级功能：合并重复项、搜索和替换元数据、输入历史记录、交叉术语条目、打印、使用语言过滤的术语库导出、加星标的条目、QTerm 中条目的直接 URL、完整编辑预览、已识别的 URL 以及在 QTerm 中的“术语库设置 / 过滤器”页面上应用过滤器；

（4）主要优势：QTerm 可根据企业的需要定制术语条目，使企业每个部门都能查找术语，如研发设计、运营生产、品牌和营销、质量控制、内容管理、受控创作及人机翻译等部门。在企业内部通过 QTerm 集中管理术语，项目参与人员可以立即访问最新的术语。

## （二）QTerm 术语管理规划

为了让企业提高术语管理意识，提高术语规范，改善并高效使用术语管理工具，从而更好地实现术语动态管理，帮助企业各个部门实现集中存储、管理和共享术语，高效的术语管理工具（以 QTerm 为例）的重要性便凸显了出来，它能提供良好的术语服务，允许专家客户审校修改术语，让译员、项目经理，审阅专家等多语言项目相关人员快速便捷地获得术语。

### 1.QTerm 术语管理系统嵌入流程

术语管理系统具有支持对接国际术语标准、管理多语种术语、自动识别翻译流程中的术语、可应用于质检环节、支持自定义术语信息结构和字段属性、可大规模地存储和调用术语数据、术语检索方式多样、支持分权限与分角色管理、系统兼容性、开放性强等特点。在实际业务场景下，术语管理嵌入在本地化业务管理的各个流程中（图3）。

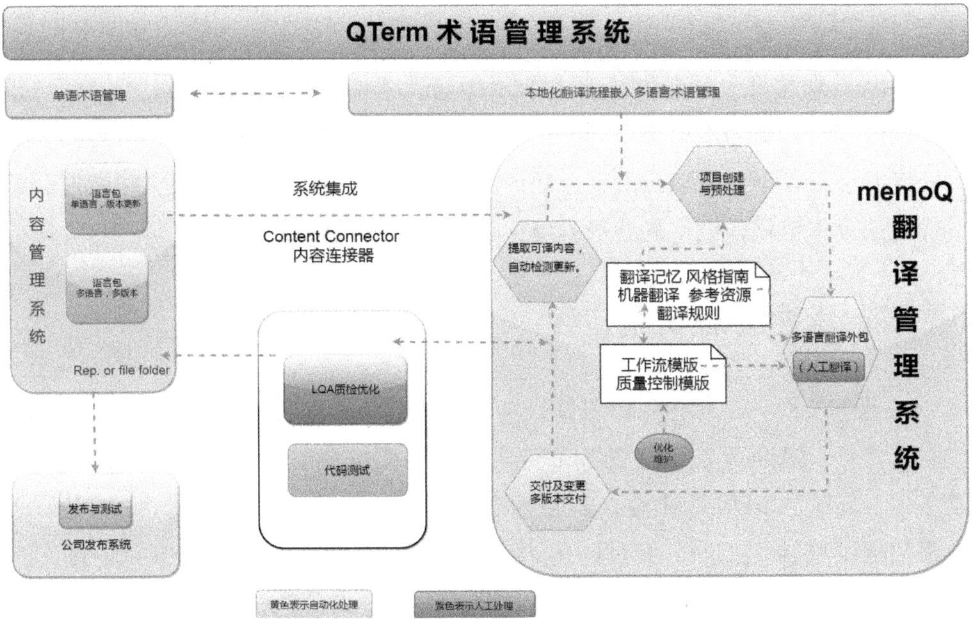


图3　术语管理系统嵌入在本地化业务流程

### 2. 游戏本地化中的QTerm术语管理系统嵌入流程规划

通过自建并应用术语管理系统，利用科技手段实现有效管理术语目标的可行性，促进术语管理系统在提高翻译项目效率、保证翻译项目质量、促进项目相关方利益最大化及搭建译员术语能力培养平台等方面的积极意义（周丹丹，2019）。

在游戏本地化翻译项目中，有的企业存在术语管理意识不足、缺乏术语规范及术语管理工具普及程度低等问题；加之创新和优化翻译工作环境，提高网络游戏本地化翻译质量与效率，需要有效地有建立游戏术语库和语料库，充分利用翻译记忆以加强术语管理。而QTerm术语管理系统嵌入项目管理流程可以在游戏本地化项目中提高企业术语管理意识、优化术语信息结构、改善和提高术语工具使用、改善术语更新方式和不断规范术语库等。

通过 QTerm 术语管理系统嵌入项目管理中，希望可以将整个游戏项目从启动到收尾阶段高效地连贯起来，帮助游戏本地化公司实现单语术语管理向多语术语管理转变，实现多术语库的创建与在线维护。通过定义术语信息结构、建立术语库、提取术语、定义术语筛选原则及调用匹配术语的实施方式，充分发挥 QTerm 术语管理系统的基本功能、主要功能、高级功能并充分发挥其主要优势。以此，从微观角度上，帮助提高企业培养高度术语管理意识，制定术语管理规范，提升项目人员的术语意识和术语工具使用程度；从宏观角度上，通过 QTerm 系统嵌入项目管理，可以提升项目翻译质量，促进项目相关利益最大化发展，最终优化游戏本地化环境，为游戏本地化项目管理树立典范。

## 五、术语管理实施过程

在业务实践中，术语管理具体任务包括：收集、定义、录入、翻译、编辑、检索、修订、共享等，这些任务可转化为软件或系统层面的技术操作，包括提取术语、定义术语信息结构、多语术语库的创建与在线维护、术语周期管理、术语数据结构转化、账号管理、术语库权限设置、定义术语筛选规则、同客户端软件与或在线翻译编辑器交互数据、集成术语讨论板块、打印术语表等。

### （一）定义术语信息结构

在创建术语库、使用术语库、编辑术语库之前，需要明确术语库及术语条目的信息结构。翻译过程中需要使用到术语的信息不仅仅只是术语的译文，也包括术语的注释、领域、定义、来源、多媒体、用法、语法、匹配、创建信息和术语状态等信息。术语管理系统可从多个维度定义、存储和筛选术语的相关信息。例如，memoQ 术语库可显示和编辑的信息结构，如图 4 所示。

memoQ 创建术语库可自定义术语的信息结构，默认情况下已经定义了“Entry level”（条目层级）、“Language level “（语言层级）、“Term level”（术语层级）三项类别及多个子项的信息。可根据实际业务需求和工作流程，添加和定义术语信息。例如，可添加术语的产品线信息、术语背景信息链接、视频文件等。其相应的内容格式可为文本、数字、多媒体、选项等（图 5）。

| 术语条目信息结构-memoQ术语库显示选项 | |
|---|---|
| **Entry level data** | |
| Note 注释 | |
| ID | |
| Project 项目 | |
| Subject 主题 | |
| Client 客户 | |
| Domain 领域 | |
| Created by 创建人 | |
| Created at 创建时间 | |
| modified by 修订人 | |
| modified at 修订时间 | |
| Image 图片 | |
| **Language level** | |
| Definition 定义 | |
| **Term level** | |
| Usage 用法 | Forbidden term 禁用术语<br>Context example 例句 |
| Grammar 语法 | Part of Speech 词性<br>Gender 阴阳性<br>Number 单复数 |
| Matching 匹配规则 | 50% prefix匹配规则<br>Custom matching 自定义匹配<br>Exact matching 完全匹配<br>Fuzzy matching 模糊匹配 |
| Case sensitivity 大小写匹配 | |

图 4 memoQ 术语库可显示和编辑的信息结构

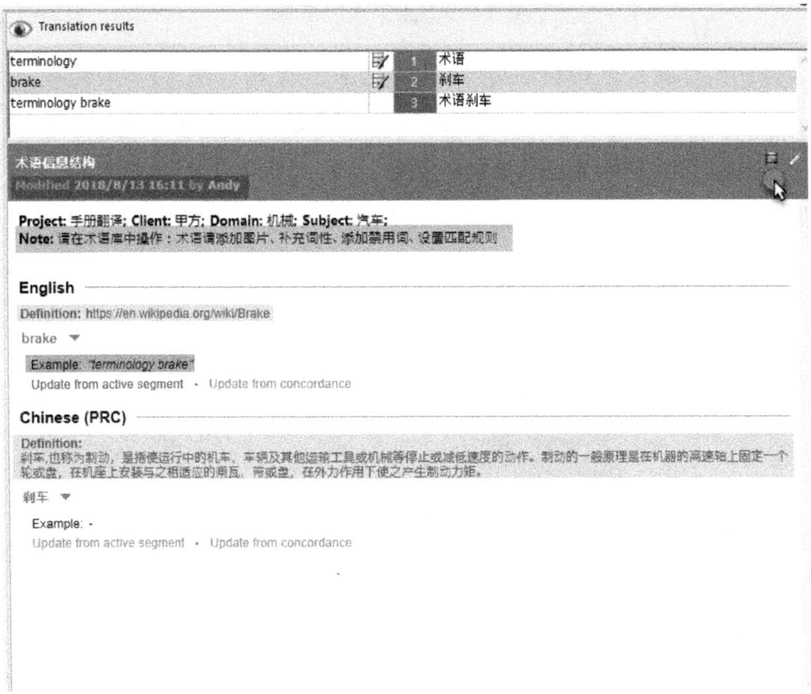


图 5 翻译结果显示窗口术语显示界面

例如，可根据术语在不同项目节点的状态，添加术语状态信息（如新术语、待审校、审校已确认、客户已确认、拒绝）。具体操作：在相应的信息层级下，点击"加号"图标，输入信息条目的名称，如"Term State"；同时在"Type"（类型）下选择信息条目的类型，如"Term State"，可选择"Pick list（single)"（单选）（图 6）。

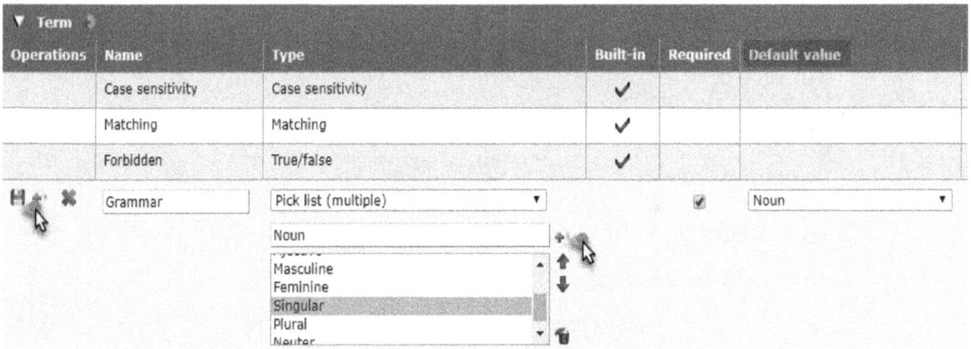


图 6　设置术语语法信息

同时在下方输入框中分别添加需要的术语状态（图 7），如可对术语添加"rejected、confirmed by reviewer、confirmed by client、New、in review" 等状态，操作完成后点击保存，即根据术语在项目流转中不同角色对产生术语的状态添加标签。便于后续试用筛选规则批量进行术语检查和修订，以及查看术语的详情。

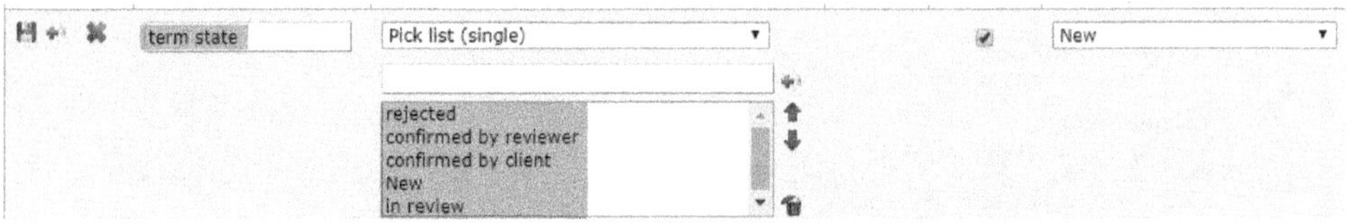


图 7　设置术语状态信息

自定义添加完成的术语信息及其属性可完整显示术语条目信息结构，可继续添加或修订。如图 8 所示，标黄部分为新添加的术语信息。"Default value" 表示新术语条目默认的值。例如，"Term State" 默认值为 "New"（新的状态），即往该术语库中导入或在翻译过程添加的术语条目默认状态都是新术语，对该项信息进行修改勾选后，会显示已定义完成的其他术语状态。

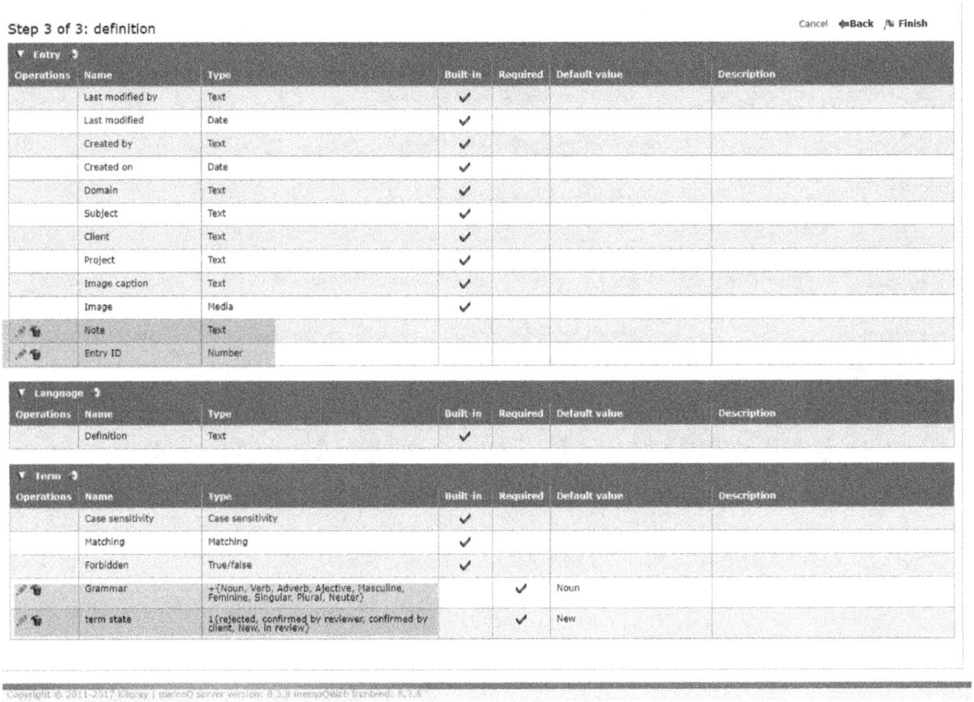
Step 3 of 3: definition

Cancel Back Finish

Entry

| Operations | Name | Type | Built-in | Required | Default value | Description |
|---|---|---|---|---|---|---|
| | Last modified by | Text | ✓ | | | |
| | Last modified | Date | ✓ | | | |
| | Created by | Text | ✓ | | | |
| | Created on | Date | ✓ | | | |
| | Domain | Text | ✓ | | | |
| | Subject | Text | ✓ | | | |
| | Client | Text | ✓ | | | |
| | Project | Text | ✓ | | | |
| | Image caption | Text | ✓ | | | |
| | Image | Media | ✓ | | | |
| | Note | Text | | | | |
| | Entry ID | Number | | | | |

Language

| Operations | Name | Type | Built-in | Required | Default value | Description |
|---|---|---|---|---|---|---|
| | Definition | Text | ✓ | | | |

Term

| Operations | Name | Type | Built-in | Required | Default value | Description |
|---|---|---|---|---|---|---|
| | Case sensitivity | Case sensitivity | ✓ | | | |
| | Matching | Matching | ✓ | | | |
| | Forbidden | True/false | ✓ | | | |
| | Grammar | +{Noun, Verb, Adverb, Ajective, Masculine, Feminine, Singular, Plural, Neuter} | | ✓ | Noun | |
| | term state | 1{rejected, confirmed by reviewer, confirmed by client, New, in review} | | ✓ | New | |

图 8　术语库条目信息结构

## （二）转化表格为术语库

在 Excel 词汇表导入设置中，需要将词汇表中每一列的内容与术语库相关属性相对应。勾选“First row contains field name”（第一行包含字段名称），可排除表头内容。若表头内容只起说明作用而非术语内容，可勾选此项；若无表头内容，可不勾选。“Fields”（字段）为 Excel 列表中每一列表头的内容，在这个例子中，表头内容为蓝色背景的词汇或短语；Excel 表格中的词汇表列出了术语词条的相关信息，表头信息即为该列内容在 memoQ 术语库中所对应的属性。memoQ 自动将表头内容填充到“Fields”（字段）选项框中。若无表头内容，自动填充到字段选项框中的内容为 A、B、C 等每一列表格内容对应的大写字母（图 9）。

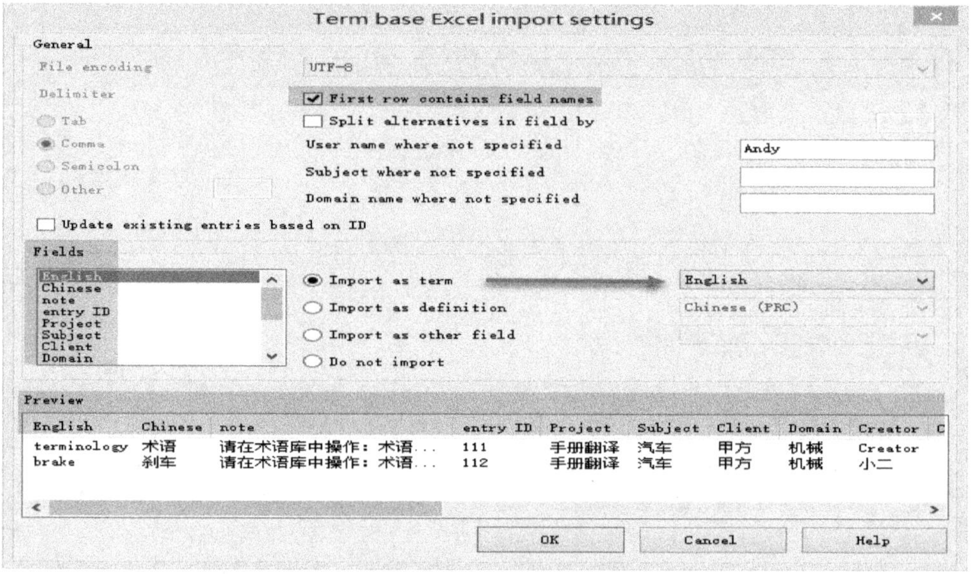


图 9　定义表格内术语内容

点击每一条表头内容，出现四个选项："Import as term"（导入成术语）、"Import as definition"（导入成定义）、"Import as other field"（导入成其他字段）、"Do not import"（无需导入）。其中，术语原文和译文需要点击选中"导入成术语"，在右侧语言下拉菜单中选择对应的语言；"definition"（定义）内容指分别针对不同语言的术语所添加的注释，点击"导入成定义"同样需要选择相对应的语种，如图 10 所示。

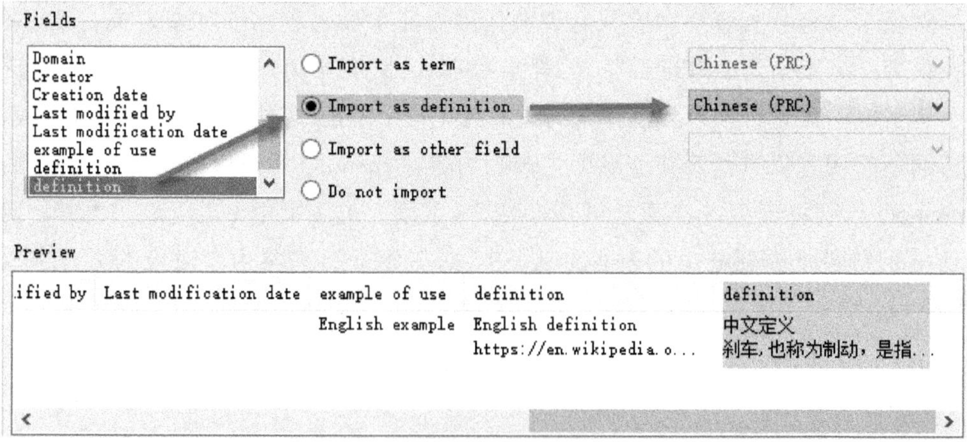


图 10　表格内容定义为定义内容

### （三）提取术语

提取术语工作主要包括以下步骤。

#### 1. 译前准备

译前准备工作及译后整理会涉及术语提取。memoQ 中术语提取是在已创建的项目中进行的，术语提取的范围包括三类：

（1）翻译的文档：项目中所有进行翻译的文档或选中的文档；

（2）翻译记忆库：项目中所有的翻译记忆库、主翻译记忆库或勾选的翻译记忆库；

（3）LiveDocs 语料：所有或选中的对齐文档、双语对照的单文档或单语文档。

#### 2. 术语提取

术语提取是在项目中进行的，打开项目—“Preparation”（准备）—“Extract Terms”（术语提取），出现提取术语的操作界面（图 11）。

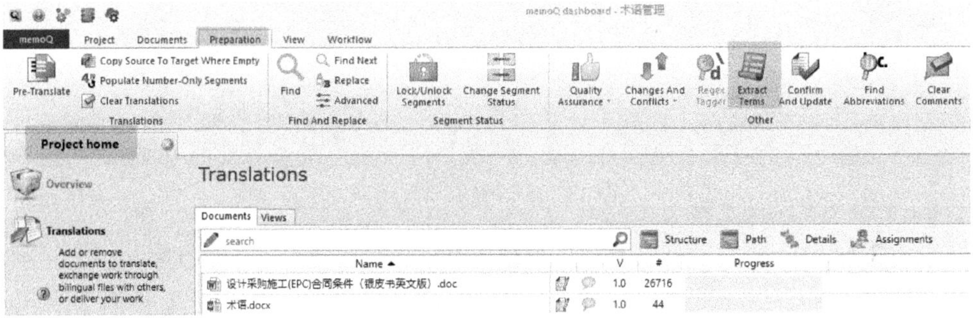


图 11　术语提取功能图标

可自主勾选确定术语提取的范围，从而进行单语或双语的术语提取（图 12）。

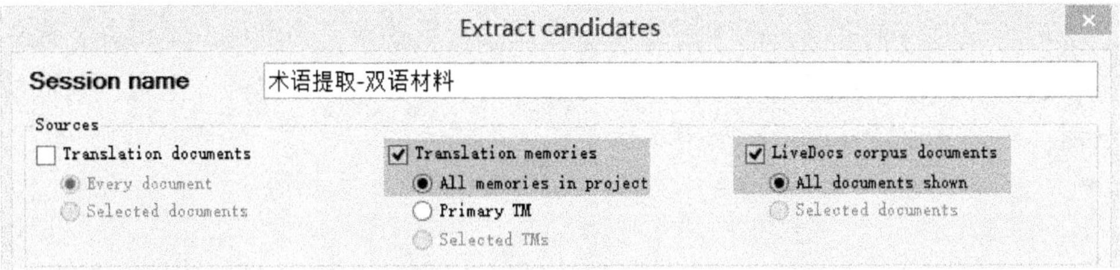


图 12　术语提取范围选项

为进行有效地术语提取，可按照默认或自定义的功能选项设置影响术语提取的内容。

（1）最长句块长度（字或词）：自动提取的术语原文所含最多词汇（默认数字 4），对于常用的出现频次较高的短语或句块或结构提取出来作为常规的表达；

（2）最低词频：自动提取的词或句块最低出现的频次（默认数字是 3），通常情况下，对于翻译原文进行单语术语提取时，可将最低词频设置为 1，将词频较低但特殊的词汇作为术语提取出来；

（3）对于单词术语，可设置最短长度（默认设置是 3 个字符）及单词术语的最低词频（默认设置为 3，可设置为 1）；

（4）同时可勾选“忽略带有数字的词汇”。

术语提取时，可在“候选术语”窗口中提示项目中勾选术语库中已存在的术语，避免已有术语和候选术语重复，避免重复提取（图 13）。

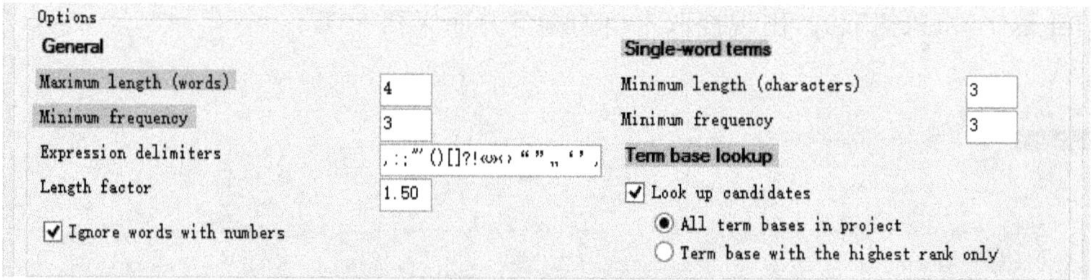


图 13　术语提取设置选项

针对特定语种的术语原文，可加载 memoQ 默认载入的“停用词”，可在“停用词列表”中添加排除的词汇以及该词汇可能出现的位置。避免类似于“are/before/some/your”等词汇被提取出来作为候选术语，降低筛选术语的工作量。可添加停用词到停用词列表（图 14）。设置完成时候，点击“开始”，memoQ 根据设定的提取规则进行自动术语提取，提示提取进度对话框，并在操作完成后自动打开术语提取结果界面。在术语提取结果界面，需要人工筛选候选术语、补充术语信息，确认术语并导出术语任务，可进行以下相关操作，提升人工术语提取的效率。

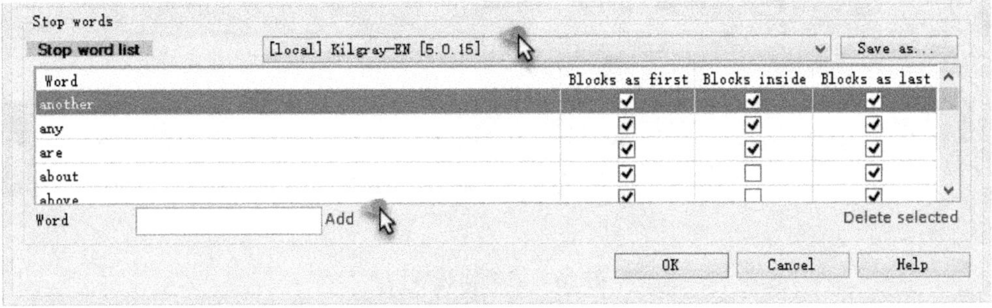


图 14　加载和编辑停用词列表

## （四）定义术语筛选规则

点击“Filters”（筛选）可根据术语的属性值创建术语筛选的规则。例如，根据术语状态，来筛选已审校的术语。具体操作：筛选规则命名，添加描述信息，“Conditions”（筛选条件）下拉框中选择所有语言：“Term”（术语）状态，选择等于，属性值下拉框中选择“已审校的术语”（图 15）。

图 15　设置审校已确认术语状态筛选规则

memoQ 术语界面或术语列表中可在过滤器下拉框中选择相应的筛选规则，memoQ 根据所选定的规则筛选并显示相应的术语条目，以便做批量处理。例如，对所有新添加的术语做批量的审校，审校完成后将术语的状态定义为“已审校”（图 16）。

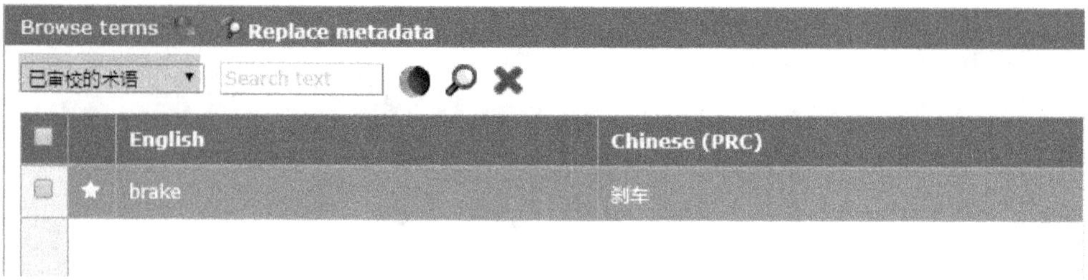


图 16　切换筛选规则

memoQ 术语信息结构界面中可查看术语的中英文版完整定义，以及术语体裁、“Domain”（所属领域）和使用方式；在“Note”（笔记）中可对术语进行“术语库中操作”，包括“确认术语状态”“术语请添加图片”“补充词性”“添加禁用词”以及“设置匹配规则”等。还可修改“Term Stage”（术语状态），修改后术语的状态定义便发生改变，如图 17 所示。

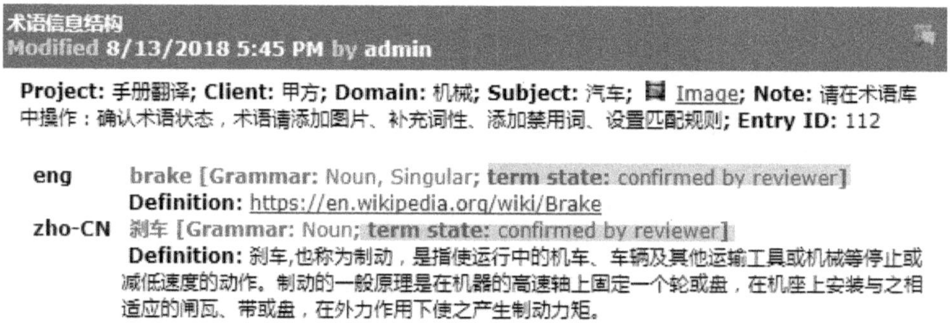


图 17　更改术语状态

## （五）调用匹配术语

术语库匹配规则影响原文与术语库的匹配效果，包括术语长短覆盖、词汇变体、大小写等。memoQ 中可选择术语匹配的规则，翻译编辑器界面，翻译结果显示窗口，点击“匹配术语条目”，再单击“铅笔”图标，打开术语编辑操作界面。

### 1. 50% prefix 匹配规则

匹配翻译原文中词汇及其前半部分字母与与术语库中术语的原文。例如，在术语库中，术语条目原文是“program”，而翻译原文中可以匹配到的词汇包括：program、programs、programming、programmed、programmer。翻译原文中匹配到的词汇以蓝色背景提示出来，在翻译结果窗口，以同样背景颜色，显示术语库中相应的术语条目和术语的详细信息（图 18）。

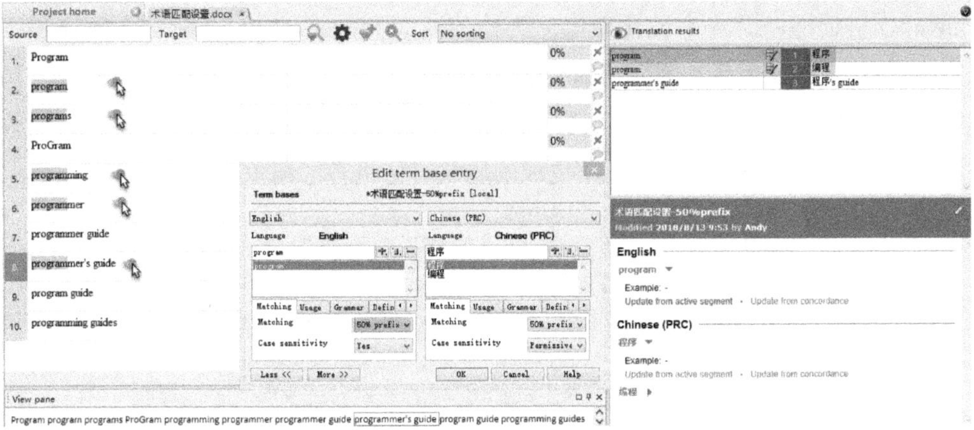


图 18　术语匹配设置

通常可通过英文状态下的“|”及“*”来设定匹配规则。例如，将术语词条原文设置成：program|merguid*，翻译原文中可以匹配到的词汇包括 programmer guide、programmer’s guide、program guide、program guiding 和 programming guides 等。

### 2.“完全匹配”匹配规则

匹配翻译原文中字母完全一致的词汇（启动大小写）。例如，术语库中，术语条目原文是 program，翻译原文中可以匹配到的词汇包括 program、Program、ProGram 等。

### 3. 大小写匹配

Case sensitivity=YES 大小写匹配规则：术语匹配到与翻译原文中字母完全一致的词汇，且大小写完全一致，例如 PROGRAM 只匹配 PROGRAM；Case sensitivity=PERMISSIVE（默认设置），术语中的大写字母只匹配原文中的相应词汇的大写字母。而 Program 则可以分别匹配到 Program、ProGram、ProGraM；

Case sensitivity=NO，此时，术语大小写并不发挥匹配作用。

### （六）游戏本地化项目应用

以 memoQ 多语言管理系统为例，分析该嵌入流程系统对游戏本地化质量的影响。Trent Gamblin 是一位游戏开发商，他请 MichałTosza（英语 - 波兰语译者，memoQ 培训师，游戏本地化专家）为他的游戏 Monster RPG 2 新版本翻译和审校。MichałTosza 表示，有了 memoQ 的帮助，不仅可以提供时间跟踪报告（即完成工作所耗费的时间成本），还可以提供编辑距离报告（即修改单词、句段数量等报告）。以下为 memoQ 自动生成的质量评估报告（图 19）。

| | A | B | C | D |
|---|---|---|---|---|
| 1 | | | **Source** | **Target** |
| 2 | **Inconsistency in Target** | | | |
| 3 | *monster_rpg_2.txt (63)* | 0% | King: Please, take your rest in the castle... stay as long as you like...^ | Król: Odpocznijcie w zamku... Zostańcie tak długo, jak tylko chcecie...^ |
| 4 | *monster_rpg_2.txt (55)* | 0% | King: Please, take your rest in the castle... stay as long as you like...^ | Król: Możecie zostać w zamku \ i odpoczywać, tak długo jak tylko zechcecie...^ |
| 5 | **Inconsistency in Target** | | | |
| 6 | *monster_rpg_2.txt (232)* | 0% | Captain: You want to board the ship? Aye, we set sail as soon as you're ready!^ | Kapitan: You want to board the ship? Aye, we set sail as soon as you're ready!^ |
| 7 | *monster_rpg_2.txt (224)* | 0% | Captain: You want to board the ship? Aye, we set sail as soon as you're ready!^ | Kapitan: Chcecie wejść na statek? Aye, odpłyniemy, kiedy tylko będziecie gotowi! ^ |
| 8 | *monster_rpg_2.txt (82)* | 0% | Captain: You want to board the ship? Aye, we set sail as soon as you're ready!^ | Kapitan: Chcecie wynająć okręt? Aye! Odpływamy, kiedy tylko będziecie gotowi!^ |
| 9 | **Inconsistency in Target** | | | |
| 10 | *monster_rpg_2.txt (233)* | 0% | Captain: Alright then, off we go!^ | Kapitan: Alright then, off we go!^ |
| 11 | *monster_rpg_2.txt (225)* | 0% | Captain: Alright then, off we go!^ | Kapitan: W porządku, odpływamy!^ |
| 12 | *monster_rpg_2.txt (83)* | 0% | Captain: Alright then, off we go!^ | Kapitan: W porządku. Kotwice \ w górę!^ |
| 13 | **Inconsistency in Target** | | | |
| 14 | *monster_rpg_2.txt (769)* | 0% | Speed: | Szybkość: |
| 15 | *monster_rpg_2.txt (389)* | 0% | Speed: | Prędkość: |
| 16 | **Inconsistency in Target** | | | |
| 17 | *monster_rpg_2.txt (855)* | 0% | Sludge | Ślużak |
| 18 | *monster_rpg_2.txt (420)* | 0% | Sludge | Szlam |
| 19 | **Polish (minely)** | | | |
| 20 | *monster_rpg_2.txt (56)* | 0% | Faelon: My Father, surely you don't believe these claims? Monsters walking the earth? It has been many years since!^King: Well... umm... I suppose you are right, son. I have left the troops under your control, so I trust your judgement.^Faelon: Thank you Father. Please, my Father must rest, be on your way...^ | Faelon: Ojcze, chyba nie wierzysz w to co oni mówią? Potwory na naszych ziemiach? Minęły lata odkąd je wypędzono!^Król: Cóż... umm... Chyba masz rację mój synu. Zostawiam wojska pod Twoją kontrolą, ufam Twojemu osądowi.^Faelon: Dziękuje Ci Ojcze. Odejdźcie! Król chce odpocząć...^ |
| 21 | **Polish (zę)** | | | |
| 22 | *monster_rpg_2.txt (181)* | 0% | Farmer: She flew! I can't believe she flew!^ | Farmer: Poleciał! Nie mogę uwierzyć, zę poleciał!^ |
| 23 | **Polish (board)** | | | |
| 24 | *monster_rpg_2.txt (232)* | 0% | Captain: You want to board the ship? Aye, we set sail as soon as you're ready!^ | Kapitan: You want to board the ship? Aye, we set sail as soon as you're ready!^ |
| 25 | **Polish (soon)** | | | |
| 26 | *monster_rpg_2.txt (232)* | 0% | Captain: You want to board the ship? Aye, we set sail as soon as you're ready!^ | Kapitan: You want to board the ship? Aye, we set sail as soon as you're ready!^ |
| 27 | **Polish (ship)** | | | |
| 28 | *monster_rpg_2.txt (232)* | 0% | Captain: You want to board the ship? Aye, we set sail as soon as you're ready!^ | Kapitan: You want to board the ship? Aye, we set sail as soon as you're ready!^ |
| 29 | **Polish (sail)** | | | |
| 30 | *monster_rpg_2.txt (232)* | 0% | Captain: You want to board the ship? Aye, we set sail as soon as you're ready!^ | Kapitan: You want to board the ship? Aye, we set sail as soon as you're ready!^ |

图 19　MemoQ 自动生成 Monster RPG 2 的质量评估报告

通过以上报告，可以查证许多译文质量问题，如术语不一致、拼写错误、出现漏译等。

MichałTosza 通过运用 memoQ 系统，不仅可以提供时间跟踪报告（即完成工作所耗费的时间成本），还可以提供编辑距离报告（即修改单词、句段数量等报告）。

### 1. 时间跟踪

（1）首先，审阅专家在 memoQ 的界面中点击“Option”（选项）按钮—“Miscellaneous”（多种选项）—“Option”（编辑时间）—“Record editing time when I am working”（我工作时记录编辑时间），来打开编辑时间功能；

（2）现在切换到项目“Overview”（概览部分），然后单击“Reports”（报告）选项。审阅专家可以自定义设置，选择跟踪编辑的句段、字或者字符；

（3）完成审校后，返回“Project home”（项目主页）—“Project home”（概览）—“Reports”（报告）；

（4）在底部的编辑时间选项中单击创建报告选项。出现“创建编辑时间报告”对话框，如 CSV 格式下的 memoQ 系统时间跟踪报告所示（图 20）。

**Edit distance report**

Versions: *1.0 > Current version*
Distance measurement: *Levenshtein*
Word counts:

**monster_rpg_2.xlsx**

| Version | Segments | Target Words | Edited segments | Absolute edit distance | Normalized edit distance |
|---|---|---|---|---|---|
| **Version 1.0**<br>Import by WorkTransLap | 1046 | 5127 | | | |
| **Current version** | 1046 | 5121 | | | |
| Edit distance | 1046 | 5121 | 6 | 55 | 0.001 |

图 20　CSV 格式下的 memoQ 系统时间跟踪报告

### 2. 编辑距离

编辑距离是为获得更好译文所需的单词、短语数量、所编辑的句段数、所修改的字符数和规范化的编辑距离的概念。包括：

（1）正常导入已翻译的双语文档；

（2）导入句段时，把它们都设置成“已编辑”状态，然后开始审校；

（3）完成后，转到“Project home”（项目主页）—“Translations”（翻译）—“History/Reports”（右键单击历史）；

（4）“Minor versions of the document for major version 1”窗格中“1.0”代表初始的译文版本，“current”代表修改后的译文版本，按住 Ctrl 分别单机这两个版本可以进行比较；

（5）在“编辑距离统计”选框中，记得在“字数统计”中勾选“memoQ”，在距离衡量标准中选择“Levenshtein”，然后单击“计算”，便出现图 21 所示内容。

| AX | AY | AZ |
|---|---|---|
| Total | | |
| Edit time | Words per hour | Characters per hour |
| 03:01,8 | 4296,51 | 24274,29 |
| 03:01,8 | 4296,51 | 24274,29 |

图 21　HTML 格式下的 memoQ 系统编辑距离报告

编辑时间和距离报告可以评估初译或机器翻译的译文质量。报告显示改动的地方越多，就意味着译文的质量越差，这也为机器翻译工程师在调整 MT 引擎时提供了依据。

从游戏翻译的评估报告中，不难看出，memoQ 术语管理对该项目的完成质量进行评估后，既可以为大量游戏翻译工作节省时间，提高效率，实现术语的动态管理，又促进了游戏本地化项目的进程，提高了本地化翻译的质量和效率。

## 六、结语

本文介绍了术语管理系统的内容、载体、应用主体等层面，以及术语管理中所面临问题的重要原因，阐释了一般性的术语管理需求。以游戏本地化项目中的术语管理为例，概述了实施有效的术语管理，需要从业务、技术和实践层面进行系统管理，包括并不局限于优化术语管理流程、优化本地化业务管理流程、采用术语管理系统、推进术语管理系统嵌入本地化和翻译业务系统、推动企业业务执行部门的体系支撑、合理划分和平衡术语管理工作的角色和职责，并采用技术手段提高术语管理效率。通过 memoQ 术语管理端部系统 QTerm 为例，分析 QTerm 术语管理系统具体实施步骤嵌入游戏本地化项目，验证了游戏本地化项目中企业忽略术语管理模块，帮助解决了游戏本地化项目中术语管理意识缺失、规范差、术语工具普及程度低等问题，提高了翻译项目效率、保证了翻译项目质量。未来，新的术语管理系统有望应用于更多的本地化项目中，使游戏本地化服务产业不再忽略术语管理模块，从业务、技术和实践层面加强术语管理，做好这项持续性的、多方参与的、动态管理的工作，不断在人工智能大发展的时期优化本地化产业向前、向好发展。

## 参考文献

崔启亮，胡一鸣. 2011. 翻译与本地化工程技术实践 [M]. 北京：北京大学出版社.

王华树. 2018. 中国语言服务企业术语管理调研：问题与对策 [J]. 中国翻译，39(4):67-72.

王华树. 2013. 浅议实践中的术语管理 [J]. 中国科技术语，15(2):11-14.

王华树，张静. 2017. 信息化时代口译术语管理及其技术应用研究 [J]. 外文研究，5(4): 72-77, 105,106.

周丹丹. 2019. 基于自建术语管理系统的翻译项目研究 [J]. 中国科技术语，21(3):15-21.

庄逸润. 2019. 大型游戏本地化翻译中的质量提升 [D]. 上海：上海外国语大学.

游戏本地化，到底什么做不好 [EB/OL]. (2019-08-12). https://www.gameres.com/851121.html.

游戏本地化 | 管理字符串长度和格式 [EB/OL]. (2019-11-27). https://blog.csdn.net/datalsplyn/article/details/103279785.

游戏出海，语言先行 [EB/OL]. (2019-03-25). https://zhuanlan.zhihu.com/p/60280442.

# 口译员术语管理软件及应用
## ——以 InterpretBank 为例

赵毅慧　刘宇来　李昱欣*

**摘要：**译员术语准备和管理与口译活动的效率和质量紧密相关。传统译前准备模式下，口译员以人工收集、记录、查询并记忆的方式准备术语，耗时大，效率低，术语资源循环利用效果不佳。随着互联网、大数据、人工智能等新技术的迅猛发展，译员译前准备模式发生了巨大变化。现代术语管理软件具备覆盖口译全过程的诸多功能，可大幅减少译前准备中术语检索、术语翻译、术语管理等任务的耗时，显著提升译前准备的效率，甚至在口译过程中为译员提供关键词及生偏术语的译语帮助，其助能、赋能效果不可小视。本文首先分析译员在口译过程中所遇到的术语管理困境，阐明译员使用现代化技术进行术语管理的必要性；再以最新计算机辅助口译工具 InterpretBank 为例，通过介绍该软件的基本功能和应用，展示该工具如何解决口译术语管理中可能遇到的问题；最后对机辅口译工具为口译员工作带来的机遇进行展望。

**关键词：**译前准备；术语管理；InterpretBank；计算机辅助口译

---

* 作者简介：赵毅慧，西安外国语大学高级翻译学院副教授，翻译学博士。主要研究方向：口译技术，口译教育，口译理论与实践。电子邮箱：zhaoyihui828@139.com。

刘宇来，西安外国语大学高级翻译学院硕士研究生。主要研究方向：口译技术，口译理论与实践。电子邮箱：331698919@qq.com。

李昱欣，西安外国语大学高级翻译学院硕士研究生。主要研究方向：口译技术，口译理论与实践。电子邮箱：278306474@qq.com。

## 一、引言

译前准备是口译员工作中不可或缺的重要环节。理想的译前准备包罗万象，译员既要熟悉会议主题的相关术语，又要了解会议的专业知识，甚至达到接近该领域专业人员的知识储备水平（Séleskovitch，Lederer，1989；Séleskovitch，1998）。吉尔（2009）、张吉良（2003）、卡琳娜（2005）提出：完整的译前准备应该包括索要会议材料—标注术语—查找译文—阅读背景知识—建立并熟记术语表等内容。由此可见，术语及相关背景知识是口译员译前准备的核心内容。韦理（2007）和瑞顿（2015）从知识建构和管理的角度描述了口译译前准备过程，认为译前准备是一个复杂的、以术语为驱动的知识建构过程，口译员通过学习术语及术语所表示的概念初步建立某专业的知识体系。徐然（2018）根据语义三角论提出了"以术语为驱动的译前准备模式"，认为译员可以通过学习术语来完成相关知识的建构。因此，以术语管理为核心的译前准备是现代职业译员必备的口译职业技能。

王华树、张静（2017）认为口译术语管理是指为满足特定口译活动需求而管理术语资源的实践活动，包括收集、储存、维护和分享术语等。"传统的口译译前准备模式"下，译员以阅读材料、人工标注、人工提取的方式来准备术语，仅仅依靠自己的大脑、纸张完成术语的识别、分类和检索使用，译员承担了所有术语的收集、记录、存贮和查询等工作（Moser-Mercer，1992；鲍刚，1996；Jiang，2013）。在会议组织方不提供任何材料的情况下，则全凭口译员自行搜集、搜索相关参考材料。这种方式耗时大、效率低，译前准备模式和效率均亟待改变。

在以技术为驱动、以效率为目标的现代语言服务业中，口译员不仅需要学会查找术语、标注术语、熟记术语，更需要提升术语技术素养，提高术语管理的能力。随着语料库、云计算、大数据、人工智能的发展，以计算机辅助口译（Computer-aided Interpreting，CAI）为代表的口译技术正在深入口译实践，译员术语管理从传统的纸笔化迅速迈入数字化和信息化阶段（赵毅慧，2017）。本文首先分析译员在口译过程中遇到的术语管理困境，阐明口译员使用现代化技术进行术语管理的必要性，以最新 CAI 工具 InterpretBank 为例，通过介绍该工具基本功能和应用，展示其如何解决口译术语管理中可能遇到的问题，最后展望 CAI 工具在口译过程中的前景应用。

## 二、口译员术语管理困境

相对于笔译任务，口译任务时效性强，对译员的术语和专业背景知识提出了更高的要求（Gile，2009）。口译过程中，译员术语、背景知识的不足，以及非语言因素，如紧张、精力分配不平衡、记忆压力等，都会影响译员的表现（王欣红，2004）。一场高水平的口译，不仅需要译员具备扎实的基本功、灵活应变的能力，以及过硬的职业素养，更有赖于口译员译前准备的充分性和高效性。然而，一项口译员技术能力问卷调查表明，绝大多数译员（约占受访者 57%）仍保持传统“纸质、笔记类手写工具”的译前准备方式，只有少数译员（约占受访者 27.9%）使用“专业术语管理工具”，其中，译员技术认知滞后是导致术语管理工具利用率低的主要原因，研究显示，76% 是因为“不了解此类软件”而造成的（王华树，2018）。由此可见，口译员术语管理的技术能力还停留在较为基础的阶段。而传统译前准备方式，一方面耗时、耗力、效率不高；另一方面，也不利于术语资源的循环使用和管理。

事实上，有效的术语管理在减少译者重复劳动、保证术语译名一致、提升译文质量方面发挥着重要作用。现代术语管理通常借助术语管理工具或软件对数据及术语进行有效的管理（王华树，王少爽，2019）。国外常见术语管理系统包括 Acrolinx IQ、Terminology Manager、Heartsome Dictionary Editor、MultiQA、SDL MultiTerm、STAR TermStar、TermFactory、TBX Maker 等。国内语言服务企业或相关科技公司也推出雅信、雪人、中科朗瑞、传神、中译语通、语智云帆等满足中国用户特定需求的术语管理工具或集成模块（王华树，王少爽，2017）。然而，大部分术语管理工具以笔译需求为导向，主要实现静态模式下术语标注、术语提取、术语翻译、术语记忆、术语管理等功能，对口译员而言，使用程序相对复杂，使用效果不能最大化。

随着语料库、大数据、人工智能、语音识别等技术的飞速发展，CAI 技术逐渐融入口译实践，译员术语管理也进入了数字化和信息化阶段，相对于工作量庞大的传统人工术语管理模式，口译术语管理工具具有明显优势：自动术语搜集、自动术语提取、自动术语表生成、术语资源管理与循环利用等，可以在一定程度上帮助译员解决译前准备、译中搜索、译后管理等术语管理困难，大大节约译员在术语准备上的耗时，使口译员的工作更高效、更省时、更统一（赵毅慧，2017/2018）。特别是以口译员需求为导向的术语管理工具，如 Intragloss[1]、InterpretBank[2]、Interplex UE[3]等，不仅可以提升口译员译前准备的效率，还可以实现一站式译员工作管理，帮助口译员的工作逐渐实现平台化、集成化、智能化。

## 三、InterpretBank 的功能与应用

范蒂诺里（2016）将现有 CAI 工具分为两代。第一代 CAI 工具只具备基础性的术语管理功能和程序，如术语抓取、术语表生成、术语管理等，尚未将口译过程中口译员实际需求纳入程序和研发设计。事实上，译员在口语过程中亟需解决术语、数字、专业名词、关键词等问题，而辅助译员解决这些问题的功能在第一代工具中尚未凸显。第二代 CAI 工具在第一代基础上实现了突破和扩展，增设了如组织文本材料、从指定资源检索信息等模块，实现了更加完善和全面的功能。由此可见，术语管理工具具有诸多优点，本文将重点介绍第二代术语管理工具的典型代表，InterpretBank[4]。

InterpretBank 是由美因茨大学博士研究团队开发的 CAI 工具，旨在创建一个口译员工作平台，帮助译员优化工作流程。针对译员在口译实践中的所遇到的困境，该团队不断开发新的功能，目前已经发展到第六代，主要包括五个核心模块。本节将以“气候变化”主题会议相关材料为例，展示该软件如何支持译员完成译前准备与口译任务。

### （一）术语表的创建与管理

InterpretBank 支持译员创建和管理基于单个口译任务的术语表。以“气候变化”（Climate Change）主题会议材料为例，译员输入会议主题，确认显示语言为英中双语后即可创建一个会议导向型术语表（图 1）。除了常见的数据库功能，如数据过滤、合并等，该软件还集成了一系列功能以支持译员编辑新术语表，包

[1] 详情参见 http://intragloss.com。
[2] 详情参见 http://www.interpretbank.com。
[3] 详情参见 http://www.fourwillows.com/interplex.html。
[4] 详情参见 http://www.interpretbank.com。

括自动翻译、查找在线术语数据库（如欧盟互动型术语数据库❶、MyMemory❷、Glosbe❸及其他数据库等）、检索系统以查找专业词汇信息的定义等。

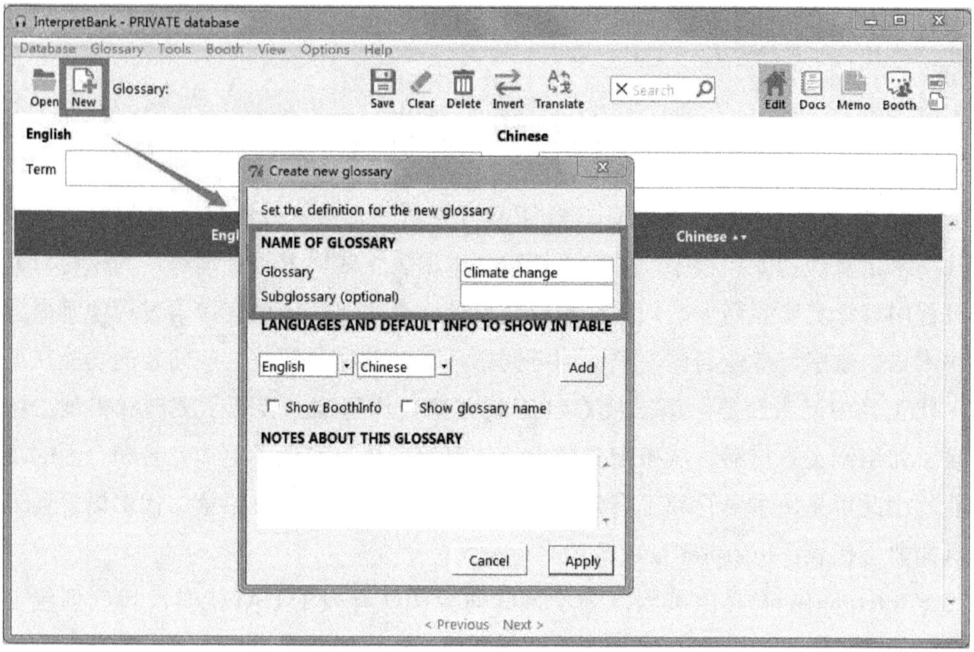


图 1　InterpretBank 创建新的术语表

为了区分相同术语的不同含义，译员可以用双重命名系统对术语表进行分类，如“领域 + 子域”，或“会议名称 + 领域”等。该功能可以帮助译员快速创建针对性更强的术语表，减少术语重复选择。与此同时，每次口译任务所创建的术语表都会保存在同一个数据库中，保证这些术语的循环使用。InterpretBank 不仅能帮助译员做快速高效地做好译前准备，还为译后术语资源的完善与循环使用奠定了基础，有助于译员形成良好的术语管理习惯。

## （二）术语提取

理想的译前准备条件下，主办方应该提前、主动为译员介绍会议情况，提供会议资料，并解答有关会议主题和专业术语方面的问题，这样能够保证译员的

❶ 详情参见 https://iate.europa.eu/home。
❷ 详情参见 https://mymemory.translated.net/。
❸ 详情参见 https://glosbe.com/tmem/。

准备工作有效且充分。然而实际情况中，译前准备往往有所不同：由于会议组织者不重视译员工作、会议发言人未提前报到或没有准备讲话稿或会方保密等原因，口译员很难在会议开始前拿到相关资料（张吉良，2003）。这种情况下，口译员可以先在 InterpretBank 中输入少量术语，如会议主题词或领域名称，系统就会在网络语料库中搜索并自动构建相关的专业语料库，同时提取该领域最重要的术语和短语。这其中不仅包括专业术语，还包括与主题相关的专有名词（人名、地名等）。如图 2 所示，译员在“网络中收集术语”对话框中输入“climate change”进行搜索，可获得超过 600 个相关术语，耗时不到 30 秒。译员还可选择“导入的同时自动翻译”及“查找并保存术语定义”的选项以获取更多相关术语信息。该功能不仅可以帮助译员在无会前资料参考的情况下找到准备工作的切入点，实现译前知识及术语积累的从“无”到“有”，而且在一定程度上可以帮助译员拓展其被动和主动语言知识。

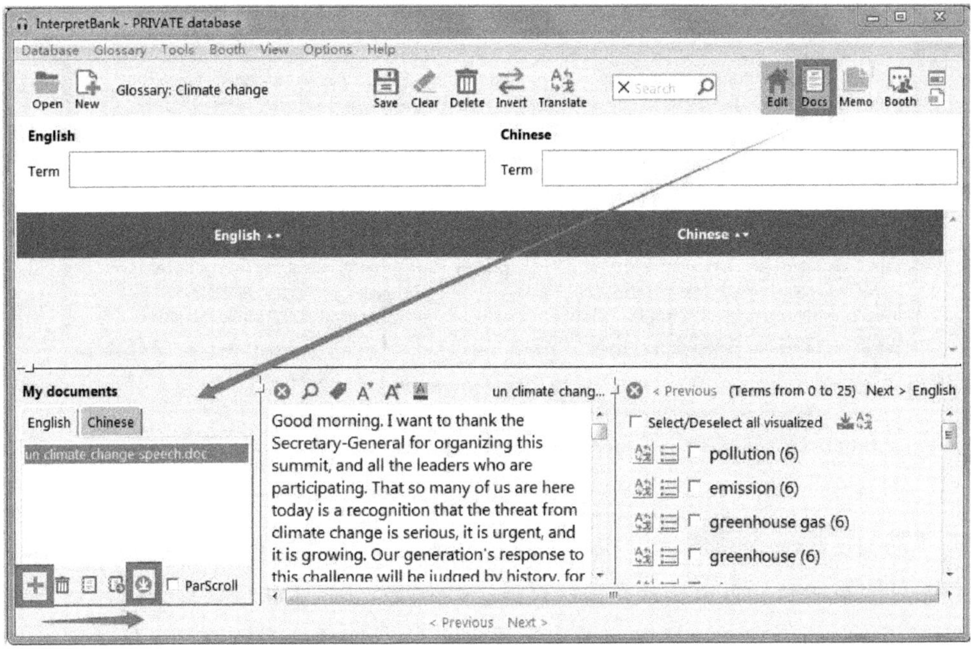


图 2　InterpretBank 在网络中收集术语

即使提前获取了会议资料，面对可能的海量信息或陌生的主题领域，译员也面临着如何有效处理会议材料的困难。而此时借助 InterpretBank 即可快速解决这一问题。译员将材料直接保存在 InterpretBank 后（支持 Word、PowerPoint 或 PDF 格式），系统使用的术语提取算法就可以自动搜索单语、双语或多语平行文本，然后从中自动提取术语，并创建术语表。目前该软件支持英语、法语、德语、西班牙语、意大利语、荷兰语、葡萄牙语、波兰语及俄语的术语自动提取。此外，通过将这一功能与大型数据库结合，如欧盟互动型术语数据库（Interactive Terminology for Europe，IATE），该软件也可以支持创建多语术语表。如图 3 所示，译员导入“气候变化”会议发言材料后选择“从所有文本中提取术语”，便可获得文档中所有与主题相关的术语。

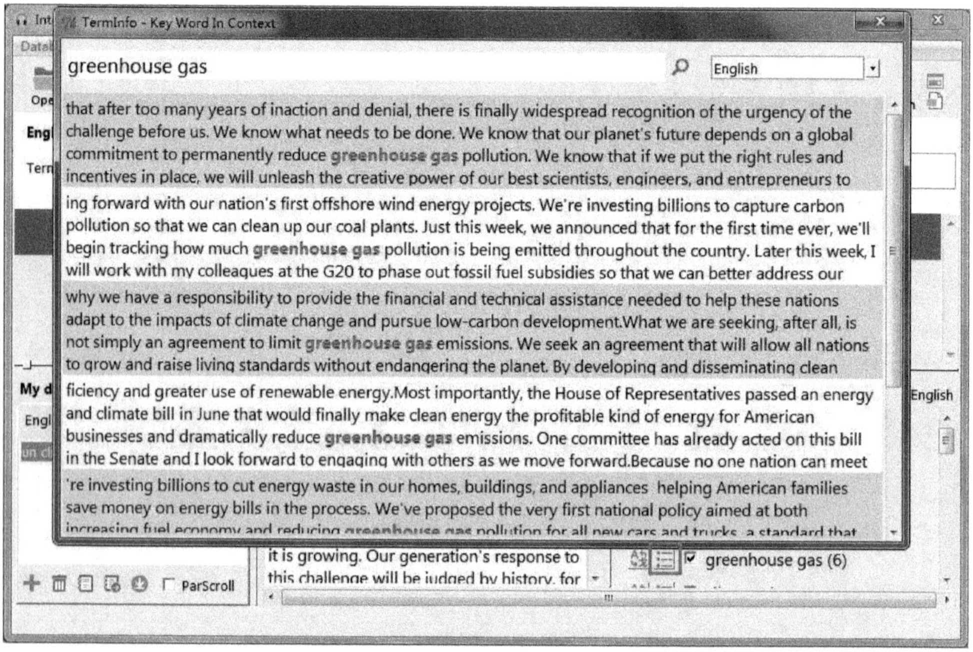


图 3　InterpretBank 自动提取术语

然而，由于不能脱离语境来谈术语的具体意义，所以译员在译前准备时，不能只依靠术语，而完全舍弃会议材料。针对这一点，InterpretBank 的术语提取模块支持自动建立会议导向型或主题导向型的小型类比语料库，译员就可以利用语料库检索工具进行搜索。例如，在“气候变化”主题语料库中，选中术语“greenhouse gas”左侧的“显示例句及上下文”(图 4)，即可查找该术语使用示例、相关搭配及语境，从而推断其含义和用法。可以看出，InterpretBank 能帮助译员简化译前准备工作流程，让准备过程更具合理性与系统性。

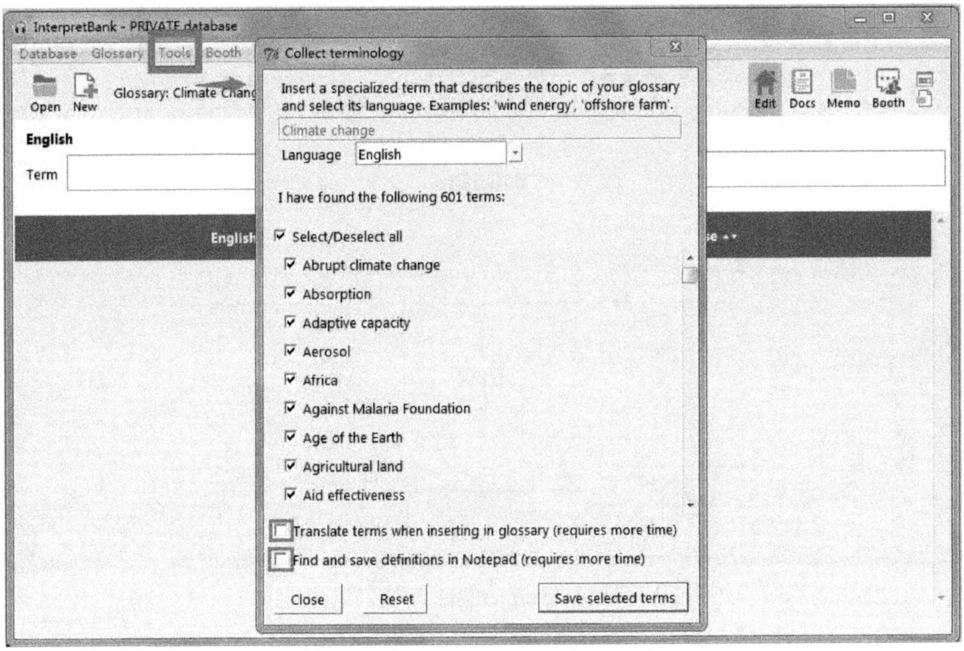


图 4　InterpretBank 语料检索

## （三）术语识记

同传过程中，译员不可能完全依靠查阅术语表来完成术语翻译，所以有效记忆、内化高频术语非常重要（勒代雷，2007）。为了帮助口译员实现这个目标，InterpretBank 设置了识记模块（Memory Mode），该模块能够帮助译员在译前直观地记忆相关术语或练习术语翻译。译员完成术语表创建后，点击“Memo”图标进入术语识记模式。识记前，译员可设置语言方向、显示速度、术语顺序及是否语音播放，术语的原文和译文即会在闪视卡界面交替显示（图 5）。识记过程中，系统可以自动跟踪术语识记进度，优先考察识记度相对较低的术语。识记练习可以帮助译员在口译过程中快速完成双语术语转换，从而提高整体口译质量和自身自信程度。需要明确的是，该术语识记法基于简化的“莱特纳系统”[1]，仅适用于概念相同的完全对等术语。

[1] 由德国心理学家瑟巴斯坦 · 莱特纳在 20 世纪 70 年代提出。

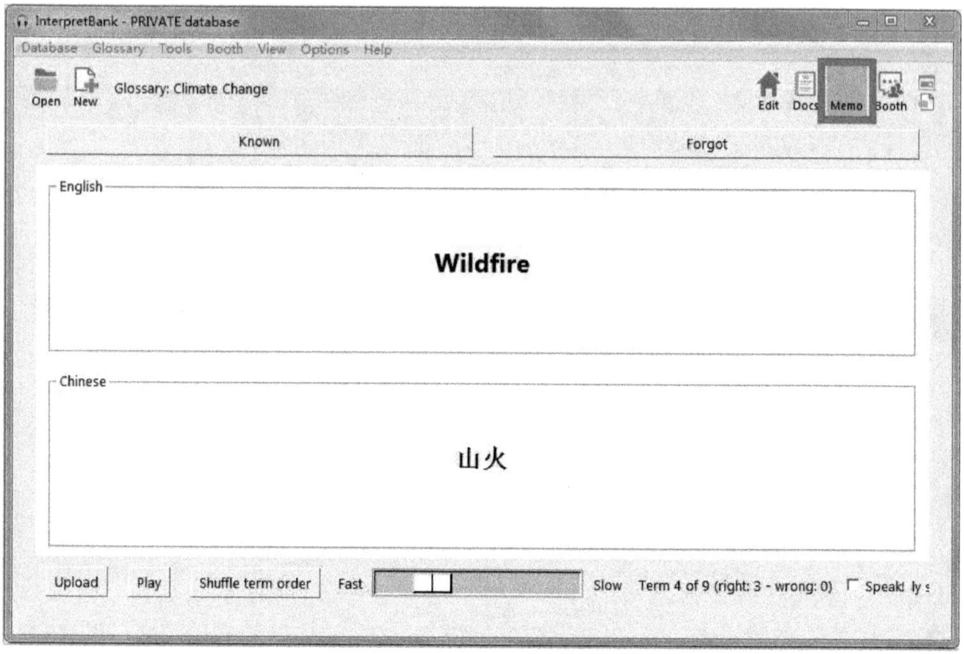


图 5　InterpretBank 术语识记

## （四）会议口译模式

会议模式指在同声传译过程中智能搜索术语的功能，该模式能够最大限度地减少搜索外部资源所需的工作量。同声传译中，译员的可支配精力是有限的，如果遇到密集使用术语的讲者，可能会导致译员的所有精力饱和或处理其中一项任务的精力饱和。这可能导致译语出现错误或遗漏，译员口译质量下降（Gile，2009）。从实际工作情况来看，译员几乎不可能记住专业会议中使用的所有术语，因此译前准备过程中译员更倾向于学习自认为最重要的术语，而忽略不太常见或高度专业的词汇。所以，译员若需要在口译过程中进行术语搜索，辅助工具设计就必须考虑到时间限制及译员精力分配的复杂性，需要简化译员和机器之间的交互，减少精力分散，加快搜索过程并产生可视化的结果输出（范蒂诺里，2016）。

会议口译模式下，译员可以通过默认主题术语表搜索对应术语，也可以通过软件数据库和在线资源扩展搜索范围。同时，该模式使用模糊搜索（自动纠错机制，为避免口译员输入词汇时出现拼写错误或避免保存在术语表中的词汇出现拼写错误而设计）、停用词排除（减少显示的匹配结果数量）以及使用变音符号及重音不敏感搜索。搜索结果会以符合人体工程学的方式显示，因此附加项目（如上下文、语法、示例等）在默认情况下不会出现。此外，会议过程中译员将一个或多个术语表上传到安全服务器后，即可通过任何移动设备（如 iPad 或安卓平板电脑）访问术语表，实现资源共享，这就能够确保口译术语使用一致，增强译语的可听性和可信度。

例如，在“气候变化”主题会议过程中要查询“water degradation”一词的含义，译员仅需输入术语“water”的前三个字符“wat”，即可获得对应术语（图 6）。与一般在线词典呈现的搜索结果相比，InterpretBank 中的术语搜索结果与口译主题的相关性更高。同时，译员在搜索过程中不需更改拼写错误，无需点击回车键，也无需在海量的搜索结果中甄别，就能获取适用的翻译，这样可以在很大程度上减少口译过程中搜索所需时间，避免译员精力饱和。

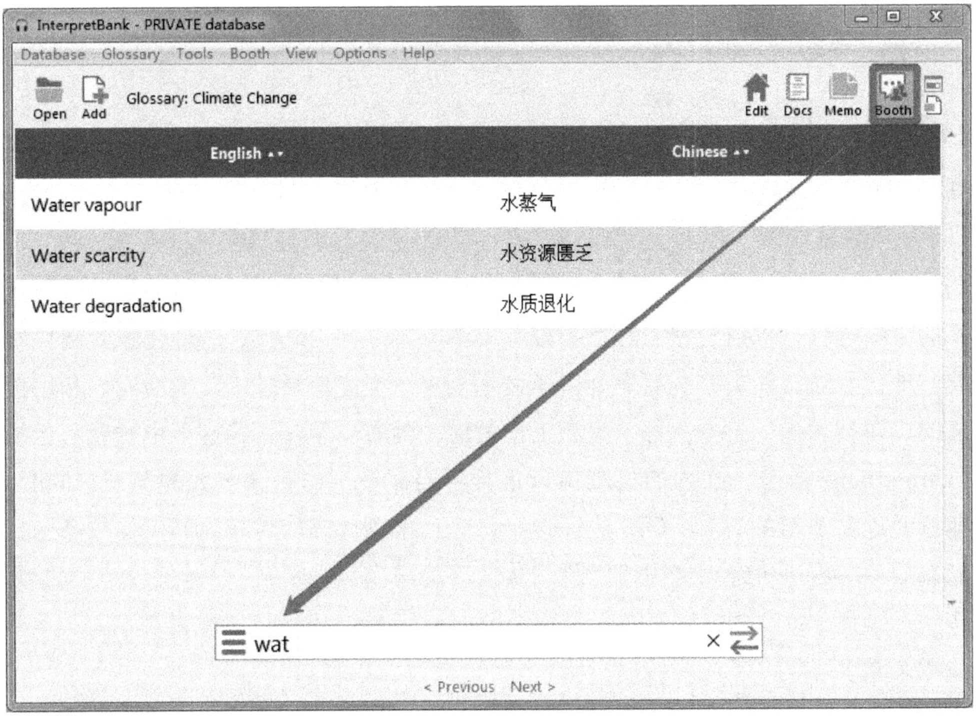


图 6　InterpretBank 会议口译模式

### （五）语音识别和自动翻译

随着人工智能的发展和机器翻译质量的提升，InterpretBank 最新版中添加了自动语音识别（Automatic Speech Recognition，ASR）功能。译员点击任务栏中“会议口译”图标，选择“在线自动语音识别”即可进入语音识别界面。InterpretBank 可以实时抓取、转写并高亮音频中的术语、数字和专有名词，同时还可以实时翻译术语。这样可以减少译员的记忆压力，辅助译员完成同声传译工作。InterpretBank 还可以实现语音到语音的自动翻译。需要指出的是，由于目前语对语料不够丰富，该软件暂时只能识别主要欧洲语言，不能识别汉语等其他语言。同时，现有技术也无法支持该软件在有噪声及回声的环境中准确识别和转化术语。未来，随着语对语料的丰富，以及自动语音识别技术的发展，InterpretBank 的功能有望得到进一步提升。

## 结　语

本文主要介绍了口译员术语管理软件 InterpretBank 的功能与应用，通过对其核心功能的剖析和案例展示，呈现了 InterpretBank 在译前、译中及译后发挥“助力”译员口译工作的强大功能。术语管理是现代职业译员的重要技能之一，高效科学的术语管理可显著提升译员工作效率，保证口译工作质量。随着现代技术的更新迭代，术语管理工具不断推陈出新，逐渐向自动化、智能化、云端化发展。现代专业口译员有必要提升口译技术素养，提高口译技术实操能力，利用自洽的口译技术优化工作流程，提高工作效率。随着科学技术的进一步发展，包括 InterpretBank 等软件在内的机辅口译工具会给译员工作带来更大的便利。同时，期待通过更多相关的实证研究佐证包括口译员术语管理软件在内的机辅口译工具的有效性，促进机辅口译技术的进一步发展与应用。

### 参考文献

鲍刚 . 1996. 译前准备“术语强记”的方法论 [J]. 北京第二外国语学院学报 , (3):42-45.

勒代雷 . 2007. 口译训练指南 [M]. 北京 : 中国对外翻译出版公司 , 110-111.

王华树 . 2018. 中国语言服务企业术语管理调研 ：问题与对策 [J]. 中国翻译 , (4):67-72.

王华树 , 王少爽 . 2019. 翻译场景下的术语管理 ：流程、工具与趋势 [J]. 中国科技术语 ,

(3):9-14.

王华树，张静 . 2017. 信息化时代口译术语管理及其技术应用研究 [J]. 外文研究，(4):72-77.

张吉良 . 2003. 论译员的口译准备工作 [J]. 中国科技翻译，(3):13-17.

王欣红 . 2004. 同声传译过程中的非语言因素 [J]. 中国翻译，(6):61-63.

徐然 . 2018. 基于语料库技术的口译译前准备模式建构 [J]. 中国翻译，(3):53-59.

赵毅慧 . 2018. 机器口译与人工口译的价值关系研究 [J]. 上海翻译，(6):84-88.

赵毅慧 . 2017. 口译技术的回溯与前瞻：工具化、交互化及智能化的演变 [J]. 外文研究，(4):65-71.

FANTINUOLI C. 2016. Interpret Bank: redefining computer-assisted interpreting tools[C]. Proceedings of the 38th Conference Translating and the Computer, 42-55.

GILE D. 2009. Basic concepts and models for interpreter and translator training(Rev. ed.)[M]. Amsterdam/Philadelphia: John Benjamins.

JIANG H. 2013. The interpreter' s glossary in simultaneous interpreting: a survey[J]. Interpreting, (1):74-93.

KALINA S. 2005. Zur Dokumentation von Maßnahmen der Qualitätssicherungbeim Konferenzdolmetschen [C]//HEINE C, SCHUBERT K, GERZYMISCH-ARBOGAST H.Translation theory and methodology[M]. Tübingen: Jahrbuch Übersetzen und Dolmetschen, 253-268.

MOSER-MERCER B. 1992. Banking on terminology conference interpreters in the electronic Age[J]. Meta: Translators' Journal, (3):507-522.

RÜTTEN A. 2015. Terminology [C]//Pöchhacker F. Routledge Encyclopaedia of Interpreting Studies. London: Routledge, 416-417.

SÉLESKOVITCH D. 1998. Interpreting for international conferences (3rd revised edition)[M]. Arlington, VA: Pen and Booth.

SÉLESKOVITCH D, LEDERER M. 1989. Pédagogieraisonnée de l' interprétation[M]. Paris, France: Didier Erudition.

Will M. 2007. Terminology work for simultaneous interpreters in LSP Conferences: Model and method [C]. MuTra2007 – LSP Translation Scenarios, Stoughton.

# WordPress 网站本地化技术实践

陈涅奥 *

**摘要：**人工智能时代，迅猛发展的翻译技术使得行业生产力带来产生了剧变。同时，语言服务行业的本地化市场需求不断增长，其中网站本地化业务的所占市场比重越来越大。当今，网站本地化技术呈现出怎样的发展趋势？如何高效进行网站本地化？本文以 WordPress 网站为例，探讨并总结了动态网站本地化的基本实践策略，并对网站本地化技术进行了未来展望。

**关键词：**人工智能；翻译技术；网站本地化；WordPress

## 一、引言

人工智能时代，计算机辅助翻译、翻译记忆、术语管理、机器翻译、翻译管理等技术发展迅猛，日益呈现出整合化、智能化、云端化、自动化、定制化等特征。同时，在语言服务行业，网站本地化业务占有重要的市场份额，网站本地化技术也受到了更多关注。

网站本地化是指将网站从其原始语言版本转化为另一种语言版本，使之适应目标国家的语言和文化的过程，具体可包含网站内容本地化、图形与多媒体本地化等。在全球经济一体化的趋势下，越来越多的全球化公司通过将门户网站翻译成多种语言来建立与其国际客户沟通的桥梁，以便向其全球的目标客户更便捷地传递信息。优秀的网站本地化方案对于扩大企业品牌宣传，提高企业影响力、

---

* 作者简介：陈涅奥，广东外语外贸大学高级翻译学院翻译与本地化专业方向硕士研究生，翻译技术教育与研究中心工程师。主要研究方向：计算机辅助翻译、本地化。电子邮箱：tedchen96@qq.com。

竞争力和利润具有很大的意义。

网站本地化项目的特点在于多语版本迅速发布、内容更新快、交付时间短；同时，网站文本不同于一般文本，而是具有多模态、海量化、碎片化、标记化、去语境化等特征。这些都对网站本地化提出了更高的技术要求，传统的网站本地化方法已很难应对上述挑战。

因此，在人工智能时代背景下，如何高效进行网站本地化，如何将网站本地化实践与前沿翻译技术相结合，都是值得探讨的问题。

## 二、基本流程

本文拟以 WordPress 架构的网站为例，介绍动态网站本地化的技术实践。WordPress 是一种基于 PHP+MYSQL 的开源内容管理系统，为用户提供了一个可定制、功能稳定而全面的建站平台，可用于个人或企业网站的建设、管理及维护。

根据知名网络技术调查机构 W3Tech 的数据，目前，以 WordPress 为架构的网站已经占据了全球前 1000 万个网站的 1/3，且 WordPress 已经占据了全球 CMS 市场份额的 78.1%。可以说，WordPress 是目前全球最受欢迎的建站系统。

不同于通过 HTML、CSS 和 JavaScript 等技术搭建的静态网站，WordPress 建站系统属于动态网站，其中的大多数内容并不直接存储在网页文件中，而是存储在后台的数据库中，并根据用户的请求来调用。因此，动态网站的文本通常需要使用工具从后台提取。在 WordPress 系统中，需要提取的文本通常由页面（pages）、文章（posts）、字符串（strings）等组成。

鉴于以上特点，在以 WordPress 为架构的网站中，网站本地化的主要流程可划分为创建网站副本、安装本地化插件、设置网站语言对、提取源语言文本、完成并应用译文、测试和发布网站。当网站产生新的本地化内容时，则可能开启新一轮的流程循环，如图 1 所示。

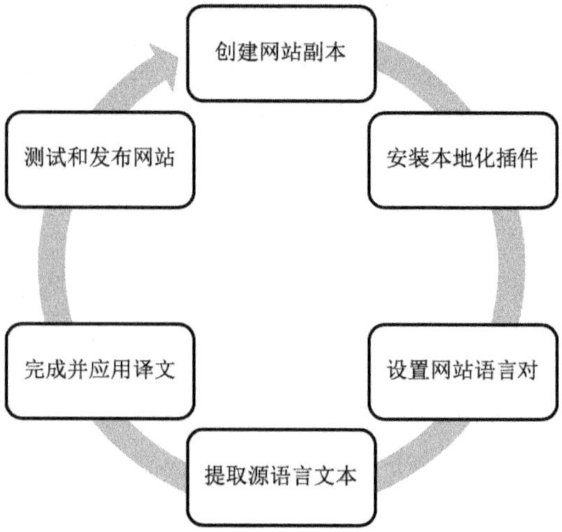


图 1　WordPress 网站本地化流程图

（1）创建网站副本。在网站本地化的过程中，源语言网站可能会因为技术失误而出现数据丢失或停止运作的情况。因此，在本地化工作之前，通常要在本地或镜像服务器上创建网站副本，用于试行本地化版本。

（2）安装本地化插件。WordPress 作为一个发展较为成熟、市场占有率较高的内容管理系统，已经具备多种网站本地化方案。安装本地化插件是实现网站文本、字符串层面本地化的有效策略。除此之外，网站本地化还涉及多媒体、图像内容的本地化，以及网页布局设计、搜索引擎优化等方面，这些还需要运用其他多样化的工具和方法。

（3）设置网站源语言和目标语言。与 CAT 工具中的翻译项目类似，网站本地化项目也需要通过插件设置源语言和目标语言。例如，若一个中文网站需要发布英语本地化版本，则源语言为中文，目标语言为英语。同时，还可为网站设置多个目标语言，从而将网站本地化为多语言网站。

（4）提取源语言文本。在本地化插件中，用户可以自行选择并提取需要进行翻译的文本内容，如网站的首页介绍、新闻动态、博客文章等。一般来说，网站的主页是需要完全翻译的内容，而网站插件、主题等方面的字符串由于较为碎片化，可视情况进行翻译。

（5）完成和应用译文。WordPress 的本地化插件一方面支持在网站后台进行文本翻译，并直接应用译文；另一方面也支持打包导出文本为 .xliff、.po 等格式，以供外部 CAT 工具使用。若选择后者，则需要将译文文件在定稿后重新上传至网站后台，然后应用译文。

（6）测试和发布网站。网站的本地化版本通常需要经过测试才能正式发布。本地化完成后，可通过在页面上设置好的语言切换器访问目标语言网站，然后查看并检查翻译效果。后续还可根据目标市场文化偏好调整网页设计和布局，并完成搜索引擎优化（SEO）等工作。检查无误后，即可将网站的本地化版本安装到服务器上正式发布。

## 三、技术实践

知名的 WordPress 网站本地化插件或工具包括 GTranslate、Memsource、Multilingual Press、Lingotek Translation、Loco Translate、WPML、Weglot、PoEdit、Polylang、qTranslate、TranslatePress、Transposh 等。限于篇幅，本文以 WPML、Memsource 插件为例，介绍 WordPress 网站的本地化实践。

### （一）WPML 插件与网站本地化任务管理

WPML 是目前使用最广的 WordPress 网站本地化插件之一，主要特性为支持的本地化语言种类多，达 100 多种；功能性强，支持网站页面、菜单、主题、插件等内容的翻译，并提供全面的翻译管理和在线翻译功能；此外，官网还为客户网站提供人工翻译服务。WPML 为收费插件，多语版本价格为 79 美元 / 年。使用该插件进行网站本地化的主要流程如下。（1）注册并购买插件。首先，在 WPML 官网注册账号，购买并下载插件压缩包（图 2）。

图 2　WPML 官网

（2）安装并启用插件。将下载好的插件解压至服务器的 wp-content/plugins 文件夹下。接着，在网站后台插件管理界面中，启用 WPML Multilingual CMS、WPML String Translation、WPML Translation Management 插件（图 3）。

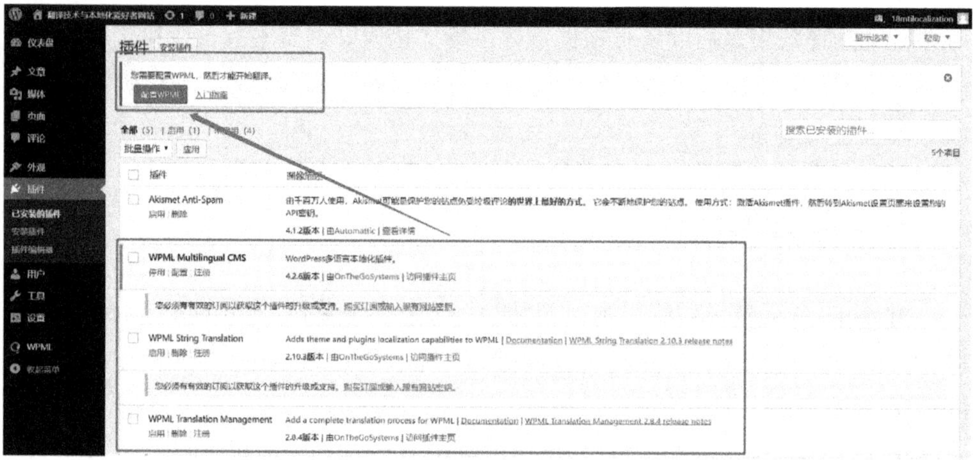


图 3　启用 WPML 插件

（3）进行语言对设置。在插件设置中，为网站设置源语言和目标语言（图 4）。

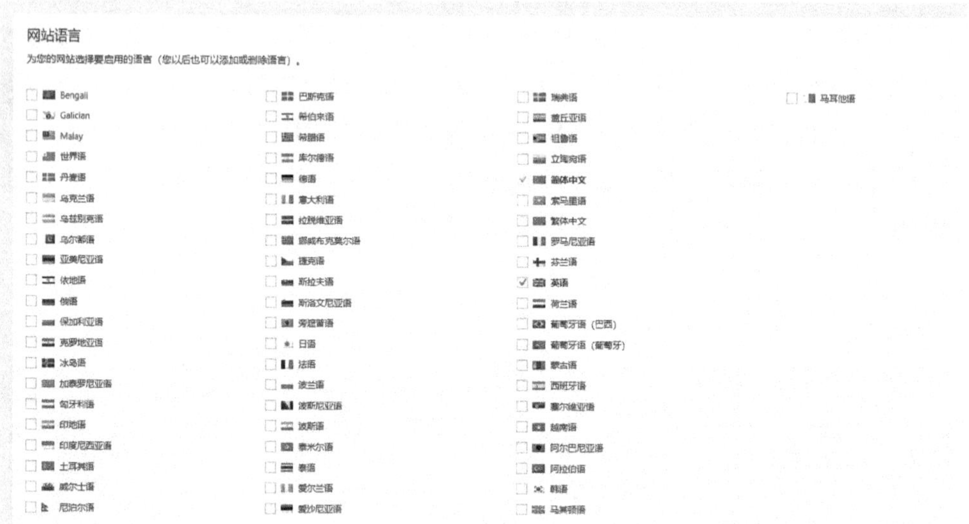


图 4　设置网站目标语言

（4）分配翻译角色。WPML 集成了“翻译管理”模块，可用于网站本地化项目管理。在模块中，首先可对译员角色进行设置（图 5），如设置为项目经理本身或其他网站注册用户；也可将一名用户设置为项目经理，然后令其将其他用户设置为译员；此外，还可直接采用 WPML 官方提供的翻译服务。

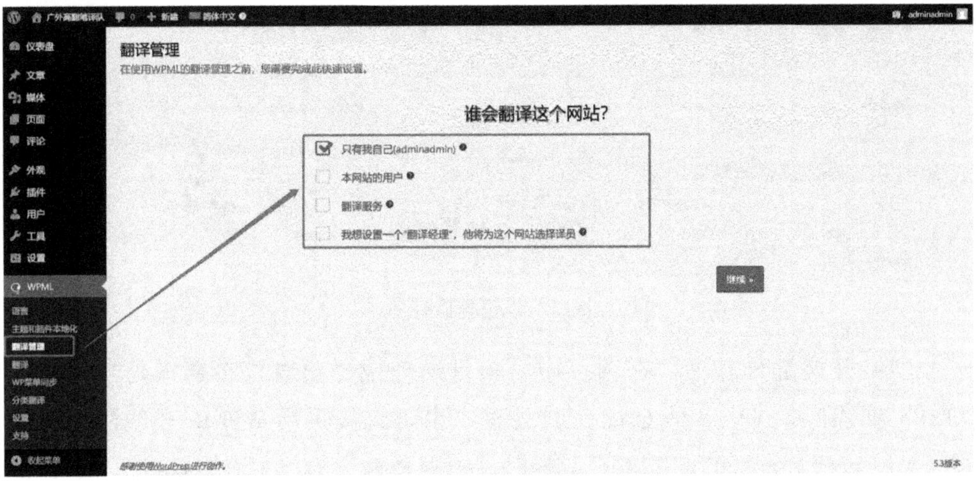


图 5　设置译员角色

（5）创建翻译任务。在 WPML 翻译管理界面下，项目经理可选取需要翻译的内容，如网站页面、文章等，然后添加到待翻译任务列表中，此时便初步创建了本地化项目（图 6）。

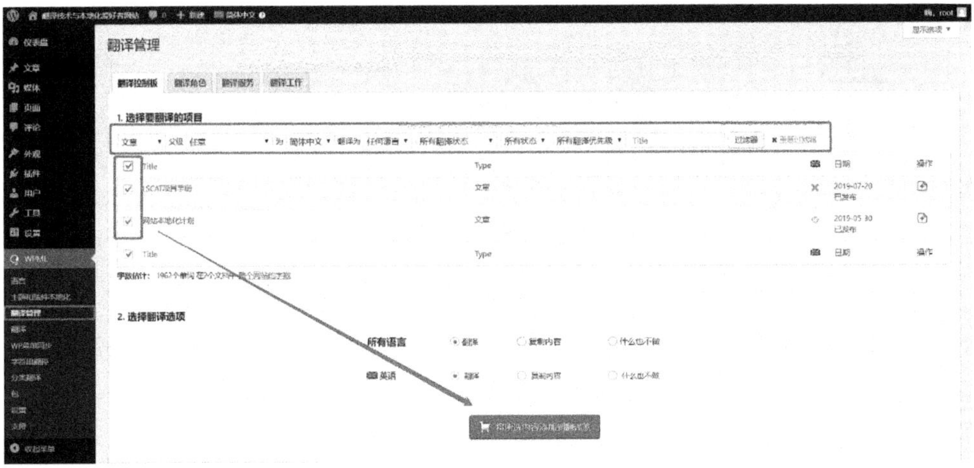


图 6　创建翻译任务

（6）分配翻译任务。创建翻译任务后，项目经理可将任务分配给指定的译员账户。若译员尚未在 WordPress 网站上注册，也可通过注册并登录账号来加入本地化项目（图 7）。

图 7　分配翻译任务

（7）开展翻译任务。在项目中，项目经理或译员既可将翻译内容导出为 XLIFF 或 ZIP 格式供其他 CAT 工具处理，也可直接采用 WPML 在线翻译编辑器（Advanced Translation Editor）（图 8）。该翻译编辑器与主流的 CAT 工具类似，集成了机器翻译、翻译记忆、术语管理、拼写检查等功能。

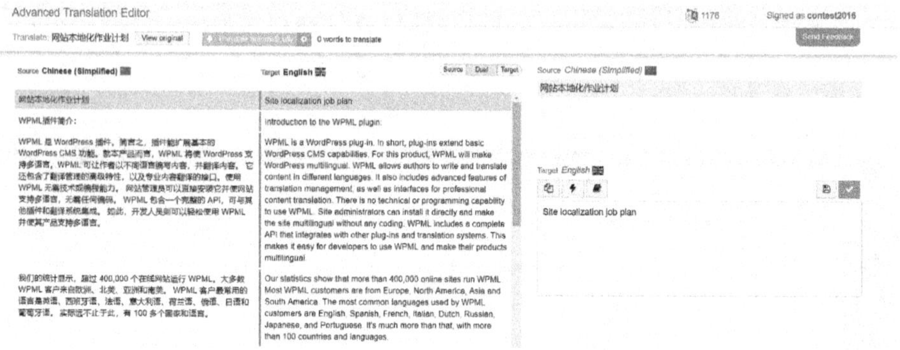


图 8　使用 WPML 在线翻译编辑器

（8）查看并测试翻译。翻译任务完成后，可到网站主页将语言切换为目标语言，然后查看翻译效果。同时，还可进行后续的测试和检查工作，包括网站内容翻译是否有遗漏、网站链接是否正常等。

### （二）Memsource 插件与网站持续本地化

Memsource 是国外主流在线翻译管理平台之一，提供免费个人版和收费团队版等版本。团队版可通过 WordPress 插件与网站连接，实现网站的持续本地化（Continuous Localization），即定期检测网站内容变更，识别更新的文本内容并发送到翻译平台，然后自动分配任务给译员；任务完成后，再将翻译结果与网站同步。使用该插件进行网站本地化的主要流程如下。

（1）安装并启用插件。首先，在 WordPress 网站的后台插件管理界面中，搜索并安装 Memsource 插件，然后启用插件（图 9）。

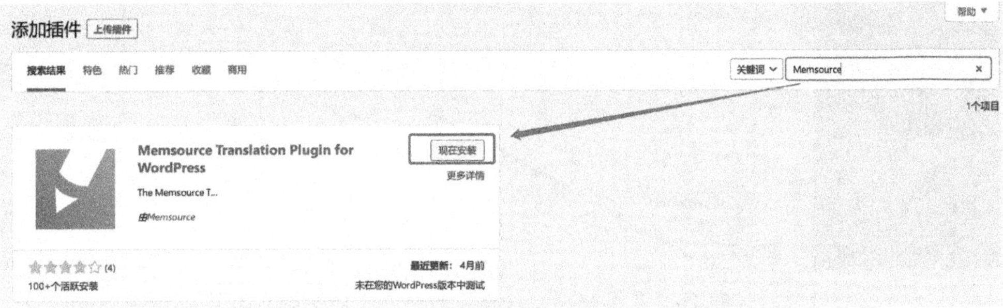


图 9　安装 Memsource 插件

（2）生成并复制插件令牌(token)。在 Memsource 插件的“连接器”(Connector)下，找到令牌代码，并复制下来，用于在 Memsource 平台上识别和连接用户网站（图 10）。

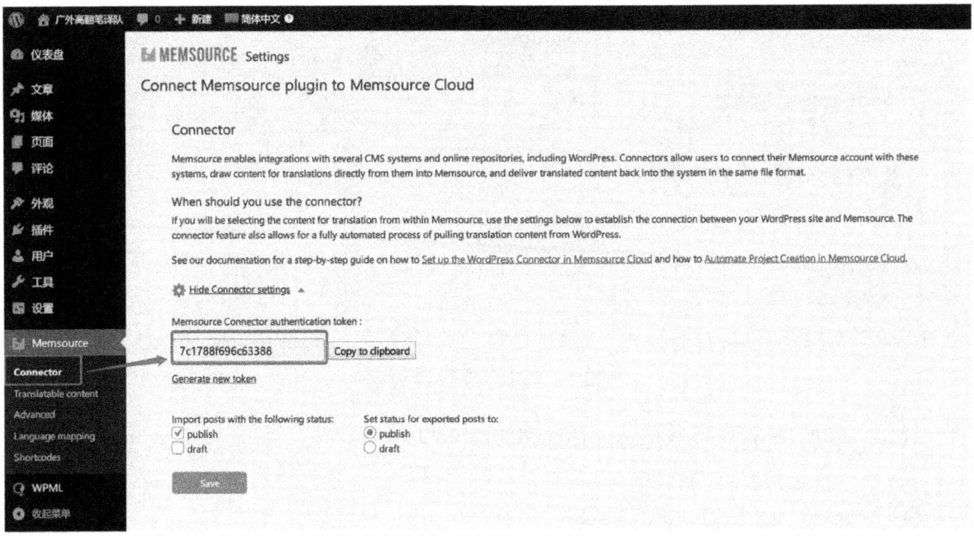


图 10　记录 Memsource 插件令牌（token）

（3）连接网站与Memsource平台。登录Memsource❶平台，在平台的“设置”（账户名称旁的选项图标）—“集成”—“连接器”❷中（图11），选择连接器类型为“WordPress”，输入网站名称、网站网址和上述步骤中记录下来的令牌代码，随后保存（图12）。

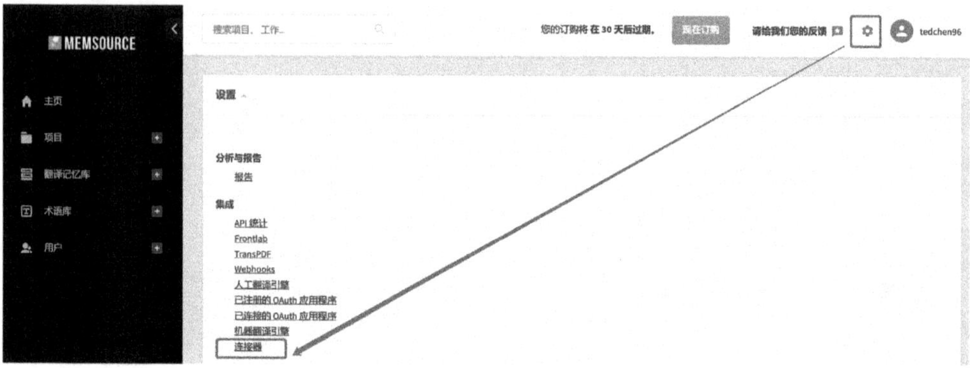


图11　进入Memsource平台中的“连接器”

图12　进行连接器设置

（4）添加译员。在Memsource界面的“用户”下，新建或导入参与团队的

❶ 详情参见：http://cloud.memsource.com/。
❷ 详情参见：https://cloud.memsource.com/web/connector/list。

译员账号（图 13）。

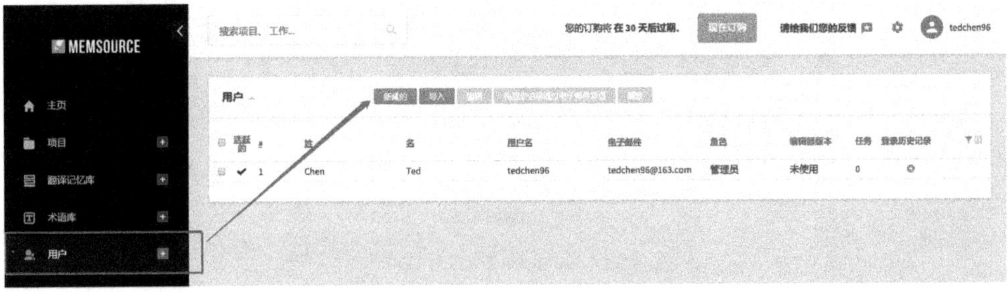


图 13　Memsource“用户”界面

（5）创建项目模板。新建一个项目，设置好项目名称、语言对（与网站本地化项目保持一致），添加好翻译记忆库和术语库，随后另存为项目模板（图 14）。

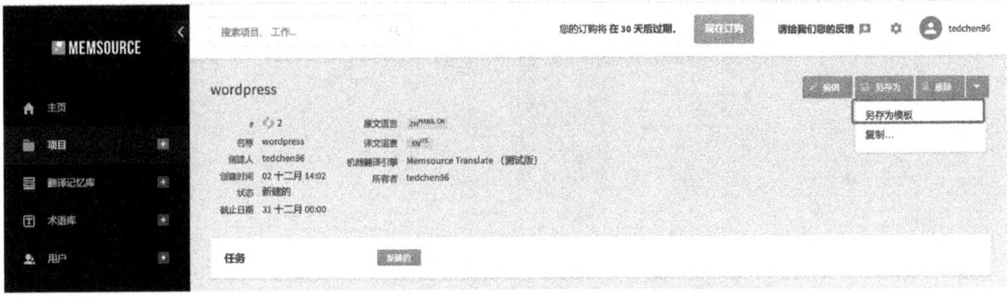


图 14　创建新项目并另存为项目模板

（6）设置项目模板，即设置工作流、译员、通知时间间隔。首先，转到“设置”—“自动操作”—“项目模板”[1]，进入上一步保存好的项目模板，然后在“工作流”处勾选“翻译”（也可视情况勾选“审校”或“客户审阅”），并在下方出现的“翻译”设置中，添加需要参与该本地化项目的译员。随后设置时间间隔，即检测到网站内容更新后隔多长时间发邮件通知译员，可设为“同时”，即立即通知（图 15）。

[1] 详情参见 https://cloud.memsource.com/web/projectTemplate/list。

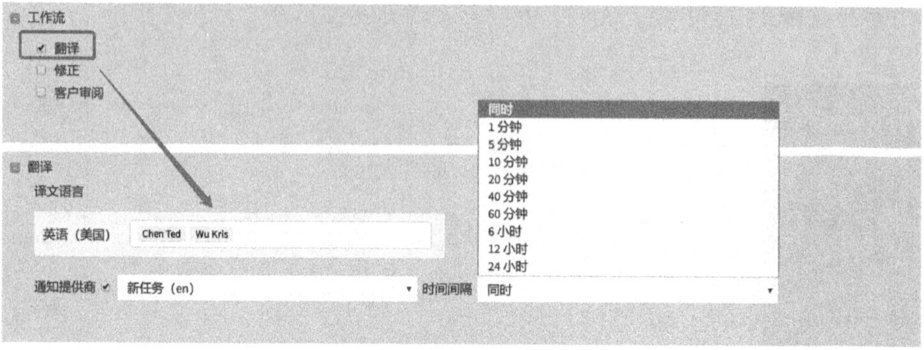


图 15　设置项目模板

（7）创建项目服务。转到“设置”—“自动操作”—“服务”[1]，然后新建服务，服务名称、语言对应与项目保持一致，并在“项目模板”处添加先前创建并设置好的项目模板，且下方“工作流步骤”也应与项目模板保持一致，随后保存（图 16）。

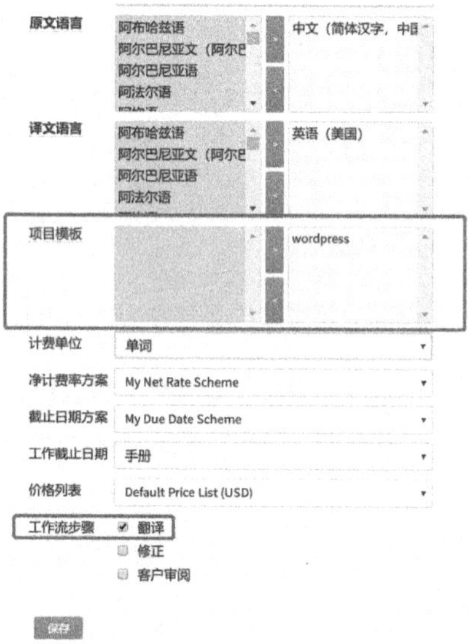


图 16　添加项目模板

（8）创建持续本地化项目。转到“设置”—“自动操作”—“自动创建项目”[2]，设置项目名称、语言等，随后选择“选择远程文件夹”（图 17），然后从已连接的

[1] 详情参见 https://cloud.memsource.com/web/service/list。

[2] 详情参见 https://cloud.memsource.com/web/automatedProjectCreation/create。

网站目录中，选择需要翻译内容，如页面（Pages）、文章（Posts）等（图 18）。

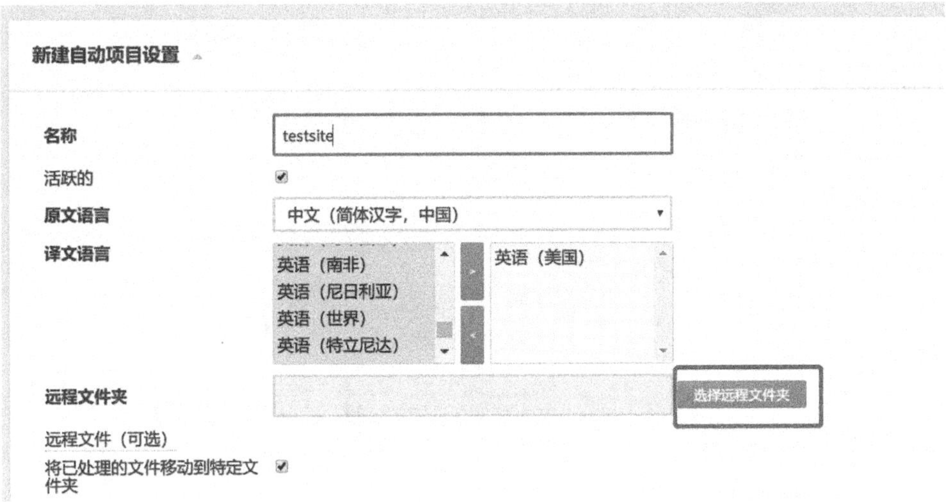


图 17　选择远程文件夹

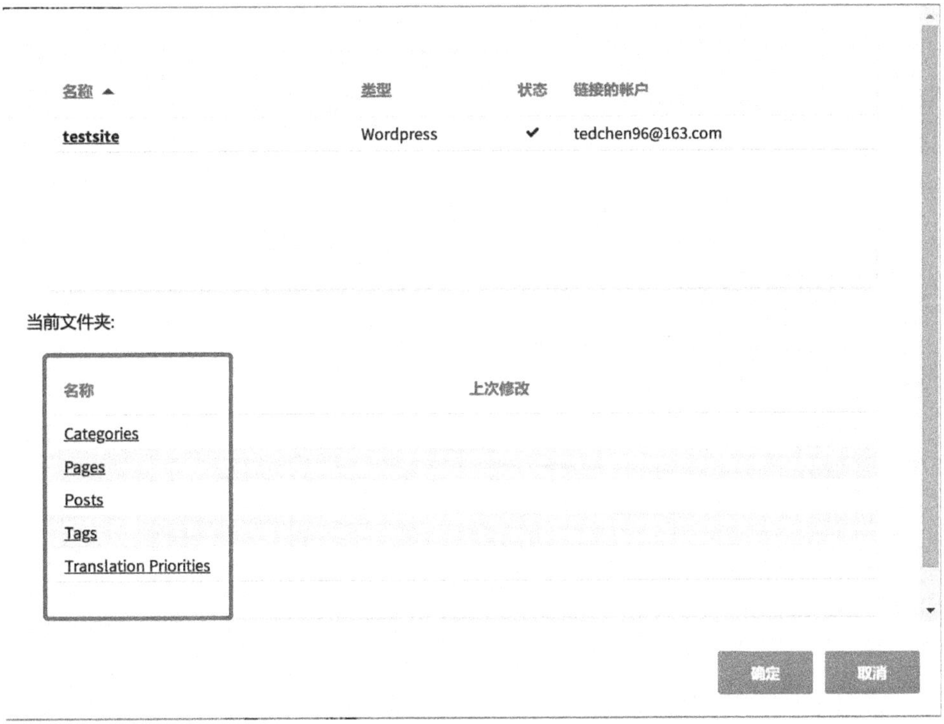


图 18　选择需要翻译的网站内容

（9）设置自动检测频率。选择需要翻译的网站内容后，可在下方设置检测对应内容更新的频率，如每周、每天或每隔一段时间。随后，应在“服务”处注意选择上一个步骤创建好的服务。完成设置后，保存项目（图 19）。

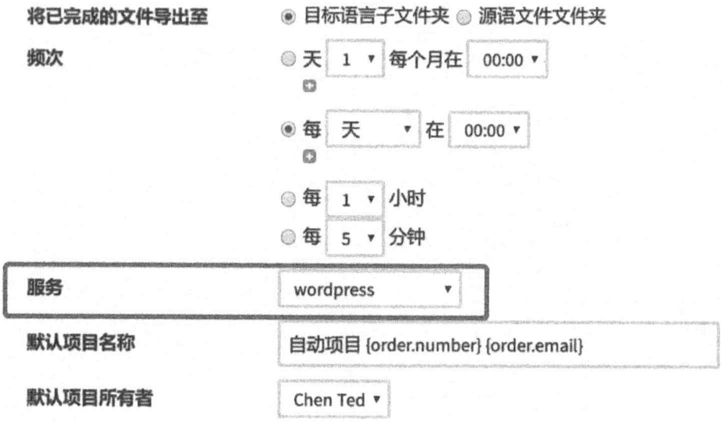


图 19　设置自动检测频率

（10）接收自动分发的任务。在上述步骤中，待译网站及内容、内容更新检测频率、参与项目的译员都已设置完毕。当网站内容有更新，且 Memsource 在指定时间检测到更新后，就会自动将更新内容创建为翻译项目，然后通过邮件发送给译员。译员收到邮件后通过对应网址进入项目即可（图 20）。

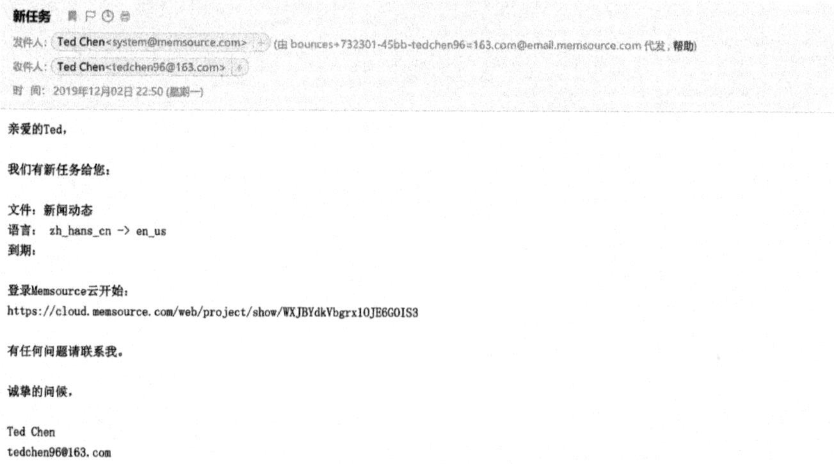


图 20　译员通过邮件接收自动分发的任务

（11）完成并上传翻译。翻译任务完成后，译员可在 Memsource 平台将译文上传至 WordPress 网站，如此一来就实现了网站持续本地化。

## 四、融合趋势

从以上实践可见，人工智能时代，网站本地化与计算机辅助翻译、机器翻译、翻译管理、内容管理等技术具有融合趋势，节省了项目成本，实现了项目质量和效率的最大化。

### （一）计算机辅助翻译

首先，网站本地化工具与计算机辅助翻译技术具有融合趋势。CAT 软件的核心是翻译记忆库（Translation Memory，TM），其实质是利用了翻译记忆技术，将翻译过程中的术语匹配、译名统一、高度相似的句子再现等记忆工作由电脑完成（傅敬民，谢莎，2015）。诸如 WPML、Memsource 的网站本地化工具能够在将待译网页元素解析、提取、去重、去标记化的基础上，通过翻译记忆、术语管理等功能，提高本地化翻译的质量和效率，保证翻译准确性与一致性。

### （二）机器翻译

机器翻译借助神经网络技术的发展使译文精度不断提升，译者的角色主要转向译后编辑（闫欣，陈瑞哲，张井，2019）。机器翻译技术也日益渗透在网站本地化工具中，帮助应对海量化、多语种、多模态的翻译需求。WPML 等大部分网站本地化工具都能通过 API 接入机器翻译系统，实现快速预翻译字符串文本。通过机器翻译，项目人员能够在项目前期快速预览网站的多语本地化 demo 版本，测试网站本地化能力，作出相应计划调整；在开展本地化翻译任务时，译员也能够在翻译记忆库、术语库匹配结果的基础上，运用机器翻译译后编辑（MTPE）的模式大幅提升翻译效率。

### （三）内容管理与翻译管理

最后，通过与内容管理和翻译管理技术相整合，网站本地化工具正朝向自动化、流程化的趋势发展。崔启亮（2017：257）曾对本地化技术的发展趋势作出预测：本地化项目流程将更加自动化，自动识别源文件的内容变更，自动提取需要本地化的内容，自动估算项目难度和工作量，自动匹配合适的资源，自动分派项目任务，自动对译者进行翻译能力评价，自动交付项目任务等。在上文介绍的 Memsource 网站本地化技术实践中，面对网站内容频繁更新的局面，项目经理不必再人工识别更新的内容，以及创建和分发翻译项目，而是通过系统自动检测网站内容更新、自动创建项目和分发翻译任务。工具的发展与整合节省了大量重复劳动，提高了项目协作效率，达到缩短网站版本发布周期、实现项目开始迭代的效果。

## 五、结语

人工智能时代，网站本地化工具正朝着云端化、协作化、自动化趋势发展，并且与机器翻译、计算机辅助翻译模块的兼容性和契合度也越来越高，日益高效便利。语言服务和本地化行业发展迅猛，翻译技术的普及也势不可挡。在此背景下，现代语言服务行业从业者尤其是本地化相关人员都需要具备技术意识，才能应对新时代的难题和挑战，提高行业总体生产力。

### 参考文献

崔启亮，胡一鸣 . 2011. 翻译与本地化工程技术实践 [M]. 北京：北京大学出版社 .

崔启亮 . 2017. 本地化项目管理 [M]. 北京：对外经济贸易大学出版社 .

傅敬民，谢莎 . 2015. 翻译技术的发展与翻译教学 [J]. 外语电化教学，(6):37-41.

王华树 . 2019. 计算机辅助翻译概论 [M]. 北京：知识产权出版社 .

王华树 . 2017. 翻译技术教程 [M]. 上海：商务印书馆 .

王华树 . 2016. 大数据时代的翻译技术发展及其启示 [J]. 东方翻译，(4):18-20.

闫欣，陈瑞哲，张井 . 2019. 翻译技术云平台的发展现状与趋势 [J]. 中国科技翻译，32(1):22-25.

W3Tech. Historical trends in the usage of content management systems [EB/OL]. (2019-11-01)[2019-12-05]. https://w3techs.com/technologies/history_overview/content_management/all.

# Chrome 扩展程序本地化实践
## ——以 ImprovedTube 为例

叶梦轩 *

**摘要：** 随着 GoogleChrome 浏览器以及基于 Chromium 内核的浏览器的大范围普及，Chrome 扩展程序已经成为了一个用户数量大、覆盖范围广、功能多样化的应用程序类型。全新的软件类型催生了全新的软件本地化需求，Chrome 扩展程序的本地化也已经成为软件本地化领域下的一个新现象。基于这一背景，本文以 ImprovedTube 扩展程序为例，介绍了 Chrome 扩展程序的本地化流程，展示了其中会遇到的一些典型问题并给出相应的解决方案。

**关键词：** 软件本地化；Chrome 扩展程序；Google Chrome

## 一、引言

互联网及计算机科技日新月异的发展使得全新的软件应用程序类型不断涌现。在这之中，Google Chrome 浏览器扩展程序的发展尤其值得关注。作为近年来十分流行的浏览器，Google Chrome 浏览器支持类型多样、功能丰富的扩展程序，可为用户提供多种多样的功能扩展。随着 Google Chrome 浏览器用户数量及市场份额的不断提升，Chrome 扩展程序也已发展为一个具有相当用户数量及不断攀升的市场价值的应用程序类型。许多软件开发商在开发软件尤其是轻量型软件时，都会考虑同时推出 Chrome 扩展程序版本，如微软公司的 Office Online、

* 作者简介：叶梦轩，广东外语外贸大学高级翻译学院翻译与本地化专业方向硕士研究生，翻译技术教育与研究中心工程师。主要研究方向：软件本地化、网站本地化。电子邮箱：transnologyworkshop@foxmail.com。

智能写作辅助工具 Grammarly 的 Chrome 扩展程序版本等。可以说，Chrome 扩展程序是软件领域继移动应用程序之后的又一个重要软件类型，因此其本地化也成为软件本地化领域的一个最新热点。本文首先将对 Google Chrome 浏览器及其扩展程序进行简要介绍，之后以 ImprovedTube 为例介绍 Chrome 扩展程序的基本流程并展示其中会遇到的典型问题及相应解决方法，最后对 Chrome 扩展程序的基本本地化实践作出总结。

## 二、基础介绍

### （一）Google Chrome 浏览器介绍

Google Chrome 是由谷歌开发的一款基于 Blink 引擎[1]的多平台网页浏览器，自 2008 年推出后其所占浏览器市场份额不断攀升，至 2018 年年底 Google Chrome 全平台市场占有率已经达到了 63%[2]，如果算上采用 Chromium 内核的第三方浏览器，则这一数据会更高。可以说，Google Chrome 已经占据了全球浏览器市场的大半江山。在这一现象背后做支撑的是 Google Chrome 出色的功能及性能表现。在外观方面，GoogleChrome 采取了极简主义的策略，如将地址栏与搜索栏融为一体、标签栏置顶等；在易用性方面，Google Chrome 允许用户在不同平台、不同设备之间使用谷歌账号同步书签及设置，且提供基于谷歌翻译的自动网页翻译；在可用性方面，Google Chrome 对 Web 标准的支持极为全面，其目前版本[3]的 HTML5 测试分数为 528 分，距满分 555 分仅差 27 分；在安全方面，Google Chrome 拥有不断更新的黑名单机制，可阻止钓鱼网站及恶意软件，在用户试图打开此类网页时会给出明显的提示，同时标签页以沙盒方式运行，遵循“最小权限原则”，标签页无法访问重要内存区域，极大地提升了安全性；在稳定性方面，Google Chrome 采用了多进程机制，每一个标签页拥有自身独立的进程，一个页面崩溃时不会影响其他页面。综合来说，Google Chrome 的性能及综合素质都处于浏览器市场中的领先地位。

---

❶ 最初为 Webkit 引擎，自 28.0 版本后改用基于 Webkit 引擎的谷歌自研 Blink 引擎。

❷ 详情参见 https://netmarketshare.com/browser-market-share.aspx。

❸ Chrome 66 版本。

## （二）Chrome 扩展程序介绍

除了上述提到的各种特性，Chrome 扩展程序也是 Google Chrome 的一大特色。Chrome 扩展程序是运行于 Google Chrome 浏览器内的小型应用程序，可被视为 Google Chrome 的插件。起初 Chrome 扩展程序主要提供基于浏览器本身的功能扩展，如广告屏蔽、快速笔记、网页截图等功能，至目前已有许多应用开发者选择发布基于 Chrome 的网页应用，如 Office Online 及游戏等，同时有许多扩展程序支持离线运行，俨然将 Chrome 变为了一个全新的应用平台。目前，Chrome 扩展程序的分发平台 Chrome Web Store 已经形成了一个规模较大、质量较高的应用生态圈。Chrome 扩展程序的应用不仅限于谷歌自有的 Google Chrome 浏览器，它可以在任何使用 Chromium 内核的浏览器上安装使用，甚至部分安卓浏览器都已经支持 Chrome 扩展程序的安装，应用范围极为广泛。随着 Chrome 扩展程序的数量不断增多，以及其全球用户数的不断提升，Chrome 扩展程序的本地化已经成为应用开发者在开发过程中需要考虑的一个重要问题。同时，本地化行业尤其是软件本地化行业也应该注意到这一新兴的市场，本地化从业人员也应该紧跟时代发展的脚步，了解熟悉 Chrome 扩展程序的本地化相关知识。基于这一背景，本文将以 ImprovedTube 扩展程序为例，介绍 Chrome 扩展程序本地化的基本流程，在其中同时展示 Chrome 扩展程序本地化中会遇到的一些典型问题并给出相应的解决方案。

## （三）Chrome 扩展程序基本文件结构

Chrome 扩展程序的安装包文件 .crx 本质上是一个 zip 压缩文件，可以通过解压 .crx 文件获得 Chrome 扩展程序的程序文件夹。Chrome 扩展程序的组件大致包括后台脚本、内容脚本、设置页面、UI 元素以及逻辑文件等。每一个 Chrome 扩展程序所涉及的组件会根据其实现功能的不同而不同。一个典型的 Chrome 扩展程序的文件夹和文件见表 1。

**表 1　Chrome 扩展程序基本文件结构**

| 文件夹或文件类型 | 文件夹或文件内容 |
| --- | --- |
| css 文件夹 | 存储 css 相关样式文件 |
| icons 文件夹 | 存储扩展程序的多种不同分辨率的图标文件 |

续表

| 文件夹或文件类型 | 文件夹或文件内容 |
|---|---|
| lib 文件夹 | 存储扩展程序所需调用的库 |
| html 文件夹 | 存储扩展程序显示的页面文件 |
| images 文件夹 | 存储相关图像文件 |
| js 文件夹 | 存储 javascript 文件 |
| _locales 文件夹 | 存储多国语言文件 |
| manifest.json 文件 | 扩展程序主文件等 |

良好的软件国际化设计可以将本地化资源文件与软件代码文件相互隔离，在本地化过程中无需重新设计软件的源代码（王华树，2019）。可以看到，谷歌的开发规范对 Chrome 扩展程序的国际化是做得较好的，主程序与字符串文件相互独立，提供多国语言选项，扩展程序会根据用户的系统语言决定显示何种语言，这为本地化工作的进行打下了良好的基础。

## 三、基本流程与问题解决

软件用户界面本地化工程的流程一般分为工程准备分析、预处理及后处理、提取、编译、测试及修正这几个步骤（崔启亮，2011）。Chrome 扩展程序的本地化流程也与之类似，可分为四步：程序文件夹提取、程序字符串翻译、程序测试及程序打包。

程序文件夹提取：将扩展程序由 .crx 格式解包获得程序内部构成文件的过程，是对扩展程序进行本地化的基础，可获得扩展程序的相关语言资源，如字符串、以图片形式存在的文字等。

程序字符串翻译：将上一步中获取的相关语言资源文件由源语翻译至目标语的过程，可利用计算机辅助翻译（CAT）工具进行。

程序测试：将翻译后的字符串导回程序后进行实际测试的过程，可发现其中未翻译的元素及存在问题的元素，并找出其原因加以解决。

程序打包：将完成本地化后的程序重新打包的过程，可获得本地化后的应用程序安装文件。

下面本文将以 ImprovedTube 扩展程序为例，介绍 Chrome 扩展程序本地化的基本流程。ImprovedTube 是一款开源的 YouTube 功能增强扩展程序，提供超过 42 项针对 YouTube 的实用功能，包括自定义播放器大小、拦截页面及视频广告、拉伸视频尺寸、固定视频清晰度选项、隐藏播放页面的元素及启用 H.264 编码等选项。该扩展程序的主界面如图 1 所示。

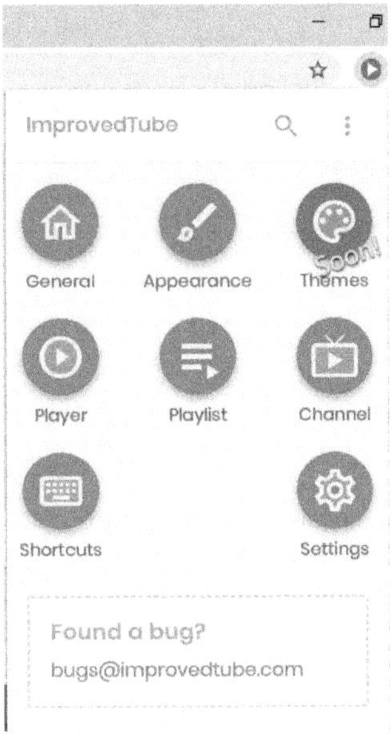


图 1　ImprovedTube 主界面

## （一）程序文件夹提取

要对 ImprovedTube 进行本地化，首先需要得到 ImprovedTube 的程序文件夹，此处共有两种方法可供选择。

### 1. 提取方法一

可根据扩展程序 ID 直接找到 Chrome 存储本地扩展程序的文件夹中该扩展程序的文件夹。

（1）进入 Chrome 的扩展程序管理页面并勾选页面右上角的开发者模式（developer mode）选项。开发者模式是供应用开发者测试、调试扩展程序使用的。它提供三个选项按钮，分别为“加载已解压的扩展程序”“打包扩展程序”“更新”，之后的操作中将使用到这些功能。另外，在开发者模式下能够看到每一个扩展程序的具体版本信息、主页面及 ID。

（2）获得扩展程序的 ID。

（3）得到扩展程序 ID 后就可以打开 Chrome 的扩展程序文件夹中的根据 ID 定位该扩展程序或直接使用 Everything 搜索软件搜索该 ID 找到的文件夹。Chrome 的扩展程序文件夹路径一般为 C:\Users\ 用户名 \AppData\Local\Google Chrome（或基于 \GoogleChrome 的浏览器名称，如 CentBrowser）\User Data\Default\Extensions。此例中，ImprovedTube 的扩展程序 ID 为 bnomihfieiccainjcjblhegjgglakjdd，根据此 ID 便可在 Chrome 扩展程序文件夹中找到 ImprovedTube 的程序文件夹，如图 2 所示。

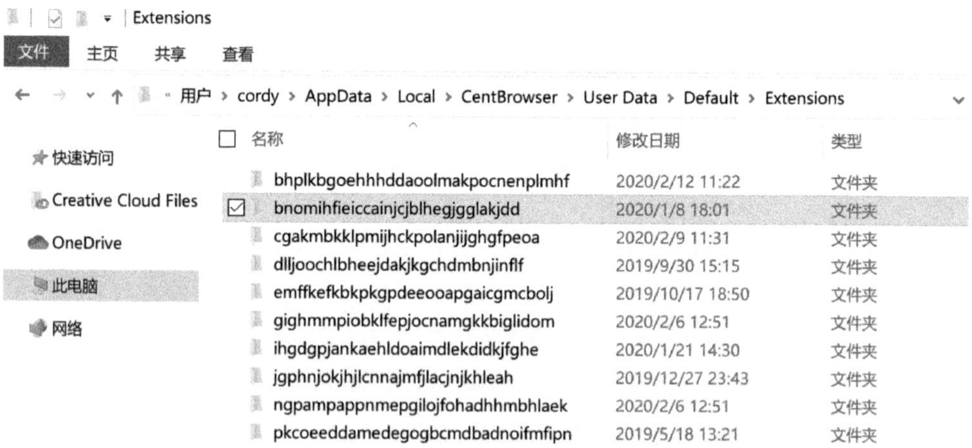


图 2　Chrome 扩展程序文件夹

### 2. 提取方法二

直接将 .crx 扩展程序安装文件解压得到该扩展程序的文件夹。前文提到 Chrome 扩展程序安装文件 .crx 实质上是 zip 压缩文件，因此从 Chrome 网上应用商店或其他途径得到 .crx 文件后，使用解压缩软件打开后直接进行解压后即得到该扩展程序的文件夹。

## （二）程序字符串翻译

### 1. 获取字符串文件

在得到 ImprovedTube 扩展程序的程序文件夹后就可以开始着手字符串的

翻译。通过上文对 Chrome 扩展程序文件结构的分析，不难看出对 Chrome 扩展程序进行本地化的主要对象是 _locales 文件夹下的字符串文件。在 _locales 文件夹下存放着含各国语言文件的文件夹，而在每个语言文件夹内则是其字符串文件 messages.json，该 json 文件的实质是文本文件，可用文本编辑器打开及编辑，如图 3 所示。可以看到，Chrome 扩展程序的本地化翻译同样具有标记化的特征。待翻译文本中带有纷繁复杂的控制输出格式的标签（Tag）符号，这些标签的作用是控制特定文字的显示方式和功能等（王华树，2017）。因此，需要对 messages.json 进行文本结构的分析。

图 3 message.json 文件内容

在默认情况下，未翻译的字符串文件内所含的字符串内容的语言为应用开发者所使用的语言（一般为英语）。Messages.json 文件的文本结构基本单位如下。

" 字符串名称 ":

{ " message " : " 字符串内容 ",

"description " : " 字符串说明 " },

在这之中，字符串说明 description 项为可选项。在本例中，应用开发者已将各国语言的文件夹都提前创建好了，因此可以直接对 zh_CN 文件夹中的字符串文件进行操作。对于其他一些扩展程序来说，应用开发者可能并未提供创建好的各国语言文件夹，这种情况下就需要自行创建简体中文 zh_CN 文件夹并将英文字符串手动复制到其中。

2. 翻译字符串文件

上一步中已经获得了需要翻译的字符串文件，下面就开始对获得的字符串文件进行翻译。Chrome 扩展程序所使用的 message.json 字符串文件对格式要求较为严格，任何一个标点符号的缺失或是冗余都会导致程序读取错误，因此 Chrome 扩展程序的字符串文件不适合使用文本编辑器直接进行编辑，一则不利于文档格式的保持，二则无法利用许多机器辅助翻译（CAT）工具的功能，不符合本地化行业的惯例及规范。因此在本例中选择使用 SDL Trados Studio 对 message.json 文件进行翻译。

首先需对翻译环境进行相应的调整设置。由于字符串文件中不仅含有字符串内容，还包含字符串名称、字符串说明等不需要翻译的内容，因此需要在 Trados 中对 JSON 文件的解析进行一些设置（图 4）。具体操作如下。

（1）打开 Trados 设置，找到文件类型选项并选择其中 JSON 选项中的解析器。此处可以看到 Trados 默认会提取 json 文件中所有的字符串值，而目前不需要除了字符串内容之外的字符串。

（2）选择“指定提取规则”选项，并在下方“指定用于提取的 JSON 路径”中添加适用于 message.json 文件的 JSON 路径。

JSON 路径是一个用于读取 JSON 的工具，使用路径表达式来选取 JSON 中的节点或节点集。路径表达式由两部分组成。

第一个部分为路径模式，属于可选项，共有 lax 和 strict 两种模式，此处使用默认的 lax 模式故不需要特别进行声明。

第二个部分为路径本身，使用美元符号 $ 表示上下文项，具体的路径内容包含三种元素：①键名，如 " $.name " 中的 name；②数组元素，如 " $.theme[4] "

中的 4；③点运算符，如 " $.book[2].author " 中，author 是 book 的子集。上文已经提到，messasge.json 文件中的结构为：

" 字符串名称 ":

{ "message" : " 字符串内容 ",

"description" : " 字符串说明 " },

因此，根据前面所述的规则，此处需要用到的表达式应为 " $..message "，即读取任意 message 属性下的值，也就是字符串内容。

（3）填写表达式，在表达式下方的文档结构信息选项中选择默认的 Paragraph，确定保存即可。

至此，Trados 对 JSON 的读取规则设置完毕，可以将 message.json 文件导入 Trados 后进行翻译。

图 4　Trados 中 JSON 文件的解析设置

在此例中，由于字符串的内容以单个单词或词组居多，因此可以直接调用机器翻译的 API 进行翻译后再进行译后编辑，能够同时取得较高的准确度和效率。在翻译过程中，若遇到语境不明、语义不清的问题可通过查询字符串说明或参照扩展程序的实际运行界面来解决。在此例中，单独出现的 Dim 一词在没有语境的情况下基本上是无法了解它的实际词义的，在这种情况下：

（1）在源文件中检索 Dim 一词，发现源文件中也没有关于 Dim 这个字符串的解释。

（2）在扩展程序的实际运行界面中寻找 Dim 一词以了解其所在的语境。

此处发现 Dim 一词出现在通用菜单下的夜间模式子菜单中，其选项为不同的百分比，据此就可以判断出 Dim 一词在此处表示的是夜间模式下的亮度降低，再根据这一信息进行相应的检索，了解此词在中文中的通用译法，最终得到正确译文“降低亮度”（图 5）。在软件本地化中经常会遇到此类缺少语境的问题，如果不找出单词或句子的正确语境就很难得出准确的译文，因此要灵活利用各种可以得到的信息，综合词的本义及中文的表达习惯获得正确的译文。

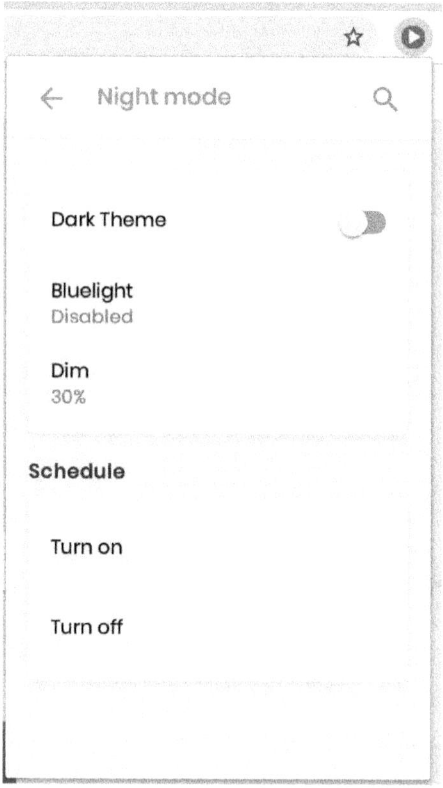


图 5　Dim 一词的上下文语境

## （三）程序测试

字符串文件 message.json 翻译完成后即可开始对本地化后的扩展程序进行测试。此处分两种情况：

（1）若之前使用的程序文件夹提取方式为方式一，则可直接将翻译后的字符串文件放入扩展程序文件夹中语言文件夹下的中文文件夹内，之后便可直接在 Chrome 中查看扩展程序的实际运行界面。

（2）若之前使用的程序文件夹提取方式为方式二，则可在 Chrome 的扩展程序界面中选择之前提到的三个开发者模式按钮中的"加载已解压的扩展程序"，选择程序文件夹，将本地化后的扩展程序安装到 Chrome 中。

### 1. 查看本地化效果

本例中所使用的提取方式为第一种，故可直接在 Chrome 中打开该扩展程序检查本地化后的效果。本地化后的主界面如图 6 所示。

图 6　本地化后的 ImprovedTube 主界面

可以看到基本上所有的文字都已经本地化完成且显示正常，没有出现文本错位、文本截断等问题，基本上已经可用。

2. 处理未翻译的文本

从图 6 可见，扩展程序仍有几个地方的文本没有翻译，如主题按钮上的“SOON!”和页面顶部的“Found a bug?”文本，因此需要手动找到这两个文本所在的位置对其进行翻译。具体步骤如下。

（1）查看程序文件夹中各个文件夹所包含的内容，可以看到程序文件夹中共有 5 个子文件夹。

对子文件夹一一进行梳理可得到如下结论。

_locales 文件夹：存储字符串文件；

_metadata 文件夹：存储扩展程序的元信息；

Extension 文件夹：存储扩展程序的图标和部分 js 文件；

Popup 文件夹：存储扩展程序的 html 页面文件及其 css 样式文件；

Youtube 文件夹：存储与 Youtube 网站相关的 js 文件和 css 样式文件。

（2）逐一进行检查，发现“SOON!”文本的所在位置为 popup 文件夹下的样式文件夹中的 main.css 主页面样式文件中。

（3）在文本编辑器中对其编辑，将“SOON!”更改为“即将推出！”并保存。

3. 解决乱码问题

此时在 Chrome 中查看翻译后的效果，但发现文本变为乱码。针对这一问题：

（1）检查是否为编码问题，尝试将文件编码更改为 ANSI 但问题依旧存在。

（2）进行相关问题的检索，发现问题可能在于浏览器无法直接正确解析中文字符，因此需要将中文字符转为 Unicode 代码以避免中文字符解析过程中的错误。此处通过转码工具将“即将推出！”转换为对应的 UTF-8 编码“&#x5373&#x5C06&#x63A8&#x51FA&#xFF01”。

（3）将编码前缀由“&#x”改为“\”以使其能被 css 文件正确识别。

保存后进行测试发现中文显示正确，但存在文本换行的问题，因此将这一文本的样式设置中的字体大小更改为 0.9rem，文本显示正常，至此这一字符串的翻译就完成了。

对于“Found a bug?”文本也依照同样的流程寻找其所在位置，找到其位于popup 文件夹中的 options.html 文件中，将其更改为“发现错误？”保存后查看效果，又出现了同样的乱码问题，依旧沿用之前的方法将中文字符转换为其对应的UTF-8 编码，但此处需要注意编码前缀不需要更改，之后保存即可（图 7）。至此 ImprovedTube 扩展程序的测试就完成了，接下来进入扩展程序打包阶段。

图 7　完全本地化后的 ImprovedTube

（四）程序打包

对本地化后的扩展程序检查完毕后就可以开始将其进行打包。具体操作如下：

（1）进入 Chrome 扩展程序管理界面，勾选开发者模式。

（2）选择打包扩展程序按钮，在扩展程序根目录一栏中选择所需要打包的扩展程序的路径（第一次对一个扩展程序进行打包时不需要选择需使用的私钥文件，软件会自动为其生成一个私钥文件）。

（3）点击打包扩展程序按钮，获得 .crx 安装包。

关于 Chrome 扩展程序的安装包 .crx 的生成，有以下几点需要了解。首先，对于开发者来说，一般不通过上述的方法来打包扩展程序，而是直接使用 Chrome 开发者信息中心发布其开发的扩展程序，除非是用于测试等用途；其次，Chrome 扩展程序在打包时会获得一个唯一的密钥，每次对扩展程序进行重新打包时都会生成一个新的密钥，也就意味着每一个打包的版本都是相互独立的，分别具有它们各自的本地数据和标识号。因此，在实际的 Chrome 扩展程序本地化流程中，应由应用开发者将语言文件导出后交给本地化人员翻译完成后再传回导入，或是由应用开发者将其发布该扩展程序时所使用的私钥文件提供给本地化人员以保证扩展程序文件夹重新打包时能够生成标识符与原扩展程序相同的扩展程序。扩展程序成功打包为 crx 文件后就可以进行后期的分发、安装等操作。在此例中依照上述的方法即得到本地化后的 ImprovedTube 扩展程序的 crx 文件，如图 8 所示。

图 8　打包后的 .crx 安装文件及其私钥

## 四、结语

上文中笔者以 ImprovedTube 为例介绍了 Chrome 扩展程序本地化基本流程及相关问题与解决方案，而这也仅仅是多种多样的 Chrome 扩展程序中的一类，仍有许多其他类型的 Chrome 扩展程序在具体的本地化流程中存在或多或少的差异。限于时间与能力，本文无法覆盖所有的 Chrome 扩展程序类型，仅以此例作为参考。

互联网时代的信息技术发展日新月异，新事物的产生往往来势迅猛、规模庞大，Chrome 扩展程序就属于其中一种。不论是本地化行业的相关从业人员，还是本地化乃至翻译专业的学生，都应该对技术发展保持敏锐的嗅觉，紧跟时代脚步，抓住新兴趋势。本文所介绍的 Chrome 扩展程序本地化流程也只是 Chrome 扩展程序本地化中最为基础的一部分，仍旧有大量的相关知识领域未能够探索到，同时随着 Google Chrome 浏览器的不断发展进步及其市场占有率的不断提升，未来会有更加多样的 Chrome 扩展程序出现，其本地化也会有新的内容和挑战。与 Chrome 扩展程序本地化相关的探索与研究还有很大的空间，相信未来会有更多关于这一领域的内容涌现。

## 参考文献

崔启亮，胡一鸣著. 2011. 翻译与本地化工程技术实践 [M]. 北京：北京大学出版社.

王华树. 2019. 计算机辅助翻译概论 [M]. 北京：知识产权出版社.

王华树. 2017. 翻译技术教程 [M]. 上海：商务印书馆.

杨颖波，王华伟，崔启亮. 2011. 本地化与翻译导论 [M]. 北京：北京大学出版社.

# 字幕翻译工具评测研究

陈　鑫*

**摘要：**在全球化的今天，字幕翻译成为世界文化交流不可或缺的一部分，字幕翻译技术搭乘着人工智能时代的快车，实现了速度的飞跃。目前字幕翻译工具不断推陈出新，加快了智能化、自动化的进程，但速度提升的同时是否能保证质量犹未可知。本文选取了五款字幕翻译工具和平台，从语音识别、机器翻译、时间轴、辅助功能、其他功能五个方面进行全面的定量及定性评测，以期为字幕翻译工作者提供有效参考，同时对目前字幕翻译工具存在的问题进行简要分析并为未来技术发展方向提出见解。

**关键词：**字幕翻译；视听翻译；翻译工具评测；网易见外；字幕通；人人译视界；ArcTime；Subtitle Edit

## 一、引言

当今时代是一个信息化的时代，生活水平的提高及互联网的普及使得影视成为了人们生活中一种普遍的娱乐方式；全球化的加速发展使得各国文化不断融合，人们通过影视不断地了解不同国家的文化及生活方式。字幕翻译在文化的交流中扮演着越来越重要的角色。特别是在线教育兴起的今天，字幕翻译也担任着将国外优秀的教育网站视频课程翻译成中文的大任。正因为如此，字幕翻译及编辑的工具越来越多地出现在人们的视野中。如此一来便引出了两个值得思考的问

* 作者简介：陈鑫，女，广东外语外贸大学高级翻译学院翻译与本地化专业方向硕士研究生。硕士研究方向：翻译与本地化管理。电子邮箱：1751411609@qq.com。

题：这些字幕翻译工具是否可以实现速度与质量并行？如何选择合适的工具来辅助字幕的翻译及制作？

## 二、字幕翻译技术现状

字幕翻译并不单指翻译本身，由于其载体的特殊性及专业性，往往涉及一系列的流程，如片源获取、翻译和审校、时间轴切分、字幕特效制作、压制等。在技术并不发达时，字幕翻译需要人工花费大量的时间来完成，可以说是一项“体力活”。无论是在民间字幕组还是商业影视字幕制作公司，所有的流程都由人工来完成，一个几十分钟的视频通常需要多人小组通过分工合作才可能在数小时内完成。特别是视频转写、打轴、翻译阶段需要耗费大量的时间。技术的发展，特别是语音识别和机器翻译的发展，为字幕翻译带来了福音，使得视频转写和翻译可由机器先代为工作，后期人工进行修改。但是语音识别技术还尚不成熟，并且也未真正运用到字幕翻译技术领域，机器翻译的质量也饱受诟病。直到近几年，语音识别技术有了突破，机器翻译领域也迈上了一个新的台阶——神经网络机器翻译，字幕翻译技术也同样搭乘着快车，突飞猛进。市面上出现了人人译视界、字幕通等智能集成式的字幕翻译工具，可实现 AI 听译、自动切轴、机器翻译、字幕特效制作、视频压制等一站式操作，既实现了自动化，又同时也免去了以往需要在不同的软件之间来回切换的麻烦，大大提高了速度。同时一些公司也推出了基于网页端的智能视频翻译工具，如网易见外工作台、百度视频翻译平台等。字幕翻译技术较之以往向前迈出了一大步，技术的发展提高了工具的自动化程度，加快了字幕翻译的速度，如切分时间轴和视频转写这种以往需花费大量人力的工作现在只需要“一键”即可自动生成，但是这种速度的提高并不等于效率的提高，质量也是一个需要考虑的因素。如果自动生成的时间轴不准确、需要后期大量人工调整，花费的时间甚至要多于纯人工打轴，那么这种速度的提高其实是无效的。因此，目前字幕技术所带来的速度的提升是否是建立在保证质量的基础之上？这是一个亟待探索的问题，也正是本次测评的缘起和重点。

## 三、字幕翻译工具介绍

目前市面上用于字幕编辑和翻译的工具众多，表 1 对常见的工具及平台进行了简单的梳理。

**表 1　字幕编辑及翻译工具汇总**

<table>
<tr><td rowspan="11">国外</td><td rowspan="7">免费</td><td>Subtitle Workshop</td></tr>
<tr><td>Subtitle Edit</td></tr>
<tr><td>YouTube</td></tr>
<tr><td>Jubler Subtitle Editor</td></tr>
<tr><td>SubtitleCreator</td></tr>
<tr><td>Open Subtitle Editor</td></tr>
<tr><td>SubMagic</td></tr>
<tr><td rowspan="4">商业</td><td>iToolSoft Movie Subtitle Editor</td></tr>
<tr><td>POP Subtitle Editor</td></tr>
<tr><td>Video Subtitle Editor</td></tr>
<tr><td>Womble EasySub</td></tr>
<tr><td colspan="2" rowspan="3">智能集成字幕翻译工具（智能语音识别、自动切轴、翻译辅助、特效、压制）</td><td>ArcTime</td></tr>
<tr><td>人人译视界</td></tr>
<tr><td>字幕通</td></tr>
<tr><td rowspan="6">其他字幕翻译工具</td><td rowspan="3">开源</td><td>Aegisub</td></tr>
<tr><td>SRT Translator</td></tr>
<tr><td>Subtrans</td></tr>
<tr><td rowspan="3">非开源</td><td>PopSub</td></tr>
<tr><td>时间机器</td></tr>
<tr><td>SrtEdit</td></tr>
<tr><td rowspan="2">在线字幕翻译平台</td><td>免费</td><td>网易见外工作台</td></tr>
<tr><td>付费</td><td>百度视频翻译平台</td></tr>
<tr><td colspan="2" rowspan="3">手机端字幕制作（自媒体）</td><td>剪映（支持语音识别）</td></tr>
<tr><td>快影（支持语音识别）</td></tr>
<tr><td>InShot</td></tr>
</table>

从表 1 中不难看出字幕编辑及翻译工具正朝着智能化、轻量化的方向发展，人工智能技术的引以及基于 web 平台的推出无不证明了这一点。但真正集成的智能化字幕翻译工具还很有限，最具代表性的就是 ArcTime、人人译视界和字幕

通这三款工具，这也是本文重点评测的对象。

## 四、五款字幕翻译工具评测

为了回答本文文初提出的两个问题，本次评测选取了五款功能集成较为全面的字幕翻译工具来进行评测，以期为字幕编辑和翻译人员提供较为有效的参考。

### （一）工具介绍

#### 1.ArcTime Pro 2.2.1[1]

ArcTime 是一款集语音识别、自动切轴、机器翻译、特效制作、视频压制等功能为一体的智能集成字幕翻译工具。同时，ArcTime 引入了字幕块和多轨道的概念，从而可以很方便地编辑时间轴、字幕内容及应用样式，并且可以进行纯文本的高级处理。

#### 2. 人人译视界 1.6.5[2]

人人译视界由武汉译满天下科技有限公司研发，集成了字幕翻译的各个环节，包括 AI 视频听译、自动切分时间轴、人工校对、多人在线协同、特效制作、视频压制等。目前支持 web、App 和 PC 三端协同。人人译视界将人人字幕组的协作和翻译经验整合并进行了线上化，功能比较齐全；数据实时保存在云端，软件通过工作台将本地和云端链接，不用担心数据丢失；翻译辅助功能比较全面，如术语库、拼写检查等；打造了翻译社区，可进行商翻的招投标。

#### 3. 字幕通 3.0.4.00[3]

字幕通（YeeCaption）是由中译语通科技（北京）有限公司开发的一款智能字幕翻译软件，可实现进行语音识别、自动切轴、机器翻译的一键式操作。并且支持字幕切轴和字幕识别（针对硬字幕的 OCR 技术）。

---

[1] ArcTime Pro 官网：http://arctime.cn/index.html。

[2] 人人译视界官网：http://www.1sj.tv/。

[3] 字幕通官网：https://www.yeekit.com/site/caption。

## 4.Subtitle Edit 3.5.11[1]

Subtitle Edit 是一款免费开源的字幕编辑软件，可在 GitHub 下载软件及源码。Subtitle Edit 是一款轻量（软件只有 7M 多）且功能多样的软件。虽不支持自动切分时间轴，但可根据音频生成波形以实现手动精准切分；支持几乎所有种类的视频格式和 200 多种字幕格式及多种编码格式，对其他工具生成的各种格式字幕具有很好的兼容性；可调用谷歌及微软翻译并实现字幕特效的制作（图 1）。

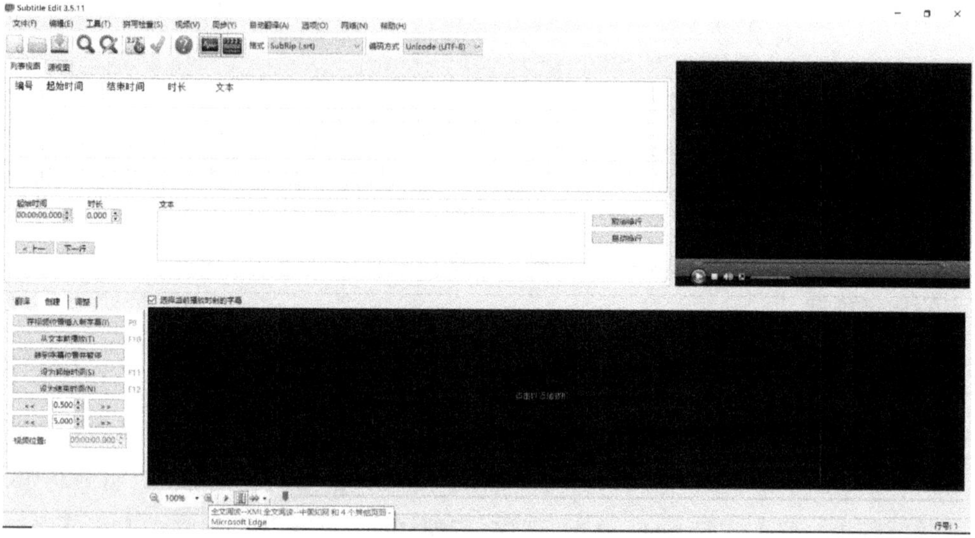


图 1　Subtitle Edit 主页

## 5. 网易见外[2]

网易见外是网易人工智能旗下基于 web 的在线 AI 视频翻译产品。正因为这是一款基于 web 的视频翻译平台，所以它有独特的优势，如无需下载软件、可在线操作，界面简单，易于操作，自动听译和机翻、自动保存已完成或者正在编辑的项目，可实现跨设备地转移等（图 2）。

[1] Subtitle Edit 具体功能介绍：https://www.nikse.dk/subtitleedit/。
[2] 网易见外官网：https://jianwai.netease.com/（访问时间 2019.10.28）。

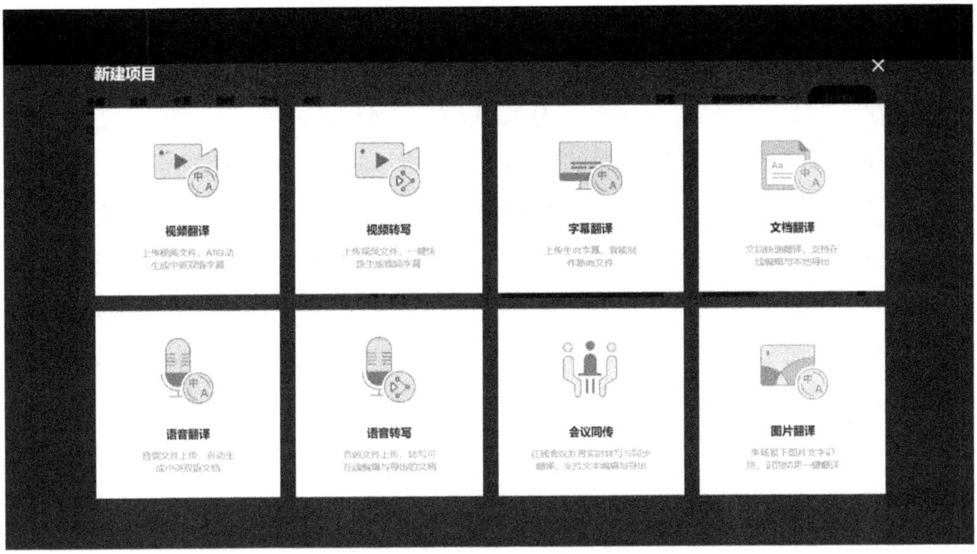


图 2 网易见外主要功能界面

## （二）对比评测

对于字幕来说，最重要的两个部分即为字幕内容本身和时间轴，所以本次主要针对这两个方面的相关功能进行评测。下面将从语音识别、机器翻译、时间轴、辅助功能和其他功能这五个方面来全面地对比评测。

### 1. 语音识别

对于无字幕或是硬字幕的视频，单靠人工去转写视频的内容将耗费大量的时间，通过语音识别技术初步识别出音频内容，再结合人工编辑就可以准确并且高效地实现视频的转写，从而大大提高效率。下面从识别准确性、识别速度、支持语种三个方面对语音识别功能进行对比评测。为了更加全面地评测语音识别的功能，选取了以下三个不同情景下的片段（表 2）。

**表 2 评测片段详情**

| 片源 | 语言 | 时长（s） | 音质 | 语速 |
|---|---|---|---|---|
| TED 演讲 | 英语（标准） | 40 | 无杂音 | 快 |
| 电影 *Flipped* 片段 | 英语（有口音） | 70 | 有背景音乐 | 有快有慢 |
| 马云卸任阿里巴巴 CEO 演讲 | 普通话（有口音） | 53 | 有背景音乐和其他杂音 | 慢 |

注：由于 Subtitle Edit 不具备语音识别的功能，故此部分没有列出。

1）识别准确性

权重（相对语音识别的重要性）：5 分（共 5 分）；

准确率：好（3 分）、一般（2 分）、较差（1 分）。

为了较为客观地计算识别的准确性，依照句意和演讲者的断句，将英文（TED）分为 17 小句，英文（电影）分为 19 小句，中文分为 14 小句。对每一小句的识别准确性进行判断：完全准确记为 3 分；一般准确、需要部分修改记为 2 分；识别较差、需要比较大的修改记为 1 分。所以英文（TED）识别总分为 51，英文（电影）总分为 57 分，中文总分为 42，最后用每小句识别所得分数之和除以总分记为识别的准确率（表 3）。

**表 3　语音识别准确性对比**

| 软件 | 中文 | 英文（TED） | 英文（电影） | 分数 |
|---|---|---|---|---|
| ArcTime | 32 | 51 | 41 | 2 |
| | 76.1% | 100% | 71.9% | |
| 人人译视界 | 39 | 50 | 46 | 3 |
| | 92.9% | 98.0% | 80.7% | |
| 网易见外 | 40 | 48 | 47 | 3 |
| | 95.2% | 94.1% | 82.4% | |
| 字幕通 | 42 | 51 | 51 | 3 |
| | 100% | 100% | 89.5% | |

单就语音识别的准确性来说，人人译视界和网易见外在三种语音环境下表现都比较好，不会受到口音或背景音太大的干扰；ArcTime 对于标准英文的识别准确率可达到 100%，但是一旦有口音或说话人的声音与背景音区分不够明显时则表现欠佳；字幕通的识别准确率相对来说是最好的，值得一提的是马云的中文演讲中有提到“SARS”这个词，只有字幕通可以准确地识别出来，其他三款软件都按照发音统一处理为汉语文字。

2）识别速度

权重（相对语音识别的重要性）：3 分（共 5 分）；

识别速度：好（3 分）、一般（2 分）、较差（1 分）。

下面将用上述的英文（影视）视频来对各个软件语音识别的速度进行评测。

文件为 MP4 格式，9.61M，共 70 秒（表 4）。

**表 4　语音识别速度对比**

| 软件 | 识别耗时（s） | 分数（分） |
|---|---|---|
| ArcTime | 35 | 3 |
| 人人译视界 | 180 | 1 |
| 网易见外 | 65 | 2 |
| 字幕通 | 36 | 3 |

3）支持语种

权重（相对语音识别的重要性）：4 分（共 5 分）；

支持语种数量：多（3 分）、一般（2 分）、较少（1 分）。

不同软件支持语种统计见表 5。

**表 5　语音识别语种数量对比**

| 软件 | 支持识别的语种数量 | 得分（分） |
|---|---|---|
| ArcTime | 3 种（英语、普通话、粤语） | 1 |
| 人人译视界 | 34 种（支持部分口音如粤语） | 3 |
| 网易见外 | 2 种（英语、汉语） | 1 |
| 字幕通 | 10 种（汉、英、法、德、俄语、西班牙语等） | 2 |

4）综合

综合以上三个方面的对比分数，表 6 是在语音识别这一功能方面对于各个软件的评价。

**表 6　语音识别综合对比**　　　　（单位：分）

| | 准确性 | 速度 | 语种 | 总分 | 评价 |
|---|---|---|---|---|---|
| ArcTime | 10 | 9 | 4 | 23 | 对于标准、无太大干扰的英文识别准确率很高（可达 100%），但对于中文以及有干扰的环境识别准确性有待加强。支持识别的语种类型较少 |
| 人人译视界 | 15 | 3 | 12 | 30 | 语音识别综合来看表现较好。无论是在口音抑或是有干扰的情况下，识别准确率都比较高，但是在识别速度上相对较慢 |
| 网易见外 | 15 | 6 | 4 | 25 | 准确率较好，识别速度较慢，支持的语种较少 |
| 字幕通 | 15 | 9 | 8 | 32 | 语音识别方面综合来看表现最好。识别速度快，支持的语种较多样，且准确率高，特别是对于稍有口音的中文和标准英文识别准确性表现很好（可达 100%） |

### 2. 机器翻译

对于字幕翻译软件来说，机器翻译是非常重要的一个功能，大大提高了翻译的速度，所以机器翻译同语音识别一样是需要重点评测的功能。但由于机器翻译的质量与原文的准确性有很大的关系，因此对语音识别后的字幕内容需修正后再进行批量翻译，以便更为客观地评测翻译质量。下面将从翻译质量、翻译速度、翻译语种和操作便利性四个方面加以评测。

1）翻译质量

权重（相对机器翻译的重要性）：5 分（共 5 分）；

翻译质量：好（3 分）、一般（2 分）、较差（1 分）。

下面将选取上述英文（TED）片段语音识别结果，对其进行人工修正之后，基于机器翻译结果进行评价。之所以选取英文（TED）片段而不是英文（电影）片段有两方面的原因：一则机器翻译在文学领域尚不成熟；二则此篇 TED 演讲为非文学领域且包含比较多的术语，而术语的准确性及一致性也是衡量机器翻译质量的重要考虑因素之一。以下是评测结果（表 7）。

本次测评选用的 TED 片段中包含了两个术语：“Meditations on First Philosophy”（书名）和“René Descartes”（人名）以检测机器是否可以识别并准确地进行翻译，从而作为翻译质量判断的一部分。结果发现，除了 Subtitle Edit 和字幕通外，另外三款软件都没能将这两个术语正确译出。但 Subtitle Edit 因为调用了谷歌的机器翻译，所以在某些用词方面的处理尚不及字幕通，如谷歌翻译倾向于将“you”处理为“您”，并且每个地方处理都不一致，而字幕通都处理比较灵活，译文要更胜一筹。

**表 7　机器翻译质量对比**

| 软件 | 翻译质量 | 得分（分） |
|---|---|---|
| ArcTime | 翻译质量一般 | 2 |
| 人人译视界 | 翻译质量一般，没有正确译出术语 | 2 |
| Subtitle Edit | 可选择使用谷歌翻译或者微软翻译，翻译质量相对较好，可正确识别并译出术语比如书名和人名 | 3 |
| 网易见外 | 翻译质量一般，没有正确译出术语 | 2 |
| 字幕通 | 翻译质量相对较好，可以识别出术语并正确翻译 | 3 |

2）翻译速度

权重（相对机器翻译的重要性）：4 分（共 5 分）；

翻译速度：快（3 分）、一般（2 分）、较慢（1 分）。

**表 8 机器翻译速度对比**

| 软件 | 识别耗时（s） | 分数（分） |
|---|---|---|
| ArcTime | 8 | 2 |
| 人人译视界 | 6 | 2 |
| Subtitle Edit | 2 | 3 |
| 网易见外 | 10 | 1 |
| 字幕通 | 4 | 3 |

3）翻译语种

权重（相对机器翻译的重要性）：4 分（共 5 分）；

支持翻译的语种数量：多（3 分）、一般（2 分）、较少（1 分）。

不同软件的支持翻译的语种数量见表 9。

**表 9 机器翻译支持的语种数量对比**

| 软件 | 翻译语种数量 | 分数（分） |
|---|---|---|
| ArcTime | 27 种（支持粤语和文言文） | 3 |
| 人人译视界 | 34 种（外语互译需译员认证） | 3 |
| Subtitle Edit | 100+ 种 | 3 |
| 网易见外 | 2 种（中、英） | 1 |
| 字幕通 | 10 种 | 2 |

4）操作便利性

权重（相对机器翻译的重要性）：3 分（共 5 分）；

便利性：好（3 分）、一般（2 分）、较差（1 分）。

对于机器翻译来说，操作便利性主要是指翻译是否有限制，如收费还是免费，是否支持批量翻译及单句翻译（主要用于以下情景：在批量机器翻译之后，人工进行译后编辑时进行了比较多的字幕的合并、分割操作，或对原文进行了修改，之后需要对修改部分进行单句机翻，而不是全部重新翻译，确保机翻结果不会覆盖已经修改的部分）等（表 10）。

表 10　机器翻译操作便利性对比

| 软件 | 翻译限制 | 批量翻译 | 单独翻译 | 分数（分） |
|---|---|---|---|---|
| ArcTime | 收费（积分抵扣，翻译量不大基本不需要充值） | 支持 | 支持 | 2 |
| 人人译视界 | 免费（语音识别收费） | 支持 | 支持 | 2 |
| Subtitle Edit | 免费 | 支持 | 不支持 | 2 |
| 网易见外 | 免费 | 支持 | 支持（随原文更改自动翻译） | 3 |
| 字幕通 | 收费 | 支持 | 不支持 | 1 |

5）综合

综合四个方面的对比结果，表 11 是在机器翻译这一功能方面对于各个软件的评价。

表 11　机器翻译功能综合对比　（单位：分）

| | 质量 | 速度 | 语种 | 便利性 | 总分 | 评价 |
|---|---|---|---|---|---|---|
| ArcTime | 10 | 8 | 12 | 6 | 36 | 支持翻译的语种多，操作便利，速度快，但质量比较一般 |
| 人人译视界 | 10 | 8 | 12 | 6 | 36 | 操作相对来说最为便利，质量一般，认证译员才可使用外语互译（比如英语和韩语互译） |
| Subtitle Edit | 15 | 12 | 12 | 6 | 45 | 支持语种多样，免费调用谷歌翻译，翻译速度快，质量相对较好 |
| 网易见外 | 10 | 4 | 4 | 9 | 27 | 翻译质量一般，操作相对来说很便利，但支持的语种较少 |
| 字幕通 | 15 | 12 | 8 | 3 | 38 | 无论是准确性、翻译速度还是支持的语种方面都相对较好，但是需要收费，并且操作方面不是特别便利 |

### 3. 时间轴

时间轴决定了字幕显示的顺序和起止时间。除了翻译之外，字幕制作的绝大部分时间都花在时间轴上面，所以字幕翻译工具需要很好地支持时间轴创建、调整等相关操作。下面从功能性和易用性两个方面针对时间轴的相关操作进行评测。功能性包括是否支持自动切轴、拍打模式（播放视频时利用快捷键切分时间轴）、波形切轴（生成波形图，人工根据波形辅助切轴）等。易用性则是指一些细节的设计是否便于人工切分或调整时间轴，如波形的显示是否清晰，是否可调节波形显示的大小，是否可以变速播放视频等（表 12、表 13）。

**表 12 时间轴相关操作对比**

| 评测项目 | | ArcTime | 人人译视界 | Subtitle Edit | 网易见外 | 字幕通 |
|---|---|---|---|---|---|---|
| 功能性 | 自动切轴 | √ | √ | × | √ | √ |
| | 波形切轴 | √（支持自动去重） | √ | √ | × | √ |
| | 拍打模式 | √ | √ | × | × | √ |
| | 字幕切轴 | × | × | × | × | √ |
| 易用性 | 自动切轴 | 见表 12 | | | | |
| | 波形显示 | 清晰 | 清晰 | 很清晰 | 无 | 清晰 |
| | 波形振幅调节 | 可缩放、多样化显示 | 可缩放 | 可缩放 | 无 | 可缩放 |
| | 变速播放 | 支持 | 支持 | 支持 | 不支持 | 不支持 |
| | 操作便利 | 很方便 | 很方便 | 方便 | 一般 | 一般 |
| 得分（分） | | 3 | 3 | 2 | 1 | 1 |

**表 13 自动切轴准确性对比**

| | 评价（分） | 得分（分） |
|---|---|---|
| ArcTime | 较准确 | 2 |
| 人人译视界 | 准确，基本上不需要后期大幅调整 | 3 |
| 网易见外 | 准确，基本不需要后期大幅度调整 | 3 |
| 字幕通 | 不能很准确的切分，特别是对于语速较快的音频无法准确地断句，会出现大段文字的情况，需要后期比较大幅的调整；对于慢速的语音来说，会受到背景音较大的干扰，使得字幕在人声之前出现。 | 1 |

总体来看，ArcTime 和人人译视界在时间轴的处理这一方面功能最为齐全，设置了多种细节来方便时间轴的切分。而字幕通在时间轴的处理方面虽然提供了自动切轴、拍打模式及波形辅助切轴等多种方式，但是效果不是特别理想，特别是对于语速稍快的视频，由于波形出现比较密集，自动切分容易出现成片文字在同一个时间段内同时出现的情况，后期需要比较多的人工调整，并且操作相对来说不是特别方便。Subtitle Edit 的功能稍微有些欠缺，如果暂不具备自动切轴的功能，但是由于其界面主要部分之一为音频波形，显示清晰且可用快捷键进行快速手动切轴，所以对于这样一款轻量化的软件来说，时间轴的处理这一方面也算比较实用。网易见外基于 web，目前所支持的功能尚不是很完善，但是时间轴的自动切分比较准确，基本不需要后续人工的调整，对于简单的任务来说很方便

快捷。

### 4. 辅助功能

辅助功能指的是辅助人工翻译和操作的功能，如术语库、拼写检查、实时保存云端、历史记录、帮助文档、鼠标悬停提示等功能。历史记录是指是否支持撤销操作，这对于字幕制作非常有必要，如果无法撤销，可能做到一半误碰了按键，就需要重新来过。同样实时保存也是为了避免计算机或软件故障退出之后项目丢失的情况。而术语库和拼写检查则是为了更好地辅助人工译后编辑，保证内容的准确性和风格的一致性（表 14）。

**表 14　辅助功能对比**

| 辅助功能 | ArcTime | 人人译视界 | Subtitle Edit | 网易见外 | 字幕通 |
|---|---|---|---|---|---|
| 术语库 | × | √ | ×（但可自建用户词典） | × | × |
| 拼写检查 | × | √ | √ | × | × |
| 划词查询 | √ | √ | ×（支持跳转到 The Free Dictionary 和 Wikipedia 页面） | × | × |
| 批量查找替换 | √ | √ | √ | √ | × |
| 实时保存 | × | √ | × | √ | √ |
| 历史记录 | × | √ | √ | √ | × |
| 帮助文档 / 教程 | √（图示、视频） | √（图示、视频） | √（英文图示） | √（较简单） | × |
| 按键鼠标悬停提示 | √（界面多为无文字按键，但提示详细） | √（界面多为有文字按键，提示简明） | √ | √ | 界面简洁，按键提示较官方，无详细提示直接有效地引导用户操作 |
| 得分（分） | 2 | 3 | 2 | 2 | 1 |

相对来说，人人译视界的翻译辅助功能最为完善；Subtitle Edit 由于是国外开发的软件，所以对中文的支持不是很强，如查询只支持跳转到相关的英文网站等；ArcTime 的 CAT 功能模块相对来说还不完善，不支持撤销操作也会带来比较大的不便，但支持划词查询、帮助文档或教程比较详尽，界面简洁但对操作进行了详尽且有效的指引；字幕通和网易见外则相对欠缺，特别是字幕通在这一方

面功能开发不足，操作上有较大的不便。

### 5. 其他功能

其他功能包括字幕处理、视频处理、协同操作等（表 15）。

**表 15　其他功能**

| 其他功能 | | ArcTime | 人人译视界 | Subtitle Edit | 网易见外 | 字幕通 |
|---|---|---|---|---|---|---|
| 字幕处理 | 格式 | 支持导入 SRT/ASS/LRC/ 纯文本 / 双语字幕文稿；支持十种导出格式 | 支持 SRT/ASS/SSA/TTML/DFXP 五种导入格式；支持五种导出格式 | 支持多种导入导出格式，200+ 种格式转换 | 仅 SRT 格式 | 仅支持 SRT 和 ASS 格式字幕文件 |
| | 硬字幕 | 语音识别 | 语音识别 | OCR 识别 | 语音识别 | 语音识别或者 OCR 识别 |
| | 自动识别编码 | 支持 | 支持 | 支持 | 支持 | 不支持 |
| | 文本高级处理 | 支持，可在软件内进行高级文本处理 | 不支持，只能处理稍微规范的字幕文件 | 不支持，只能处理稍微规范的字幕文件 | 不支持 | 不支持纯文本导入 |
| | 特效制作 | 支持复杂的样式，比如滚动字幕、特殊位置字幕和打字机效果等，可分别设置原文译文样式 | 支持稍复杂的效果设置，可分别设置原文译文样式 | 支持一般的特效制作，内置打字机效果，设置方便，无法单独设置译文和原文样式 | 不支持 | 支持简单的字体、颜色、描边等设置，无法对原文和译文分别设置样式 |
| | 拆分合并 | 支持 | 支持 | 支持 | 不支持 | 不支持 |
| | 操作便利性 | 很方便，应用字幕块的形式并可对字幕块进行分组管理、应用样式；可预览 | 方便，可在软件内预览字幕设置效果 | 很方便，但无法在软件内预览字幕设置效果 | 较差 | 较差 |
| 视频处理 | 格式 | 几乎所有主流音视频格式 | 几乎所有主流音视频格式 | 几乎所有主流音视频格式 | 仅 MP4 | 几乎所有主流音视频格式 |
| | 压制 | 支持 | 支持 | 不支持 | 不支持 | 支持 |
| | 后期 | 软件内不支持，但可和多种主流非编软件对接 | 内置视频、字幕等多种后期工具，无需切换软件 | 不支持 | 不支持 | 不支持 |
| 协同操作 | 线上协同 | 目前未上线 | 支持 | 支持 | 不支持 | 不支持 |
| | 线下协同 | 支持 | 支持 | 不支持（无法保存工程文件） | 不支持 | 不支持 |
| | 项目管理 | 目前未上线 | 支持，团队管理 | 无 | 无 | 无 |
| 得分 | | 3 | 3 | 2 | 1 | 1 |

## 五、评测总结

综合来说，人人译视界的各项功能都相对完善，辅助翻译功能相对来说最强大，可进行线上三端协同并引入了项目管理的模式，极大地优化了操作流程、减轻了人工的操作负担。同时，软件内置了各种视频后期处理的软件，免去用户在不同软件之间切换的不便。但是语音识别的速度比较慢，机器翻译方面的准确率比较一般，需要后期比较大的修改。

ArcTime 是仅次于人人译视界的一款在字幕翻译和处理方面比较综合的软件，虽然在功能的开发上面不如人人译视界全面，所支持的语音识别语种有限，但是对于支持的语种，准确率很高并且速度相对较快，特别是标准英语的识别准确率可达 100%，但杂音或口音会对识别结果产生较大的影响。同时在对时间轴和字幕的处理方面，ArcTime 可以说是表现最好的一款软件，甚至要优于人人译视界。同时支持纯文本的高级处理，如利用正则表达式进行切分替换等。

字幕通提供了一键通这样一键全自动的功能，操作方便。其优势是语音识别准确率非常高，机器翻译质量也相对较好，但是在时间轴的自动切分、操作的便利性及功能开发方面来说，还有所欠缺，如对于语速较快的音频的自动切轴不准确，会导致大段文字同时出现；操作方面不足如无法自动识别编码格式从而出现乱码、指引操作的有效提示或帮助文档或教程较少；功能方面不足如不能线下或者线上协同、无法单独导入纯文本进行处理、字幕样式设置较少等。作为一款智能集成字幕翻译软件来说，虽然操作和功能方面相比人人译视界和 ArcTime 来说稍有逊色，但是语音识别和机器翻译准确性表现更加专业。

Subtitle Edit 和网易见外功能不是特别全面，但是也有其自身的优势。Subtitle Edit 不支持视频的压制和语音识别，但是除此之外，Subtitle Edit 是一款制作和翻译字幕非常方便的轻量化软件。它对于各种格式的兼容在四款软件中最为强大。就本次评测来看，其翻译质量要高于人人译视界和 ArcTime 的翻译质量。辅助功能（如拼写检查等）也相对完善。

网易见外不同于上述三款软件，由于它基于网页，所以很多功能暂时未能实现，但也正因为如此，它极为方便。打开网页、登录账号、新建项目即可自动生成时间轴及双语字幕，只需后期微调及人工审校即可。不过识别的准确性还有待提高，并且机器翻译的质量还不是很高。目前支持的语种只有中文和英语，所以还需要后期进一步完善。

## 六、未来展望

人工智能、计算机辅助翻译等技术的发展为字幕翻译带来了极大的便利，一键式操作即可完成字幕翻译的大部分工序，节省了大量的时间。随着科技的不断发展，未来的字幕翻译工具智能化功能将会更加完善，如语音识别将会更加智能，如果影视中同时出现几种不同的语言都可以准确地识别出来而不是同时只支持单种语言的识别；通过影视领域的大量平行语料进行纵向机器深度学习从而进一步提高本领域的机器翻译质量；字幕翻译和编辑软件将会和 CAT 工具深度融合，如在字幕翻译工具中调用可使用 CAT 的插件；对在线视频进行编辑等。同时，字幕翻译工具也将越来越多地“走向云端”，基于互联网提供软件服务，实现云端作业、资源共享、泛在接入、数据云端存储等功能而不用下载软件、不用考虑兼容性和故障等问题。当然，目前的技术发展刚刚起步，字幕翻译工具还是存在这样或者那样的问题，希望本文的评测可以为字幕编辑和翻译人员提供有效的参考，并为字幕翻译技术的发展提供绵薄之力。

### 参考文献

苗菊，侯强 . 2019. 视听翻译走向云端——何塞 • 迪亚兹 - 辛塔斯教授访谈录 [J]. 中国翻译，(3):150-160.

王华树，席文涛 . 2014. 计算机辅助翻译技术视角下的字幕翻译研究 [J]. 英语教师，(12):32-38.

# 翻译项目中的译前 DTP 排版

司雨　王勇 *

**摘要：**近年来，人工智能时代信息技术发展日新月异，以翻译记忆和术语管理为核心的计算机辅助翻译技术迅速发展，SDL Trados、memoQ、YiCAT 等主流 CAT 工具应用而起，翻译行业生产力不断提高，DTP 排版需求也随之增多，由于翻译项目类型的多样化导致翻译所需处理的文件格式多元化，DTP 排版技术的处理也日益复杂化，排版难度日益加深，越来越多的译者面临着 DTP 排版处理的挑战。其中译前 DTP 排版尤为重要，并贯穿整个翻译项目的始终。本文通过说明翻译项目流程与排版的关系，介绍项目排版类型，并进一步通过 PDF 文件排版的项目实战案例具体分析译前 DTP 排版处理步骤及遇到的挑战，从而为各种主流 CAT 工具的高效使用提出 DTP 排版的解决方案，最后展望翻译排版技术的未来。

**关键词：**计算机辅助翻译技术；CAT 工具；DTP 排版；排版类型

## 一、引言

随着云计算的崛起，自然语言处理，人工智能技术等多学科共同发展，加上语言服务要求越来越高，催生了一场翻译技术革命（王华树，2016），各种主流 CAT 工具应用而生，计算机辅助翻译成为主流，翻译技术的需求越来越

* 作者简介：司雨，上海理工大学外语学院，翻译硕士。研究方向：科技翻译。电子邮箱：siyu8848@foxmail.com。
王勇，上海理工大学外语学院，教授。研究方向：翻译理论与实践。电子邮箱：wangyongfirst@163.com。

多，翻译技术及工具一直是现代翻译的重要手段，金斯科特（Kingscott）、海恩斯（Haynes）曾指出："计算机辅助翻译（Computer Aided Translation，CAT）软件的使用往往是需求推动，而非研究推动的结果"。（Bowker，2002）随之而来的 DTP 排版技术异军突起，翻译技术的革命带动了 DTP 排版技术的发展，同时 DTP 排版的发展也促进了翻译技术尤其是计算机辅助翻译的发展，极大地方便了译员的工作，大大提高了翻译效率，减少时间及金钱成本。但同时，随着 DTP 排版需求的日益增多，文件格式类型日益复杂化，排版难度日益加深，越来越多的译者正面临着 DTP 排版处理的挑战。

大数据时代，语言服务企业对译员计算机辅助工具应用能力的要求越来越高，翻译技术能力已经成为翻译能力必备的一部分（王华树，2016）。其中，译前 DTP 排版技术的处理在整个翻译项目中尤为重要，DTP 排版全称是 Desktop Publishing，也称桌面排版，是指将一份宣传资料或说明手册等文件制作成面向多个国家或地区的、以多种语言表达的、且有美工设计效果的资料的处理过程。在使用主流的计算机辅助翻译工具时，由于 CAT 工具里面存在文件格式的预设，当译员直接使用 CAT 工具预设的一些文件格式设置的时候，就会出现很多的问题。例如，有很多的 Tag（标签）、存在断句、出现隐藏内容等问题，而且随着文件格式、内容的复杂性增加、任务量加大，这些格式转换功能的同时也会有很高的风险。所以译前的 DTP 排版必不可少，"译前一分钟，译后半天工"，强调的就是译前 DTP 排版的重要性，如果译前不认真，不花功夫进行排版处理，译后将会浪费大量的时间去弥补，所以在整个翻译项目流程中，译前 DTP 排版是重中之重。本文将通过一个 PDF 文件排版的项目实战案例来具体分析译前 DTP 排版处理及在排版过程中遇到的问题和挑战，从而为各种主流 CAT 工具的高效使用提出 DTP 排版的解决方案。

## 二、翻译流程与翻译排版

现代翻译项目不仅需要处理文本类型，还要处理客户提供的其他多种文件类型：除语言层面转换外，还往往涉及文化转换、语言工程、程序编译、文档排版、测试等环节；同传统翻译项目流程相比，现代化翻译流程更复杂（王华树，2016）。但是总体而言，翻译项目流程包括：译前、译中、译后。

### （一）译前

首先需要分析文本，确定文本的类型、格式，因为每种格式所需要的翻译技术和处理工具均不同，接下来进行 DTP 预排，进行转档格式，最后进行分稿处理，译前处理多花点时间，译后可以节省很多时间。“译前一分钟，译后半天工”，形象而又贴切地说明了译前处理的重要性。

### （二）译中

开始进行文件翻译，在使用 CAT 工具进行翻译时，经过译前处理后的文件转档成为双语格式，译者可以在 CAT 工具中进行翻译。在编辑器中，译者不仅可以看到需要翻译的内容，同时还会发现很多小的标记。这些标记记载的是原文中相关内容的格式及一些特殊元素，如图片、书签、超链接、脚注、题注、索引等。当译者进行翻译的时候，不仅需要考虑文本本身的翻译，还要考虑这些小标记。而这些标记的处理离不开译前 DTP 排版，通过 DTP 排版可以有效避免这些不必要的标记，做到格式统一、格式设定，仅有一些必要信息会转变为格式标记，从而加快整个翻译项目的流程。

### （三）译后

最后进行技术回填、翻译记忆库的更新和维护、DTP 的精美排版、终稿。

从整个翻译项目流程中可以看到，DTP 排版贯穿整个翻译项目中，两者相辅相成，互为补充，缺一不可。所以在进行不同文本的 DTP 排版之前，必须要了解相关排版类型，掌握、分析排版类型有助于整个翻译项目流程的顺利进行。

## 三、翻译项目排版类型

通常来说，在翻译项目中，排版主要有以下四种类型（王华树，2017）。

### （一）Office 系列文件

Office 系列文件主要包括大家所熟知的用于 Windows 平台的 Microsoft Office 系列以及用于开源系统平台上的 Open Office 系列。Microsoft Office 系列主要包括 Word、PowerPoint、Excel、Visio 等文件类型。从使用的频率来说，Microsoft 的 Word、PowerPoint、Excel 占据了市场的大头，使用频率高，文件类型常见，对于这几类文件格式的支持，是所有 CAT 软件的最基础的功能，所以 Office 系列文件是 DTP 排版的重点文件类型之一。

### （二）PDF 文件

PDF（Portable Document Format）是 Adobe 公司开发的电子文件格式，其优点在于跨平台，能保留文件原有格式，无论在 Windows、Unix 还是 Mac OS 等系统平台上均可使用，这一性能使它成为在互联网上进行电子文档发行和数字化传播的理想文档格式，但是 PDF 这种格式处理的难度很大，而且处理量又非常大，这也是很多翻译公司、翻译人员觉得颇为棘手的一种格式。从 PDF 格式是否可以进行编辑来说，又可分为两大类文件。

#### 1. 可编辑的 PDF

可编辑的 PDF 文件，文本可以选择、复制，也可以通过 Adobe Acrobat 等 PDF 编辑工具直接在文件中编辑内容。

#### 2. 不可编辑的 PDF

通常不可编辑的主要指文件内容是图片类型，而非文本格式（图 1）。

### （三）CAD 图纸文件

计算机辅助设计（Computer Aided Design，CAD），指利用计算机及其图形设备帮助设计人员进行设计工作。

### （四）Adobe 系列文件

Adobe 系列文件也是常见的文件类型，由于这个系列文件多数与版面的调整有关系，排版员经常把这系列的文件与排版结合起来一起处理。Adobe 系列主要包括：Adobe FrameMaker、Adobe Indesign、Adobe Incopy 等，在实际翻译项目中遇到最多的文件类型是 FrameMaker 和 Adobe Indesign。

以上这四种排版文件类型均为 CAT 工具所支持的文件类型，在使用 CAT

工具之前，就可以根据这些不同的文件类型采取不同的译前 DTP 排版处理，将这些文件类型转换成所需目标格式，然后在 CAT 工具中进行翻译，可充分利用 CAT 的各种技术，提高效率，促进翻译行业生产力提升。

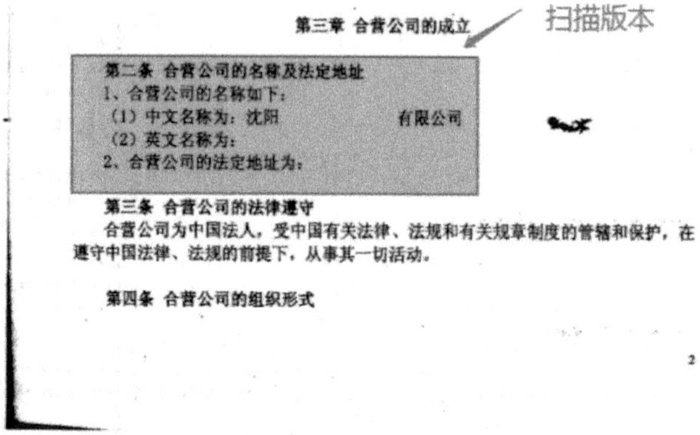

第三章 合营公司的成立

第二条 合营公司的名称及法定地址
1、合营公司的名称如下：
（1）中文名称为：沈阳　　有限公司
（2）英文名称为：
2、合营公司的法定地址为：

第三条 合营公司的法律遵守
合营公司为中国法人，受中国有关法律、法规和有关规章制度的管辖和保护，在遵守中国法律、法规的前提下，从事其一切活动。

第四条 合营公司的组织形式

2

图 1　PDF 文件类型

## 四、译前 DTP 排版技术处理的重要性

掌握了解翻译项目的排版类型，开始进行译前 DTP 排版预处理，这是重中之重，主要涉及文档的格式识别、格式转换。很多时候，译者都不是直接在 Word 里输入文字，而是利用 CAT 工具，结合记忆库和术语库进行翻译，使用主流 CAT 工具非常容易上手。

一般操作流程有以下五步：

（1）创建一个项目；

（2）添加待翻译的文件；

（3）添加记忆库和术语库；

（4）进行翻译；

（5）最后生成译文。

所以说即使是一个新手，使用 CAT 工具也可以很容易开始翻译，并且利用记忆库和术语库来提升翻译的速度和质量。其中一个很重要的原因就是这些 CAT 工具里面存在文件格式的预设，译者直接可以进行格式转换。为了更高效

地匹配各种主流 CAT 工具里面的文件格式，防止出现过多 Tag（标签）、断句、出现隐藏内容等问题，必须首先进行排版处理，进行文档格式的识别、文档格式的转换。

## 五、翻译项目案例

### （一）案例简介

翻译项目实战案例是一个扫描版的 PDF 合营合同，中文文本，共 120 页，页面存在黑色污迹，最后需要提交给客户一个 Word 格式英文版译本。该案例截选了其中两页文本，文件虽小，但是包括了整个排版流程中需要注意的步骤和事项。难点在于段落样式、文本格式、标题样式的设置。图 2 为选取的项目案例。

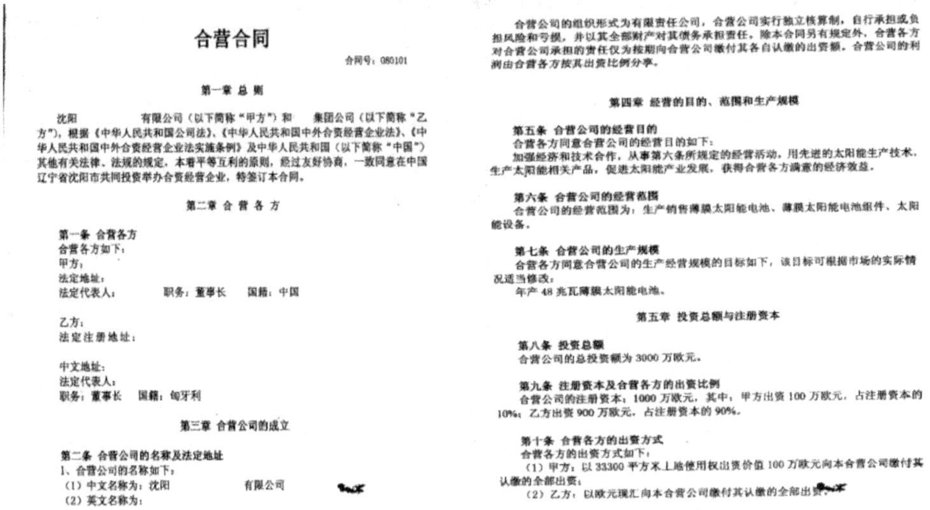

合营合同

合同号：080101

第一章 总 则

沈阳　　有限公司（以下简称“甲方”）和　集团公司（以下简称“乙方”），根据《中华人民共和国公司法》、《中华人民共和国中外合资经营企业法》、《中华人民共和国中外合资经营企业法实施条例》及中华人民共和国（以下简称“中国”）其他有关法律、法规的规定，本着平等互利的原则，经过友好协商，一致同意在中国辽宁省沈阳市共同投资举办合资经营企业，特签订本合同。

第二章 合 营 各 方

第一条 合营各方
合营各方如下：
甲方：
法定地址：
法定代表人：　职务：董事长　国籍：中国

乙方：
法定注册地址：

中文地址：
法定代表人：
职务：董事长　国籍：匈牙利

第三章 合营公司的成立

第二条 合营公司的名称及法定地址
1、合营公司的名称如下：
（1）中文名称为：沈阳　有限公司
（2）英文名称为：

合营公司的组织形式为有限责任公司，合营公司实行独立核算制，自行承担或负担风险和亏损，并以其全部财产对其债务承担责任。除本合同另有规定外，合营各方对合营公司承担的责任仅为按期向合营公司缴付其各自认缴的出资额。合营公司的利润由合营各方按其出资比例分享。

第四章 经营的目的、范围和生产规模

第五条 合营公司的经营目的
合营各方同意合营公司的经营目的如下：
加强经济和技术合作，从事第六条所规定的经营活动，用先进的太阳能生产技术，生产太阳能相关产品，促进太阳能产业发展，获得合营各方满意的经济效益。

第六条 合营公司的经营范围
合营公司的经营范围为：生产销售薄膜太阳能电池、薄膜太阳能电池组件、太阳能设备。

第七条 合营公司的生产规模
合营各方同意合营公司的生产经营规模的目标如下，该目标可根据市场的实际情况适当修改：
年产 48 兆瓦薄膜太阳能电池。

第五章 投资总额与注册资本

第八条 投资总额
合营公司的总投资额为 3000 万欧元。

第九条 注册资本及合营各方的出资比例
合营公司的注册资本：1000 万欧元，其中：甲方出资 100 万欧元，占注册资本的 10%；乙方出资 900 万欧元，占注册资本的 90%。

第十条 合营各方的出资方式
合营各方的出资方式如下：
（1）甲方：以 33300 平方米土地使用权出资价值 100 万欧元向本合营公司缴付其认缴的全部出资；
（2）乙方：以欧元现汇向本合营公司缴付其认缴的全部出资。

图 2　扫描版 PDF 实战项目选取案例

### （二）案例分析

在使用各种主流计算机辅助翻译之前，需要首先进行文本的预处理，PDF 文件的排版需求众多、任务量大，经过笔者多次翻译实践证明，如果 PDF 文件直接导入 CAT 软件里面，最后导出来的文件会混乱，出现乱码现象，整体质量不高，效果不佳，而且在这个PDF文件里，有很多不必要的黑色标记，这都会直接影响翻译文本的准确性，这些问题可以在文本转换之前通过图像编辑功能把文本中不需要的标记删除，保持文本干净完整。PDF分为两种，一种是可编辑、可复制的PDF（图3）；另一种是不可复制、不可编辑的PDF，如文本扫描件。针对可编辑、可复制的PDF文件可以通过Adobe Acrobat Pro软件去转换；对于不可编辑的文本可以通过下载Abbyy FineReader工具进行扫描识别。这个案例属于不可编辑文本，所以需要借助Abbyy FineReader软件进行处理。

图3　可编辑PDF

（三）案例处理

由以上文件分析可得，首先要对这个PDF合同进行格式的识别转换，需要借助一款OCR识别软件—— ABBYY FineReader进行处理。使用这款OCR软件非常简单，一般包含以下三个步骤：

（1）打开PDF扫描文件（图4）；

（2）读取、识别文档，进入编辑、校对界面（图5）。识别文档的形式有三种，根据不同的情况可识别为文本、表格、图片等；

（3）将文档另存为需要的格式（图6），在这个案例中，排版预处理首先需要将PDF文档转存为Microsoft Word格式。

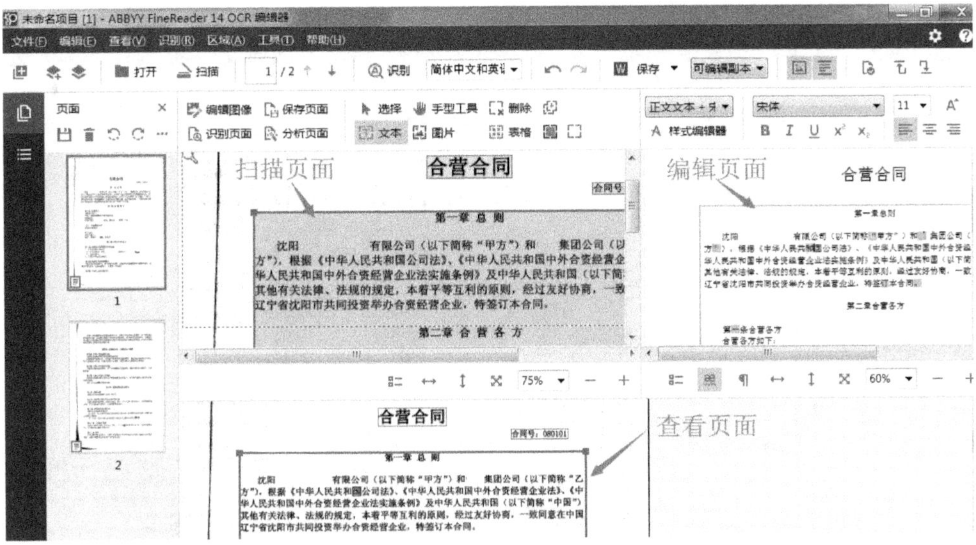


图 4　ABBYY FineReader 软件打开界面

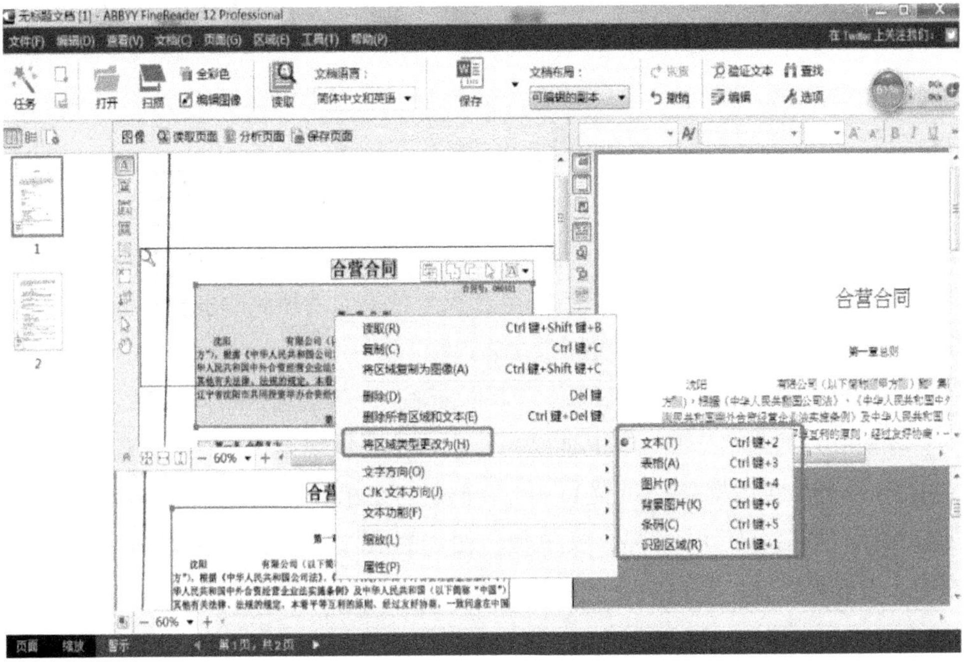


图 5　ABBYY FineReader 软件读取识别类型

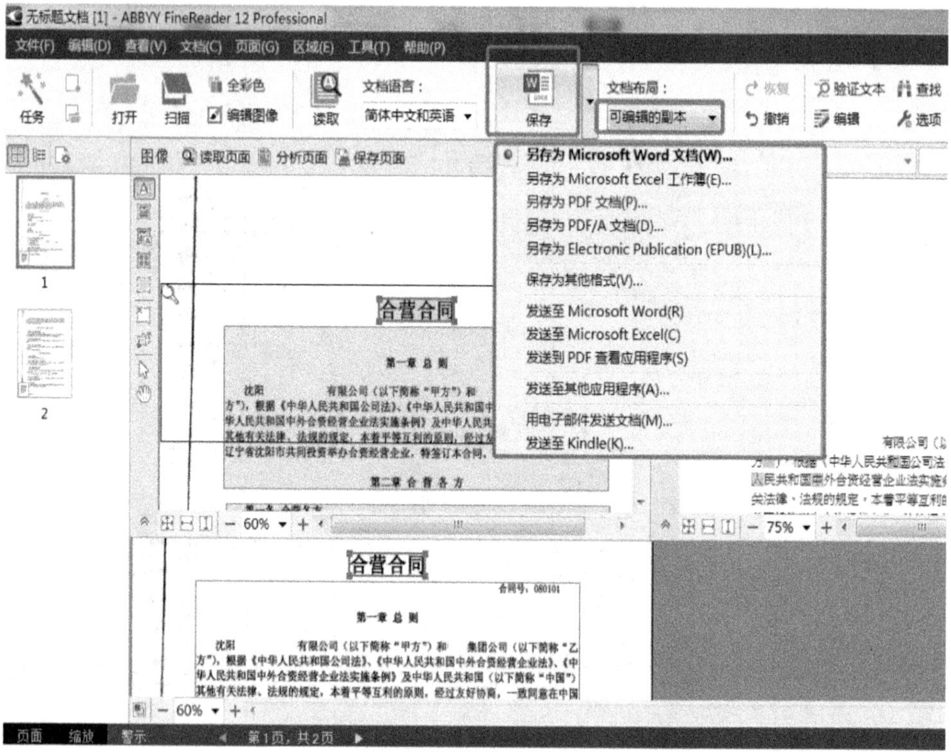


图 6　ABBYY FineReader 软件保存格式类型

文件扫描编辑完成后，保存格式为 .doc 格式，然后按 Ctrl+N 键新建文档，接下来文本提取整理，具体步骤就是将转换出来的文本复制到记事本，清除格式，复制纯文本至新建文档，然后利用查找与替换的功能删除多余的空格、回车符、制表符、分页符等，最后进行文本校对。

文本提取整理需遵循三大原则：文本准确，断句正确，格式干净。

译前处理的最后一步：DTP 的精美排版，主要体现在页边距，标题样式（章节标题，1 级、2 级标题的设置），段落样式（两端对齐，无缩进，段前 0.5 行，段后 0 行，单倍行距），表格，文本框，图片的插入，最后还有分节符、分页符的插入设置等内容，最后的合同排版文件如图 7 所示。

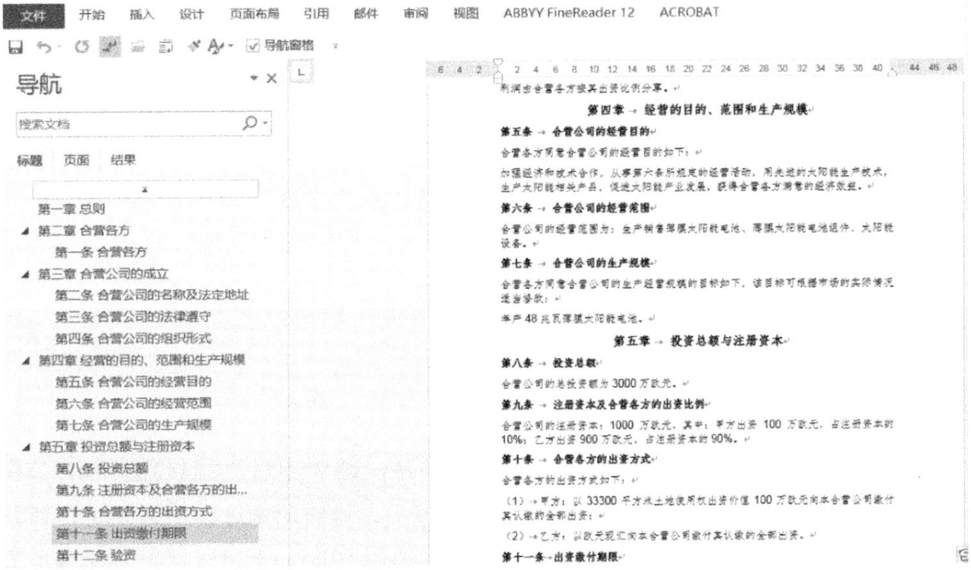


图 7　PDF 精美排版

## （四）问题及总结

在进行这个 PDF 项目过程处理中不可避免会遇到很多问题。例如，对于章节标题的设置，截取的案例只有五章十二条，章节标题可以一一手动去修改。但是如果标题增多，有几十条甚至几百条，短时间内修改所有的章节标题里面的字体样式与段落样式，全部手动修改是不切实际，且浪费时间。不仅如此，当这个文档导入 CAT 工具里面时，笔者发现章节与标题是连在一起的，这是不符合断句规则的，并且在 CAT 软件里查看原文时，看起来特别的混乱，所以处理这类问题的方法是在所有的章、节、条题目后面加一个制表符，正确的添加制表符有助于文本的断句，当导入 CAT 工具里时，因为添加制表符会自动断句，所以格式干净整洁，修改容易、方便。对于批量修改章、节标题，不需要一一进行手动，这类问题的处理方法是可以在 Word 界面里，点击“开始”，查找“样式”，创建标题样式、整体自动化地进行编辑修改，这样可以极大地提高翻译效率，节约时间。

还有在格式的保存上，看起来 .doc 格式与 .docx 格式的文件的保存没什么区别，但是在导入各种主流 CAT 工具里时，出来的效果是极其不一样的，当

PDF 转换成 Word 时，需要经过两次“另存为”，所以如果原文可编辑，由 PDF 转存为 .docx 后，再另存为 .doc 格式，最后再进行排版；如果直接由 PDF 转存为 .doc 格式（实际上不是 .doc 格式，而是 .rtf 格式），则需要再进行两次“另存为”，存成 .doc 格式后，再进行排版。如果原文不可编辑，用 ABBYY 识别后，另存为 .docx，再另存为 .doc，然后进行排版。选择 .doc 格式的 Word 文件，在 Trados 中标记会少很多，这样转换出来的图表，其格式可以最大限度地保持原样，从而可以节省排版时间。

## 六、结语

大数据时代，随着翻译技术发展势头迅猛，翻译项目流程日益复杂，DTP 排版的技术处理在整个翻译项目中需求越来越大，排版的难度也日益加大，排版类型多样化、文本内容多元化、文件格式复杂化等因素决定了译员必须在译前花费大量的时间去进行 DTP 排版处理。DTP 排版贯穿整个翻译项目中，要想提高翻译效率，减少时间，降低翻译成本，学习、掌握一定的 DTP 排版技术必不可少。特别是在当今人工智能、信息化时代，翻译需求急速增加、翻译产业深入变革的背景下，翻译排版技术发展越来越快，语言服务企业对译员使用计算机辅助翻译工具应用能力的要求越来越高，翻译市场对排版人才的需求也将越来越多，为了能够更好地与市场接轨，符合语言服务企业对翻译市场的需求，翻译排版技术必将成为翻译能力必备的一部分，新时代的翻译人才必然要学习掌握 DTP 排版技术。

### 参考文献

王华树 . 2017. 翻译技术教程 ( 下 )[M]. 上海 : 商务印书馆 .

王华树 . 2016. 计算机辅助翻译实践 [M]. 北京 : 国防工业出版社 .

BOWKER L. 2002. Computer-aided translation technology: apractical introducion[M]. Ottawa: University of Ottawa Press.

# 在线翻译服务平台商业模式探析

陈杲　朱亚琳*

**摘要：**随着翻译服务行业的进一步发展，利用互联网提供翻译服务的平台正在不断涌现。“互联网＋翻译服务”有不同的实现形式，有一些形式利用了互联网的特性，进行了模式创新；另一些则因为无法保障质量或供应稳定等缺陷，还在艰难探索。本文以细分市场、供应稳定性、成本、参与者等四个要素为切入点，分析在线翻译服务平台采用 B2B、B2C、M2B、witkey 等不同商业模式的可行性，并做具体测评。

**关键词：**翻译服务；在线翻译平台；翻译服务平台；互联网＋翻译

随着翻译服务业的发展，“互联网＋翻译服务”的在线平台开始逐步兴起，不论是现有翻译服务企业开始利用互联网延展其服务范围，还是技术公司通过平台介入翻译服务市场，都说明翻译服务行业正在进一步发展，经历生态再造过程。在线翻译服务平台不仅有不同的运营主体，还可能采用不同的商业模式。采用“互联网＋翻译服务”的方式，一些公司完成了模式创新，取得了成功，推动了行业发展；另一些公司则可能因为商业模式的不合理而步履维艰，趋于停滞。

## 一、在线翻译服务平台

本文所探讨的翻译服务主要是社会化、市场化的翻译服务，包括笔译、口

*　作者简介：陈杲，广州斑斓科技有限责任公司，总经理。研究方向：语言服务、本地化与本地化技术、项目管理。电子邮箱：brian@bon-lion.com。

朱亚琳，广州网易互动娱乐有限公司，本地化项目经理。研究方向：游戏本地化、项目管理。电子邮箱：joliechu@qq.com。

译、本地化、译后编辑等，不探讨其外延的语言技术、翻译培训、信息咨询等服务。

在线翻译服务平台是指以在线方式完成翻译服务文件、信息、货币三者流通，从而交付翻译服务的平台，其实现形式包括但不限于网页、应用程序、微信公众号、微信小程序等。在线翻译服务平台与提供机器翻译的在线翻译平台不同，也区别于过去传统的线下翻译服务，是基于互联网以在线方式交付翻译服务的平台，其主要特点是利用互联网平台减少或消除业务上的人工干预，使语言服务的供需双方能够专注于服务质量。

本文中所对比分析的是在线翻译服务平台，以商业模式要素为出发点，从平台的商业模式与质量入手分析平台的运营情况与前景，并对各类平台可能的改进与未来发展做了展望。

## 二、在线翻译服务平台的商业模式要素

本文所指的商业模式是指平台保障翻译服务文件流、信息流、资金流得以流通，使服务顺利交付，从而实现其价值的形式。对于翻译服务平台而言，细分市场、供应稳定性、成本、参与者这四项要素所支撑的商业模式决定了平台本身的发展可能性，只有商业模式符合商业逻辑，平台才可能长久运营。

### （一）细分市场

本文将在线翻译服务接单平台的细分市场分为三类：仅经营口译、仅经营笔译、口笔译兼营，其中笔译包含本地化及译后编辑。对于仅在平台上提供联系方式，实际上依旧通过人工服务完成的部分，不纳入平台细分市场的考虑中。

仅提供口译服务的平台有 Boostlingo、译呼百应 App、译牛等，仅提供笔译服务的平台有九九译、译马网、有道人工翻译、梅飞快译等，还有一些同时提供口笔译服务，如 Trycan、译鱼等。由于口笔译在项目管理和业务模式上存在区别，口译服务和笔译服务平台化所需要提供的功能和要件几乎是完全区分开来的，同时提供两种服务对于平台模块功能和运营有较高的要求，实际亦可并入口译或笔译服务平台讨论，因此不再单独讨论。

### （二）供应稳定性

供应稳定性主要包括两个方面的稳定：订单供应数量与订单完成质量。

就订单供应数量而言，一方面，平台需要保证稳定充足的订单供应，才能吸引足够量的优秀译员长期入驻，为平台的良性发展提供条件。订单数量不足，译员长期接不到订单，可能会转向其他平台。另一方面，客户对于供应稳定性也有相应的要求，无法提供稳定的供应必然造成客户流失。

翻译质量是平台的核心竞争力，能否管控翻译质量成为决定平台生死的关键。质量是能够满足用户需求的品质。质量下限决定平台能否生存，质量上限决定了平台利润率。

### （三）成本

收支平衡是平台持续运营的基础，平台需要在服务质量和运营成本之间寻求平衡。如果平台营收无法支撑运营支出，平台便无法长期运营。典型的案例是呼叫中心——由于订单不稳定，自建呼叫中心的空转成本居高不下，一旦资金链断裂便难以为继。反之，如果完全采用不坐班的自由译员来提供远程口译服务，则常常难以保障翻译质量。

### （四）参与者

平台的参与者主要是供应商、平台自身、客户。供应商指翻译服务的提供方，既包括翻译公司或翻译团队，也包括自由译员。一些平台是翻译公司为延伸其营销渠道而创建的，本身就是供应商，对于这类平台而言，提供翻译服务的就是公司自有译员，所以相对于其他形式，翻译质量有一定保障。客户指翻译服务的接收方，同样也有两类，一类是翻译公司，他们通过平台外包部分自有业务；另一类是直接客户，他们通过平台寻找供应商。

## 三、在线翻译服务平台的商业模式

平台的各项要素决定了其所采用的商业模式，在线翻译服务接单平台的商业模式可大致分为 B2C、B2B、M2B、Witkey 等模式，下文将进行具体讨论。

## （一）B2C

B2C 是 Business to Customer 的缩写，其中文简称为“商对客”。“商对客”是电子商务的一种模式，也就是通常说的直接面向消费者销售产品和服务的商业零售模式。在翻译服务接单平台中，B2C 就是平台直接面向客户，为其提供翻译服务的模式。实行 B2C 模式的平台可提供笔译、口译和口笔译服务。B2C 模式的特点在于平台本身已有业务基础，自有业务的运营通常较为成熟，平台的作用在于拓宽其销售渠道，供应质量与稳定性通常能够得到保障，成本相对可控。这种模式的商业逻辑顺畅，其成功与否通常取决于本身的运营是否成功。

B2C 模式的翻译服务平台是行业发展的自然结果，因此平台不仅数量较多，而且相对成熟。笔译方面有九九译、语翼、有道人工翻译等，口译方面有 Boostlingo、译呼百应等。

### 1. 笔译

#### 1）九九译[1]

九九译是厦门精艺达翻译服务有限公司开发的 24 小时在线翻译服务平台。

该平台供应商为公司自有译员，客户是普通散客，服务类型主要是证件翻译、文档翻译（论文、合同、病历、简历、企业宣传材料、产品说明书等以文本为主的文档）。文档类型的限制使其能够使用自有引擎快速报价，无需人工介入即可快速下单。

该平台入口有网页和微信小程序两种。微信小程序方便用户翻译证件使用，随时拍照上传，无需将照片传至电脑，省去了烦琐的步骤，符合即用即走的散客特点。网页端可以链接到公司官网，查看公司的相关信息。对于长期客户或有大量需求的商业客户，网页端也可满足客户要求。

翻译报价方式为自动报价，部分类型（如含有大量图片的文件）需人工报价。计费方式为按页数计费（证书翻译）和按字符数或单词数量（文档翻译）计费。平台提供九种主流语言互译：简体中文、英语、法语、俄语、日语、韩语、德语、西班牙语、葡萄牙语。不同语言的计费不同，且有些语言分为不同的翻译质量等级，如中英互译分为普通级、专业级、专家级，费用分别是 129 元 / 千字、

[1] 详情参见 http://www.99yee.cn/。

239 元 / 千字、399 元 / 千字。中法互译、中俄互译 280 元 / 千字，中日互译 288 元 / 千字，中韩互译 300 元 / 千字，中德互译、中西互译、中葡互译均为 380 元 / 千字。该平台的交易支付渠道有支付宝和微信支付两种，是主流支付方式。

该平台是典型的“翻译服务 + 互联网”平台，利用互联网将已有的翻译服务送达更多客户，主要有以下四方面的特点：第一是目标客户定位清晰，平台将目标客户定位为即用即走的临时性客户，并且通过质量等级细分客户；第二是产品定位清晰，互联网平台上仅提供可以自动化处理的服务，满足要求清晰的需求；第三是服务便利，支持主流支付方式，提供能够满足目标客户需求的入口，自动化报价；第四是提供补充手段，拓展服务外延，通过人工服务、加急服务、盖章服务、邮寄译文等方式满足客户的个性化需求。

2）语翼 Woordee[1]

语翼是传神旗下的专业互联网人工翻译平台。平台入口是网页，分为企业端和译员端，主要业务是文档翻译，特色业务是外贸 listing 撰写和优化。

平台提供的翻译服务中，源语言 9 种：简体中文、英语、法语、俄语、日语、韩语、德语、西班牙语、葡萄牙语，目标语言 20 种，但不支持对所有语言互译，如德语只能译为简体中文或英文。翻译其他语言可备注。

译文分为标准级和专业级，专业级的费用是标准级的 1.5 倍。翻译项目需要多个译员协作时，需要支付项目管理人员管理费，费用依项目大小及译员数量而定。计费方式为按字符或单词数量计费，平台建议上传 Office 格式的译文，如涉及 PDF、超链接、图片、音视频等不能被系统直接读取的文字部分，需联系客服人工计费。支付方式有四种：支付宝、微信、个人网银、企业网银。

此外，语翼平台支持译员自行注册接单，但需通过平台测试，以此保障供应质量。

从平台描述中可以看出，语翼也是“翻译服务 + 互联网”模式的平台，但语翼同时支持自由译员注册，同时具备 C2C 模式的特质。语翼通过提供特色的跨境电商 listing 撰写、翻译、优化，横向拓展了语言服务的范畴。此外，语翼也同样提供下单翻译要求备注、邮寄译文、加盖翻译章等服务。与九九译相比，语翼提供的服务更加多样化，但其产品没有清晰的细分定位，将目标客户定位为

[1] 详情参见 https://www.woordee.com/。

“有翻译服务需求的人”，未能凸显特色。

3）有道人工翻译[1]

有道人工翻译是网易旗下的人工翻译平台，拥有词典、精品课等自有流量，机器翻译、人工翻译齐全。有道人工翻译提供口译、笔译、译后编辑、本地化翻译、母语润色等服务。目前快速翻译提供中英互译、中日互译服务；文档翻译提供中英、中俄、中法、中日、中韩、中西、中葡等11种主要语言互译服务。

平台入口是网页，流量入口包括有道词典、精品课等。平台所提供的本地化服务、口译服务只提供了接单入口，并无模式创新，不纳入讨论。有道人工翻译的报价方式为自动报价及人工报价。计费方式为按字计费。笔译分为快速翻译（即加急）和文档翻译两种类型。以中英笔译为例，快速翻译单价为250元/千字，文档翻译分为标准、高级、专业、发表四种质量等级，四种质量等级又分别有特快、普快两种交付速度。支付渠道有支付宝、微信、银行卡、汇款四种。

平台特别提到了译文由高级译员审校，并且有专家进行质量抽检。

有道人工翻译是“互联网+翻译服务”平台的典型代表，利用已有产品（有道词典、精品课等）提供的流量，组建团队，为客户提供翻译服务。此外，有道人工翻译还利用自有机器翻译引擎，提供译后编辑服务（人机翻译），满足参考类翻译需求。有道人工翻译采用自有译员，客户定位也同样是“有翻译服务需求的人”，但界面更加清晰明了，便于用户使用。

就笔译服务平台而言，B2C模式通常有两种实现形式，一种是“翻译服务+互联网”，通过互联网形式触达更多客户，带来新流量入口；另一种是“互联网+翻译服务”，利用已有流量或新建平台，组织翻译服务。

“翻译服务+互联网”类型的平台，除了九九译与语翼之外，还有梅飞快译、Translia等。此类平台在为翻译服务公司带来了新客户，同时也可能梳理了财务结算流程，减少了部分不必要的人工服务，带来了效率提升。对于此类平台而言，清晰的产品定位是非常必要的，一个平台的界面即面向客户，又面向供应商，不仅会带来混乱，也同时会是管理流程复杂化，进而使成本增加，失去利用互联网平台的意义。在产品定位清晰的基础上，为客户提供简洁的界面，方能真正发挥互联网平台的作用。

---

[1] 详情参见 https://f.youdao.com/?vendor=Bsearch-ppc-001。

“互联网 + 翻译服务平台”除了有道人工翻译，还有金山词典人工翻译、百度人工翻译等。此类平台通常是利用词典或搜索引擎等流量入口，通过自建翻译公司或联合专业翻译公司，将流量变现。此类平台通常已有巨大流量，不论是通过自建团队还是第三方合作，在相当长的一段时间内都可以保持订单数量较为稳定，而且产品设计一般较为简单，因而平台成功与否的关键在于服务质量。

### 2. 口译

在线口译服务平台通过在线方式提供口译服务，在特定场景下具备实用性，但订单的稳定性成为制约其发展的主要因素。本文主要分析“译呼百应”App 及 Boostlingo 线上口译管理系统。

译呼百应是由中译语通公司开发的自有译员口译接单平台，具备机器翻译与人工翻译两种模式。机器翻译功能一期覆盖 10 种语言（含子语言），通过申请权限可以开通并免费使用，且可将语音转成文字存储。人工翻译功能一键呼叫在线译员，一期覆盖 12 种语言，费用 8 元人民币 / 分钟。支付渠道为支付宝、微信、PayPal、平台自有口译卡。

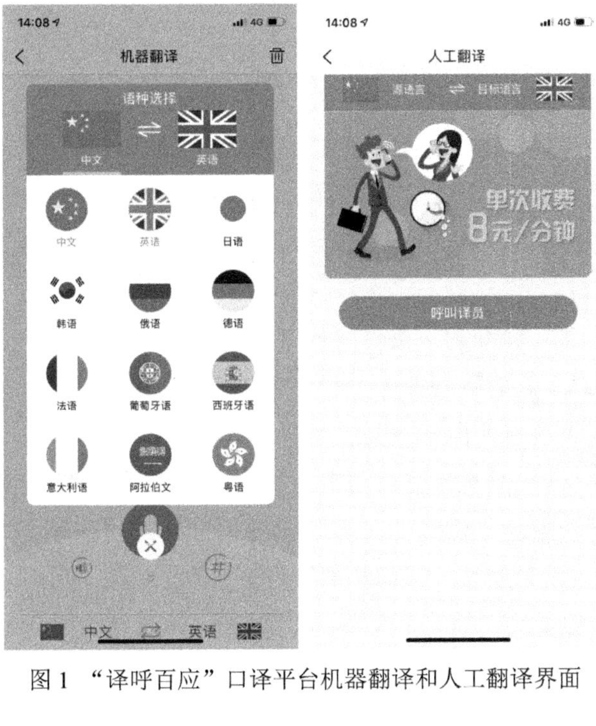


图 1 “译呼百应”口译平台机器翻译和人工翻译界面

以中英双语对该平台进行测试，发现其机器翻译语音识别可以满足低端口译需求；但相比于微软翻译、谷歌翻译等机器翻译应用的优势并不明显，可以视为人工口译的一种补充。充值后对人工翻译进行测试，译员响应速度较快，但其译员接听时缺少专业的标准操作流程（SOP），拨出后并未主动说明使用方法，而是需要客户提出要求，这一问题需要通过界面标准化和流程标准化加以改进。

除了译呼百应之外，美国的 Boostlingo 也是专注于提供口译服务的互联网平台，提供电话口译、视频口译、现场口译安排等服务。但与译呼百应这样自主提供口译服务的平台不同，Boostlingo 专注于提供技术解决方案，以口译管理系统解决方案的形式为语言服务提供商赋能，帮助语言服务提供商更好的提供服务。受益于美国的多语言环境与语言政策，Boostlingo 得到了较快的发展。

随着 5G 时代的到来，电话口译与视频口译将得到进一步的发展，决定口译服务平台发展的将是流程组织与服务质量本身。能否梳理适合口译服务的流程，控制译员的服务质量，将成为口译服务平台发展的关键。

### （二）B2B

B2B（Business to Business）是指企业与企业之间通过专用网络或互联网，进行数据信息的交换、传递，开展交易活动的商业模式。目前而言，采用 B2B 模式的翻译服务平台较少，本文仅以译交所为例进行分析。

译交所是传神提供的翻译公司间在线交易平台，目的是实现翻译公司的资源共享。其供应商和客户都是专业翻译公司。网站介绍翻译语言高达 59 种，但是对于一些生僻语种的订单，不一定有公司接单。报价方式为供应商报价，支持支付宝和微信支付。

入驻平台的准入标准为：提供供应商营业执照、法人身份证、公章、授权书等公司相关信息；设置主营业务；平台审核历史订单样稿。

客户可下试译单检测翻译质量，翻译过程中，客户可实时浏览批注翻译内容，译稿可打回修改，且供应商可与客户签订电子合同，保障订单完成。

译交所为翻译需求与供给的平衡提供了平台。不同翻译公司可能触达不同类型的翻译，通过平台链接，横向拓展了翻译公司的服务范围，纵向提升了某一时段内提供服务的能力，实际上能够互通有无，整合资源，达到资源利用最大化。这样，平台一方面为溢出的项目需求提供了出口；另一方面又为订单不足的公司提供了更多的订单来源，完成了资源整合的工作。此外，不同地域的翻译资源有不同的单价，平台为利用地区差异降低成本提供了可能。

从本质上说，B2B 模式的翻译服务平台所提供的是翻译项目供需匹配的信息，而在质量可靠基础上的供需信息恰恰是翻译项目所欠缺的。译交所这样的翻译业务匹配平台，虽然还可能存在一些问题，但匹配翻译服务供需的逻辑是顺畅的，在运营顺利的基础上，有较大的发展空间。

### （三）M2B

M2B（Maker to Business）为生产商直接面对经销商，是一个以节省厂商销售成本和帮助下游经销商采购链资源整合的运作模式。具体到翻译服务平台上，就是整合生产商（自由译员或团队）直接面向翻译公司的模式。此类链接生产商与翻译公司的平台较少，本文仅分析译马网企业版。

译马网隶属于优译信息技术股份有限公司，是专业的翻译服务公司尝试转型所建立的云端翻译管理系统，主要提供翻译项目管理与计算机辅助翻译工具，在企业版中通过翻译人才库功能为翻译企业提供经平台测试与实际项目考核的译员资源。译马网企业版的生产商是经筛选的自由译员，客户是专业翻译公司。入口有网页和 App 两种。App 是译员端，主要供译员接单、查看翻译进度等。平台支持支付宝和微信充值支付。

就译马网而言，翻译项目管理系统与计算机辅助翻译工具的结合是其核心功能，翻译项目全程可在平台完成，且可以使用在线语料库和机器翻译，整合译员资源是其帮助企业用户提升产能的辅助功能。

### （四）Witkey

威客的英文 Witkey，是指那些通过互联网把自己的智慧、知识、能力、经验转换成实际收益的人。就翻译服务平台而言，主要是指通过平台发布订单，翻译服务供应商（译员或团队或公司）进行加以响应的模式。稳定性与质量是限制平台发展的两大瓶颈——客户无法确定订单是否会被消化，也无法确定其质量；而译员也无法确定平台上有稳定的订单来源，乃至无法确定其可以完成订单。这一模式要获得成功，首先需要对译员提供准入测试，确保订单有合格译员完成，其次需要吸引足够的订单，让译员有足够的动力入驻。此类平台暂无较为成功的案例，在此不作介绍。

## 四、总结与展望

就商业模式而言，B2C 平台的优势在于以翻译公司为后盾，质量与供应稳定性得以保障；B2B 模式是一种业务模式创新，促进了翻译公司之间的业务流通，为大规模的翻译项目提供了一种可能性，也可能在某些情况下成为应急保障措施；M2B 模式一旦能够保障供应质量（如译马网提供已筛选的译员），实际上也可以获得足够的订单来维持运转，关键在于译员的筛选标准是否得到落实；Witkey 模式由于在供应质量与稳定性方面皆难以保障，翻译服务又非衣食住行这样的常规需求，无法通过大规模补贴创造规模与市场，因此需要长期投入与运营才能落地。

B2C 笔译平台普遍采取了分级收费制度，这一点是适应市场需求的——有人只关注价格，有人更关注质量。译后编辑已成为翻译平台上的一个选项，不论其采取的是哪种名义——这说明机器翻译已经成为一种商业选择，未来很可能进一步发展。

就流量入口而言，有道、百度、搜狗等巨头公司无不在利用其已有流量，通过内部培养或外部合作的方式将流量变现，这一方式可能存在的质量风险是可见的。而专业翻译公司除了开发自有平台外，也积极寻求与其他公司合作，获取流量入口，从而提高自身的变现能力。

平台的实现方式要适应使用场景，轻量化、SaaS 化是翻译服务平台的发展趋势。平台本身选用的实现方式——网页、微信公众号（或小程序）、App 也应当要适应其业务模式，就这一点而言，网页和小程序可能是更好的选择——不能让一个有临时性需求的客户去下载一个 App 来下订单。随着 5G 时代的到来，这一趋势将更加明显，除了即用即走的模式之外，也将进一步催生语音口译、视频口译方面的新模式。

翻译服务平台也有进一步改进的空间，主要体现在模式创新、质量控制、自动化与流程整合、产品应用几个方面。

第一是模式创新。九九译、译交所、译马网等不同类型平台所做的模式创新都在商业模式上有所创新，满足了新的需求。5G、AI 等新技术的规模化应用将使一些新的模式成为可能，我们期待看到这种技术变革所带来的模式创新。

第二是把控平台服务的质量。不论是通过自动测试或人工测试方式，平台所提供的服务质量始终是业务长久运营的基础。就这一点而言，项目管理、计算机辅助设计工具应用、质量管理等传统服务方式所要求的核心竞争力并未消失。

第三可以通过上下游的整合，提高自动化水平。例如，可以通过API方式接入和输出服务结果，使服务能够嵌入到客户的整体流程中，节约客户在文件传输与项目管理上花费的时间，这一点对于有大量本地化需求的用户尤为重要。又如，平台可以联通翻译项目管理与计算机辅助翻译，使管理与生产一体化，减少文件整合与处理的时间。就自动化与流程整合而言，随着互联网技术的溢出与新技术的发展，翻译服务提供商将进一步提高其服务流程自动化水平，从而使生产分工进一步细化。

第四在平台迭代。平台不仅需要在技术上发力，更重要的是有清晰的客户定位和商业模式，才能使平台继续生存并发展。

目前中国的翻译服务依然是高度分散的，缺少规模化的生产与分工，未来的翻译服务将会进一步聚合，并利用规模化的优势提高成本优势与质量水平。如前所说，翻译服务的发生场景常常是低频而临时的，服务入口简单化将是未来翻译服务平台的发展趋势——服务入口附着于第三方平台，以软件或硬件的形式无缝嵌入到日常生活中，用户通常不必了解过多的技术指标与要求。随着中国的国际化水平不断提高，翻译服务发生的规模与频率都将进一步提高，建设合适的翻译服务平台，使其与其他服务或产品有机结合，组成能够满足经济社会发展的语言服务基础设施，将成为未来的发展趋势。在此基础上，翻译服务将进一步针对不同翻译需求制定标准化通路，不断完善基础设施，使翻译服务成为水、电一样的基础设施——人们不必关心水电来自何种渠道，但总是可以获得稳定的供应。

# 互联网+时代专利翻译平台的建设研究
## ——以I译+为例*

张成智†

**摘要：**云翻译平台是翻译行业近年出现的新事物，也是翻译技术的新形态。本文以专利领域翻译平台I译+为例，评介了I译+翻译平台在平台设计、项目管理、翻译流程上的特点，分析了I译+翻译平台的优势，并指出I译+翻译平台借助互联网技术，已经实现了机器翻译+计算机辅助翻译+译后编辑+项目管理的商业化运营，且取得了成功，这将对未来翻译技术的发展产生指标性影响。

**关键词：**翻译平台；翻译技术；专利翻译；I译+

## 一、引言

所谓“互联网+”，是指以互联网为主的一整套信息技术（包括移动互联网、云计算、大数据技术等）在经济、社会生活各部门的扩散、应用过程（阿里研究院，2015）。马化腾（2015）指出：“互联网将成为第三次工业革命的一部分，就像带来第二次工业革命的电力一样，与各行各业之间并不是替代关系，而是提升关系。”例如，淘宝类似于传统集市加上互联网；支付宝类似于传统银行加上互联网；滴滴出行类似于传统的出租车公司加上互联网。传统翻译行业呈高度碎片

* 本文系2019年度全国翻译专业学位研究生教育指导委员会教育研究项目“翻译与搜索案例库”（MTI-JZW201930）的研究成果之一。

† 作者简介：张成智，男，河北大学外国语学院副教授，马来西亚理科大学翻译学博士。研究方向：翻译技术、应用翻译。电子邮箱：zh_chengzhi@163.com。

化形态。不仅客户分散、项目分散，译员资源和语料资源也高度分散，传统经营模式很难形成规模效应。“互联网 +”的浪潮兴起之后，互联网 + 翻译无疑也带来了巨大的遐想空间。

## 二、翻译平台的建设背景

早期的翻译是纯人工翻译，古今中外莫不如此，如玄奘翻译佛经，马丁路德翻译圣经。随着信息技术的进步。20 世纪中叶至今，见证了计算机辅助翻译工具的诞生和兴起，这其中的代表有 SDL Trados、memoQ、Déjà Vu、雅信 CAT 等。

21 世纪初，随着基于客户端的翻译工具越来越难以满足行业发展的需要，在线翻译平台开始出现。例如，XTM 是英国开发的云翻译平台，主要特点是提供云翻译技术解决方案，但它只是一个单纯的在线平台，主要面向翻译公司，只提供翻译技术。个人用户也可以注册，但是租金昂贵，而且平台也不能提供翻译订单。又如，SDL Groupshare，它是英国 SDL 公司开发的云翻译平台，主要面向企业用户，价格昂贵。再如，Memsource，这是一家总部位于捷克的云翻译平台，面向译者、翻译公司和客户，价格相对低廉，自由译者和个人用户可以免费注册使用。但其本质与 XTM、SDL Groupshare 一样，尽管都号称云翻译平台，但主要特征在于提供技术解决方案，缺乏系统性生态特征。由莱博智公司开发的云翻译平台 Translation Workspace 也是如此。

自从李克强总理提出“互联网 +”的概念之后，国内翻译平台的建设明显加快脚步，各大翻译公司纷纷推出自己的翻译平台，如网易有道、中译译云、做到！（一朵云）、语联网、Translia、Trycan、万言通、顶呱呱网、译言等。在“互联网 +”概念的推动下，翻译人都在探索互联网 + 翻译的实现形式，试图打造链接客户、译员和项目的生态圈，占据行业制高点。尽管各平台都称为云翻译平台，彼此之间也有相似之处，但是它们又各有特色。它们在将翻译融入互联网的道路上做出了有益的探索。事实上，“互联网 +”并不是简单的物理相加，而是资源的重新整合，行业的重新塑造。因此，互联网 + 翻译应当依托并整合已有翻译资源（包括客户资源、项目资源、语言资产、译员资源等），进而提升行业效率和用户体验。在这一方面，I 译 + 走在了行业的前列，有鉴于此，本文以 I 译 + 为例，探索互联网 + 翻译的发展路径。

## 三、I译+云翻译平台

I译+的依托背景是知识产权出版社。知识产权出版社，原名专利文献出版社，由国家知识产权局主管、主办，是我国领先、权威的专利信息提供商和知识产权全领域集成服务商。由知识产权社翻译事业部开发的I译+云翻译平台，利用知识产权出版社独有的专利文献数据资源，实现了针对专利文献的机器翻译解决方案，评测效果业内领先，先后成功研发中英、中日、中韩双向专利机器翻译引擎，并逐步积累千万级平行语料及专业词汇。

I译+2015年4月上线，是国内知识产权领域首家网页版智能型翻译平台，截至目前，I译+共支持中英和中日两个语言对的翻译，后期还将支持更多的语言对任务。

### （一）项目管理

I译+设有项目经理的登陆端口，项目经理登录后，即可执行任务，主要有任务发包和项目监控等。发包是指将从客户处接收的待翻译文档（在工程部经过预处理，一般为Word文档），上传至I译+平台，经过后台处理后，以翻译任务包的形式在I译+的任务大厅列表呈现，供译员领取。

点击左侧任务栏“发包”按钮，弹出发包界面，如图1所示。这时项目经理根据项目实际情况，填写相关项目信息，如源语言、目标语言、客户名称、联系信息、单价、稿件领域、稿件问题、字数、项目要求等，并上传项目文件，如待译文档、附图、术语表等。

点击项目管理，即可弹出项目管理界面，如图2所示。项目管理便于项目经理对翻译项目实施监控管理。在项目管理界面，项目经理可随时根据订单号、开始日期、截止日期、文件状态、人员用户名、任务状态等追踪项目进展，并调配资源处理各种突发或紧急状况。

图 1　I 译 + 项目经理发包界面

图 2　I 译 + 项目管理界面

## （二）翻译

译员注册成功并通过翻译测试后，登陆任务大厅，就可以领取翻译任务了，如图 3 所示。每一个翻译任务包长短不一，大多在 400 ～ 800 字。

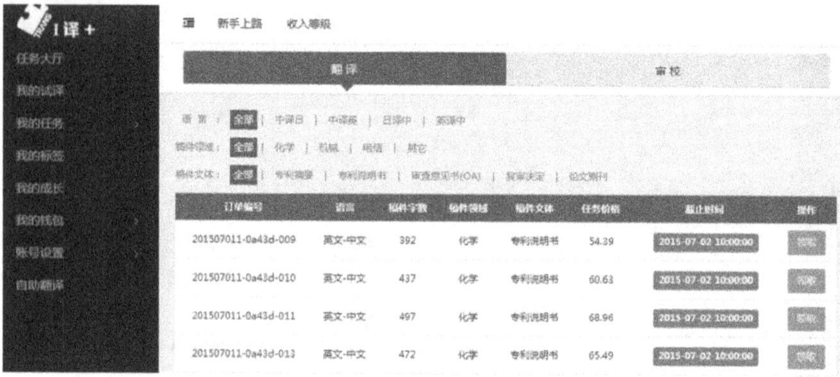

图 3　I 译 + 翻译任务大厅

译员领取翻译任务之后，就会自动弹出翻译工作界面，如图 4 所示。任务包已按照一定语法规则切分为句段。每个句段都在后台进行了机翻处理，如图 4 所示，原文 1（即句段 1）的机翻译文已经在译文框自动呈现，译文框同时进入编辑状态，译者只需在机翻结果上进行一些必要的调整，即可保存。译完上一个句段并保存后，下一个句段的译文就会自动显示。原文中蓝色字体为项目术语，将光标移至蓝色字体，即可下拉式弹出该术语的标准译文，译员轻点鼠标，即可把标准术语输入译文框。译员在翻译时，必须确保术语的译文与项目术语的译文保持一致。将光标移动到原文的任何词组或单词上，该词组或单词就会出现黄色标记，并下拉出机翻结果，供译员参考，轻点鼠标，机翻结果就会自动输入到译文框。界面的右侧，还设置了术语添加功能，方便译者在翻译时，随时添加术语。

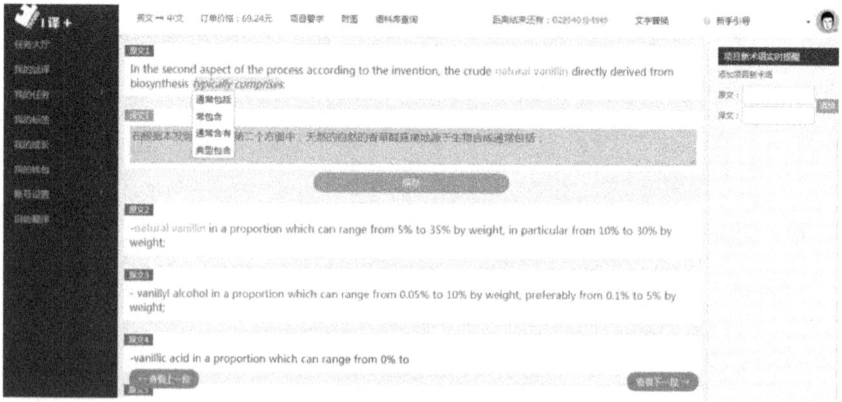


图 4　I 译 + 翻译工作界面

译员在翻译时，还可随时查询语料库，如图 5 所示。因为后台提供的机翻结果，是基于语料统计提供的参考译文，不一定代表最贴近的机翻译文，甚至也不一定准确。实际上在语料库中可能存在更多的参考译法，这时查询语料库可给译者提供更多的翻译选择，提升翻译质量。

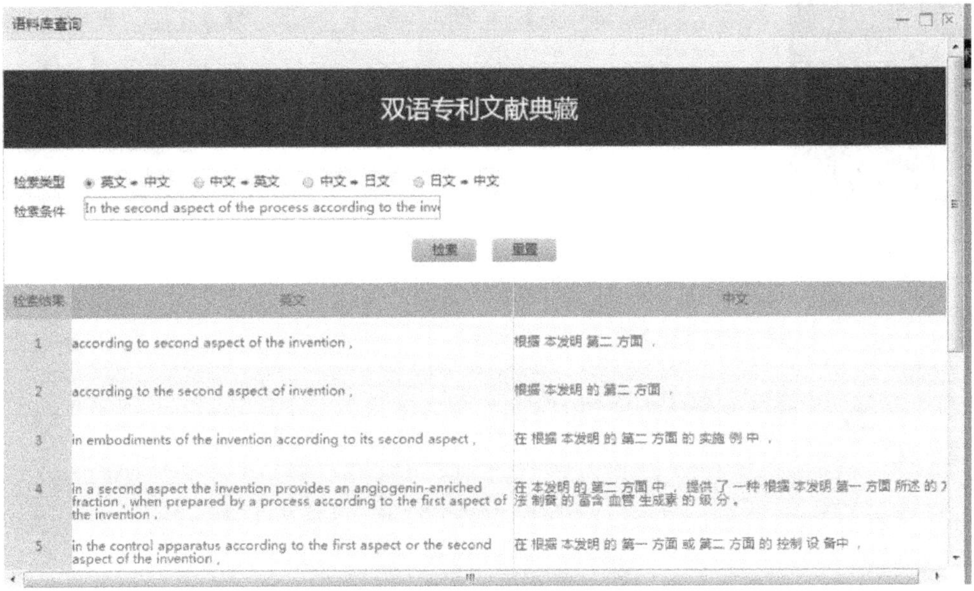


图 5　语料库查询界面

## （三）审校

译员通过审校测试后，在任务大厅就可以领取审校任务，如图 6 所示。审校任务包就是由译员翻译完成的任务包，每一个审校任务包长短不一，大多在 400 ～ 800 字。

领取审校任务之后，即可弹出审校工作界面，如图 7 所示。审校工作界面和翻译工作界面基本一致。审校员逐句校对由译员完成的译文，并可在译文框直接修改保存，校对完成之后，根据审校要求和标准做出通过或不通过的结论，如果通过则直接提交，如果不通过，则需要提交不通过的原因。审校提交后，译员可在自己的账户查看原文、初译文、审校译文三栏对照文本。

图 6　I 译 + 审校任务大厅

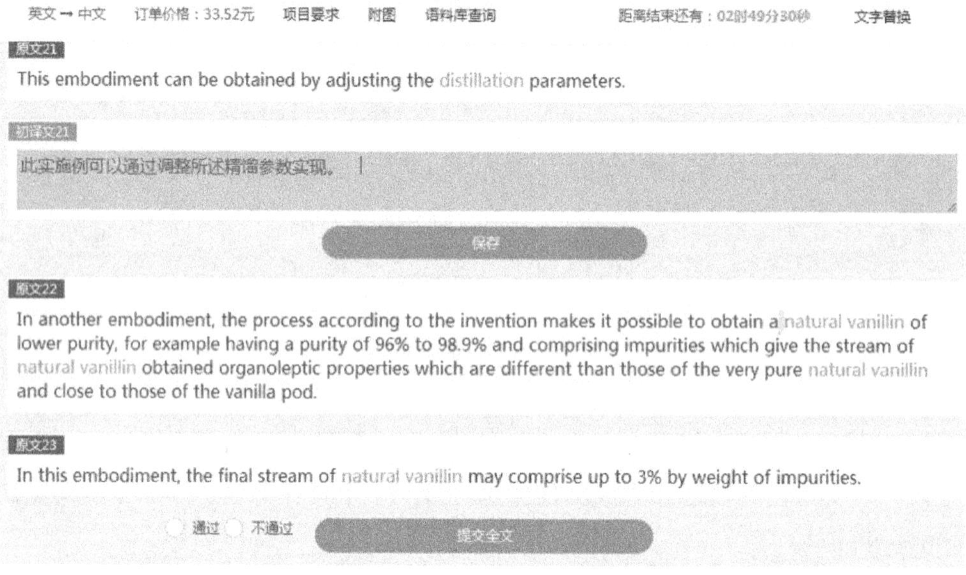


图 7　I 译 + 审校工作界面

### （四）自助翻译

自助翻译的功能是方便用户利用 I 译 + 平台完成自己的翻译文档。其优点是可以利用 I 译 + 平台的后台处理、翻译平台以及机器翻译引擎。点击自助翻译，即可发布自助翻译任务，如图 8 所示。选择语言对之后，上传需要翻译的文档，经过后台处理之后，即可开始翻译。翻译界面与工作模式与I译+的常规翻译任务完全一致。

| 编号 | 语言 | 上传时间 | 状态 | 操作 |
|---|---|---|---|---|
| 201905271609083714 | 英文-中文 | 2019-05-27 16:09:08 | 翻译 | 翻译 导出译文 删除 |
| 201905271938517448 | 英文-中文 | 2019-05-27 19:38:52 | 后台处理中 | 删除 |
| 201906111033225125 | 中文-英文 | 2019-06-11 10:33:23 | 翻译 | 翻译 导出译文 删除 |
| 201912092023455928 | 英文-中文 | 2019-12-09 20:23:46 | 翻译 | 翻译 导出译文 删除 |

图8 自助翻译任务发布界面

## 四、I译+云翻译平台的优势

综上所述，I译+云翻译平台具备以下四点优势。

### （一）集成项目管理与翻译流程管理

I译+整合了项目管理和翻译流程，节省了沟通成本，便于项目管理和监控，方便了译员、校对、终审、排版等项目参与人员。通过I译+，项目经理的发包、任务监控，都可以便利地实现，节省了沟通时间和成本，译员、校对、终审、排版也可以直接从平台领取任务。在以往，项目经理接到项目后，往往要花大量的时间和精力通过邮件、QQ、电话、传真等与译员、校对、终审等进行沟通，翻译质量和进度监控很难把握，一旦出现意外状况，项目经理往往手忙脚乱。通过I译+平台，项目要求、稿件类型与文本、价格、时间等关键信息一目了然，项目参与人员也可便捷地了解项目信息，决定是否领取任务并合理安排时间和进度。这不仅方便项目经理，也方便了项目的所有参与人员，节省了大量重复劳动和沟通工作。

### （二）并推双语语料和垂直机翻

I 译 + 整合了 3000 万句对的专利语料库和国内最先进的自主知识产权专利机器翻译技术，极大地提高了翻译速度和准确率，并实质上降低了翻译的难度。专利翻译涵盖化学、机械、医学、电子等专业领域，主要文体有摘要、专利说明书、审查意见书等。专利翻译的特点是术语多、专业性强，翻译难度相对较高。I 译 + 翻译平台利用自身的独特优势，整合了国内最先进的自主知识产权专利机器翻译技术及 3000 万句对的专利语料，为译者提供参考价值极高的机翻译文的同时，还为译者查询语料库提供了端口，实践证明，机翻引擎和语料库查询极大地降低了译者查询其他网络词典或资源的频率，这实际上降低了专利翻译的难度，显著提升了翻译效率。

### （三）创新众包模式

I 译 + 采用众包模式，大幅节省了项目时间，提升了翻译效率。在 I 译 + 翻译平台，翻译项目在后台被拆分成 400 ～ 800 字的任务包[1]，译员在平台每次领取一个任务包翻译，任务包完成后，即可交由校对，校对完成后即可交由终审。传统的翻译要求整个项目完成之后，才能开始校对。众包模式则改变了这一模式，实现了即时翻译，即时校对，节省了项目时间成本，提高了工作效率。

### （四）优化用户体验

比起传统的客户端计算机辅助翻译（CAT）工具，I 译 + 免费注册使用，节省了购置 CAT 工具的高昂费用、免除了复杂的安装过程和烦琐的翻译项目设置，译员只需专注文字翻译工作。相比传统的 CAT 工具，I 译 + 把应当让技术工程人员处理的工作交由翻译后台处理，免去了译员常常疲于应付的技术处理工作负担，如格式转换、文字提取、图文处理等，让译员更加专业，更加专注，从而进一步提升翻译效率。

## 五、启示

I 译 + 的出现是顺应科技发展趋势的时代产物，它的成功推广也给翻译行业

[1] 考虑到项目的实际情况和译员的翻译需求，平台也提供整包任务。

的发展带来了如下5点启示。

### （一）利用互联网＋思维，翻译平台解决了信息不对称

传统的翻译市场由于信息不对称，往往陷入项目找译员，译员找项目的怪圈，不利于项目的顺利开展和实施，项目监控和质量控制也风险较大。由于信息沟通的不畅，还常常产生翻译纠纷，影响项目的进程和公司业务的开展。I译＋翻译平台使得译员足不出户，就可以领取和完成翻译任务，降低了沟通成本。项目明码标价，公开透明，可以减少不必要的纷争，推动翻译业务的顺利实施和翻译行业的健康发展。平台启动至今1年多时间，已经吸引了3100百余名社会各领域技术人才注册，600余名通过考核的自由译员长期稳定地通过平台完成多样化专利翻译任务[1]。足以证明这一模式的成功。

### （二）互联网＋重新整合翻译资源，有利于促进全国翻译统一大市场的形成，改变翻译行业结构

由于翻译行业的碎片化特点，导致翻译公司出于业务需要，往往不得不在不同城市设立分支机构，这增加了翻译的业务成本。I译＋翻译平台的推出，以互联网的途径迅速整合了优秀翻译人才、翻译项目和语言资产等三大核心资源。并以低成本、高效率、高回报的网络化特点在市场迅速获得成功推广，这是传统翻译公司难以做到的。翻译平台的推出，将有利于化整为零，克服翻译行业碎片化的特点，降低业务成本，并改变翻译行业结构。

### （三）优质的语料库和基于语料库的机翻引擎是翻译平台的核心生产要素

“互联网＋”的新生产要素是数据。在翻译行业高质可靠的语料显然是重要的行业数据之一。I译＋平台整合了3000万句对的专利语料库和业内领先的专利机翻引擎，降低了专利翻译的难度，提升了翻译的便捷度，解放译员的生产力，在提升翻译效率方面取得了显著的效果。由此可见，翻译平台的成功，一个核心要素在于有没有优质的语料库和机翻引擎。没有优质的语料库和机翻引擎，其竞争优势也极易被对手模仿，乃至超越。

---

[1] 见I译＋官网新闻《“I译＋”知识产权语言服务平台（新版）正式上线》。

### （四）互联网＋解放了译员的生产力，让译员专注文字的翻译

互联网＋的商业模式，将进一步促进专业分工，降低技术操作的门槛。在I译＋平台，译员仅需专注文本的翻译工作，而不用担心文档处理相关的技术问题，如文字提取，格式还原等。换言之，随着互联网的普及和翻译技术的革新，未来译员受制于技术操作的局限将显著降低，译员只需关注文本的翻译，而把技术难题交给工程技术人员。

### （五）互联网＋改变了翻译实践的习惯

实际上，I译＋平台就是一个整合了以“翻译记忆”技术为核心的计算机辅助翻译（CAT）、机器翻译（MT）和翻译管理系统（TMS）的集成翻译环境（integrated translation environment，ITE）（崔启亮，2014）。在I译＋平台，由于有强大而高效的机器翻译引擎，译员的生产过程实际上是在机器翻译结果上进行修改的过程，即译后编辑（post-editing）。王华树（2014）指出，“CAT＋MT＋PE模式将会广泛应用”，即计算机辅助翻译＋机器翻译＋译后编辑的模式在未来将广为使用，I译＋平台无疑是实施这一理想的典范。它实际上改变了译员依赖CAT工具的工作模式，尽管使用CAT工具，译员也可以通过购买API获得机器翻译服务，并进行译后编辑。但是I译＋平台将这种模式常态化，即所有I译＋平台的译员都必须遵循译后编辑的工作模式，长远来看，这将改变译员的工作习惯，并预示了译员未来的工作场景。这对翻译技术以及机器翻译技术的发展将产生指向性影响。

## 六、结语

“互联网＋”的过程也是传统产业转型升级的过程。过去10年，这一过程呈现“逆向”互联网化的过程。在企业价值链层面上，表现为一个个环节的互联网化：从消费者在线开始，到广告营销、零售、到批发和分销、再到生产制造、一直追溯到上游的原材料和生产装备（阿里研究院，2015）。依据阿里巴巴的研究报告，广告营销环节是最早互联网化的商业环节。然后是零售环节的互联网化。再往上倒逼就是生产制造环节。翻译行业的发展也是如此，在互联网普及之后，

译员和客户开始上线，并逐步通过网站、论坛、社交媒体等开展网络营销，而翻译平台的出现则将翻译生产也搬到了线上。

I 译 + 云翻译平台集项目管理、翻译、审校、自助翻译和服务商端口于一体，整合自身庞大的语料资产和机翻引擎，为供需双方提供专利文献翻译服务透明交易平台。“I 译 +”不仅面向社会公众和专业人士开放多样化知识产权翻译任务，还免费提供国内领先的机器翻译技术和海量参考资源以协助翻译工作，试图打造翻译行业的新生态，是互联网 + 时代下我国翻译行业开创商业新模式的宝贵探索。

## 参考文献

阿里研究院 . 2015. 阿里研究院互联网 + 研究报告 [R]. 3:4-6.

崔启亮 . 2014. 论机器翻译的译后编辑 [J]. 中国翻译 , (6):68-73.

“互联网 +”首现政府工作报告马化腾代表表示“非常振奋”[EB/OL]. [2015-08-05]. http://news.xinhuanet.com/politics/2015lh/2015-03/05/c_1114538520.htm.

王华树 . 2014. 信息化时代的计算机辅助翻译技术研究 [J]. 外文研究 , (3):92-97.